वेद-पुराण ग्रन्थों द्वारा प्रभावित भारतीय समाज

डॉ. नारायण कुमार

PPH

प्रशान्त पब्लिशिंग हाउस

दिल्ली

प्रशान्त पब्लिशिंग हाउस
सी-34, 28 फुटा रोड, गली नं. 3
पश्चिम करावल नगर,
दिल्ली - 110094
फोन : 22963970
मो. : 9810396373

ISBN : 978-93-80565-03-3

प्रथम संस्करण: 2010

मूल्य : 795.00

मुद्रक:
सचिन प्रिंटर्स, मौजपुर

प्राक्कथन

संत कवि तुलसीदास की उक्ति है-

सुजस् पुराण विदित निगमागम्।
गावत् सुर- नर- मुनि संतसमागम्।।

पुराण ग्रन्थों के साथ-साथ "निगमागम" शास्त्र ग्रंथ उल्लिखित होते हैं। पुराणग्रन्थों की व्याख्या में निगम एवं आगम दोनों श्रेणियों के शास्त्रों की सहायता ली जाती हैं।

निगम ग्रन्थों में "वेद" ग्रन्थ समाहित होते हैं। आगमग्रन्थों में "उपनिषद्शास्त्र" आदि शास्त्र ग्रंथ उल्लिखित किये जाते हैं।

निगमग्रन्थों के अन्तर्गत चार वेद समाहित होते हैं:- 1. ऋग्वेद, 2. सामवेद, 3. यजुर्वेद तथा 4. अथर्ववेद उक्ति प्रसिद्ध है:- "इतिहास पुराणं पञ्चमं वेदानाम् वेदम्" पाँचवें वेद के रूप में इतिहास एवं पुराण साहित्य परिगणित किये जाते हैं।

छान्दोग्योपनिषद - 7.1.2

श्रीमद्भागवत् पुराण में यह तथ्य इस प्रकार उल्लिखित हुआ है:-

इतिहास पुराणानि पञ्चमं वेदमीश्वरः।
सर्वेभ्यो एव वक्त्रेभ्यः ससृजे सर्वदर्शनः।।

श्रीमद्भागवतं 1-12-39

वेदग्रन्थों की व्याख्या में पुराणग्रन्थों को सहायक ग्रन्थ माना गया है।

इतिहास पुराणाभ्यां वेदं समुपवृंह्येत्
विभेत्यल्पश्रुताद् वेदो मामयं प्रहरिष्यति।।

महाभारत आदिपर्व 1-267-268

इन तथ्यों का समर्थन अथर्ववेदग्रन्थ द्वारा भी समर्थित है:–

ऋचः छन्दांसि पुराणं न्यजुषा सह।

अथर्ववेद 11-7-24

ऊपर निर्दिष्ट उद्धरणों से स्पष्ट होता है कि पुराणग्रन्थों की मान्यताएँ वेदवत् ही हैं क्योंकि वेदसूक्त की व्याख्या में पुराणग्रन्थों के ज्ञान की आवश्यकताएँ समझी गयी हैं।

अष्टादश विद्याओं के उल्लेख इस प्रकार किये गए हैं–

अष्टादशानां विद्यानामेतासां भिन्नवर्त्तनाम्।
आदिकर्त्ताः कवि साक्षाच्छूदपाणिरिति श्रुतिः॥
स हि सर्वजगन्नाथः सिसृक्षुरखिलं जगत्।
ब्रह्माणं विदधे साक्षात् पुत्रमग्रे सनातनम्॥
तस्मै प्रथम पुत्राय ब्रह्मणे विश्वयोनये।
विद्याश्चेमा ददौ पूर्वं विश्वसृष्ट्‌र्थमीश्वरः॥
पालनाय हरिं देवं रक्षाशक्तिं ददौ ततः।
मध्यमं तनयं विष्णु पातारं ब्रह्मणोऽपि हि॥
लब्धविद्येन विधिना प्रजासष्टिं वितन्वतो।
प्रथमं सर्वशास्त्राणां प्रथमं ब्रह्मणा स्मृतम्॥
अनन्तरं च वक्त्रेभ्यो वेदास्तस्यविनिर्गताः॥
प्रवृतिः सर्वशास्त्राणां तन्मुखादभवत् ततः॥

अर्थात् विभिन्न विषयों का प्रतिपादन करने वाली अष्टादश विद्याओं के मूल प्रणेता भगवान शिव हैं, यह श्रुति-सिद्धान्त है, विश्व सृष्टि की इच्छा से भगवान शिव ने सर्वप्रथम ब्रह्माजी का सृजन कर विश्वनिर्माणार्थ समस्त अष्टादश विधाओं को उन्हें दिया। समस्त विश्व के पालनार्थ भगवान विष्णु को रक्षा शक्ति दी गई। ब्रह्माजी ने सृष्टि के पूर्व विश्वविस्तारार्थ समस्तशास्त्रों के पूर्व ही पुराणों का स्मरण किया। तदुपरान्त ब्रह्मा जी के मुखारवृन्द से अन्य शास्त्रों का अविर्भाव हुआ।

वेद शब्द के व्युपत्तिगत अर्थ स्पष्ट है कि ज्ञान की खोज- विषय अपने आप में एक जटिल समस्या है। "विद्" यानि जानना या ज्ञान

प्राप्त करना यह आकृष्ट करने वाला वेदशास्त्र है जिससे मन की गति बड़ी तीव्र होती जाती हैं। संस्कृतभाषा का प्रारम्भिक स्वरूप लौकिक संस्कृत भाषा से काफी भिन्न है। वैदिक संस्कृत भाषा से काफी भिन्न है। वैदिक संस्कृत भाषा से काफी भिन्न है। वैदिक संस्कृत और लौकिक संस्कृत में भाषागत भिन्नताएँ इतनी अधिक हैं कि लौकिक संस्कृत के ज्ञाता को वैदिक संस्कृत की समझदारी में काफी उधेड़बुन की स्थिति से गुजरना पड़ता है।

वैदिक भाषा के अन्तर्गत विशाल साहित्य ग्रन्थों की सर्जना होती रही जिस हेतु वैदिक युग में अनेक श्रेष्ठ ग्रन्थों के प्रणयन होने के कारण "वैदिक युग" की अलग मान्यता दी गई हैं।

मानव जीवन के सारे उद्देश्यों की पूर्ति संस्कृतभाषागत शास्त्रग्रन्थों के माध्यम से ही होती है। गीता की उक्ति है:–

वेदैसाङ्गपदक्रमोपनिषदैर्गायन्तियं सामगा:।
ध्यानवस्थित तदगतेन मनसा पश्यन्तियं योगिनो।।

सृष्टि आदिकाल में ही ब्रह्मा वरुण इन्द्र, रूप और सारे मरुदगण दिव्य स्तोत्रों द्वारा जिनकी स्तुति करते हैं, सामवेद के गाने वाले अङ्गपदक्रम और उपनिषदों वेदो द्वारा जिनका गान करते हैं, वे सारे कार्यकलाप वेदग्रन्थों के माध्यम से ही पूर्ण होते हैं। इस तरह सारे धार्मिकअनुष्ठान वैदिक धर्मग्रन्थों के आधार पर ही सम्पन्न किये जाते हैं।

"इति" शुभम् भूयात्।

प्रियम् भूयात्।।

विषय सूची

प्रथम अध्याय

भारतीय परम्परा में चिंतन के स्वरूप

पुराण एवं वेदग्रन्थों की मान्यताओं के अनुसार हमारे भारतीय समाज का निर्माण माना गया है। रामचरितमानस की उक्ति इस सन्दर्भ में प्रसिद्ध हैः-

सुजस पुराण विदित निगमागम।
गावत सुर-मुनि-संत-समागम॥

– रामचरितमानस पृ. सं. 2

समाज के सारे प्रबुद्ध वर्ग यानि सुर, मुनि, संत, एक साथ समाहित होकर समाज-निर्माण से जुड़े हुए हैं जिन्हें निगमागम शास्त्र मार्गदर्शन के स्त्रोत प्राप्त हैं वेदान्त दर्शन पृष्ठ सं0 55 से उक्ति हैः-

प्रणवो धनुः शरो ह्यात्मा ब्रह्मतत् लक्ष्यमुच्यते
अप्रमत्तेन वेधव्यम् शरवत्तन्मयोभवेत्॥

अर्थात् प्रणव (ऊँ) धनुष है और जीवात्मा वाण के सदृश हैं, ब्रह्म ही लक्ष्य है। सतत् सावधान मानव द्वारा वह लक्ष्यवेध किया जाता है।

ईशावास्योपनिषद् पृ0 सं0 6 में मानव-समाज हेतु संदेश अभिव्यक्त हुआ हैः-

''ईशावास्यमिदं सर्वम् तेन त्यक्तेन भुञ्जीथाः
मा गृधः कस्यस्विद्धनम्''

मानव के कर्त्तव्य पर विचार करते हुए उल्लिखित हैंः-

काङ्क्षन्तः कर्मणा सिद्धि यजन्तः इह देवताः।
क्षिप्रं हि मानुषे लोके सिद्धिः भवति कर्मजा॥

अर्थात् इस मनुष्य लोक में कर्मों के फल को चाहने वाले लोग देवताओं का पूजन किया करते हैं; क्योंकि उनको कर्मों से उत्पन्न होने वाली सिद्धि शीघ्र मिल जाती है। गीता अ. 42 लोक सं. 12

पुराणों की विस्तारिता

पद्मपुराण स्वर्गखण्ड 61-62 में पुराण साहित्य की विस्तारित पर विचार किया गया है:-

यथासूर्यवपुः भूत्वा प्रकाशाय चरेद्हरिः
सर्वेषां जगतामेव हरिः आलोक हेतवे
तथैवान्तः प्रकाशाय पुराणावयवो हरिः।
विचरेदिह भूतेषु पुराणं पावनम् परम्॥

पुराणग्रन्थों के चिन्तन पर भी विचार किया गया है:-

ये पठन्ति पुराणानि श्रृण्वन्ति च समाहिताः।
प्रत्यक्षरं लभन्व्येते कपिलादानजं फलम्॥

अर्थात् जिन्हें पुराणग्रन्थों के अध्ययन का अवसर प्राप्त होता है उन्हें प्रत्येक अक्षर के पाठ पर कपिला गाय के दान का फल प्राप्त होता है। इसके उपरान्त यह भी कथन है कि पुत्रहीन व्यक्ति पुत्रवान हो जाते हैं, धनहीन धनी हो जाते हैं तथा मोक्ष की आकांक्षा रखने वाले व्यक्ति मोक्ष की प्राप्ति कर लेते हैं। कोटि जन्मकृत पापों से उन्हें मुक्ति की भी प्राप्ति हो जाती है। इस तरह से पुराण ग्रन्थों के अध्येता को अपने जीवन में तरह के लाभ प्राप्त होते हैं। पद्मपुराण ब्रह्मखण्ड- 25-129-31

नारद पुराण उ० अ० 24 में पुराण साहित्य के महत्त्वों पर काफी विस्तार से अनेक तथ्यों के उल्लेख किये गये हैं:-

उक्ति इस प्रकार है:-

यज्ञकर्मक्रियावेदस्मृतिर्वेदो गृहाश्रमे
स्मृतिर्वेदः क्रियावेदः पुराणेषु,
प्रतिष्ठितः पुराण पुरुषाज्जातं यथेदं जगत्
अद्भुतं तथेदं वाङ्मयं जात पुराणेभ्योनसंशयः

न वेदो ग्रहसंचारो न शुद्धि कालवोधिनी
तिथि वृद्धिक्षयो वापि पर्वग्रहविनिर्णयः।

अर्थात् यज्ञ एवं कर्मकाण्ड के लिए वेद प्रमाण है। गृहस्थों के लिए स्मृतियाँ ही प्रमाण हैं। किन्तु वेद तथा स्मृतिशास्त्र दोनों ही सम्यकरूप से पुराणों में प्रतिष्ठित हैं। जैसे परमपुरुष परमात्मा से यह अद्भुतरूप से पुराणों में प्रतिष्ठित हैं। जैसे परमपुरुष परमात्मा से यह अद्भुत जगत उत्पन्न हुआ है वैसे ही सम्पूर्ण संसार का वाङ्मय साहित्य पुराणों से ही उत्प्रेरित है। इस तथ्य पर लेशमात्र भी संशय की जगह नहीं है। वेदों में तिथि, नक्षत्र आदि काल निर्णायक और ग्रहसंचार की कोई युक्ति नहीं बतायी गई है।

तिथियों की बुद्धि, क्षय, पर्व, ग्रहण आदि का निर्णय भी उसमें नहीं है।

स्कन्दपुराण में उल्लिलखित तथ्य इस प्रकार हैं:-

विद्वानों के श्रुति एवं स्मृति दो नेत्र हैं और पुराणग्रन्थों को हृदय मीमांसा दी गयी है। इस तरह सर्वोपरि स्थान पुराण साहित्य को ही प्राप्त होता है।

शिवपुराण उमासंहिता अध्याय 13 में उप्लिखित है:-

अन्यो न दृष्टः सुखदो हि मार्गः
पुराणमार्गो ही सदा वरिष्ठः।
शास्त्रं विना सर्वमिदं न भाति
सूर्येण हीना इव जीव लोकाः॥

अर्थात् पुराण द्वारा निर्दिष्ट कर्त्तव्य मार्ग सर्वश्रेष्ठ है तथा शास्त्रज्ञानं बिना यह संसार अंधकार युक्त है जिस तरह कि-

सूयं के बिना यह संसार अंधकारमय हो जाता है। महर्षि परशुराम के सन्दर्भ में सामाजिक चेतना के स्वर ''इन शब्दों में अभिव्यञ्जित थे:-

अग्रतः सकलं शास्त्रम्।
पृष्ठतः सशरः धनुः॥

सारे शास्त्रों के ज्ञान-सागर सतत प्रवहमान आगे था, पीठ पर स्शरः धनु थे। प्राचीन ज्ञान-ज्योति-स्तम्भः-

मानवसृष्टि में प्रकाशपुञ्ज विखेरने वाले महर्षि वेदव्यास निश्चय ही अद्वितीयव्यक्ति की संज्ञा से अभिहित होते रहे हैः-

उनके प्रति असीम श्रद्धा के स्वर इस प्रकार गुञ्जित होते हैंः-

तं नमामि महेशानं मुनिं धर्मविदां वरम्।
श्यामं जटाकलापेन शोभमानं शुभान नम्॥
मुनीन सूर्यप्रभान धर्मान् पाठयन्तं सुवर्चसम्।
नानापुराणकर्त्तारं वेदव्यासं महाप्रभम्॥

वृहद्धर्मपुराण-1-1-23-25

वायुपुराण एवं पद्मपुराण में ऋषि की प्रार्थना के साथ प्रशंसा के स्वर इस प्रकार अभिव्यञ्जित हैः-

जयति पराशर सुनुः सत्यवतीहृदयनन्दनो व्यासः।
यस्यास्य कमल गलितं वाङमयंममृतं जगतपिवति॥

वायुपुराण-1-1-2

पाराशर्यं परमपुरुषं विश्ववेदैकयोनिं
विधाधारं विमलमनसं वेदवेदान्त वेद्यम्।
शश्वच्छान्तं शभित विषयं शुद्धबुद्धिं विशालं
वेदव्यासं विमलशसं सर्वदाहं नमामि॥

पद्मपुराण उ0 ख0 219/42

ज्ञान ज्योति फैलाने वाले महर्षि वेदव्यास समाज के ज्योति स्तम्भ के रूप में विद्यमान रहे हैं। यह भारतीय परम्परा ज्ञान-स्तम्भ के रूप में विद्यमान रहे हैं। यह भारतीय परम्परा ज्ञान-स्तम्भ के कारण ही सतत विकासमान रही है।

पुराण एवं वेद ग्रन्थों के चिन्तन की समानता

वेद के पारिभाषिक शब्द या नई परिभाषा के माध्यम से पुराणों में सृष्टि तत्त्व का विवेचन हुआ है, जो वेदग्रन्थों के चिन्तन की समानता की अभिव्यक्ति है। वेदों का संवत्सर चक्र पुराणों में विष्णुचक्र समान चिंतन की उपज कही जा सकती है। वेद की छन्द विद्या पुराणों का सौपर्ण उपाख्यान ही है। पुराणों की ह्यग्रीव विद्या वेद की दघ्यङ् विद्या है। वेद का पंचचातिक या पंक्तियज्ञ पुराणों को पंचब्रह्म सिद्धान्त कहा जा सकता है। वेद की त्रयीविद्या पुराणों में सूर्योपासना एक जैसी कही जा सकती है। इस तरह वेद की हिरण्यगर्भ विद्या पुराणों में अण्डसृष्टि से समानता मानी जा सकती है। पुराणों में उल्लिखित श्लोक पुराणग्रन्थों के दृष्टिकोण के परिचायक हैं:-

एतएव त्रयोदेवा एतएव त्रयोऽग्नयः।
एत एव त्रयो वेदाः एत एव त्रयोगुणाः॥

अर्थात् तीन देव (ब्रह्मा, विष्णु, महेश) यज्ञ की तीन अग्नियाँ (आवहनीय, गार्हपत्य, क्रव्यादि) तीन वेद, तीन गुण, आदि उल्लेखों से समान तत्त्व की मान्यता परिलक्षित है।

कुछ संकीर्ण सम्प्रदायवादी द्वारा शैव एवं वैष्णवों का वैमनस्य भावों का उल्लेख हुआ है जिसका उत्तर संत तुलसी के चिंतन से परिलक्षित है:-

शिवद्रोही मम दास कहावा।
ते नर मोहि सपनेहु नहि भावा॥

पुराणग्रन्थों से संत समाज अनुप्राणित होता रहा है। वेदग्रन्थों से समाज की विशाल अट्टालिका प्रतिभासित होती हैं जिसके प्राङ्गण में पूरा भारतीय समाज सतत् भाव विभोर रहता है।

तैत्तिरीय आरण्यक के मन्त्र समाज के बंधन को इस प्रकार सुदृढ़ करते हुए अभिव्यक्त होते हैं:-

ओइम् सहनाववतु नौ भुनक्तु।
सह वीर्यं करवावहै;

तेजस्विनावधीतमस्तु! मा विद्विषावहै:।
ओइम् शान्तिः शान्तिः शान्तिः।।

अर्थात् हे! सर्वशक्तिमान ईश्वर आपकी कृपा, रक्षा और सहायता से हमलोग परस्पर एक-दूसरे की रक्षा करें। और हम लोग परमप्रीति से मिलकर सबसे उत्तम ऐश्वर्य अर्थात् चक्रवर्तीराज्य आदि सामग्री से आनन्दित रहें तथा ईश्वरीय आनन्द का उपभोग करें। हम लोग एक दूसरे के सामर्थ्य से एवं पुरुषार्थ से सदा आगे बढ़ते रहें।। हे प्रीति के उत्पादक! हे ईश्वर! आप ऐसी कृपा करें जिससे हम लोग परस्पर कभी विरोध नहीं करें।। प्रतिज्ञा तथा प्रार्थना में ध्वनि है जिससे सामाजिक कल्याणकारी लहर सर्वत्र व्याप्त होती रहती है।

पूरे समाज को ऊर्जावान् एवं धैर्यशाली बनाने से गतिशीलता स्वाभाविक रूप से उत्पन्न होती है, लक्ष्यप्राप्ति की कामना सम्पूर्ण समाज को क्रमशः आगे अग्रसर होने का संकेत प्रदान करती है जिससे लक्ष्य प्राप्ति में बड़ी सहजता सी दृष्टिगत होती है- उल्लास की अभिव्यञ्जना का प्रथम मन्त्र इस स्वर में गूँज उठता है:-

अग्निमीले पुरोहितं यज्ञस्य
देवमृत्विजम् होतारम् रत्नधातमम्।
अग्निः पूर्वभिर्ऋषिभिरीड्यो
नूतनैरूत स देवों एह वक्षति।।

वेद की ऋचाओं के अर्थ में शब्द की तीनों शक्तियों का सहारा अनिवार्य है। (1) अभिधा (2) लक्षण (4) एवं व्यञ्जना तीनों ही साधनों के उपयोग की आवश्यकता समझी गयी है।

अग्नि की प्रधानता लौकिक तथा पारलौकिक दोनों क्षेत्रों में समान रूप से विद्यमान है। इस तथ्य को अभिव्यक्त करते हुए ऋचा की पंक्ति है:-

अग्निः पूर्वेभिर्ऋषिभिरीडयो नूतनैरुत।
स देवाँ एह वक्षति।।

वर्तमान तथा पूर्व समय के विद्वान् अग्नि देव की आराधना करते रहे हैं।

मन्त्र की पंक्तियों में अग्नि के दो स्वरूप अभिव्यञ्जित हैं। भौतिक तथा आध्यात्मिक दोनों स्वरूपों में अग्निदेव पूजित होते हैं। आर्य-संस्कृति तथा सभ्यता के मूलतत्त्वों में अग्निदेव की प्रधानता निर्विवाहित है।

परमार्थ तथा व्यवहार विद्या की सिद्धि के लिए अग्नि शब्द से परमेश्वर एवं भौतिक तत्त्व ये दोनों अर्थ लिए जाते हैं। पहले समय में आर्य लोगों ने स्थूल एवं सूक्ष्म दोनों ही अर्थ में अग्नि शब्द को ग्रहण किया था।

अग्नि की प्रधानता ऋषियों के मन में सतत् विद्यमान रही है जिसके फलस्वरूप अग्नि की शक्ति की प्रार्थना की गई है। पुनः सरस्वती की प्रार्थना इन शब्दों में हुई है:-

प्रेरयित्री सुनृतानां साधन्ती सुमतीनाम्।
यज्ञं दधे सरस्वती।।

विद्या की देवी सरस्वती की प्रार्थना में सरस्वती के प्रभावों का विश्लेषण है।

वेद की विशद् व्याख्या पुराण ग्रन्थों में दृष्टिगत होती हैं। पुराण साहित्य में वेदार्थ का उपवृंरण करने का प्रयास हुआ है।

ब्रह्मवैवर्तपुराण में पुराणकाव्यों के दशलक्षण इस प्रकार उल्लिखित हुए हैं:-

सृष्टि श्चापि विसृष्टि श्च स्थितिः तेषां चपालनम।
कर्मणा वासना वार्ता मनूनां च क्रमेण च।।

वर्णनं प्रलयानां च मोक्षस्य च निरूपणम्।
तत्कीर्तनं हरे रेव च वेदानां च पृथक-पृथक।।

दशाधिकं लक्षणं च महतां परिकीर्तितम्।।

अर्थात् सृष्टि, विसृष्टि, स्थिति उनका पालन, कर्मों की वासना, मन्वन्तरे का वर्णन, प्रलयों का वर्णन, मोक्ष का निरूपण श्रीहरि का गुणगान तथा देवताओं का पृथक् पृथक् वर्णन ये दशाविषय पुराणग्रन्थों के हैं।

अग्नि पुराण में सभी विद्याओं को बताया गया है:-

आग्नेये हि पुराणेऽस्मिन् सर्वविद्या प्रदर्शिताः॥

पुराणों में वेदों का ही विस्तार है। यह तथ्य निर्विवाद रूप से मान्य हुआ है। चारों संहिताओं, ब्राह्मण ग्रन्थों तथा आरण्यकों के विषय इस प्रकार विवेचित हैं:-

ऋग्वेद की पूरी जानकारी के लिए विष्णु पुराण के तृतीय अंश के चतुर्थ अध्याय इसका उदाहरण है। उसी तरह यजुर्वेद शुक्ल तथा कृष्ण दोनों शाखाओं का विशद वर्णन उसी के पाँचवे अध्याय में हैं। फिर सामवेद तथा अथर्ववेद की शाखा प्रशाखाओं का विवेचन छठे अध्याय में हुआ है।

इस प्रकार से श्रीमद्भागवत के द्वादश स्कन्ध के छठे तथा सातवें अध्याय में चारों वेदों की शाखा प्रशाखाओं का सूक्ष्म वर्णन दृष्टिगत होता है। अग्निपुराण में ऋग्विधान, यजुर्विधान आदि चारों वेदों विधानग्रन्थों का सम्यक् रूप से समावेश किया गया है। इसी के साथ वेदों के मन्त्रों और सूक्तों पर भी विभिन्न कर्मकाण्डों के प्रसंग उप्लिखित हुए हैं। वैष्णवों में भागवत् तथा विष्णु आदि पुराणों की एवं पुरुषसूक्त की महिमा अपरिमेय है। भागवत तथा विष्णु आदि पुराणों में समग्ररूप से इसका अनेक बार उप्लेख किया गया है। पुराणों में वैदिक संहिताओं के मन्त्रों की व्याख्या भी विस्तार के साथ लिखी गई है:-

विष्णोः नु कं वीर्याणि प्रवोचम् (ऋग्वेद 1-154-1) की व्याख्या भागवत में की गई है (2-7-40) यहाँ तक कि किञ्चित शब्दान्तर के साथ पूरा मन्त्र यथावत दृष्टिगत होता है। इसी प्रकार ''ईशावास्योम्पदंसर्वम्'' इस ईशोपनिषद् की व्याख्या भागवत में (8-1-10) मिलती है।

इस तरह पुराणग्रन्थों एवं वेदग्रन्थों में सामीप्य के उदाहरण उपलक्ष होते हैं। पुराणसाहित्य की समीपता, वेदग्रन्थों के साथ सर्वत्र दृष्टिगत होती है।

ब्रह्माण्डपुराण द्वितीय खंड की भूमिका के अंश उद्धृत कर इस तथ्य की पुष्टि की जा सकती है:- ब्रह्माण्डपुराण पुराणों में अन्तिम पुराण है। उच्चकोटि के पुराणों में इसे महत्त्वपूर्ण स्थान प्राप्त है। पुराणकार यहाँ तक कहते चले गए कि इस पुराण को वेद के समान घोषित किया गया है। तात्पर्य यह है कि जिस उद्देश्य की पूर्ति के लिए वेद का अध्ययन किया जाता है, वैसी विषय-सामग्री यहाँ प्राप्त हो जाती हैं। ब्रह्माण्ड पुराण के नामकरण से ही यह तथ्य प्रतिभासित होता है कि इस पुराणग्रन्थ में सारे विश्व का साङ्गोपाङ्ग वर्णन उपलब्ध है।

ब्रह्माण्डपुराण द्वितीय खंड (पृ0 संख्या 6-7)

वेदे स्मृतौ पुराणे च सर्वे ते प्रभविष्णवः
प्रजानां पतयः सर्वे भूतानां पतयः स्थिताः।
तैरियं पृथिवी सर्वा सप्रद्वीपा सपत्तना
पूर्णं युगसहस्त्रं वै परिपाल्या नरेश्वरैः॥

पृ0 सं0 85 श्लोक 30 एवं 31

ब्रह्माण्डपुराण की पौराणिक कथा आर्य सभ्यता एवं संस्कृति के इतिहास का अक्ष्य स्त्रोत है।

पुराणों के वर्ण्यविषयः

सर्ग श्च प्रतिसर्ग श्च वंशो मन्वंतराणि च।
वंशानुचरितं चैव पुराणं पंच लक्षणम्॥1॥

प्रथम भाग श्लोक 37; पृ0 11

प्रथमं सर्वशास्त्राणां पुराणं ब्रह्मणा श्रुतम॥
अनन्तरं च वक्त्रेभ्यो वेदास्तस्य विनिसृताः॥2॥

श्लोक 40 पृ0 सं0 11

अर्थात् नैभिषारण्य के मुनियों ने पहले पुराणों के लक्षणों का प्रश्न किया था। जिसका उत्तर था सर्ग अर्थात् सृष्टि और प्रतिसर्ग अर्थात् उस सृष्टि से होने वाली सृष्टि, वंशों का वर्णन, मन्वन्तर अर्थात् मनुओं का क्रम वर्णन आदि पुराण ग्रन्थों के विषय हैं।

ब्रह्माण्डपुराण की कथा के साथ घटित होने वाली घटनाएं लोक कथा के रूप में प्रचलित हो चुकी हैं। अति शक्ति के प्रदर्शन करने से सदैव विनाश की सम्भावना बनी रहती है। यह शिक्षा लोक ज्ञान-मानस में व्याप्त हो चुकी है।

मानव समाज उस घटना से शिक्षा ग्रहण करता है, तथा पुराण की कथाएं जनमानस की चर्चा का विषय बन चुका है।

अतिसंघर्ष करें यदि कोई "अनल प्रकट चन्दन से होई" यह मान्यता प्रचलित है क्योंकि सगरपुत्रों की दुर्दशा के उदाहरण सवों के मनमस्तिष्क में स्थान प्राप्त कर चुके हैं। इन कथाओं का स्वरूप आज भी अक्षुण्ण है और जब तक मानव सृष्टि है यह जन-चेतना से सम्बन्ध कथा का विषय है जो हमारी मानस-चेतना में सतत व्याप्त है। अश्वमोचनवर्णन, सगर विनाश वर्णन, कपिलमुनि आश्रम की लोमहर्षक घटना वर्णन से आज तक हमारी पीढ़ी दर पीढ़ी शिक्षा ग्रहण कर लाभान्वित होती रही है।

ब्रह्माण्डपुराण द्वितीय खंड पृ0 सं0 304-305

शिवपुराण के अन्तर्गत विभिन्न पापों के स्वरूप वर्णन में जैसा कथन है उससे बचने की चेष्टा करना मानव धर्म माना गया है:-

(1) ब्राह्मणों के धनों का छीन लेना।

(2) किसी भी अन्य के भाग को स्वयं पचाकर उसे नहीं देना।

(3) अत्यन्त घमंड करना।

(4) अति पाखण्ड का आश्रय लेना।

(5) किसी के किये हुए उपकारों को नहीं मानना।

(6) सांसारिक विषयों में सर्वाधिक रूचि रखना।

(7) कंजूसी करना।

(8) सज्जन मनुष्यों से इर्ष्या करना तथा अपघात की चेष्टा आदि कुकर्म तथा चरित्रहीनता समझे जाते हैं।

इसके विपरीत नैतिक कर्मों की भी लम्बी सूची पुराणग्रन्थों के अन्तर्गत शिवपुराण में विशेष रूप से उप्लिखित है जिनका पालन मानव-कर्त्तव्य या धर्म कहा गया है। ऐसे आदेशों की वास्तविकता पर पूरा समाज विश्वास करता है तथा अपनी चारित्रिक भ्रष्टता से बचने की पूरी चेष्टा करना मानवधर्म कहा गया है।

शिवपुराण-द्वितीय खण्ड पृ0 सं0 158-159

इस मानवीय आचरण की शुद्धता को जीवन का अनिवार्य अंग कहा जाता है। इस शिवपुराण के अन्तर्गत काशी नगरी की विशेषता के साथ-साथ शिवलिङ्ग की ख्याति तथा प्रभाव बहुत आकर्षक समझे गए हैं:-

दर्शनीय स्थलों में ऐसे स्थल को सर्वोपरि स्थान मान लेने में आपत्ति नहीं हो सकती है यद्यपि यह उक्ति प्रसिद्ध है:- ''भिन्नसचय हि लोका:'' यानि संसार में अलग-अलग रूचि देखी जाती है:-

गंगातीरे सुप्रसिद्धा काशी खलु विमुक्ति दा।
सा हि लिङमयी इया शिववास स्थली स्मृता।।

लिङ तत्रैव मुख्यं च सम्प्रोक्तमविमुक्तकम्।
कृतिवासेश्वरः साक्षात् तुल्यो वृद्धबालकः।।

तिलमाण्डेश्वरश्चैव दशाश्वमेघ एव च।
गङासागर संयोगे संगमेश्व इति स्मृतः।।

भूतेश्वरो यः समप्रोक्तो भक्त सर्वार्थदः सदा।
नारीश्वर इति ख्यातः कौशिक्या स समीपगः।।

वर्तते गण्डकीतीरे मुक्तेश्वरेव सः।
पूरेश्वर इति ख्यातः फलगुतीरे सुखप्रदः।।

सिद्धनाथेश्वरः चैव दर्शनात्स द्धितो नृणाम्।
दूरेश्वर इति ख्यातः वित्तने चोत्तरे तथा॥

शृङ्गेश्वर श्चैव नाम्ना वै वैद्यनाथस्तथैव च।
जप्येश्वरस्तथा ख्यातो यो दधीचिरणस्वले॥

धार्मिक चिन्तन द्वारा इस तरह से शिवलिङ्गों के महात्म्य पर विशेष रूप से विचार किया गया है:-

श्री शिवपुराण द्वितीय खण्ड पृ0 सं0 31-32

अर्थात् भागीरथी के परम पावन तट पर बसी हुई मुक्ति प्रदान करने वाली अतिविख्यात काशीनगरी है। पुराणग्रन्थों में शिवपुराण की श्रेष्ठता निर्वादित रूप से मान्य है। शिवलिङ्ग पूरे देश में पूजे जाते हैं। किन-किन स्थानों के विशेष महत्व हैं इसके उप्लेख शिव पुराणग्रन्थ में बड़ी स्पष्टता के साथ हुए हैं। स्थल की पवित्रता शिवलिङ्ग की स्थापना के साथ-साथ चलती है। इस तरह के साङ्गोपाङ्ग वर्णन से शिवभक्ति धारा स्वतः होकर प्रवाहित होने लगती है। पुराणपाठक भावविभोर होकर शिवशक्ति के आगे नतमस्तक होने के लिए स्वतः बाध्य हो जाते हैं। ऐसी भावविभोरता भक्ति रस की उपज समझी जाती है।

शिवपुराणग्रन्थ में यह अंश काफी विस्तार से उप्लिखित हुआ है:-

तावत्सर्वे च देवा विवदंति महीतले।
यावत शिवपुराणं हि नोदेष्यति महीतले॥

तावत्सर्वे च सिद्धान्ता विवदंति महीतले।
यावत् शिवपुराणं हि नोदेष्यति महीतले॥

इस प्रकार से शिवत्व के महत्त्व पर प्रकाश डालते हुए पुराणकार ने स्पष्ट उप्लिखित किया है:-

यथा शक्ति पठेत् भक्त्या स जीवन्मुक उच्यते
एतत् शिवपुराणं हि यो भक्त्यार्चयते सदा

दिने-दिने अश्वमेघस्य फलं प्राप्नोति असंशयम्॥

शिवपुराण-प्रथम भाग पृ0 78-79

भारतीय विचारधारा में पुराण तथा वेदग्रन्थों से शास्त्र-शासित भारतीय परम्परा का क्रमिक विकास हुआ है जो अष्टादशपुराण तथा चार वेदग्रन्थों द्वारा अभिव्यक्त है। समाज में प्रणव (ऊँ) तो धनुष है और जीवात्मा बाण के सदृश है। ब्रह्म तत्त्व लक्ष्य कहा गया है। सतत् सावधान मनुष्य के द्वारा वह लक्ष्यवेधा करने योग्य माना गया है:-

(2-2-5)- मुण्डकोपनिषद् द्वारा विशेष रूप से यह तथ्य स्पष्ट करने की चेष्ट हुई है:-

यस्मिन् द्यौः पृथिवी चान्तरिक्षमोतं
मनः सहप्राणै श्च सर्वैः।
तमेवैकं जानथ आत्मानमन्या
वाचो विमुञ्चथामृतस्यैष सेतुः॥

अर्थात्, जिसमें स्वर्ग, पृथिवी और उसके बीच का आकाश तथा समस्त प्राणों के सहित मन गुँथा हुआ है, उसी एक सबके आत्मरूप परमेश्वर को जानो, दूसरी सब बातों को सर्वथा छोड़ दो। "यही अमृत-सेतु है जो भवसागर से पार लगा सकता है।

वेदान्त-दर्शन (ब्रह्म सूत्र) पृ0 सं0 54-55 मुण्डकोपनिषदग्रन्थ द्वारा इस तथ्य की विशेष व्याख्या इस रूप में की गई है:-

यथा नद्यः स्यन्दमानाः समुद्रे-
ऽस्तं गच्छन्तिनामरूपेविहाय
तथा विद्वान्नामरूपाद्विमुक्तः
परात्परं पुरुषमुपैति दिव्यम्॥ मुण्ड0 उ0 3/2/8

अर्थात् जिस प्रकार बहती हुई नदियाँ नाम रूप को छोड़कर समुद्र में विलीन हो जाती है, वैसे ही ज्ञानी पुरुष नामरूप से रहित होकर उत्तम से उत्तम दिव्यपुरुष परमात्मा को प्राप्त हो जाता है। इसी उपनिषद् में अधिक स्पष्टता हेतु उक्त है:-

द्वा सुपर्णा सयुजा सखाया समानं वृक्षं परिषस्व जाते।
तयोरन्यः पिप्पलं स्वाद्वत्त्यन श्नन्न्यो अभिचाकशीर्ष॥

अर्थात् एक साथ रहते हुए परस्पर सख्यभाव रखने वाले दो पक्षी (जीवात्मा और परमात्मा) एक ही शरीर रूप वृक्ष का आश्रय लेकर रहते हैं। उन दोनों में से एक (जीवात्मा) वृक्ष के कर्म फलस्वरूप सुख-दुख का स्वाद लेते हैं दूसरा केवल देखता है।

इन सारे तथ्यों के आलोक में मानव-मन इस निष्कर्ष पर पहुँचता है कि कर्म, ज्ञान और उपासना जैसे तत्त्वों में सम्पूर्ण जीवन उलझा हुआ रह जाता है। ऐसी स्थिति से निपटने में किसी एक ठोस आधार के आश्रय की आवश्यकता होती है जिसके लिए कर्म का आश्रय सर्वोपरि सिद्ध मार्ग है:-

कुर्वन्नेवेह कर्माणि जिजीविषेच्छतसमाः।
एवं त्वचि नान्यथेतोऽस्ति न कर्म लिप्यते नरे॥

अर्थात् इस लोक में कर्म करते हुए सौ वर्षों तक जीने की कामना करनी चाहिए। मनुष्यत्व का अभिमान रखने वाले मनुष्य के लिए इसके सिवा और कोई मार्ग नहीं है। अशुभ कर्म का लेप न हो यह चिन्तन हमेशा रहना चाहिए।

गीता का कर्म रहस्य इस सन्दर्भ में विशेष रूप से अनुकरणीय है:-

यतः प्रवृत्तिभूतानां येन सर्वमिदं ततम्।
स्वकर्मणा तमम्यर्च्य सिद्धिं विन्दतिमानवः॥

अर्थात्, जिस परमेश्वर से सम्पूर्ण प्राणियों की उत्पत्ति हुई है और जिससे यह समस्त जगत व्याप्त है, उस परमेश्वर की अपने स्वाभावित कर्मो द्वारा पूजा करके मनुष्य परमसिद्धि को प्रापत हो जाता है।

कर्मतत्त्व की विशेषताओं का ज्ञान अनिवार्य है जिस हेतु आगे स्पष्टता हेतु कथन इस प्रकार है:-

सहजं कर्म कौन्तेय सदोषमपि न त्यजेत्।
सर्वारम्भा हि दोषेण घूमेनाग्निरिवावृताः॥

अर्थात् दोषयुत होने पर भी सहज कर्म को नहीं त्यागना चाहिए।

गीता अ0 18 श्लोक 46, 48

स्कन्दपुराण की रेवाखण्ड के 1-17-18; 22-23 में विशेषताएँ:- पुराणग्रन्थों के महत्त्व पर काफी विस्तार से विचार किया गया है:-

आत्मनो वेदविद्या च ईश्वरेण विनिर्मिता।
शौनकीया च पौराणीव धर्मशास्त्रात्मिका तु या॥

तिस्रो विद्या इमा मुख्या सर्वशास्त्रविनिर्णये।
पुराणं पंचमो वेद इति ब्रह्मनुशासनम्॥

वेदाः प्रष्ठिताः सर्वे पुराणे नात्र संशयः।
आत्मा पुराणं वेदानां पृथगङ्गानि तानि षट्॥

यन्न दृष्टं हि वेदेषु तत् दृष्टं स्मृतिभिः किल।
उभाम्यां यन्न दृष्टं हि तत् पुराणे प्रगीयते॥
पुराणं सर्वशास्त्रणां प्रथमं ब्रह्मणा स्मृतम्॥

नारदीय पुराण 2/24/17 में यह तथ्य इस प्रकार उल्लिखित हुआ है।

वेदार्थादधिकं मन्ये पुराणार्थ वरानने।
वेदाः प्रतिष्ठिताः सर्वे पुराणो नाम संशयः॥

नारदीयपुराण-2/24/17

पुराण का व्युत्पत्ति गत अर्थ समझने की चेष्टा होती रही है। पुराणशील की व्याख्या पुराणग्रन्थों में भी उपलब्ध है:-

यस्मात् पुरा हयनक्रीदं पुराणं तत् स्मृतम्।
निरूक्तमस्य यो वेद सर्वपापैः प्रमुच्यते॥

वायुपुराण 1/203

पुरा परम्परा व्यष्टि पुराणं तत् स्मृतम्॥

पद्मपुराण 5/2/53

ब्रह्माण्डपुराण में व्युत्पत्तिगत अर्थ समझाने का प्रयास है:-

यस्मात् पुरा ह्यभूतच एतत् पुराणं तेन तत् स्मृतम्।
निरूक्तमस्य वेद सर्वपापैः प्रमुच्यते॥

ब्रह्माण्डपुराण 1/1/173

वायुपुराण में यह व्याख्या इस प्रकार अभिव्यक्त हुईः-

इमं यो ब्राह्मणो विद्वानितिहासं पुरातनम्।
श्रृणुयाद् श्रावयेद्वाचि तथाऽध्यापयतेऽपि च॥
धन्यं यशस्यमायुष्यं पुण्यं वेदैश्च सम्मतम्।
कृष्णद्वैपायने नोक्तं पुराणं ब्रह्मवादिना॥

वायुपुराण 103/45,51

अथर्ववेद की व्याख्या विशेष स्पष्ट है:-

स विहतीं दिशमनुव्यचलत् तमितिहासश्च।
पुराणं च गाथाश्च नाराशसीश्चानुव्य चलत्॥
इतिहासस्य च सवै पुराणस्य च गाथानां च।
नाराशंसीनां च प्रियं धाम भवति य एवं वेद॥

अथर्ववेद 15 काण्ड अनुवाक 6 सूक्त।

स्कन्दपुराण द्वारा भी उपरोक्त तथ्यों की स्थापना की गई है।

श्रुतिस्मृति तु नेत्रे द्वे पुराणं हृदयं स्मृतम्।
श्रुतिस्मृतिम्यां हीनोऽन्धः काणः स्यादेकया बिना॥
पुराणही नाद्धृच्छून्यात काणन्धावपि तौ वरौ।
श्रुतिस्मृत्युदितो धर्मः पुराणः परिगीयते॥
यस्यं धर्मेऽस्ति जिज्ञासा यस्य पापाद्भयं महत्।
श्रोतव्यं पुराणानि धर्ममूलानि तेन वै॥

चतुर्दशसु विद्यासु पुराणं दीप उत्तमः।
अन्धोऽपि न तदालोकात् संसारब्धौ क्वचित् पतेत्॥

स्क0 पुराण का0 2/96-97; 99-100

अर्थात् विद्वानों के श्रुति तथा स्मृतिशास्त्र ही दो नेत्र हैं और पुराण साहित्य हृदय कहा गया है। अतः श्रुति-स्मृति किसी एक का ज्ञान यदि नहीं है तो वह एकाक्ष माना जाता है और यदि दोनों से हीन है तो वह अंधा ही समझा गया है। पुराणरूपी विद्या से जो हीन है उसकी तो कोई गणना ही नहीं की जाती है। श्रुति-स्मृति में प्रतिपादित धर्म वह पुराणों में भी वर्णित है। इस तरह चौदह विद्याओं में पुराण विद्या ही चिराग है जिससे सवों को प्रकाश उपलब्ध होता है।

इस तरह शिवपुराण की उमासंहिता में अ0 13 का निष्कर्ष सर्वमान्य कहा गया है:-

अन्यो न दृष्टः सुखदो हि मार्गः
पुराण मार्गो हि सदा वरिष्ठः।
शास्त्रं बिना सर्वमिदं न माति
सूर्येण हीना इव जीवलोकाः॥

अनुसंधान के विभिन्न क्षेत्रों की ओर मौलिक उद्‌भावनाएँ प्रौढ़ चिन्तन की ही देन मानी जाती हैं जिसकी अभिव्यक्ति तथा जिसकी प्राप्ति में ईश्वरीय अनुकम्पा का सहारा अनिवार्य है कहा गया है।

स्वस्ति पन्थामनु चरेम सूर्या चन्द्रमसाविव।
पुनर्ददताघ्नता जानता सं गमेमहि॥

अर्थात् जैसे सूर्य और चन्द्रमा निरावलम्ब अन्तरिक्ष में निरापद स्वं राक्षस आदि से अबाधित निर्विघ्न चलते हैं, वैसे ही हमारी यात्रा सम्पन्न हो यह ईश्वर से प्रार्थना है।

शिवपुराण में उप्लिखित मन्त्रों के महत्त्व सर्वविदित है। ये मन्त्र पुराणग्रन्थों से ही उद्धत हैं:-

शिवेभक्ति शिवेभक्ति शिवेभक्तिः भवेभवे।
अन्यथा शरणं नास्ति त्वमेव शरणं मम्॥

इति संप्रार्थ्य देवेशं सर्वसिद्धि प्रदायकम्।
पूजयेत् परया भक्तया जलनादैः विशेषतः॥

नमस्कार ततः कृत्वा परिवारगणैस्सह।
प्रहर्षमतुलं लब्ध्वा कार्यं शिवभक्तिपरायणः॥

तस्य वै सकलासिद्धि जायते तु पदे-पदे
वाग्मी संजायते तस्य मनोऽभीष्टंफलंध्रुवम्।
रोगदुखं च शोकं च ह्युद्वेगं कृत्रिमं तथा॥

कौटिल्यं च गरं चैव यद्यद्दुखमुपस्थितम्।
तद्दुखं नाशयत्वेव शिवः शिवकरः परः॥

कल्याणं जायते तस्य शुल्कपक्षे यथा शशी।
वर्द्धतु सद्गुणःतस्य ध्रुवं शंकरपूजनात्॥

शिवपुराण पृ0 210

स्वयं भगवान विष्णु सारे पुराणों को अपने विभिन्न अङ्गो में समाहित कर अपने विराटरूप में अवतार लिया था जिससे यह ध्वनि निःसृत होती है कि पुराणों के सारे तत्त्व ईश्वरीय संरचना से ही निर्गत है जिसका पालन ईश्वरीय अनुकम्पा या पूजा-अर्चना से ही सफलता की प्राप्ति होती है।

पद्मपुराण, स्व0 खण्ड 2 से 7 में इसकी अभिव्यक्ति इन शब्दों में की गई हैः-

पुराण-विग्रह भगवान विष्णु
वैष्णवं दक्षिणों बाहुः शैवं वामो महेशितुः।
भागवतं प्रोक्तं नाभिः स्यान्नारदीयकम्॥
मार्कण्डेयं च दक्षाङ्घ्रिर्वामो ह्याग्नेयमुच्यते।
भविष्यं दक्षिणों जानुर्विष्णोरेव महात्मनः॥

ब्रह्मवैवर्तसज्ञं तु वामजानुरुदाहृतः।
लैङ्गं तु गुल्फकं दक्षं वामगुल्फकं॥

स्कान्दं पुराणं लाभानि त्वगस्य वामनं स्मृतम्।
कौर्मं पृष्ठं समाख्यातं मात्स्यं मेदः प्रकीर्तिवे॥

मज्जा तु गारुडप्रोक्तं ब्रह्माण्डमीस्व गीयते।
एवमेवा भवविष्णुः पुराणावयवो हरिः॥

पुराण साहित्य के तात्वि विश्लेषण में उक्ति प्रसिद्ध है:-

इतिहासपुराणाभ्यां वेदं समुपवृंह्येत्
विभेत्यल्पश्रुताद् वेदो मामयं प्रहरिष्यति।

महा0 भा0 आदिपर्व 267; 268

अर्थात् वेदग्रन्थों के तात्विक विश्लेषण में पुराणसाहित्य का ज्ञान होना अनिवार्य माना गया है। वास्तव में पुराण वेदों के व्याख्या ग्रन्थ माने गए हैं:-

ऋचः सामानि छन्दांसि पुराणं यजुषा सहः।
उच्छिष्टा जज्ञिरे सर्वे दिवि देवा क्षिणिश्चिताः॥

सामाजिक चिंतन में पुराणसाहित्य के मूल्यांकन

(1) ब्रह्मपुराण भगवान विष्णु का सिर, (2) पद्मपुराण हृदय, (3) विष्णु पुराण दक्षिण बाहु, (4) शिवपुराण वामबाहु, (5) भागवत जङ्घायुगल, (6) नारदपुराण नाभि, (7) मार्कण्डेयपुराण दक्षिण और (8) अग्निपुराण वाम चरण हैं, (9) भविष्य उनका दक्षिण जानु, (10) ब्रह्मवैवर्त वाम जानु, (11) लिङ्गपुराण दक्षिण गुल्फ (टखना), (12) वराहपुराण वाम गुल्फ, (13) स्कन्द पुराण रोम, (14) वामनपुराण त्वचा, (15) कूर्म पुराण पीढ, (16) मत्स्यपुराण मेद, (17) गरूड़ मज्जा, (18) और ब्रह्माण्ड पुराण अस्थि के रूप में मान्य होते हैं।

इस प्रकार हमारे अष्टादश पुराण भगवान विष्णु के विभिन्न अङ्गो के रूप में माने जाते हैं। भगवान विष्णु पुराण-विग्रह के रूप में प्रकट

हुए हैं। महर्षि व्यास ने इन सारे पुराणों के भाव-विचार को ध्यान में रखते हुए अपना मन्तव्य इस प्रकार अभिव्यक्त किया है:-

अष्टादश पुराणेषु व्यासस्य वचनद्वयम्।
परोपकारः पुण्याय पापाय परपीड़नम्॥

तात्पर्य यह है कि पुराणशास्त्र में परोपकार पुण्य का जनक माना गया है तथा पाप का जनक देखा परपीड़ा ही है। यह तथ्य इन पंक्तियों द्वारा भी समर्थित है विद्वान।

परहित सरिस धरम नहीं भाई।
पर पीड़ा सम नहिं अधमाई॥

यह संत तुलसी दास का चिंतन रामायण महाकाव्य में व्यक्त है। अर्थात् उसे विशाल शास्त्र में परपीड़ा को अधर्म का जनक माना गया तो दूसरे का हित सोचना या परोपकार करना सबसे बड़ा धर्म माना गया है। इस तरह पुराणशास्त्र का मूल उद्देश्य समाज को नीतिशास्त्र की शिक्षा देना है और धर्म के बन्धन में सारे समाज को बँधे रखने की ..... है।

वेदार्थादधि कै मन्ये पुराणार्थ वरानने।
वेदाः प्रतिष्ठिताः सर्वे पुराणे नात्र संशयः॥

इन उल्खेों से पुराणग्रन्थों के महत्त्व स्पष्टरूप से परिलक्षित होते हैं। चार वेदग्रन्थों के साथ पुराणसाहित्य "पंचम वेद" की संज्ञा से अभिहित किये गए हैं। वेदों में सारे तथ्य समाहित हुए हैं। लेकिन पुराणग्रन्थों वेद की आत्मा समाहित है यह मान्यता दी गई है जिसका तात्पर्य यह है कि वेद ग्रन्थों के तत्त्वों के सम्यक् विश्लेषण पुराणग्रन्थों में उपलब्ध होते हैं। पुराण साहित्य समाज से सर्वाधिक जुड़ा हुआ ग्रन्थ है। अनेक समस्याओं के निदानपुराण साहित्य से ही प्रापत होते हैं। जन-मानस की सही अभिव्यक्ति पुराणग्रन्थों में ही उपलब्ध है। पंचम वेद पुराणग्रन्थ हैं क्योंकि वेद के मूलतत्त्वों की अभिव्यक्ति तथा सामाजिक विश्लेषण पुराणग्रन्थ ही प्रस्तुत करता है, जिससे इसकी उपादेयता स्पष्ट है।

नारदीय पुराण पुराण के 2-24-17 में पुराण के महत्त्व का उप्लेख इस प्रकार हुआ है:-

सर्ववेदार्थ साराणि पुराणा नीति भूपते।
तर्कस्तु वाद-हेतुः स्यानीतिस्त्वैहित साधनम्॥

पुराणानि महाबुद्धे इहामुत्र सुखाय हि।
अ.दश पुराणानि यः श‍ृणोति नरोत्तमः।
कथयेद्वा विधानेन नेह भूयः स जायते॥

तात्पर्य यह है कि वेदों के सारतत्व पुराणसाहित्य में भी उपलब्ध हैं। पुराणग्रंथों के अनुशीलन करने से मोक्ष-प्राप्ति तक के अधिकारी वे हो जाते हैं।

इस तरह पुराण साहित्य समाज का अपरिहार्य साहित्यमान्य है क्योंकि पुराणग्रन्थों की सर्वाधिक मान्यता समाज में व्याप्त दीख पड़ती हैं। इस तथ्य को समझने के लिए पुराण साहित्य का व्यञ्जित अर्थ ग्रहण करना पड़ता है।

पुराणों में यह कथन बड़े गर्व के साथ कहा जाता है कि चातुर्वर्ण्य का युग अब समाप्त हो चुका है। ब्राह्मण, क्षत्रिय तथा वैश्य सवों का महत्त्व लुप्त हो रहा है। सिर्फ सेवक वर्ण या सेवक वर्ग ही दीख पड़ता है। यह समाज का नया स्वरूप उभर रहा है जिसकी अनदेखी नहीं की जा सकती है। समाज के अधिकांश व्यक्ति सेवा या नौकरी-चाकरी से ही जीविका चलाने के लिए बाध्य हो जायेंगे। पूर्वयुग में ब्राह्मण, क्षत्रिय एवं वैश्य के कार्य मात्र सेवक वर्ग के हाथ में चला आएगा। यह सामाजिक परिवर्तन का संकेत है जिसका प्रचार-प्रसार पुराण ग्रन्थों से हो रहा है।

पुराणग्रन्थों द्वारा अभिव्यक्त मन्त्रों की मान्यताओं में शिथिलता का प्रवेश नहीं है बल्कि पूर्वधारणा के अनुकरण ज्यों के त्यों हो रहे हैं। पुराणग्रन्थों के क्रम का निर्धारण जिस तरह हो चुका है वह क्रम अभी तक विद्यमान है:-

1. ब्राह्म, 2. पाद्म, 3. वैष्णव, 4. वायव्य (शैव), 5. भागवत, 6. नारद, 7. मार्कण्डेय, 8. आग्नेय, 9. भविष्य, 10. ब्रह्मवैवर्त, 11. लैङ्ग, 12. वाराह, 13. स्कन्द, 14. वामन, 15. कौर्म, 16. मात्स्य, 17. गठड़, 18. ब्रह्माण्ड। इस क्र की एक विशेषता है विद्या का आरम्भ ब्रह्म से और समाप्ति भी ब्रह्माण्ड से है। इस क्रम के निर्धारण से स्पष्ट है कि सृष्टि विद्या है जो ब्रह्म से आरम्भ होकर ब्रह्माण्ड तक हमारे ज्ञान को ले जाता है। इस क्रम में यह तथ्य भी उभरता है कि–

एकमूर्तिः त्रयोदेवाः ब्रह्माविष्णुमहेश्वराः।

तैत्तिरीयोपनिषद् की उक्ति है:– "तस्माद्वा एतस्मादात्मनः आकाशः सम्भूतः। आकाशाद्वायुः वायोरग्नि अग्नेरापः। अदभ्यः पृथिवी। तात्पर्य यह है कि सृष्टि का मूलतत्त्व ब्रह्म है। परब्रह्म का अवतार होता है यह संकेत दिया जाता है। एकादश से आरम्भ कर षोडश पर्यन्त यानि छः पुराण अवतार प्रतिपादक है लिङ्ग तथा स्कन्द भगवान शिव के अवतार कहे जाते हैं। वराह वामन, कूर्म और मत्स्य ये चार भगवान विष्णु के अवतार हैं। अठारह पुराण या एक ही पुराण के अठारह प्रकरणों द्वारा सृष्टि विधान से भी पूर्णता हो जाती है।

भारतीय, संस्कृति के मूल तत्त्वों का विश्लेषण पूराणग्रन्थों में अभिव्यञ्जित है। ज्ञान एवं भक्ति का समावेश एक साथ बड़ी सरसता के साथ हुआ है। श्रीमद्भागवत पुराण में भगवान के मधुर प्रेम का छलकता स्वरूप सम्पूर्ण ग्रन्थ में दीख पड़ता है। भगवान के मधुरप्रेम का छलकता सागर उमड़ता हुआ प्रवाह प्राप्त होता है। भक्तगण इस मधुर प्रेम सागर में आत्मविभोर हो उठते हैं– "यस्मिन् पारमहंस्यमेकममलं ज्ञानं परं गीयते।" इस पुराण ग्रन्थ को विद्या भागवताविधिः की संज्ञा दी जाती है।

इस पुराण ग्रन्थ की विशेषता का उप्लेख नारदपुराण में इस प्रकार किया गया है:–

सत्सङ्गदेवार्चनसत्कथा सुहितापदेशे निस्तो मनुष्यः।

अर्थात् जो मानव सत्संग, देवपूजा, पुराण कथा और हितकारी उपदेश में रमे हुए रहते हैं, वे इस देह का नाश होने पर भगवान विष्णु के समान तेजस्वी स्वरूप धारण कर उन्हीं के परम धाम में चले जाते हैं।

पद्मपुराण के उत्तरणखण्ड में तथा स्कन्दपुराण के विष्णुखण्ड में भागवतपुराण का महात्म्य विशेषरूप से उप्लिखित यह द्रष्टव्य है।

अहो अभीषां किमवारी शोभनं
प्रसन्न एषां स्विदुत स्वयं हरिः।
यैः जन्म लब्धं नृषु भारताजिरे
मुकुन्दमकुन्दसेवोपथिकं स्पृहा हि नः॥

इस श्लोक में भारत का मनोरम चित्र बड़ी स्पष्टता के साथ प्रस्तुत किया गया है।

श्रीमद्भागवतपुराण में भगवान की लीला का ध्यान करता हुआ मानव मन में आत्मविभोरता व्याप्त होती है:-

नृणां निःश्रेयसार्थाय व्यक्तिभग्वतो नृप।
अव्यपस्याप्रेमेयस्य निर्गुणस्य गुणात्मनः॥

भागवत्पुराण-10-29-1

भागवत पुराण के दशम स्कन्ध के श्लोक भक्ति की सरसता के उदाहरण हैं:-

श्रृण्वन् गृणन् संस्मरयै श्च चिन्तयन्
नामानि रूपाणि च मङ्गलानि ते।
क्रियासु यस्त्वच्चरणारविन्दयोः
आविष्टचेता न भवाय कल्पते॥

10/2/37 (भागवतपुराण)

इस पुराण के अन्तर्गत जीवन के परमलक्ष्य की ओर संकेत इस प्रकार किया गया है:-

आविस्मृतिः कृष्णपदारविन्दयोः
क्षिणोत्यभद्राणि शमं तनोति च।
सत्वस्य शुद्धिं परमात्माभक्तिः
ज्ञानं च विरागयुक्तम्॥

भागवत पुराण में वर्णित अद्वैततत्व की स्पष्टता इस प्रकार अभिव्यञ्जित है:-

अहमेवासमेवाग्रे नान्यद् यत् सदसत्परम।
पश्चादहं यदेतच्च योऽवशिष्येत् सोऽस्यहम्॥

अर्थात् सृष्टि के पूर्व में ही था, कोई क्रिया नहीं थी। सृष्टि का प्रपंच मैं ही हूँ। प्रलय में सब पदार्थों के लीन हो जाने पर ''मैं'' ही एक मात्र रहूँगा। स्पष्ट है कि भगवान निर्गुण, सगुण, जीव तथा जगत सब कुछ वे ही हैं।

वदन्ति तत् तत्त्वविदस्तत्त्वं यज्ज्ञमद्वयम्।
ब्रह्मेति परमात्मेति भगवानमिति शब्दते॥

भाग0 1-2-11

इसी अद्वितीय परमार्थ को ज्ञानी लोग ब्रह्म, योगीजन परमात्मा, और भक्तगण भगवान की संज्ञा से अभिरहित करते हैं।

पुराण के शब्दों में इसकी अभिव्यक्ति इस प्रकार है:-

ज्ञानं विशुद्धं परमार्थमेकम-
नन्तरं त्ववर्हिब्रह्म सत्यम्।
प्रत्यक प्रगान्त भगवच्छव्द
संज्ञं यद् वासुदेवो कवयो वदन्ति॥

भागवत् पुराण 5/12/11

भगवान अरूपी होकर भी रूपवान हैं। भक्तों की अभिरुचि के अनुसार वे भिन्न रूप धारण करते हैं। भगवान की भक्ति का नाम माया भी संज्ञा से हम अभिहित करते हैं। पुराण में यह तथ्य इन शब्दों में अभिव्यक्त है:-

ऋतेऽर्थ यत् प्रतीयेत न प्रतीयेत चात्मनि।
तद् विद्यात्मनो मायां यथा मासो यथा तमः।।

उपलब्धि हेतु प्राप्ति साधन के भाग इस प्रकार अभिव्यक्त हुए हैं-

न साधयति मां योगो न साङ्ख्यं धर्म उद्धव।
न दानं न तपो न ज्या, न शौचं न व्रतानि च।
प्रीयतेऽमलया भक्त्या हरिरन्यद् विडम्बनम्।।

तात्पर्य है कि भगवत् प्राप्ति मात्र भक्ति से ही सम्भव है जैसा कि पुराण ग्रन्थ में अभिव्यक्त है-6-11-26 श्रीमद्भागवतं पुराणममलं यद् वैष्णवानां प्रियम्।

यस्मिन् पारमहंस्यमेकममलं ज्ञानं परं गीयते।

तत्र ज्ञान विज्ञान भक्ति
सहितं नैष्कर्म्णाविष्कृतं
तच्छृण्वन्, विपठन्,
विचारणपरो भक्त्या विमुच्येन्नरः।।

श्रीमद्भागवतपुराण की श्रेणी में विष्णुपुराण की गणना बड़ी श्रद्धा के साथ होती है। इसे वैष्णवधर्म का मूल आलम्बन माना जाता है। इस पुराण के खण्ड के स्थान पर अंश कहा जाता है। अंशों की संख्या छः कही जाती है तथा अध्याय 126 हैं।

प्रथम अंश में सृष्टिवर्णन; द्वितीय अंश में भूगोल के आधार पर विवेचन तृतीय अंश में आश्रम सम्बन्धी कर्त्तव्य चतुर्थ अंश में ऐतिहासिक आख्यान, पंचम अंश क्षत्रियवंशों का विवेचन, षष्ठ अंश में प्रलय एवं भक्ति का विश्लेषण है। साम्प्रदायिक सौहार्द का विवेचन बड़ी स्पष्टता के साथ हुआ है। भगवानकृष्ण, महादेव शिव, के प्रति श्रद्धा की अभिव्यक्ति में सम्प्रदायिक सौहार्द इस प्रकार प्रकट करते हैं:-

योऽहं त्वं जगच्चेदं सदेवासुरशमानुषम्।
मतोनान्यदशेषं यत् तत्त्वं ज्ञातुमिहार्हसि।।

अविद्यामोहितात्मनः पुरुषाः भिन्नदर्शिनः।
वइन्ति भेदं पश्यन्ति चावयोरन्तरं हर॥

इस तरह साम्प्रदायिकता की उदार भावना इसमें स्पष्ट है।

साहित्यिक दृष्टि से यह पुराण अत्यन्त सरस एवं लोकोपकारी भावना समन्वितपुराण माना जाता है। वैष्णवधर्म की दृष्टि से यह पुराण द्वितीय स्थान पर बड़ी श्रद्धा के साथ रखा जाता है। शिव एवं विष्णु दोनों देवताओं के लिए असीम श्रद्धा प्रकट की जाती है:–

शैषं च वैष्णवं लोकमेकरूपं नशेप्तम्।
द्वयो श्चाप्यन्तरं नास्ति एकरूपं महात्मनोः॥

शिवाय विष्णुरूपाय विष्णवे शिवरूपिणे।
शिवस्य हृदये विष्णुः विष्णो श्च हृदये शिवः॥

एकमूर्तिस्त्रयो देवाः ब्रह्मा विष्णु महेश्वराः।
त्रयाणामन्तरं नास्ति गुणभेदाः प्रकीर्तिताः॥

संसारसागरमतीव गभीरपारं
दुखोर्मिविविधमोरमयैस्तरङ्गैः।
सम्पूर्णमस्ति निजदोषगुणैस्तु प्राप्तं
तस्मात्समुद्ध जनार्दन मां सुदीनम्॥

कर्माम्वुदेव महति गर्जति वर्षतीव,
विद्युप्लतोल्लसति पातकसञ्चयैर्मे।
मोहान्धकारपटलैर्यचि नष्टदृष्टे,
दीनस्य तस्य मधुसूदन देहि हस्तम्॥

विष्णुपुराण भागवतपुराण की श्रेणी में प्रथम स्मरणीयपुराण मान्य है।

वायुपुराण

इस पुराण में चार खण्ड हैं जिन्हें पाद कहा गया है। (1) प्रक्रिया पाद (2) अमुषङ्ग पाद (3) उपोदघातपाद (4) उपसंहासर पाद। प्रजापतिद्वारा शिव की स्तुति सरसता के साथ अभिव्यञ्जित हुई है:–

नमः पुराणप्रभवे, युगस्यप्रभवे नमः
चतुर्विधस्य सर्गस्य पभवेऽनन्त चक्षुषे।
विधानां प्रभवे चैव, विधानां प्रभव नमः
नमो व्रतानां पतये, मन्त्राणं पतये नमः॥

शिव एवं विष्णु के चरित्र का बड़ा ही सरस वर्णन इस ग्रन्थ में उपलब्ध होता है।

श्रीमद्भागवत पुराण के माध्यम से अद्वैततत्त्व का विश्लेषण बड़ी स्पष्टता के साथ हुआ है:-

अहमेवासमेवाग्रे नान्यद् यत् सदसत्परम्।
पश्चादहं यदेतच्चं यो अवशिष्येत् सोऽस्म्यहेम्॥

इस अद्वितीय तत्त्व तत्त्व का विश्लेषण इस ग्रन्थ में सरस रूप से हुआ है जिससे सिद्ध होता है कि भगवान निर्गुण, सगुण, जीव तथा जगत सब वही हैं। इस अद्वयतत्त्व की सत्ता सभी के द्वारा मान्य हुई है।

वदन्ति तत् तत्त्व विदस्तत्त्वं यज्ज्ञानमद्वयम।
ब्रह्मेति परमात्मेति भगवानिति शब्द्यते॥

विशेष स्पष्टता हेतु कथन है:-

ज्ञानं विशुद्धं परमार्थमेकमनन्तरं त्वबहिर्ब्रह्मसत्वम्।
प्रत्यक् प्रशान्तं भगवानिति शब्दते॥

भा0 पु0 1/2/11

ज्ञानं विशुद्धं परमार्थमेकमनन्तरं
त्वबहि ब्रह्म सत्यम्।
प्रत्यक प्रशान्तं भगवच्छब्दसंज्ञं
यद वासुदेवो कवयो वदन्ति॥ भाग0 पु0 5-12-11

नारद पुराण

इसके नारदीय पुराण नाम भी दिये गए हैं। इस पुराण के रचनाकाल भी विवाद के विषय हैं। अनेक अध्यायों में विष्णु, राम,

हनुमान, कृष्ण, काली, महेश के मन्त्रों का निरूपण बड़ी स्पष्टता के साथ हुआ है। विष्णुभक्ति के प्रति इस पुराण में श्रद्धा की अभिव्यक्ति काफी विस्तार से हुई है। इस पुराण में अठारह पुराणों के विषयों की चर्चा की गई है जिससे इस ग्रन्थ की उपादेयता में कफी अभिवृद्धि हो जाती है। पश्चात्य विद्वानों में यह ग्रन्थ काफी प्रिय समझा जाता है।

मार्कण्डेयपुराण

इस ग्रन्थ का अंग्रेजी अनुवाद भी उपलब्ध है जिसे पार्जिटर महोदय के द्वारा लिखा गया है। इस ग्रन्थ में प्रसिद्ध ब्रह्मवादि भी मदालसा का पवित्र-जीवन चरित्र उल्लेखित है जिससे ग्रन्थ का महत्त्व बढ़ जाता है। मदालसा द्वारा ब्रह्मज्ञान की शिक्षा अपने पुत्र अलर्क को दिया जाता है, जिसमें कर्मयोग की शिक्षा भी अभिव्यञ्जित है। दुर्गासप्रशती का अंश इस ग्रन्थ में उपलब्ध है जिससे इसकी उपादेयता निर्विवाहित रूप से सिद्ध होती है। पूरे ग्रन्थ में 137 अध्याय हैं तथा श्लोकों की संख्या नौ हजार है। मार्कण्डेय ऋषि द्वारा ग्रन्थों के तथ्य वर्णित हैं, जिससे यह नामकरण उपयुक ही प्रतीत होता है। देवीभक्तों के लिए यह ग्रन्थ विशेष रूप से पठनीय तथा ग्रहणीय समझा जाता है जिससे इसकी लोकप्रियता में चार चाँद लग जाता है। मार्कण्डेय पुराण के 81वें अध्याय से 93 अध्याय तक दुर्गासप्रशती का प्रसंग है जिसका पाठ दुर्गाभक्तों के माध्यम से किया जाता है। द्रौपदी के पाँच पतियों के सम्बन्ध में जो विश्लेषण उप्लिखित हुआ है उससे पाँच पंतियों के एकमात्र इन्द्र के तेज से आविर्भाव होने का प्रसंग है। इन्द्र के तेज ने प्रथम धर्मरूप धारण कर युधिष्ठिर, वल ने पवनरूप से भीमसेन, अर्धवीर्य ने अर्जुन, इन्द्रदेव के ही रूप अश्विनी कुमार द्वयरूप से माद्री के गर्भ से नकुल तथा सहदेव को उत्पन्न किया था। इस तरह एक ही इन्द्र के अंश पाँच पाण्डवों के रूप में आए हैं इस तथ्य का विश्लेषण ग्रन्थ में हुआ है।

अग्निपुराण:- भारतीय विद्याओं का विश्वकोष ही इस पुराण को कहा जाता है। इस ग्रन्थ में 383 अध्याय हैं जिनसे विषयवस्तु की विभिन्नता प्रतिभासित होती है। रामायण तथा महाभारत की कथाओं का

सन्निवेश बड़ी सरसता के हुआ है जिनसे ग्रन्थ की उपादेयता काफी बढ़ जाती है। पुराण में समाविष्ट पंक्ति से यह तथ्य काफी स्पष्ट होता है:-
आग्नेयो हि पुराणेऽस्मिन् सर्वा विद्या: प्रदर्शिता: (अग्नि पुराण 383/51)
इस पुराणग्रन्थ को भगवान श्रीहरि का वायाँ चरण कहा जाता है:-
("आङ्घ्रिर्वामो ह्याग्नेयमुच्यते" स्वर्गखण्ड 62-4)

भगवान अग्नि द्वारा वशिष्ठ को उपदिष्ट किया गया है इसलिए यह अग्निपुराण के नाम से अभिहित हुआ है। इस ग्रन्थ में लगभग पन्द्रह हजार श्लोक समाविष्ट हैं। ग्रन्थ के अन्तर्गत परा विद्या एवं अपराविद्या पर विस्तार से विचार हुआ है। ग्रन्थ में विष्णुभक्ति को मोक्ष प्राप्ति का साधन माना गया है। ज्योतिषशास्त्र, धर्मशास्त्र, राजनीतिशास्त्र आयुर्वेद आदिशास्त्रों का साङ्गोपाङ्ग विश्लेष से ग्रन्थ की उपादेयता भी ग्रन्थ का विषय है जिन विषयों का विश्लेषण काफी विस्तार के साथ हुआ है।

भविष्य पुराण

भविष्य में होने वाली घटनाओं की भविष्यवाणी की गई है इसलिए इस ग्रन्थ का नामकरण वैसा किया गया है। जैसा कि कथन है भविष्य के सन्दर्भ में ऐसे उप्लेखों की तार्किक शैली का आश्रय कम दीख पड़ता है।

यह पुराण मुख्य चार पर्वो में विभक्त है- (1) ब्रह्म, (2) मध्यम, (3) प्रतिसर्ग, (4) तथा उत्तर। मध्यम पर्व तीन तथा प्रतिसर्ग पर्व चार अवान्तर खण्डों में विभक्त है। पर्व के अन्तर्गत अध्याय हैं जिनकी कुल संख्या 585 है और श्लोक संख्या 280001 है विषय वस्तु, वर्णनशैली तथा काव्य रचना की दृष्टि से भविष्य पुराण ग्रन्थ भव्य, आकर्षक तथा उच्चकोटि का ग्रन्थ कहा जा सकता है। धर्म, सदाचार, नीति, उपदेश, आख्यान साहित्य, व्रत, तीर्थ, दान तथा ज्योतिष एवं आयुर्वेद शास्त्र का संग्रह उच्च कोटि का है। अनेक कथाएं रोचक एवं प्रभावोदपादक हैं। गुणाढ्य की वृहद्कथा, क्षेमेन्द्र की वृहद्कथा तथा सोमदेव के कथासरित सागर का संग्रह बड़ी ही आकर्षक शैली में हुआ है। इस पुराण के कथा संग्रह रमणीय तथा मोहक है।

भविष्यपुराण की दूसरी विशेषता यह है कि यह पुराण भारतवर्ष के आधुनिक इतिहास का विश्लेषण भी प्रस्तुत करता है।

ग्रन्थ में ब्रह्मपर्व 215 अध्यायों में उल्लिखित है जिसमें नित्यकर्म, संस्कार, नियम, पूजा-उपासना विधान से सम्बद्ध मन्त्रों के उल्लेख हुए हैं। इन कथाओं का सामाजिक, सांस्कृतिक, धार्मिक आदि आदर्श उल्लिखित होने के कारण काफी महत्त्वपूर्ण है। इस ग्रन्थ को देखकर यह सूत्रवाक्य सहसा अभिव्यक्त हो जाता है-

सदाशव्या सदाध्येया, कथापौराणिकीशुभा।

प्रसिद्ध मानी जाती है।

(15) ब्रह्मवैवर्त पुराण

यह पुराण अष्टादश पुराण ग्रन्थों में महत्त्वपूर्ण स्थान रखता है। वैष्णवपुराण के रूप में इसकी मान्यता दी जाती है। यह पुराण चार खण्डों में विभक्त है- (1) ब्रह्म खण्ड, (2) प्रकृति खण्ड, (3) गणपति खण्ड तथा (4) श्रीकृष्ण जन्म खण्ड जैसे खण्डों में विभक्त किया गया है। अन्तिम खण्ड को दो खण्डों में बाँटा गया है जिसे पूर्व खण्ड तथा उत्तरखण्ड कहा जाता है। श्लोकों की संख्या लगभग 18000/ हैं तथा अध्याय 266 हैं। इस पुराण का नाम ब्रह्मवैवर्त दिया गया है जिसका कारण उल्लिखित है-

विवृतं ब्रह्मकात्स्‍र्न्य च कृष्णेन यत्र शौनक।
ब्रह्मवैवर्तकं तेन प्रवदन्ति पुराविदः॥

(ब्र0 व0 सं0 1-58-59)

यह सारा जगत ब्रह्म का विवर्त है अर्थात् श्रीकृष्ण में ही भ्रम से इसका आरोप हुआ है। यह तथ्य ब्रह्म वैवर्त पुराण में उल्लिखित है-

बन्दे कृष्णं गुणातीतं परं ब्रह्माच्युतं यतः।

(ब्र0 खण्ड 1-4)

(16) लिङ्गपुराण

पुराणों के क्रम निर्धारण में लिङ्ग पुराण का स्थान ग्यारहवाँ माना गया है:-

अलिंगी लिंगमूलं तु अव्यक्तं लिंगमुच्यते।
अलिङ्गः शिव इत्युक्तो लिंगं शैवमितिस्मृतम्॥

लिङ्ग पुराण-1-3-1

लिंगवेदी महादेवी लिङ्गः साक्षात् महेश्वरः।

ज्योतिर्मय लिङ्ग के दाहिने ब्रह्मा, वायें विष्णु और अन्तराल में सभी देवता की स्थिति रहती है। शिवपुराण में उक्ति है:- लिङ्गस्य चरितोक्तत्वात् पुराणं लिङ्गमुच्यते। इस पुराण में 133 अध्याय हैं तथा श्लोकों की संख्या 11000 (ग्यारह हजार) हैं। यह पुराण शिव तत्त्व की मीमांसा के लिए उपादेय तथा प्रामाणिक माना गया है।

वराह पुराण

विष्णु ने वराहपुराण धारण कर पृथ्वी का पाताल लोक से उद्धार किया था। इस पुराण के दो पाठभेद उपलब्ध हैं (1) गौड़ीय (2) दाक्षिणात्य इस पुराण में 218 अध्याय हैं तथा श्लोकों की संख्या 24,000 (चौबीस हजार) हैं।

इस पुराण के दो अंश विशेष महत्त्वूर्ण हैं:- (1) मथुरा कक्ष (2) तथा च नचिकेतोपाख्यान।

(17) वामन पुराण

भगवान विष्णु के वामन अवतार के आधार पर यह वामन पुराण कहलाता है। भगवान वामन तथा दुर्गा के उत्तम चरित के साथ प्रह्लाद आदि भक्तों के सुन्दर आख्यान वामन पुराण में उपलब्ध हैं। दैत्यराज बलि से सम्बद्ध वामन अवतार की प्रशस्ति तथा प्रशस्त कथा के अतिरिक्त वामन अवतार की एक कथा भी जुड़ गई है। गजेन्द्र मोक्ष की कथा भी उल्लेखनीय है जिसका समावेश इस पुराण में हुआ है।

वामनपुराण वैष्णवपुराण होते हुए भी शैब्य तथा शाक्य धर्मो की श्रेष्ठता प्रतिपादित हुई है। पौराणिक विषयों का समावेश इस पुराण ग्रन्थ में प्रचुरता से हुआ है। इस पुराण के वर्ण्य विषय संक्षेप में इस प्रकार हैं-

देवर्षि नारद द्वारा पुलस्त्य जी से वामनावतार की कथा का विश्लेषण बड़ा ही आकर्षक हुआ है। ब्रह्मा के मस्तक छेदन, कपालमोचन आख्यान, दक्षयज्ञ विध्वंस, हरि का काल रूप, कामदेव दहन प्रह्लाद नारायण युद्ध, दुर्गाचरित का वर्णन बड़ा ही आकर्षक है। इनके साथ कुछ ऐसे भी विषय समाहित हैं जो अन्य पुराणों में नहीं मिलते हैं।

प्रह्लाद की तीर्थयात्रा तथा वामन के विविध स्वरूपों का निवास स्थानों का वर्णन अत्यन्त प्रभावोत्पादक है। वामनावतार की कथा अत्यन्त आकर्षक है। दैत्य माता दिति के गर्भ से हिरण्यकशिपु आदि पराक्रमी पुत्र उत्पन्न हुए थे जो अधर्माचरण के फलस्वरूप मारे गए थे। हिरण्यकशिपु का पुत्र प्रह्लाद हुआ जिसकी गणना परम भक्तों में होती है। प्रह्लाद का पुत्र विरोचन और विरोचन का पुत्र दैत्यराज बलि था। देवासुर संग्राम के वर्णन से पुराण ग्रन्थों की उपादेयता बढ़ जाती है।

दैत्यों के गुरु शुक्राचार्य थे जिनके द्वारा कराए गए यज्ञानुष्ठान से बलशाली होकर मदोन्मत्त दैत्यराज बलि ने अपनी विशाल दैत्य सेना लेकर इन्द्र की नगरी अमरावती को घेर लिया था। इस तरह के देवासुर संग्राम का आकर्षक वर्णन इस ग्रन्थ में द्रष्टव्य है। वामनपुराण की कथा भारतीय संस्कृति की देन के रूप में उल्लिखित होती रही है। इस संग्राम से देवगण निराश तथा दुखी होकर अपनी माता अदिति की शरण में गए। अदिति दक्ष प्रजापति की पुत्री महर्षि कश्यप की धर्मपत्नी थी। इस तरह की कथा की कड़ी जुड़ती जाती है और यह वामनावतार कथा के नाम से वामन पुराण में प्रसिद्धि प्राप्त कर लेती है।

(18) मत्स्य पुराण

पुराणग्रन्थों के विविधा विषयों के उल्लेख इस प्रकार दीख पड़ते हैं:-

पुराण ग्रन्थों में मानव जीवन के लिए आवश्यक अंश से सम्बद्ध किसी क्षेत्र को अछूता नहीं छोड़ा गया है। कितने ही पुराणों में औषधिविज्ञान, साहित्य और कला सम्बन्धी विवेचन, गृह-निर्माण शास्त्र, ज्योतिष विज्ञान जैसे विविध विषयों का विवेचन बड़ी स्पष्टता से हुआ है। अग्नि पुराण को विश्वकोष तक की संज्ञा दी गई है। नारद पुराण में अनेक प्रकार की उपयोगी विद्याओं के गम्भीर विवेचन हुए हैं। गरूड़पुराण चिकित्साशास्त्र, रत्न विज्ञान जैसे विषयों के विवेचन विस्तार के साथ किये गए हैं।

अतः यह कहना अतिशयोक्ति पूर्ण नहीं है कि भारत की आत्मा पुराणग्रन्थों में समाहित है। आध्यात्मिक, आधिदैविक, आधिभौतिक सभी विद्याओं के समावेश पुराणग्रन्थों में हुए हैं। स्कन्दपुराण के रेवाखण्ड में उल्लिखित है:-

आत्मा पुराणं वेदानां पृथङ्गानितानिषऽ्।
यच्चदृष्टं हि वेदेषु तददृष्टं स्मृतिभिःकिला॥
उभभ्यां यत्तुष्टं हितत्पुराणेषु गीयते।
पुराणं सर्वशास्त्रां प्रथमं ब्रह्मणा स्मृतम्॥

अर्थात् पुराण वेदों की आत्मा है। छः वेदांग उससे पृथक हैं। जो कुछ वेदों में दृष्टिगत होता है वह सब पुराणों में गाया जाता है। पुराणों को ब्रह्मा जी ने सब शास्त्र से पूर्व स्मरण किया था।

प्र0 भा0 मत्स्य पुराण की भूमिका पृ0 संख्या-5

अष्टादश पुराणग्रन्थों की विशेषताएं संक्षिप्त रूप में प्रस्तुत कर, इन ग्रन्थों के लोकोपकारी तत्त्व भी विश्लेषित किये गए हैं। अष्टादश पुराणों के महत्त्व के फलस्वरूप ही यह विशाल साहित्य सागर सम्पूर्ण समाज के लिए आधार स्तम्भ के रूप में समाज की आधारशिला स्वरूप है जो भारतीय जनमानस से जुड़ा हुआ है:- उक्ति प्रसिद्ध है:-

अष्टादश पुराणेषु व्यासस्य वचनंद्वयम्।
परोपकार पुण्याय, पापाय परपीड़नम्॥

पुराणग्रन्थों की तरह ही वेदग्रन्थों की लोकोपकारी भावना के विवेचन से जुड़े तथ्यों को इस तरह विश्लेचित करने का प्रयास किया है।

वेदग्रन्थों की ऋचाएँ कल्याणकारी चिन्तन की देन समझी जाती है:–

मंगलकारी भावना से समन्वित् ये वैदिक ऋचाएँ समाज के लिए प्रकाश–स्तम्भ माने जाते हैं। "वेदभाष्य की भूमि में उल्लिखित मंगलकामना के स्वर इस प्रकार अभिव्यञ्जित हुए हैं:–

"ऋग्वेद से पदार्थों की स्तुति होती है। अर्थात् ईश्वर ने जिसमें सब पदार्थों के गुणों का प्रकाश किया है। इसलिए हमें चाहिए कि ऋग्वेद को प्रथम पढ़कर उन मन्त्रों से लेकर– संसार में उपकार के लिए प्रयत्न करें। ऋग्वेद–भूमिका से उद्धत अंश

आचारः– पुराण ग्रन्थों में मानव की आचार विचार धारणा पर विस्तार से विचार हुआ है। पुराण ग्रन्थों के अनुसार जो मनुष्य आचारखान हैं उन्हें दीर्घ आयु, धन, संतति, सुख तथा धर्म की प्राप्ति होती है। पुराण ग्रन्थ की मान्यता है कि आचारवान मनुष्य ही विशणु लोक की प्राप्ति कर सकते हैं। यह कथन प्रसिद्ध है–

आचारः परमो धर्मः सर्वेषामिति निश्चयः।
हीनाचारी पवित्रात्मा प्रेत्य चेह विनश्यति॥

यह भी कहा गया है कि–"आचार हीनं न पुनन्ति वेदाः" अर्थात् जो व्यक्ति आचार हीन हैं उसे वेद भी पवित्र नहीं कर सकता है। अपवित्र व्यक्ति द्वारा अनुष्ठित धर्म निष्फल सा होता है। इस संदर्भ में एक रोचक कथा प्रसिद्ध है। उत्तंक नाम के एक वेदज्ञ थे। उन्होंने कुछ खाकर खड़े–खड़े आचमन कर लिया, जिससे उन्हें राजा पौष्य की पतिव्रता रानी का राजमहल में दर्शन तक नहीं हुआ था। पौष्य द्वारा यह अपवित्रता की कथा व्यक्त हुई तो उत्तंक ने भलीभाँति अपना हाथ–पैर–मुख धोकर पूर्वाभिमुख आसान पर बैठ हृदय तक पहुँचने वाले पवित्र जल

से तीन बार आचमन किया तथा अपने नेत्र, नासिका आदि का जलासिक्त अंगुलियों द्वारा स्पर्श कर शुद्ध हो। अन्तःपुर में प्रवेश किया। तब उन्हें पतिव्रता रानी का दर्शन हुआ था।

पुराणों में आचार पर बहुत सूक्ष्म विचार हुआ है। सामान्यजन परिचित नहीं होने के कारण लाभ उठाने में वे निष्फल हो जाते हैं। आचार के दो भेद माने जाते हैं- (1) सदाचार एवं (2) शौचाचार।

विष्णुपुराण में और्व ऋषि ने गृहस्थ के सदाचार के विषय में कहा है-

सदाचाररतः प्राज्ञो विद्याविनयशिक्षितः।
पापेऽप्यपापः पुरुषे ह्यभिद्यते प्रियाणि यः।
मैत्रीद्रवान्तः करणस्तस्यमुक्तिः करे स्थिता॥

विष्णुपुराण (3/12/41)

स्पष्ट है कि बुद्धिमान गृहस्थ पुरुष सदाचार पालन करने से ही संसार बन्धन से मुक्त होत हैं। सदाचारी विद्या और विनय से युक्त रहता है। सदाचारी पुरुषमैत्री भाव से आचरण करते हैं। संसार बन्धन से मुक्ति उनके लिए हस्तगत रहती है। देवी भागवत् में भी इस विषय पर बड़ी स्पष्टता के साथ विचार हुआ है-

आचारवान सदा पूतः सदैवाचारवान् सुखी।
आचारवान सदा धन्यः सत्यं सत्यं च नारद॥

देवी भागवत् (11-24-98)

'विष्णुमेत्तिर पुराण' में कहा गया है कि सभी शुभ लक्षणों से युक्त होने पर भी पुरुष यदि आचार से रहित है तो उसे न विद्या की प्राप्ति होती है और न अभिष्ट मनोरथों की ही प्राप्ति होती है। इतना ही नहीं उसे नरक का भागी भी बनना पड़ता है-

सर्वलक्षणयुक्तोऽपि नरस्त्वाचारवर्जितः।
न प्राप्नोति तथा विद्यां न च किंचिद भीप्सितम्।
आचारहीनः पुरुषो नरकं प्रतिपद्यते॥

विष्णुधर्मोत्तरपुराण-3-250-4

आचारवान् व्यक्ति को मिलने वाले लाभों की प्रचुरता पर भी विचार हुआ है।

आचारवान सदा पूतः सदैवाचारवान सुखी।
आचारवान सदा धन्यः, सत्यं च नारद॥

देवी भागवत्-11-24-98

आचारः स्वर्गजनन आचारः कीर्तिवर्धनः।
आचार श्च तथायुष्यो धन्योलोक सुखावहः॥

आचारयुक्तस्त्रिदिवं प्रभाति आचारवानेव भवत्यरोगः।
आचारवानेव चिरं तुषीवेदाचारवानेव भवत्यरोगः॥

आचारवानेव चिरं तु जीवेत्।
आचारवानेव मुनक्ति लक्ष्मीम्॥

विष्णुधर्मोत्तरपुराण 27/1/1,4

सदाचार की तरह शौचाचार का भी पुराणग्रन्थों में विस्तार से विचार हुआ है। शौचाचार प्रत्यक्षतः शरीरादि की वाहमशुद्धि से सम्बद्ध है। प्रातःकाल जागरण से लेकर शयन पर्यन्त तक शौचाचार की विधि पर पुराणग्रन्थों में विचार किया गया है।

प्रातःकाल जागरण के उपरान्त ही शौचाचार की विधि का पालन अनिवार्य माना गया है।

दन्तधावन विधि, क्षौरकर्मविधि तै लाभ्यङ्गविधि आदि कर्मकाण्डों का पालन करते समंय नियमों पर भी ध्यान रखने का निर्देश है।

पद्मपुराण की पंक्ति से स्पष्ट है कि सात्विक जीवन व्यतीत करने वाले की ही सद्गति होती है:-

धुम्रपान रते विप्रे दानं कुर्वन्ति ये नराः।
ते नराः नरकं यान्ति ब्राह्मणा ग्रामशूकराः॥

मनुष्य जीवन की सफलता के लिए, वास्तविक उन्नति को प्राप्त होने के लिए सदाचार व्रत अनिवार्य माना गया है।

प्रातःकाल बाहम मुहूर्त में अर्थात् सूर्योदय से डेढ़ घंटा पूर्व के जागरण की अनिवार्यता कही जाती है। दोनों करतलों को देखते हुए इस मन्त्र-पाठ का विधान है:-

कराग्रे वसते लक्ष्मीः करमध्ये सरस्वती।
करमूले स्थितो ब्रह्मा प्रभाते करदर्शनम्।।

गीता अध्याय 3 श्लोक संख्या 13 में विधान निश्चित है कि मनुष्य को भोजन में किन-किन नियमों का पालन करना चाहिए:-

यज्ञशिष्टाशिनः सन्तों मुच्यन्ते सर्वकिल्विषैः।
मुञ्जते ते त्वघं पापा ये पचन्त्यात्मकारणात्।।

अर्थात् यज्ञ से बचे हुए अन्न को खाने वाले श्रेष्ठपुरुष सब पापों से मुक्त हो जाते हैं और जो पापी लोग हैं वे अपना शरीर पोषण करने के लिए अन्न पकाते हैं, वे तो पाप का ही भक्षण करते हैं।

भारतीय जीवन परम्परा में स्नान करते समय निम्नलिखित मन्त्रों का ध्यान या पाठ आवश्यक माना गया है। मन्त्र की पंक्ति इस प्रकार है-

नन्दिनी नलिनी सीता मालती च मलापहा।
विष्णु पादाब्जसम्भूता गंगा त्रिपथगामिनी।।
भागीरथी भोगवती जाह्नवी त्रिदेशश्वरी।
द्वादशैतानि नामानि यत्र यत्र जलाशयै।।
स्नानोद्यतः पठेज्जातु तत्र तत्र वसाम्यहम्।

इस संदर्भ में वामनपुराण की पंक्ति भी उल्लेखनीय है-

यथा पापानि पूयन्ते गंगावारिविगाहनात्।
तथा पुराण श्रवणाद् दुरितानां विनाशनम्।।

-वामन पु0 95/86

पुराणों के कथनों में सच्चाई है और गहरी सच्चाई है- यह किसी भी विवेकशील अध्येता के ध्यान में आ सकती है। परन्तु इस अध्ययन के लिए चाहिए अनुसन्धाता में सहानुभुति तथा ईमानदारी। बिना इनके

पुराण का अनुशीलन भारतवर्ष के लोगों के लिए किसी प्रकार भी उपयोगी सिद्ध नहीं हो सकता। वैदिक धर्म के तत्त्वों का पुराण ग्रन्थों में समावेश बड़ी स्पष्टता के साथ किया गया है। वैदिक युग में दो धाराएं चल पड़ी थी। एक वेद धारा और दूसरी पुराण धारा। वेदधारा आरम्भ से ही धार्मिक है। यज्ञों में विशिष्ठ देवता को उदिष्ट कर हविः त्याग की विधि है। दूसरी ओर पुराणधारा का लक्ष्य लोक वृत्त का अनुशीलन तथा समीक्षण करना परिलक्षित होता है। मार्कण्डेयपुराण में यह तथ्य विश्लेषित हुआ है।

उत्पन्नमात्रस्य पुरा ब्रह्मणोऽव्यक्तजन्मनः।
पुराणमेतद् वेदाश्च मुखेभ्योऽनुविनिःसृताः॥
वेदान् सप्तर्षयस्तस्माज्जगृहुस्तस्य मानसाः।
पुराणं जगृहुश्चाद्या मुनयस्तस्य मानसाः॥

मार्कण्डे पु0 अ0 45

स्पष्ट है कि प्राचीन काल में ऋषिधारा तथा मुनि धारा पृथक्-पृथक् थी। ऋषियों ने वेद ग्रहण किया और मुनियों ने पुराण ग्रहण किया। ये दोनों धाराएं ब्रह्म जी के मुख से निःसृत हुई थी। इस संदर्भ में यह उक्ति प्रसिद्ध है-

पुराणं सर्वशास्त्राणां प्रथमं ब्रह्मणा कृतम्।
अनन्तरं च वक्तेभ्यो वेदास्तस्य विनिर्गता॥

मत्स्य पुराण अ0 53 श्लोक 3

पुराणों की संख्या प्राचीन काल से 18 मानी गई है। इस अष्टादेश पुराण के नाम प्रायः प्रत्येक पुराण में उपलब्ध होते हैं। देवीभागवत (1 स्कन्ध अ0 3 श्लोक 2प्रथम) ने अद्य अक्षर के निर्देश से अष्टादश पुराणों का नाम निर्देशित इस तरह लघुकाम अनुष्टुप में निबद्ध कर दिया है-

मद्वयं भद्वयं चैव ब्रत्रयं वचतुष्टयम्।
अनापद्लिंग-कू-स्कानि पुराणानि पृथक्-पृथक्॥

स्कन्दपुराण केदारखण्ड-1 में पुराणों के विभाजन इस प्रकार किये गये हैं:-

अष्टादश पुराणेषु दशभिर्गी यते शिवः।
चतुभिर्भगवान् ब्रह्मा द्वाम्यां देवी तथा हरिः॥

कुछ ग्रन्थों में यह विभाजन वर्ग के आधार पर किया है:-

(1) ब्रह्मा-ब्रह्मपुराण और पद्मपुराण, (2) सूर्य-ब्रह्मवैवर्त, (3) अग्नि, (4) शिव, स्कन्ध, लिङ्ग, कूर्म, वामन, वराह भविष्य, मत्स्य, मार्कण्डेय तथा ब्रह्माण्ड, (5) (1) विष्णु, (2) नारद, (3) श्रीमद्भागवत, (4) गरूड़ और विष्णु पाँच श्रेणियों में विभाजित किया गया है। इन पुराणग्रन्थों की प्रशंसा अनेक सन्दर्भों में की गई है। प्रतीत होता है कि सामाजिक विकासधारा को आगे बढ़ाने का श्रेय पुराणग्रन्थों को ही प्राप्त हुआ है। इस प्रसंग में ये पंक्तियाँ उल्लेखनीय हैं-

आत्मनो वेदविद्या च ईश्वरेण विनिर्मिता।
शौनकीया च पौराणी धर्मशास्त्रात्मिकातुया॥

तिस्रो विद्या इमा मुख्याः सर्वशास्त्रविनिर्णये।
पुराणं पंचमो वेद इति ब्रह्मानुशासनम्॥

प्रशास्ति0 पुराण विमर्श पृ0

पुराणग्रन्थों को पंचमवेद की संज्ञा या श्रेणी में स्थान प्राप्ति का प्रयास होते रहा है। इन ग्रन्थों में ईश्वरीय शक्ति का साक्षात्कार कई घटनाओं एवं स्थलों के माध्यम से स्पष्ट दीख पड़ता है। इन ईश्वरीय शक्ति पर अटूट विश्वास रखकर आगे बढ़ना ही मानवधर्म कहा गया है।

पुराणों के विभाजन

पुराण साहित्य के विभाजन पर सैद्धान्तिक विचार हुआ है। मत्स्यपुराण (53-67-68) के अनुसार पुराणों के विभाजन के आधार पर विचार हुआ है। सात्विक, राजस, तामस इन तत्त्वों को ध्यान में रखते हुए तीन भागों में बाँटा गया है। सात्विक पुराणों में विष्णु का महत्त्व

अधिक दिया गया है। राजस पुराणों में ब्रह्मा का तथा अग्नि का महत्त्व दिया गया है।

तामस पुराणों में शिव का महत्त्व या स्थान मान्य हुआ इन तीनों से भिन्न एक और भेद किया गया है जिसमें सरस्वती तथा पितृगणों का महात्त्म है पद्मपुराण में सात्त्विक पुराणों की श्रेणी निर्दिष्ट है। वैष्णव, नारद, भागवद्, गरुड़, पद्म तथा वाराह निर्दिष्ट होते हैं। शिव भक्ति के प्रतिपादक वायुपुराण को सात्त्विक, पुराणों में रखा गया है। गरुड़ पुराण एक पग आगे बढ़कर सात्त्विक पुराणों के भीतर तीन प्रकार का विभाग मानता है। मत्स्य, तथा कूर्म सात्त्विक पुराण में परिगणित कर लिया गया है। इस तरह गरुड़ पुराण को सात्त्विक माना गया है। इस तरह पुराणों के विभाजन में मतैक्य का अभाव स्पष्ट दीख पड़ता है। अष्टादश पुराणों के विभाजन में मत्स्यपुराण की उक्ति इस प्रकार है-

सात्विकेषु पुराणेषु माहात्म्यमधिकं हरे।
राजसेषु च माहात्म्यमधिकं ब्रह्मणे विदुः॥

तद्वदग्नेश्च माहात्म्य तामसेषु शिवस्य च।
संकीर्णेषु सरस्वत्याः पितृणां च निगद्यते॥

मत्स्य पु0 अ0 53-68-69 श्लोक पद्म पुराण में यह विभाजन इस प्रकार वर्णित है-

मात्स्यं कौर्मं तथा लैंगं शैवं स्कान्दं तथैव च।
आग्नेयं च षडेतानि तामसानि निबोध मे॥
वैष्णवं नारदीयं च तथा भागवतं शुभम्।
गारूड़ं च तथा पाद्मं वाराहं शुभ दर्शने॥
सात्विकानि पुराणानि विज्ञेयानि शुभानि वै।
ब्रह्माण्डं ब्रह्मवैवर्तं मार्कण्डेयं तथैव च।
भविष्यं वामनं ब्राह्मं राजसानि निबोध मे॥

पद्मपुराण उत्तर खं0 63-81, 84

पुराण साहित्य के महत्त्व

पुराणग्रन्थ भारतवर्ष की अमूल्यनिधि मानी गई है। छान्दोग्योपनिषद् सप्तम् अध्याय में महत्त्व पर विचार करते हुए एक लघु कथा का समावेश हुआ है।

एक बार नारद जी सनत्कुमार के समीप गए और आत्मज्ञान की जिज्ञासी की। सनत्कुमार ने सर्वप्रथम प्रश्न किया कि आप किन-किन ग्रन्थों से अवगत हैं। नारद मुनि ने उत्तर दिया कि-ऋग्वेद, सामवेद, यजुर्वेद, अथर्ववेद के अतिरिक्त पंचमवेद पुराणादि शास्त्रों का भी अध्ययन किया है। उत्तर से प्रसन्न होकर देवर्षि नारद को आत्मज्ञान प्रदान किया गया। वेदव्यास द्वारा विरचित पुराण विभिन्न विद्याओं, कथाओं और इतिहासों के संग्रहरूप ग्रथों का अध्ययन किया है।

पुराणों में धर्म, नीति, राजनीति, अर्थशास्त्र जैसे अनेक विषयों का समावेश हुआ है। श्रीमद्भागवत् के एकादश स्कन्द में भगवान श्रीकृष्ण के द्वारा उद्धव को तत्त्वज्ञान दिया गया है जिसमें कि वेदों तथा ब्रह्मसूत्रों का भी विश्लेषण प्रस्तुत किया गया है। इस तरह पुराण ग्रन्थों के महत्त्व का विश्लेषण उस स्थल पर हुआ है।

पुराणं सर्वशास्त्राणां प्रथमं ब्रह्मणा स्मृतम्।
अनन्तरंच वक्त्रेभ्यते वेदास्तस्य विनिर्गताः॥

इस आधार पर पुराणग्रन्थों के लिए स्मृत तथा वेद के लिए विनिर्गत शब्द का प्रयोग हुआ है। दोनों ग्रन्थों में से किसी के लिए "कृत" शब्द का प्रयोग नहीं हुआ है। अतः कृत स्मृत, तथा विनिर्गत शब्दों के अर्थ का विश्लेषण आवश्यक प्रतीत होता है।

कृतग्रन्थ

जिसके अर्थ और शब्द किसी पुरुष द्वारा निर्मित हैं जैसे रघुवंश या मालतीमाधव जैसे ग्रन्थों की कथाएं। इन ग्रन्थों के अर्थ और शब्द पुरुष द्वारा कल्पित हैं। इन ग्रन्थों को कृतग्रन्थ कहते हैं। वेद के लिए

विनिर्गत शब्द का प्रयोग होता है। कृत् और स्मृत शब्दों के प्रयोग नहीं होते हैं। वेदों को छोड़कर अन्य सारे ग्रन्थ स्मृत हैं क्योंकि स्मरण द्वारा ये प्राप्त हैं। वेद के लिए श्रुति शब्द का प्रयोग होता है। वेदग्रन्थों को छोड़कर अन्य ग्रन्थ स्मृत है अतः दो श्रेणियों में यह विभाजन मान्य हैं। वेद के लिए यह पंक्ति प्रसिद्ध है:-

यो ब्रह्मणं विदधाति पूर्वं
यो वै वेदांश्च प्रहिणोति तस्मै। (श्वेत0 उ0/6-18)

विभिन्न पुराण ब्रह्मा के भिन्न-भिन्न अवयव माने गए हैं:-

एकं पुराणं रूपं वै तम् पाद्मं परं महत्।
ब्राह्मं मूर्धा हरेरेव हृदयं पद्मसंहितम्॥

वैष्णवं दक्षिणो वाहुः शैवं वामो महेशितुः।
उरु भागवतं प्रोक्तं नाभिः स्यान्नारदीयकम्॥

मार्कण्डेयं च दक्षाङ्घ्रिर्वामो ह्याग्नेयमुच्यते।
भविष्यं दक्षिणो जानुर्विष्णोरेव महात्मनः॥

ब्रह्मवैवर्तसंज्ञं तु वामजानुसदाछतः।
लैङ्गं तु गुल्फकं दक्षं वाराहं वामगुल्फकम्॥

स्कान्दं पुराणं लाभानि त्वगस्य वामनं स्मृतम्।
कौर्मं पृष्ठं समाख्यातं मात्स्यं मेदः प्रकीर्त्यते॥

मज्जा तु गारूडं प्रोक्तं ब्रह्माण्डमस्थि गीयते।
एंवमेवाभवविष्णुः पुराणावयवो हरिः॥

इसे अनन्त ज्ञान राशि का भण्डार माना जाता है। लौकिक तथा पारलौकिक सारे विषयों का समावेश पुराणग्रन्थों में हुआ है। सृष्टि के प्रारम्भ से लेकर आज तक के सारे विषयों के समावेश पुराणग्रन्थों में हुए हैं। पुराणों के आविर्भाव का कारण भी यही है। महर्षि वेदव्यास के मस्तिष्क की विशेषता है कि इतने सारे विषयों के समावेश इन पुराणग्रन्थों में किये गये हैं। अग्निपुराण के सन्दर्भ में यह कथन प्रसिद्ध है:- आग्नेयो हि पुराणेऽस्मिन् सर्वविद्या प्रदर्शिताः।

वेदग्रन्थों के तथ्यों का समावेश पुराणग्रन्थों में किया गया है। ऋग्वेद की जानकारी के लिए विष्णुपुराण के तृतीय अंश के चतुर्थ अध्याय का अवलोकन किया जा सकता है। वैदिक मन्त्रों तथा सूक्तों के साथ ही वेद में वर्णित आख्यानों का समावेश पुराणग्रन्थों में किया गया है।

आश्रम-व्यवस्था

वर्णव्यवस्था की तरह आश्रम व्यवस्था पर पुराण ग्रन्थों में विचार हुआ है। प्रारम्भ के 25 वर्ष ब्रह्मचर्याश्रम के अन्तर्गत माने गए हैं। पुराणों में चार आश्रमों के धर्म और इसके पालन योग्य नियम वर्णित हुए हैं। जीवन के प्रारम्भिक अवस्था ब्रह्मचर्य अवस्था मान्य है। ब्रह्मचर्य व्रत का पालन करने वाले पुरुष को अपने धर्म में तत्पर रहना चाहिए। इस अवस्था में विद्वान बनने का लक्ष्य रखा जाता है। नित्य संध्या वन्दन करना अनिवार्य है। मधु, माँस, सुगन्धि द्रव्य जैसे पदार्थों का त्याग अनिवार्य है। काम, क्रोध और लोभ को त्याज्य समझना चाहिए। नाच, गान तथा वाद्य से अलग थलग रहना अनिवार्य है। इस अवस्था में अन्न की निन्दा करना अनुचित माना गया है। गुरु की आज्ञा लेकर एक बार ही भोजन करना चाहिए। बेल या पलाश का दण्ड हाथ में रखना ब्रह्मचारी के लिए आवश्यक है। मूँज की मेखला ग्रहण करना चाहिए तथा जटाधारण भी करना चाहिए। यह अवस्था 25 वर्षों तक कायम रहनी चाहिए।

गृहस्थ धर्म का पालन यह जीवन के द्वितीय सोपान में है। वानप्रस्थ तृतीय सोपान में आता है तथा संन्यास जीवन का अंतिम सोपान है। आश्रमधर्म का पालन जीवन को सफल बनाने के लिए आवश्यक माना गया है। परा एवं अपरा विद्या के ज्ञान से मोक्ष चिंतन लिंग पुराण में इस तथ्य पर विचार हुआ है।

लिंग पृ. प्रथम-46-51

इस पुराण के अनुसार इस विद्या को मोक्ष-प्राप्ति का साधन माना गया है-

द्वे विद्येवेदितत्वये ही परा चैवापरा तथा।
अपरा तत्र ऋग्वेद् यजुर्वेदो द्विजोत्तमा॥
सामवेदस्तथाऽथर्वो वेदः सर्वार्थसाधकः।
शिक्षा कल्पो व्याकरणं निरुक्तं छन्द एव च॥

ज्योतिषं चापरा विद्या पराक्षरमिति स्थितम्।
तददृश्यं तदग्राह्यमगोत्रं तदवर्णकम्॥
तदचक्षुस्तदश्रोत्रं तदपाणि अपादकम्।
तदजातमभूतं च तदशब्दं द्विजोत्तमा॥

अस्पर्शं तदरूपं च रसगन्धविवर्जितम्।
अव्ययं चाप्रतिष्ठं च तन्नित्यं सवर्गं विभुम्॥

महान्तं तद्बृहन्तं च तदजं चिन्मये द्विजाः।
अप्राणममनस्कं च तदस्निग्धम्लोहितम्॥

अप्रमेयं तदस्थूलमदीर्घं तदनुल्वणम्।
अहस्वतदपारं तदानन्दं तदुच्यतम्॥

परा तथा अपरा इन दो विद्याओं को अवश्य जानना चाहिए। इसमें अपरा ऋग्वेद, यजुर्वेद, सामवेद और अथर्ववेद सभी अर्थों के साधक हैं। इनके साथ शिक्षा, कल्प, व्याकरण, निरुक्त, छन्द, एवं ज्योतिष शास्त्र का भी अध्ययन अनिवार्य है। ये सभी अपराविद्या हैं। परा विद्या अक्षर है उसे शिव तत्त्व का ज्ञान कहते हैं। वह सर्वथा अव्यपदेश्य-अदृश्य, अग्राह्य, अगोत्र, और वर्णमात्रा आदि से रहित एवं निर्गुण निराकार है। वह नेत्र, श्रोत्र और पाणिपाद से भी संयुक्त नहीं है। अजन्मा-अभूत, अशब्द, अस्पर्श, अरूप, और रसगन्ध आदि से भी रहित है। वह सर्वथाअव्यय, अप्रतिष्ठित फिर भी सर्वगामी, सर्वसमर्थ हैं। वह महान से भी महान, विशाल से भी विशाल, अजन्मा, तथा चिदानन्द स्वरूप है। वह मन प्राण से असीम और आनन्दस्वरूप अच्युतरूप में स्थित है। वह शिवतत्त्व अनपावृत, अद्वैत, अनन्तरूप और अगोचर हैं। वह असंवृतसदा एक स्वरूप हैं। उसे इस प्रकार जानना ही परा विद्या है। इससे भिन्न कोई परा

विद्या नहीं है। इस प्रकार परा और अपरा दोनों विद्याओं का भेद उल्लिखित किया गया है।

नारायणमन्त्र की महिमा

पूर्व कल्प में आरुणि नाम के विख्यात एक महान तपस्वी ब्राह्मण थे। वे किसी उद्देश्य से तप करने के लिए वन में गए और वहाँ उपवासपूर्वक तपस्या करने लगे। उन्होंने देविका नदी के सुन्दर तट पर अपना आश्रम बनाया था। एक दिन वे स्नान पूजा करने के विचार से नदी के तट पर गए। वहाँ स्नान करके जब "जप" कर रहे थे उसी समय उन्होंने सामने से आते हुए एक भयंकर व्याध को देखा जो हाथ में बड़ा सा धनुष लिए हुए था। उसकी आँखें बड़ी क्रूर थीं। वह उन ब्राह्मण के वल्कल वस्त्र छीनने और मारने के विचार से आया था। उस ब्रह्मघाती को देखकर आरुणि के मन में घबड़ाहट उत्पन्न हो गई। वह भय से थरथर काँपने लगे। किन्तु, ब्राह्मण के अन्तः शरीर में भगवान को देखकर वह व्याध डर सा गया। उसने उसी क्षण धनुष और वाण हाथ से गिरा दिये और कहा ब्राह्मण! मैं आपको मारने के विचार से ही आया था। किन्तु आपको देखते ही पता नहीं मेरी वह क्रूर बुद्धि कहाँ चली गई। विप्रवर मेरा जीवन सदा पाप कर्म करने में ही बीता है। अब तक मेरे द्वारा हजारों ब्राह्मण मृत्यु के मुख में प्रविष्ट हो चुके हैं। प्रायः दस हजार साध्वी स्त्रियों का भी मैंने अन्त कर डाला है। अहो ब्राह्मण की हत्या करने वाला मैं पापी पता नहीं किस गति को प्राप्त होऊँगा? महाभाग! अब आपके पास रहकर मैं भी तप करना चाहता हूँ। आप कृपया उपदेश देकर मेरा उद्धार करें।

व्याध के इस प्रकार कहने से उसे ब्रह्मघाती एवं महानपापी समझकर द्विजश्रेष्ठ आरुणि ने उसे कोई उत्तर नहीं दिया, परन्तु हृदय में धर्म की अभिलाषा जग जाने के कारण ब्राह्मण के कुछ न कहने पर भी वह व्याध नहीं ठहर गया। आरुणि भी नदी में स्नान कर वृक्ष के नीचे बैठे हुए तप करते रहे। इस प्रकार अब इन दोनों का नियमित धार्मिक कार्यक्रम चलने लगा। इसी प्रकार कुछ दिन बीत गए। एक दिन की बात

है आरुणि स्नान करने के लिए नदी के जल में घुसे थे तब तक कोई भूख से व्याकुल वाघ शान्त स्वभाव मुनि को मारने के लिए आ गया। पर इसी बीच व्याध ने वाघ को मार डाला। उस वाघ के शरीर से एक पुरुष निकला। बात ऐसी थी- जिस समय आरुणि जल में थे और वाघ उन पर झपटा उस समय घबड़ाहट के कारण मुनि के मुँह से सहसा "ओम नमो नारायणाय" यह मन्त्र निकल पड़ा। तब तक वाघ के प्राणकण्ठगत ही थे। यह मन्त्र उसने सुन लिया। प्राण निकलते समय केवल इस मन्त्र को सुन लेने से वह एक दिव्य पुरुष के रूप में परिणत हो गया तब उसने कहा- द्विजवर! जहाँ भगवान विष्णु विराजमान हैं मैं वहीं जा रहा हूँ। आपकी कृपा से मेरे सारे पाप धुल गए। अब मैं शुद्ध एवं कृतार्थ हो गया। इस प्रकार उस पुरुष के कहने पर विप्रवर आरुणि ने उससे पूछा नरश्रेष्ठ! तुम कौन हो?

वह पूर्वजन्म की आप बीती कहने लगा। मुने! मैं पूर्वजन्म में दीर्घबाहु नाम से प्रसिद्ध एक राजा था। समस्त वेद एवं धर्मशास्त्र मुझे सम्यक् प्रकार से अभ्यस्त थे। अन्यशास्त्र भी मुझसे अपरिचित नहीं थे। पर अन्य ब्राह्मणों से मेरा कोई प्रयोजन न था। मैं प्राय: ब्राह्मणों का अपमान भी कर देता था। सभी ब्राह्मण क्रुद्ध हो गए और उन्होंने मुझे शाप दे दिया "तूँ अत्यन्त निर्दयी वाघ होगा" क्योंकि तेरे द्वारा ब्राह्मणों का महान अनादर हो रहा है। तुझे किसी बात का स्मरण भी नहीं रहेगा।

विप्रवर! वे सभी ब्राह्मण वेद के पारगामी विद्वान थे। उनका घोर पाप लग गया। मुने! जब ब्राह्मणों ने शाप दिया तो मैं उनके पैरों पर गिर पड़ा तथा उनसे कृपापूर्वक क्षमा की भीख माँगी। मुझ पर उनकी कृपादृष्टि हो गई। अतएव उन्होंने मेरे उद्धार की बात बताते हुए कहा- प्रत्येक छठे दिन मध्याह्न काल में तुझे जो कोई मिले उसे तूँ खा जाना। वह तेरा आहार होगा। जब तुझे बाण लगेगा और उस आघात से तेरे प्राण कंठ में आ जायें उस समय किसी ब्राह्मण के मुख से जब "ओम नमो नारायणाय" यह मन्त्र तेरे कानों में पड़ेगा तब तुझे स्वर्ग की प्राप्ति हो जाएगी। इसमें कोई संशय नहीं। मुने! दूसरे के मुख से भगवान विष्णु का यह नाम सुना जिसके परिणामस्वरूप मुझे ब्रह्मद्वेषी को भी भगवान

नारायण का दर्शन सुलभ हो गया। फिर जो अपने मुँह "ओम हरये नमः" मन्त्रोचारण करते प्राणों का त्याग करता है वह परम पवित्र पुरुष जीते जी ही मुक्त है। मैं भुजा उठाकर बार-बार कहता हूँ "यह सत्य है, सत्य है, और निश्चय ही सत्य है। ब्राह्मण चलते-फिरते देखता है। भगवान पुरुषोत्तम कुटस्थ पुरुष है ऐसा कहकर शुद्ध अन्तःकरण वाला वह वाघ स्वर्ग चला गया और आरुणि भी वाघ के पंजे से छुटकर व्याध से कहने लगा आज वाघ मुझे खाने के लिए उद्यत हो गया था। ऐसे अवसर पर तुमने मेरी रक्षा की है। अतएव उत्तम व्रत का पालन करने वाले वत्स! मैं तुम पर प्रसन्न हूँ। तुम मुझसे वर माँगो। व्याध ने कहा- ब्राह्मणदेव! मेरे लिए यही वर पर्याप्त है जो आप प्रेमपूर्वक मुझसे बातें कर रहे हैं। भला आप ही बतायें इससे अधिक वर लेकर मुझे करना ही क्या है?

आरुणि ने कहा व्याध! तुम्हारी तपस्या करने की इच्छा भी अतएव तुमने मुझसे प्रार्थना की थी किन्तु अनघ! उस समय तुम अनेक प्रकार के पापयुक्त थे। तुम्हारा रूप बड़ा भयंकर था। परन्तु अब तुम्हारा अन्तःकरण पवित्र हो गया है क्योंकि देविका नदी में स्नान करने से मेरा दर्शन करने से तथा चिरकाल तक भगवान विष्णु का नाम सुनने से तुम्हारे पाप नष्ट हो गए हैं। उसमें कोई संशय नहीं। साधो! अब मेरा यह एक वर स्वीकार कर लो कि तुम यहीं रहकर तपस्या करो क्योंकि तुम इसके लिए बहुत पहले से इच्छुक भी थे। इस प्रकार नारायण मन्त्र के प्रभाव से पाप रहित वह व्याध आरुणि मुनि की आज्ञा से वहीं तप करने लगा।

गणेश जी की उत्पत्ति प्रसंग पृष्ठ

मनुष्य अपने अनुभव से बहुत कुछ सीखता है। सीखने की प्रवृत्ति जब बलवती हो जाती है तो वह प्राचीन ग्रन्थों का सहारा लेता है। अंग्रेजी में पंक्ति है- History repeats itself अर्थात् इतिहास स्वयं पुनरावृत्ति करता है जिसे मानव-मन अनुमोदित कर अपने को भविष्य वक्ता कहला लेता है।

पूर्व समय में देवता और तपोधन ऋषिगण कार्यारम्भ करते थे तो इसकी पृष्ठभूमि में निश्चित भावना बलवती रहती थी। कालान्तर में मानव मन अपनी असफलता या कार्य में उत्पन्न विघ्न का सामना करने लगा। मनुष्य की चिंतन शक्ति इस दिशा में कार्य करने लगी कि किसी कार्य में विघ्न या असफलता के कारण क्या हैं। कार्यशील व्यक्ति की कार्य सिद्धि में कभी-कभी निर्विघ्नता भी देखी जाती थी। अतः सफलता या असफलता दोनों तरह के परिणामों पर विचार होने लगा। विघ्न का होना स्वाभाविक माना जाता था। लेकिन मानव ने अनुभव किया कि असत् कार्यों में विघ्न एक स्वाभाविक प्रक्रिया है। सत् कार्यों में विघ्न होने पर चिंतित हो जाना स्वाभाविक था। देवताओं के मन में तथा मानव मन में यह जिज्ञासा उत्पन्न होने लगी। प्राचीन काल की यह कथा है कि देवतागण भगवान शंकर के पास जाकर इस समस्या का निदान क्या होना चाहिए यह जिज्ञासा प्रकट की गई। देवाधिदेव महादेव! असुरों के कार्यों में विघ्न उत्पन्न करना भले उचित हो लेकिन देवताओं के कार्य में भी विघ्न आने की परिस्थिति क्यों उत्पन्न होती है। शंकर भगवान भगवती उमा की ओर देखने लगे। कुछ देवगण भी वहाँ उपस्थित थे। ऐसा सोचकर ज्ञान शक्ति के भंडार परमपुरुष भगवान रुद्र हँस पड़े। हँसी बन्द भी नहीं हुई थी कि उनके मुख से परम तेजस्वी कुमार प्रकट हो गए। वही कुमार गणेश के नाम से प्रसिद्ध हुए। उनका मुख प्रचण्ड तेज से चमक रहा था। भगवान शिव के सभी गुण उनमें विद्यमान थे। वही कुमार गणेश के नाम से प्रसिद्ध हुए। गणेश जी के तेज से दिशाएं चमकने लगी थी। वह महात्मा कुमार प्रकट होकर अपनी अद्भुत कांति, दीप्त मूर्ति तथा रूप के कारण देवता के मन को मोहित कर रहा था। भगवती उमा एकटक दृष्टि से देखने लगी। यह स्थिति देखकर भगवान रुद्र के मन में क्रोध का आविर्भाव हो गया। ऐसा कहा जाता है कि कुमार को शाप देते हुए भगवान शंकर ने कहा- तुम्हारा मुख हाथी के जैसा और पेट लम्बा होगा। ऐसा शाप देने पर भी भगवान शंकर का क्रोध शान्त नहीं हुआ। उनका शरीर क्रोध से काँप रहा था। वे उठकर खड़े

हो गए। त्रिशूलधारी रुद्र का शरीर जैसे-जैसे हिलता था वैसे-वैसे उनके रोमकूपों से तेजोमय जल निकल कर बाहर गिरने लगा। जिस जल से अनेक विनायक उत्पन्न हो गए। उन विनायकों को देखकर देवताओं की चिन्ता बढ़ गई। पृथ्वी में क्षोभ उत्पन्न हो गया। चतुर्मुख ब्रह्मा जी हंस पर विराजमान होकर आकाश में आए और उन्होंने कहा-देवगण आप धन्य हैं। आप सभी अद्भुत रूपधारी भगवान रुद्र के कृपापात्र हैं। असुरों के कार्य में विघ्न उत्पन्न करने वाले गणेश जी को प्रणाम करने का सौभाग्य प्राप्त हुआ है। ऐसा कहने पर ब्रह्मा जी ने भगवान रुद्र से कहा- विभो! अपने मुख से प्रकट हुए इस बालक को ही आप इन विनायकों का स्वामी बना दें। ये विनायकगण इनके अनुगामी बनकर रहेंगे। मेरी प्रार्थना है कि आप के वर के प्रभाव से आकाश को भी शरीरधारी बनकर पृथ्वी आदि चारों महाभूतों में रहने का सुअवसर मिल जाय।

भगवान रुद्र और ब्रह्माजी बातें कर ही रहे थे कि विनायक वहाँ से चले गए। पितामह ब्रह्मा ने शंभु से कहा देव आपके हाथ में अनेक समुचित अस्त्र हैं। ये अस्त्र तथा वर इस बालक को प्रदान करें। यह प्रार्थना है। ऐसा कहकर ब्रह्मा जी वहाँ से चले गए। भगवान शंकर ने गणेश से कहा- पुत्र विनायक, विघ्नहर, गजाश्व, और भवपुत्र इन नामों से तुम प्रसिद्ध हो जाओगे। क्रूर दृष्टि वाले ये विनायक बड़े उग्र स्वभाव के हैं। पर ये तुम्हारी सेवा करेंगे। शक्तिशाली बनकर ये कार्यों में सिद्धि प्रदान करेंगे। सर्वप्रथम पूजा पाने का अधिकार गणेश जी को होगा। यदि ऐसा नहीं हुआ तो उस कार्य की सफलता बाधित होगी। शंकर जी ने देवताओं के साथ तीर्थों के जल से सुवर्णकलशों के जल द्वारा गणेश का अभिषेक किया। जिससे गणेश की अद्भुत शोभा होने लगी। सब देवताओं द्वारा की गई स्तुति इस प्रकार है-

हे गजानन! आपको नमस्कार है। गणनायक आपको प्रणाम है। आप विघ्नों का विनाश करने वाले हैं। इस प्रकार से भगवान रुद्र ने महापुरुष गणेश जी का अभिषेक कर दिया और देवताओं द्वारा उनकी स्तुति सम्पन्न हो गई। वाराह पु० अ० 23/33-34

प्रार्थना

नमस्ते गजवक्त्राय नमस्ते गणनायक।
नमोऽस्तु ते विघ्नहर्त्रे नमस्ते सर्पमेखल॥
विनायक नमस्तेऽस्तु नमस्ते चण्डविक्रम।
नमस्ते रूद्रवक्त्रोत्थ प्रलम्व जठराश्रितः॥
सर्वदेवनमस्कारादविघ्नंकुरूसर्वदा॥

वराहपुराण 23-33-34

अथर्ववेद परम्परा में पुराण

पुराणों का प्राचीन स्वरूप लोकवृत्तात्मक था। अथर्ववेद का भी सम्बन्ध एहिक विषयों के प्रतिपादन से सम्बद्ध था। लोकाचार की बातें तथा अनुष्ठान अथर्ववेद के मंत्रों में प्रतिपादित हुए हैं। इसी अथर्ववेद की परम्परा में पुराण का अवतरण हुआ। इसे मानने के लिए निम्नलिखित तर्क प्रस्तुत किये जाते हैं:-

(क) अथर्ववेद (11-7-24) में उच्छिष्ट नाम से संकेतित परमतत्त्व से ऋक्, यजुः तथा साम और अथर्व के संग में पुराण के उदय की बात कही गई है। अथर्ववेद में व्रात्य के अनुगमन सम्बद्ध शास्त्रों के मध्य में पुराण का स्पष्टतः उल्लेख किया है (अथर्ववेद 15-6-10-11)

(ख) गोपथब्राह्मण में पाँच वेदों की उत्पत्ति की बात बतायी गई है जिनमें से इतिहास वेद का सम्बन्ध उदीची (उत्तर) दिशा के साथ है। और पुराण का सम्बन्ध ध्रुवा (पैर के ठीक नीच की दिशा) तथा ऊर्ध्वा (मस्तक के ठीक ऊपर होने वाली दिशा) के साथ है (गोपथ-1-10) उतना ही नहीं पाँच आकृतियाँ वृधत्, करत्'' गुहत, महत् और तत्-क्रम से सर्पवेद, पिचाशवेद, असुखेद, इतिहासवेद और पुराणवेद से उत्पन्न बतलायी गई है। इस प्रकार इतिहास से महत् की ओर पुराण से तत् की उत्पत्ति स्पष्ट सिद्ध करती है कि गोपथ की दृष्टि में इतिहास तथा पुराण दोनों परस्पर पृथक् तथा भिन्न वेद माने जाते थे। गोपथ ब्राह्मण अथर्ववेद

का ब्राह्मण है। फलतः अथर्व की परम्परा का यह वर्णन प्रमाणित माना जाता है।

सायणाचार्य ने इतिहास पुराण को अथर्ववेद का उपवेद बतलाया है। स्पष्टतः दोनों के पारस्परिक सम्बन्ध की द्योतिका यह कोई प्राचीन परम्परा है जो यहाँ सायण के द्वारा निर्दिष्ट की गई है।

अथर्ववेद सामान्य जनता का उपकारी वेद है। उसके वर्ण्य विषय दो प्रकार के हैं- आमुष्मिक कर्म दर्श पूणंमासादि त्रयी प्रतिपाद्य भी हैं, परन्तु एहिक फलवाले शान्तिक पौष्टिक कर्म दर्श पूर्णमासादि त्रयी प्रतिपाद्य भी हैं। राजकर्म, अपरिमित फल वाले तुलापुरुष महादान आदि अथर्ववेद में ही प्रतिपाद्य हैं। पौरोहित्य अथर्ववेद का ज्ञाता ही करा सकता है, क्योंकि तत्सम्बद्ध राजाभिषेक आदि का विवरण अथर्ववेद में ही उपलब्ध होता है। अभिचार भी अथर्ववेद में अङ्गिरा ऋषि के द्वारा दृष्ट मन्त्रों से साध्य होता है। पति को वश में करने के मन्त्र, पत्नी का परित्याग कर बाहर भाग निकलने वाले पति को लौटाने का मन्त्र सपत्नी की ओर से पत्नी के आसक्त चित्त को आकृष्ट करने के मन्त्र नाना प्रकार के आधि-व्याधि को दूर करने के मन्त्र देश में अनादि समृद्धि उत्पन्न करने के विधिविधानों के मन्त्र-आदि तथा तत् सम्बद्ध यज्ञानुष्ठान आदि सामान्य जनता के इतने अधिक उपकारी तथा मंगलसाधक हैं कि अथर्व को जनता का वेद कहना कथमपि अनुपपन्न नहीं कहा जा सकता है। यही है अथर्ववेद की प्रकृति और इतिहास पुराण के साथ पूरी संगति बैठती है। इतिहास महाभारत की रचना का अभिप्राय श्रीमद्भागवत् ने स्वयं विशद् शब्दों में लिखा है कि स्त्री, शूद्र और पतित द्विजाति ये तीनों ही वेदश्रवण करने के अधिकारी नहीं हैं:-

स्त्रीशद्रद्विगवन्धूनां त्रयो न श्रुतिगोचराः।

विनिर्गत ग्रन्थों के विवेचन

ग्रन्थों की तीन श्रेणियाँ मान्य हैं-

(1) कृत् (2) स्मृत तथा (3) विनिर्गत।

विनिर्गत ग्रन्थ वह होता है जिसका अर्थ, शब्द और उच्चारण किसी पुरुष के द्वारा कृत नहीं होता है। संस्कृत साहित्य में ऐसे ग्रन्थों को विनिर्गत ग्रन्थ या श्रुति ग्रन्थ कहा जाता है। श्रूयत् एव, न केनचित क्रियत् इति श्रुतिः। अर्थात् जो वाक्य समूह सुना ही जाता है, किसी पुरुष के द्वारा किया नहीं जाता उसे श्रुतिग्रन्थ या विनिर्गत ग्रन्थ की संज्ञा दी जाती है।

ब्रह्मा या अन्य ऋषि श्रुति के वाक्यों के न कर्ता हो सकते हैं और न अनुवादक ही कृतग्रन्थ अनित्य होते हैं, किन्तु ब्रह्म द्वारा स्मृत अर्थ और विनिर्गत वाक्य नित्य नूतन होते हैं। इस तथ्य को व्यक्त करने के लिए उपर्युक्त वचन में पुराण के लिए स्मृत तथा वेद के लिए 'विनिर्गताः पद' दिये गए हैं।

प्रश्न उठ सकता है कि ऊपर उद्धृत पुराण वचन में जो स्मृतम् और विनिर्गताः पद आये हैं, इनसे पुराण और वेद की नित्यता प्रमाणित नहीं की जा सकती है, क्योंकि इन दोनों पदों के प्रयोग अनित्य ग्रन्थों में भी होता है।

इतिहास से पता चलता है कि यह घटना उस समय की है जब भौतिक सृष्टि का आरम्भ नहीं हुआ था। महाप्रलय में ब्रह्म को छोड़कर और कुछ नहीं था। जैसे शान्त सागर में तरंग, फेन या बुदबुद का अस्तित्व नहीं रहता है वैसे ही जीव आदि का महाप्रलय में पृथक् अस्तित्व नहीं हुआ करता।

ब्रह्म ने सृष्टि की इच्छा की और भूतसृष्टि के बाद पहला प्राणी ब्रह्मा को पैदा किया। तुरन्त उत्पन्न शिशु की बुद्धि जैसे अत्यन्त अविकसित रहती है वैसे नवजात ब्रह्मा की बुद्धि अविकसित थी। वे स्वयं समझ नहीं पाते थे कि वे कौन हैं? क्यों है और किसने उन्हें उत्पन्न किया है? इनकी उत्सुकता देखकर भगवान ने आकाशवाणी के द्वारा इनसे तपस्या करायी। तपस्या के बल पर उनकी दो जिज्ञासाओं का समाधान हो गया।

तपोवल से उन्होंने प्रत्यक्ष देखा कि वे भगवान विष्णु के

नाभिकमल से उत्पन्न हैं। भगवान ने उनकी शेष जिज्ञासा के समाधान में कहा कि तुम सृष्टि का निर्माण करो। ब्रह्म जी को यह समझ में नहीं आ रहा था कि सृष्टि क्या होती है और उसका निर्माण कैसे होता है? ब्रह्मा जी ने अपनी जिज्ञासा भगवान के सामने रखीं। भगवान ने कहा कि फिर तपस्या करो उसी से जान सकोगे कि सृष्टि क्या है? और उसका निर्माण कैसे होता है। ब्रह्मा फिर तपस्या करने लगे। तपस्या जब सीमा पर पहुँचने लगी तब उसके प्रभाव से उन्हें पुराण याद आने लगा। यही बात "पुराणं सर्वशास्त्राणं प्रथमं ब्रह्मणा स्मृतम्" इस पंक्ति से कही गई है।

अभी तपस्या में उस पूर्णता की अपेक्षा थी जिसके द्वारा उनका हृदय रेडिया बन जाये जिससे वह ईश्वर के द्वारा प्रेषित वेदों को प्रतिफलित कर उनके कंठों से विनिर्गत कर सके। जब तपस्या पूर्ण हुई तब कहीं भगवान के भेजे हुए वेद उनके हृदय में प्रतिफलित हुए और कंठों से उच्चारित होने लगे:-

यो ब्राह्मणं विदधाति पूर्वं,
यो वै वेदांश्च प्रहिणोति तस्मै। श्वेतारोपनिषदं-6-18

अर्थात् ब्रह्म पहले ब्रह्मा को उत्पन्न करता है फिर तपस्या पूर्ण होने पर उनके पास वेदों को भेजता है- "प्रहिणोति" शब्द से यह ध्वनि निकलती है।

चार वेद- पुराणों में वेदों का ही विस्तार है। यह तथ्य निर्विवाद है। चारों संहिताओं, ब्राह्मण ग्रन्थों तथा आरण्यकों के विषय यहाँ पर्याप्त रूप से विवेचित हैं। ऋग्वेद की पूरी जानकारी के लिए विष्णु पुराण के तृतीय अंश के चतुर्थ अध्याय का अवलोकन किया जा सकता है। उसी प्रकार यजुर्वेद शुक्ल तथा कृष्ण दोनों शाखाओं का विशद वर्णन उसी के पाँचवें अध्याय में है। फिर साम तथा अथर्ववेद की शाखा प्रशाखाओं का विवेचन छठे अध्याय में हुआ है। इसी प्रकार श्रीमद्भागवत के द्वादश स्कन्ध के छठे तथा सातवे अध्याय में चारों वेदों की शाखा प्रशाखाओं का सूक्ष्म वर्णन है। अग्निपुराण में ऋगविधान, यजुर्विधान आदि चारों

वेदों के विधानग्रन्थों का सम्यक् रूप से समावेश किया गया है। उसी के साथ वेदों के मन्त्र और सूक्त भी विभिन्न कर्मकाण्डों के सन्दर्भ में उल्लिखित हैं।

वैष्णवों में भागवत तथा विष्णु आदि-पुराणों की एवं पुरुषसूक्त की महिमा अपरिमेय है। भागवत तथा विष्णु आदि पुराणों की एवं पुरुषसूक्त की महिमा अपरिमेय है।

श्री ब्रह्मा जी द्वारा कथित होने तथा पुरुषत्तम भगवान श्रीकृष्ण को ब्रह्म मानकर इनका निरूपण करने के कारण यह ब्रह्मपुराण नामधेय हैं। महापुराणों की गणना क्रम में प्रायः सर्वत्र प्रथम संख्या पर परिपठित होने के कारण यह आदि पुराण भी कहलाता है। इसके प्रारम्भिक दो श्लोकों में एक में ब्रह्म का तटस्थ लक्षण और दूसरे में स्वरूप लक्षण बताया गया है। उपनिषद में ब्रह्म का तटस्थ लक्षण इस प्रकार है:-

यतो वा इमानि भूतानि जायन्ते येन जातानि जीवन्ति।
यत् प्रयन्त्यभिसंविशन्ति॥ (तैत्तिरीय उप0)

भृगुवल्ली प्र0 अनु0) अर्थात् ये प्राणी जिससे उत्पन्न होते हैं जिसके सहारे जीवित रहते हैं और अन्त में जिसमें प्रवेश कर जाते हैं वह ब्रह्म हैं। श्रुति ने ब्रह्म के स्वरूप लक्षण में बताया है कि ब्रह्म सत्स्वरूप, चितस्वरूप और आनन्दस्वरूप होता है- सत्यं ज्ञानमनन्तं, ब्रह्म।। ब्रह्मपुराण में नित्यानन्द मयं ''प्रसन्नममलम्'' ब्रह्मपुरणम् -1-3) लिखकर उक्त श्रुति का अनुवाद कर दिया गया है। इस तरह ब्रह्मपुराण ने यह स्पष्ट कर दिया है कि ब्रह्म के निरूपण में सर्ग प्रतिसर्ग वंश, मन्वन्तर तथा वंशानुचरित आदि का निरूपण उसी का स्वरूप है। सम्पूर्ण ब्रह्मपुराण 246 अध्याय॰ में उल्लिखित है। इसमें किसी प्रकार का खण्डात्मक, स्कन्दात्मक, या भावात्मक विभाजन नहीं है। इसकी श्लोक संख्या लगभग चौदह हजार है। इसमें लोभहर्षतणा शौनकादि ऋषियों के साथ सम्वाद हैं। उसमें पहले पहल कृष्ण की उत्पत्ति तथा महाराज पृथु का पावन चरित वर्णित है। गोरूपधारिणी पृथ्वी से राजा पृथु ने सर्वप्रथम समस्त अन्नादि पदार्थों का दोहन किया और उन पदार्थों से प्रजा ने

जीवन धारण किया। इन्हीं महाराज पृथु के सम्बन्ध से ही इसका नाम पृथिवी हुआ। इसके अनन्तर चौदह मन्वन्तरों तथा विवस्वान् (सूर्य) की सन्ततिपरम्परा का वर्णन है और फिर क्रमशः सूर्यवंश एवं चन्द्रवंश के वर्णन में श्रीकृष्ण चरित का विस्तृत वर्णन है। इसी प्रसंग में जम्बूद्वीप तथा उसके विभिन्न वर्षों सहित भारतवर्ष की महिमा तथा भगवत् नाम का अलौकिक महात्म्य है। उसके वाद विविध तीर्थों का वर्णन और व्यास जी का मुनियों के साथ मोक्ष के विषय में सम्वाद है। तदन्तर सूर्य आदि ग्रहों और भुवन आदि लोकों की स्थिति तथा श्रीविष्णु के प्रभाव का महात्म्य प्रदर्शित है। तदनन्तर भगवान सूर्य की महिमा, अदिति के गर्भ से इनके अवतार ग्रहण करने से आदित्य नाम ही ने तथा उनके वंश का वर्णन है। विस्तार से भगवती पार्वती के चरित का वर्णन है। एकाम्रक क्षेत्र, उत्कलक्षेत्र तथा पुरुषोत्तम क्षेत्र की महिमा में राजा इन्द्रद्युम्न का वैष्णवभक्ति परक आख्यान है। उसी क्रम में भगवान पुरुषोत्तम की पूजा स्वदर्शन का फल बताया गया है। तदन्तर कलापान्त जीवी मद्यमुनि मार्कण्डेय का दिव्यस्वरूप तथा इनके द्वारा कल्पक्षय के समय प्रलय पयोधिक मध्ये वटवृक्ष पर भगवान वालमुकुन्द के दर्शन का अद्भुत वर्णन है। उसके बाद एक सौ छः अध्याय-70 से 175 तक के अध्यायों में विस्तार से गौतमी महात्म्य वर्णित है जो ब्रह्मा जी तथा देवर्षि नारद के कथोपकथन में है। वहाँ गंगा के दो भेद बताए गए हैं-एक गौतमी गंगा अर्थात् गोदावरी है और द्वितीय भागीरथी गंगा है। भगवान् शंकर की जटा में आवर्तित भगवती गंगा को दो विभूतियों लोकोपकारी की दृष्टि से पृथ्वी पर ले आयी। एक महर्षि गौतम द्वितीय राजा भगीरथ। इसलिए गंगादेवी दो अंशों में विभक्त हो गई हैं। विन्ध्यपर्वत के दक्षिण में जो गंगा है वे गौतमीगंगा, आदिगंगा या गोदावरी गंगा कहलाती है और विन्ध्य के उत्तर में जो गंगा है वे भागीरथी गंगा के नाम से प्रसिद्ध है।

पुराणों में मोक्षदायिनी नगरी

गरुड़ पुराण एवं अन्य पुराणों में मोक्षदायिनी नगरी के नाम से उल्लिखित इस प्रकार हैं:-

अयोध्या मथुरा माया काशी काञ्चीह्यवन्तिका।
पुरी द्वारावती ज्ञेयाः सप्तैता मोक्षदायिकाः॥

अर्थात् अयोध्या, मथुरा, मायावती (हरिद्वार) काशी, काञ्ची, अवन्तिका ये सभी मोक्ष प्रदान करने में सक्षम नगरी मानी गई हैं।

स्कन्दपुराण के वैष्णवखंड के अयोध्या महात्म्य के सन्दर्भ में विष्णु के सुदर्शन चक्र पर अवस्थित यह नगरी मानी गई है।

पुराणशास्त्र के अनुसार तीर्थों के फल के अधिकारी पात्रों पर भी विचार किया गया है:-

स्कन्दपुराण- काशीखण्ड-6-29-41 में विस्तार के साथ विचार किया गया है:-

शृणु तीर्थानि गदतो मानसानि ममानद्ये।
येषु सम्यङ् नर स्नात्वा प्रयाति परमां गतिम्॥

सत्यं तीर्थं क्षमा तीर्थं तीर्थेमिन्द्रियनिग्रहः।
सर्वभूतंदया तीर्थं तीर्थमिन्द्रियनिग्रहः॥
सर्वभूतदया तीर्थं संतोषतीर्थमुच्यते।
ब्रह्मचर्य परं तीर्थं च प्रियवादिता॥
ज्ञानं तीर्थं धृतिस्तीर्थं तपस्तीर्थभुदाहृतम्।
तीर्थानामपि तत्तीर्थं विशुद्धिर्मनसः परा॥

न जलाप्लुतदेहस्य स्नामित्यभिधीयते।
स स्नातो यो दमस्नातः शुचिः शुद्धमनोमलः॥

यो लब्धो पिशुनः क्रूरो दम्भिको विषयात्मकः।
सर्वतीर्थेष्वपि स्नातः पापो मलिन एव सः॥

वेदकालीन द्विविध धारा

वैदिक युग में धार्मिक चिंतन की दो धाराएं उद्भूत हुई हैं। प्रथम वेद धारा और द्वितीय पुराणधारा के नाम से अभिहित हैं। वेदधारा में धार्मिकता के स्रोत हैं जिन्हें यज्ञ कार्यों में उपयोग किया गया है। द्वितीय

धारा यानि पुराणधारा का लक्ष्य लोकवृत्त का अनुशीलन तथा समीक्षण कर विपुल विवरण उपलब्ध है। इन दोनों धाराओं में किञ्चित पार्थक्य की कल्पना भी अनुचित नहीं है। पुराणधारा आरम्भ में वैदिक मार्ग से उतनी संस्पृष्ट तथा संश्लिष्ट सम्भवतः नहीं थी और वेदांनुसारिता पुराण की, बहुत सम्भव है उतने प्राचीन काल से अनुमित नहीं की जा सकती। द्विविध धारा की सत्ता पुराण के प्रामाण्य पर भी हम सिद्ध कर सकते हैं। मार्कण्डेय (45-23) के कथन से द्विविध धारा का अनुमान लगाना अप्रामाणित नहीं माना जा सकता। मार्कण्डेय का यह कथन इस प्रकार हैः-

उत्पन्नमात्रस्य पुरा ब्रह्मणोऽव्यक्त जन्मनः।
पुराणमेतद् वेदाश्च मुखेभ्योऽनुविनिःसृता॥
वेदान सप्तर्षयस्तस्मात् जगृहुस्तस्य मानसाः।
पुराणं जगृहुश्चान्दया मुनस्तस्यमानसाः॥

मार्क0 अ0 45

इससे स्पष्ट है कि प्राचीन युग में ऋषिधारा तथा मुनिधारा पृथक्-पृथक् थी। ऋषियों ने तो वेद का ग्रहण कर लिया और मुनियों ने पुराण का, जबकि वे दोनों ब्रह्मा जी के मुख से निःसृत हुए थे। मार्कण्डेय पुराण की सृष्टि को प्राक् कालीन मानता है और वेद की सृष्टि को उत्तरकालीन इस प्रकार ऋषियों ने वेदों को ग्रहण किया तथा उसके विपुलीकरण और प्रचार-प्रसार में प्रवृत्त हुए। विपरीत उसके मुनियों ने पुराण को ग्रहण किया और उसके प्रचार-प्रसार के महनीय कार्य में उन्होंने अपने को व्यावृत किया।

ऋषि, तथा मुनि के इस पार्थक्य की पुष्टि शंकराचार्य के सनत्सुजातीय भाष्य की एक महनीय उक्ति से भी होती है। सनत्सुजातीय के द्वितीय अध्याय (श्लोक 12) में ब्रह्म विश्व से विलक्षण तथा विपरीत बतलाया गया हैः-

निर्दिश्य सम्यक् प्रवन्ति वेदः।
तद् विश्ववैरूप्यमुदाहरन्ति॥

इस श्लोक के भाष्य में आचार्य ने उपनिषदों के प्रचुर उदाहरण देकर ब्रह्म तथा विश्व के वैलक्षण का प्रतिपादन किया है। अनन्तर ये पुराणस्थ प्रमाण की ओर निर्देश करते हैं:-

न केवलं वेदाः अपितु मुनयोऽपि तद् ब्रह्मे।
विश्व वैरूप्यं विश्वरूपविपरीतस्वरूपमुदाहरन्ति॥

आचार्य के पूर्वोक्त कथन का समीक्षण यही बतलाता है कि वेद तथा पुराण कार मुनियों के वचन को द्विप्रकारक मानते हैं। इस कथन से भी पूर्वोक्त ऋषि धारा तथा मुनिधारा के लिए पार्थक्य आधारभूमि स्थिर मानी जाती है।

पुराणसंहिता का निर्माण

पुराण की उत्पत्ति के विषय में पुराणों में एक समान मत पाये जाते हैं। ब्रह्मा के मुख से उसके उदय के विषय में तो किसी प्रकार की विप्रतिपत्ति नहीं है। विभिन्नता का कारण है, इस निर्धारण की, यह उत्पत्ति वेद की उत्पत्ति से प्राक् कालीन है या पाश्चात्यकालीन। मत्स्य पुराण (अध्याय 53 श्लोक 3) के अनुसार सब शास्त्रों में पुराण की ही रचना ब्रह्मदेव ने सबसे पहले की और इसके बाद उनके मुख से सब वेद विनिर्गत हुए:-

पुराणं सर्वशास्त्राणं प्रथमं ब्रह्मणास्मृतम्।
अनन्तरं च वक्त्रेभ्यो वेदाः तस्य निःसृताः॥

वेद से प्राक् कालीन निर्माण को यह सिद्धान्त मत्स्यपुराण की अपनी विशिष्ट कल्पना है। श्रीमद्भागवत पुराण की उत्पत्ति वेद से पश्चात्कालीन मानता है परन्तु एक अन्तर के साथ ऋग्वेदादि का उदय जो ब्रह्मा के पूर्व मुख से आरम्भ कर क्रमशः हुआ परन्तु पुराण की उत्पत्ति चारों मुखों से एक ही काल में सम्पन्न हुई। भागवत का कथन पुराण का वेद से आधिक्य सिद्ध करता है परन्तु उत्पत्ति पश्चातकालीन ही मानता है:-

ऋकयजुः सामार्थवाख्यान्, वेदान पूर्वादिमुखैः।
शास्त्रमिज्यां स्तुतिस्तोमं प्रायश्चितं व्यदधातुक्रमात्॥
इतिहास पुराणानि पञ्चमं वेदमीश्वरः।
सर्वेभ्योएव वक्त्रेभ्यः ससृजे सर्वदर्शनः॥

पुराण का यह उदय विद्या के रूप में समझना चाहिए। यह अव्यवस्थित रूप में था और इसका प्रवचन किसी ग्रन्थ से नहीं किया जाता था अपितु मौखिक रूप से ही। पुराण के विकास में एक नवीन युग आरम्भ होता है जब व्यास जी ने पुराणसंहिता का प्रणयन कर पुराण को सुव्यवस्थित रूप में प्रतिष्ठित किया।

पौराणिक भक्ति का प्रसार

वैदिक साहित्य के गाढ़ अनुशीलन से निष्कर्ष निकलता है कि वेद जैसे कर्म तथा ज्ञान का उदय स्थल है वैसे ही भक्ति का भी उद्गम स्थान है। यह सत्य है कि संहिता तथा ब्राह्मग्रन्थों में अनुरागपूर्वक भक्ति का सर्वथा अभाव है। संहिताओं में कर्मकाण्ड का प्रावल्य था। लेकिन ज्ञान तथा भक्ति का अभाव भी नहीं था। वेदमन्त्रों में विशिष्ट देवताओं की स्तुति की गई है। स्तुति इतनी मार्मिकता से की गई कि इसमें स्तोता के हृदय में अनुराग का अभाव मानना नितान्त उपहास्यास्पद है। देवताओं की स्तुति करते समय साधक उनके साथ पिता, माता, स्निग्ध बन्धु आदि नितान्त मनोरम हृदयंगम सम्बन्ध स्थापित करते हैं। यह स्पष्ट प्रमाण है कि स्तोता के हृदय में देवताओं के प्रति सर्वतोभावेन प्रेम तथा अनुराग विद्यमान था। अग्नि वैदिक कर्मकाण्ड के प्रतिनिधि देवता मान्य थे। उन्हीं के सद्भाव से यज्ञ का सम्पादन होता था।

ऋग्वेद का यह मन्त्र अग्नि को पिता तथा माता के रूप में सम्बोधित करता है:-

त्वां वर्धन्ति क्षितयः पृथिव्यां त्वां राय उभयासो।
त्वं त्राता तरणे चेलोभूः पिता माता सदभिन्यानुषाम्॥

ऋग्वेद 6-1-5

वैदिक देवताओं में इन्द्र शौर्य के प्रतीक माने जाते हैं दस्युओं पर आर्यों के विजय प्रदान करने के कारण वे प्रधान उपास्य देव माने गए हैं। इन्द्र की अनुकम्पा से आर्यगण अपने शमुओं के किलाबन्दी ध्वस्त करने में समर्थ होते थे। इन्द्र की प्रार्थना इन शब्दों में हुई है:-

त्वं हि नः पिता वसो त्वं माता शतक्रतो वभूविथ।
अधा ते सुम्नमीमहे॥ ऋग्वेद 8-98-11

पितरों में सर्वश्रेष्ठ इन्द्र को ही माना गया था-

सखा पिता पितृतमः पितृणा।
कर्तेमु लोकमुशते वयोधाः॥ ऋग्वेद 4-17-17

प्रार्थना की भावना में श्रद्धा सुमन जुड़े हुए हैं:-

को नानाम वचसा सोम्याय
मनायुर्वा भवति वस्तउस्राः।
क इन्द्रस्य युज्यं कः सरिवत्वं
को भ्रात्रं वष्टि कवये कः उती॥ ऋग्वेद 4-25-2

दूसरे स्थल पर श्रद्धा सुनने के साथ-साथ शृङ्गारिक भावना का प्रस्फुटन इस प्रकार हुआ है:-

कुह स्विद् दोषा कुह वास्तोरश्विना
कुहाभिपित्वं करतः कुहोषतुः।
को वां शयुत्रा विधनेव देवरं
मर्यं न योषा कृणुते सधस्थआ॥

भक्तिसमन्वित भावना वरुण देव के प्रति इस प्रकार अभिव्यञ्जित हुई है:-

य आचिर्नित्यं वरूण प्रियः सन्
त्वामांगांसि कृणवत् सखा ते।

अपनी श्रद्धा की अभिव्यक्ति से उनके हृदय को जीत लेने की चेष्टा है जिसमें कि प्रार्थना-कर्त्ता ने पूरी सफलता प्राप्त कर ली है।

ऋग्वेद संहिता-1-156/3 में विष्णु भगवान के प्रति असीम श्रद्धा अभिव्यक्त है तथा श्रद्धासुमन अर्पित करते हुए मन्त्रोचारण की चेष्टा इस रूप में हुई है:-

तमु स्तोतारः पूर्व्यं यथाविद्
ऋतस्य गर्म जनुषा पिपर्तन्।
आस्य जानन्तो नाम चिद् विविक्तन्
महस्ते विष्णो सुमतिमजामहे॥ ऋ0 सं0 11-156-3

भक्ति के अविरल स्त्रोत अनेक सूक्तों में प्रवहमान हैं जिनके थोड़े से उदाहरण प्रस्तुत कर यह सिद्ध करने का प्रयास है कि भक्तिधारा वेदग्रन्थों में भी प्रवाहित होती हुई दीखती है जिनसे आराध्यदेव की कृपा प्राप्ति में भक्तों को पूर्ण सफलता प्राप्त होती है।

पुराणग्रन्थों के क्रम का सैद्धान्तिक विश्लेषण

उक्ति प्रसिद्ध है-

अष्टादश पुराणेषु व्यासस्य वचनद्वयम्।
परोपकार पुण्याय पापाय परपीड़नम्॥

अष्टादश पुराणों की सूची में जो क्रम निर्धारित हैं वह सर्वसम्मत न होने पर भी बहुसम्मत तो अवश्यमेव है। पुराणों के क्रम निर्धारण के सिद्धान्त पर विचार किया गया है। इसका ऐतिहासिक कारण खोजने की चेष्टा की जा सकती है। इस प्रश्न के उत्तर में सम्प्रदाय वेत्ता पुराणविज्ञ विद्वानों का मत है कि यह क्रम साभिप्राय है।

यह किसी ऐतिहासिक कारण का फलन होकर वर्ण्य विषय को ध्यान में रखकर ही सम्पन्न किया गया है। पुराणों के वर्ण्य विषय अनेक हैं परन्तु "प्राद्यान्येन व्यपदेशाः भवनित" न्याय के अनुसार प्रधानविषय की दृष्टि से ही इस निर्देशक्रम का औचित्य सुसंगत प्रतीत होता है।

पुराण का प्रधान लक्ष्य- "सर्ग" या सृष्टि है- उक्ति है-"सर्ग श्र प्रतिसर्गश्च वशं मन्वन्तराणि च" किस प्रकार मूल तत्त्व से सृष्टि हुई, उसका विकास हुआ, नाना वंशो का उदय हुआ तथा उनमें अनेक

गौरवशाली व्यक्तियों ने अपने महत्त्व सम्पन्न चरित्र का प्रदर्शन किया तथा अन्त में सृष्टि के मूल तत्त्व में विलीन होने से प्रलय हुआ यही सृष्टि की प्रवहमान धारा है। विश्व का आदि ''सर्ग'' है और पर्यवसान प्रतिसर्ग है। इन दोनों छोरों के बीच में मन्वन्तरवंश तथा वंशानुचरितधारा प्रवाहित होती हैं।

पंचलक्षण का यही स्वारस्य है यही संगति भी है। फलतः सृष्टि तत्त्व का प्रतिपादन ही पुराण का मुख्य तात्पर्य या अभिप्राय माना जा सकता है। उस मुख्यता की दृष्टि से पुराणों के क्रम पर ध्यान देने से उसका औचित्य अभिव्यञ्जित होता है।

फलतः सृष्टि के विषय में प्रथमतः जिज्ञासा उत्पन्न होती है कि उस ब्रह्माण्ड की रचना किसने की है? तैत्तिरीयसंहिता 3-12-9-3 की स्पष्ट उक्ति है:-

''ब्रह्म ब्रह्मा भवत स्वयम्'' अर्थात् सृष्टि कार्य के लिए ब्रह्म ही ब्रह्मा हुए। फलतः सृष्टि का मूल है वही ब्रह्म और किसी आदिकर्त्ता के निर्देश के लिए ब्रह्मपुराण का नाम सबसे प्रथम स्थान पर सुची में आता है। ब्रह्मा की ये उत्पत्ति के विषय में तदनुसार जिज्ञासा स्वाभाविक है इसका उत्तर ''पद्मपुराण'' में उपलब्ध है अर्थात् ब्रह्म का उदय पद्म से हुआ था। तब यह कमल कहाँ था? विष्णुपुराण के द्वारा प्रतिपाद्य विष्णु की नाभि में ही वह कमल ''नाभिजन्मा-ऽजपूर्वो निधिनोत कमलोद्भवः'' की उक्ति से तथ्य स्पष्ट होता है।

जहाँ उत्पन्न होकर ब्रह्मा ने घोर तपस्या की और फलस्वरूप नूतन सृष्टि का निर्माण किया। वायुपुराण को शेषशय्या का निरूपण करने वाला बतलाया गया है जिस पर विष्णु भगवान शयन करते हैं।

जो उनके आधार के रूप में उपयोग होता है। शेष भगवान की क्षीरसमुद्र में रहते हैं उस समुद्र के रहस्य का उद्घाटन करने वाला पुराण श्रीमद्भागवत पुराण है। नारद जी विष्णु भगवान के सतत् भजनकर्त्ता है जो अपनी वीणा पर मधुर स्वर से भगवान् के अमृत नाम का कीर्तन

किया करते हैं। इस साहचर्य के कारण भागवत के अनन्तर ''नारद पुराण'' का क्रम उपयुक्त हो जाता है। इस तरह सृष्टि के विकास की जो रेखा खींची गई उसमें छः पुराणों के क्रम की संगति स्पष्ट रूप से परिलक्षित है।

सृष्टिचक्र के विषय में प्रश्न है कि यह चक्र किसकी प्रेरणा से सतत घूमता है। इसके उत्तर में अनेक मत-मतान्तर उपलब्ध होते हैं। प्रकृतिस्वरूपिणी देवी ही इस विश्व की मूल प्रेरिका शक्ति है। इस मत का प्रतिपादन करता है- ''सप्रभपुराणमार्कणेय''।

घट के भीतर प्राण तथा ब्रह्माण्ड के भीतर अग्निरूप से क्रियाशील होने वाली वस्त ही मूल प्रेरणा देती है यह भी एक मान्य मत माना जाता है। इसी का प्रतिपादन करता है अष्टम पुराण यानि ''अग्निपुराण''

अग्नि का तत्त्व सूर्य के ऊपर आधारित है, अर्थात् मूलतः सूर्य ही प्रेरक शक्ति का कार्य सम्पन्न करता है:- ''सूर्य आत्मा जगतस्थुष:'' के अनुसार सूर्य को जंगम तथा स्थावर सृष्टि की आत्मा होना वेद से प्रमाणित है। इस प्रकार सृष्टि के उत्पादन में सूर्य की महत्ता सर्वातिशालिनी मानी जाती है। इसी सूर्य की महिमा का प्रतिपादक है- नवम् ''भविष्यपुराण''

मूलतत्त्व के विषय में कई विप्रति पत्तियाँ दिखलाकर पुराण ने अपना मत अभिव्यक्त किया है ''अग्रिम ब्रह्मवैवर्त्त के नाम द्वारा''।

अर्थात् पुराणमत में ब्रह्म से ही जगत की सृष्टि होती है। यह जगत ब्रह्म का विवर्त्त है। विकार तथा विवर्त्त का प्रार्थक्य तो सर्वत्र प्रख्यात है। जगत ब्रह्म से उत्पन्न हुआ है अवश्य परन्तु वह स्वयं गात्विक वस्तु नहीं है यायिक है और इसलिए ब्रह्मवैवर्त्त की संज्ञा ब्रह्म के मूल कारण होने और विश्व को उसका विवर्त होने के सिद्धान्त का प्रतिपादन पुराण करता है।

विचारणीय प्रश्न यह है कि मूलतत्त्व ब्रह्म कैसे जाना जाय? वह तो निर्गुण ठहरा और तब सगुण रूप में उसकी पहचान किस प्रकार की जा सकती है? जीव अपने मंगल के निमित्त उसकी उपासना किस

प्रकार करे? इन प्रश्नों के उत्तर अवशिष्ट पुराणों के द्वारा दिया गया है। ब्रह्म का शिव तथा विष्णु ही प्रख्यात सगुण अभिव्यक्तियाँ हैं। ये दोनों भी मानारूपों में प्रकट हुआ करते हैं जिन्हें अवतार की संज्ञा दी जाती है। एकादशपुराण लिङ् पुराण तथा बारहवाँ स्कन्दपुराण शिव के साथ सम्बन्ध रखते हैं।

बाराह, वामन, कूर्म तथा मत्स्य चारों अवतार भगवान विष्णु के जो सृष्टि तत्त्व पे विशेष रूप से सम्बद्ध हैं और जिनके द्वारा वे उस धराधाम पर अवतीर्ण होकर भक्तों के क्लेषों का निवारण करते हैं तथा उन्हें मुक्ति पाने के निमित्त सुगम मार्ग का उपदेश भी देते हैं।

(5-19-5) श्रीमद्भागवत् का इस सन्दर्भ में स्पष्ट कथन हैं-

मर्त्यावतारः खलु मर्त्यशिक्षणं।
रक्षो वधायव न केवलं विभोः॥

विभु व्यापक भगवान का मर्त्यरूप में अवतार राक्षसों के वध के लिए ही नहीं होता प्रत्युत मर्त्यों के शिक्षण के लिए भी होता है। मर्त्यशिक्षण की प्रधान दिश है, भव जंजाल से निवृत्त होकर मुक्ति की उपलब्धि। इस अभिप्राय से भगवान के इतर मर्त्यरूप में अवतरण होते हैं।

अन्तिम दो पुराणों के सम्बन्ध जीव जन्तुओं की गतिविधि हैं। कर्म ज्ञान तथा उपासना के सम्पादन से जीवन की कौन सी गतियाँ प्राप्त होती हैं उसका पतिपादक 17वाँ गरूड़पुराण और मरणान्तर स्थिति का विशेष विवरण देता है। उन गतियों के विस्तृत क्षेत्र को बतलाने वाला अन्तिम ब्रह्माण्डपुराण है। अपने कर्मों के फलानुसार जीव पूरे ब्रह्माण्ड के भीतर घूमता रहता और सुख-दुख का अनुभव किया करता है। इस प्रकार सृष्टि विद्या से सम्बद्ध तथा तदुपयोगी ज्ञान कर्म के प्रतिपादन में षष्टादशपुराण की उपयोगिता है। पौराणिक क्रम का यह अभिप्राय अभिव्यक्त किया गया है।

पुराणों के सैद्धान्तिक विभाजन के आधार

मत्स्य पुराण (53-67-68) के अनुसार पुराणों के सैद्धान्तिक

विभाजन किये गये हैं- सात्विक, राजस, तामसे।

सात्विक पुराणों में विष्णु का महत्त्व अधिक रूप से वर्णित है, राजस पुराणों में ब्रह्मा का तथा अग्नि का महत्त्व वर्णित है। तामस पुराणों में शिव पुराण का महत्त्व है। इन तीनों भेदों के अतिरिक्त एक संकीर्ण भेद भी है- जिसमें सरस्वती तथा पितृगणों का महात्म्य अधिकतर वर्णित है। पद्मपुराण में सात्विक पुराणों की गणना भी निर्दिष्ट है-

वैष्णव, नारद, भागवत, गरूड़, पद्म तथा वाराह।

परन्तु विचारणीय यह है कि इस विभाजन में अन्य पुराणों के साथ एक मत नहीं है, शिवभक्ति के प्रतिपादक वायु पुराण को गरूड़ पुराण सात्विक पुराणों के अन्तर्गत मान्य समझता है। इस विभाजन में वैज्ञानिकता की आशा नहीं की जा सकती है। गरूड़ पुराण एक पग आगे बढ़कर सात्विक पुराणों के अन्तर्गत तीन प्रकार का विभाग मान्य समझता है- (क) सत्वाधम, मत्स्य तथा कूर्म (ख) सात्विकमव्यम-वायु (ग) सात्विक उत्तम- विष्णु, भागवत तथा गरूड़। देवता के प्राधान्य के आधार पर पुराण का विभाजन भी किया गया है।

गुरूड़पुराण के पूर्वक कथन में कूर्म भी सात्विक अर्थात् विष्णु महात्म्य प्रतिपादक पुराणों के अन्तर्गत स्वीकार किया गया है। परन्तु इसके प्रकाशित अंश में शिव-शिवा के महात्म्य का ही पूर्णत: प्रकाशन है। महेश्वर कहीं परम तत्त्व माने गए हैं। शक्ति का भी वहाँ विशिष्ट वर्णन है। श्रीकृष्ण भी शिव की स्तुति करते हुए दिखाए गए हैं। ऐसी अवस्था इस सात्विक पुराण कैसा कहा जा सकता है।

वायुपुराण का स्वरूप निश्चये न शिव माहात्म्य परक है और इसीलिए यह स्कन्दपुराण में शैव नाम से भी अभिहित किया गया है। ऐसी अवस्था पुराणसम्मत सात्विकता का अभाव स्पष्ट है। फलत: गरूड़ के पूर्वोक्त विभाजन में सर्वमान्य सिद्धान्त का अभाव स्पष्ट है।

उपास्य देवों की विभिन्नता से पुराणों का विभाजन भक्तों द्वारा किया गया है। स्कन्दपुराण के केदारखण्ड के अनुसार 10 पुराणों में

शिव चार में भगवान ब्रह्मा दो में देवी और दो में विष्णु का स्थान है। यह विभाजन मतैक्य के अभाव से ग्रसित है।

पुराणों में द्वादश ज्योतिऽिगों के स्वरूप वर्णन

मुनियों ने सूतजी से द्वादश ज्योतिलिङ्ग के महात्म्य को जानना चाहा। सूतजी के द्वारा वर्णन इस प्रकार है:-

सौराष्ट्रे सोमनाथं च श्रीशैलमल्लिकार्जुनम्।
उज्जयिन्यां महाकालमोकारे परमेश्वरम्।।

केदारं हिमवतपृष्ठे डाकिन्यां भीमशंकरं।
वाराणस्यां च विश्वेशं त्रयम्बकं गौतमीतटे।।

वैद्यनाथं चिताभूमौ नागेशं दारूकावने।
सेतुबन्धे च रामेशंकर घुश्मेशं च शिवालये।।

द्वादशेतानि नामानि प्रातरूत्थाय यः पठेत्।
सर्वपापे विनिर्मुक्तः सर्वसिद्धि फलं लभेत्।।

(शिव पुराण कोटिरूद्रः 1-21,24)

मुनिगण! सौराष्ट्र में सोमनाथ, श्रीशैल पर मल्लिकार्जुन उज्जैन में महाकाल ओकार में परमेश्वर, हिमाचल पर केदार, डाकिनी में भीमशंकर, काशी में विश्वेशर गौतमी तट पर त्रयम्बक चिताभूमि में वैद्यनाथ दास का वन में नागेश। सेतुबन्ध में रामेश्वर और शिवालय में स्थित घुश्मेश इन बारह नामों का जो प्रातःकाल उठकर पाठ करता है वह सब पापों से मुक्त हो जाता है और समस्त सिद्धियों का प्राप्त करता है। शिवपुराण के अतिरिक्त स्कन्द, लिङ्ग, मत्स्यादि कई पुराणों में इन बारह ज्योतिर्लिङ्ग के महात्म्योपाख्यान का विशदरूप से वर्णन है।

सोमनाथः- श्रीसोमनाथेश्वर महादेव काठिया बाड़ प्रदेशान्तर्गत श्री प्रभासक्षेत्र में विराजमान हैं। इनकी कथा इस प्रकार है:-

महात्मा दक्षने अपनी अश्विनी आदि सत्ताईस कन्याएँ चन्द्रमा को दी थी। वे चन्द्रमा को स्वामीरू में पाकर अत्याधिक सुशोभित होने लगी,

किन्तु इन सभी पत्नियों में रोहिणी नामक पत्नी जितनी प्रसन्न रहती थी उतनी अन्य नहीं, क्योंकि चन्द्रमा की आशक्ति रोहिणी में थी। तब अन्य पत्नियाँ दुखी होकर पिताजी की शरण में गई। सभी ने अपना कष्ट पिताजी के समक्ष निवेदन किया। महात्मा दक्ष अपनी कन्याओं के उस कष्ट को सुनकर अत्यन्त दुखी हुए और चन्द्रमा के पास आकर इस प्रकार कहने लगेः- कलानिधे! तुम निर्मल कुल में उत्पन्न हो, अतः तुम्हारा आश्रितों के साथ न्यूनाधिक भाव रखना ठीक नहीं है। इस विषमता के व्यवहार से नरक की प्राप्ति होती है। अब तक जो कुछ किया वह तो बीतीबात है। अब ऐसा नहीं करना। दक्ष अपने जामाता चन्द्रमा से कहकर निश्चिन्त होकर अपने धाम को लौट गए। किन्तु, भवितत्यता कुछ और ही थी। चन्द्रमा ने दक्ष के वचन को नहीं माना। वे अन्य पत्नियों का आदर नहीं करते थे। चन्द्रमा की आशक्ति केवल रोहिणी में लगी रही। जब दक्ष ने यह बात सुनी तब वे पुनः चन्द्रमा के पास आकर बोले चन्द्र! मैंने तुमसे पहले ही प्रार्थना की थी, किन्तु तुमने मेरी बात नहीं मानी। अतः तुम्हें क्षय रोग होगा। दक्ष के ऐसा कहने पर चन्द्रमा का क्षय होने लगा।

उस समय चन्द्रमा के क्षीण होने से हाहाकार मच गया। तब सभी देवता वशिष्ठ आदि ऋषियों के साथ ब्रह्माजी के पास गए। उन्हें अपना दुख भरे वृतान्त सुनाए। ब्रह्माजी ने कहा अहो! दक्ष ने चन्द्रमा को शाप दे दिया है इसी कारण तुम सभी महान कष्ट में पड़ गए हो। अतः तुम लोग शुभक्षेत्र प्रभास में जाओ और यदि चन्द्रमा वहीं मृत्युंजय विधान से शिवजी की आराधना करें तथा शिवलिंग की स्थापना करके नित्य तप करें तो शिवजी प्रसन्न होकर चन्द्रमा को क्षय रोग से मुक्त कर देंगे। तदनन्तर चन्द्रमा ने उस शुभ क्षेत्र पभासतीर्थ में शिवलिङ्ग की स्थापना कर छः मास तक कठोर तप किया और मृत्युञ्जय मन्त्र का दशकरोड़ जाप किया उससे प्रसन्न होकर भक्तवत्सल भगवान शिव वहाँ प्रकट हुए। और चन्द्रमा के अपराधों को क्षमा कर उन्हें क्षयरोग से मुक्त करते हुए बोलेः- चन्द्रमा! एक पक्ष में तुम्हारी कला दिन-दिन क्षीण होती

रहेगी और दूसरे पक्ष क्रमशः बढ़ते-बढ़ते पूर्णिमा के दिन तुम पूर्ण होकर स्वस्थ और निरोग हो जाओगे। उस घटना सभी देवता एवं ऋषि प्रसन्न हो गए। तत्पश्चात् देवताओं पर प्रसन्न होकर भगवान शंकर प्रभासक्षेत्र को महत्व एवं चन्द्रमा को यश देने के लिए वहाँ चन्द्रमा के नाम से ही प्रतिष्ठित हो गए। वे त्रिलोकी में सोमेश्वर नाम से प्रसिद्ध हुए। यहीं भगवान कृष्ण ने यदुवंश का नाशकर तथा जरा नामक व्याध के वाण से अपना पाद-पद्म बेध न कराकर अपनी लीला का संवरण किया था।

मल्लिकार्जुनः- पृष्ठ संख्या 360 से 368 तक कथाङ्क पुस्तक देखकर मल्लिकार्जुन ज्योतिर्लिङ्ग की कथा अन्य कथाओं या अन्य ज्योतिर्लिङ्गों की तरह ही भावविभोर कर देने वाली कथा है।

तारक असुर के शत्रु पार्वती पुत्र भगवान कार्तिकेय पृथ्वी की परिक्रमा कर कैलाश पर्वत पर लौटे। उस समय देवर्षि नारद भी वहाँ पहुँचे। उन्होंने कुमार को भ्रम डालने के लिए गणेश विवाह आदि का प्रसंग सुनाना शुरू कर दिया। कार्तिकेय भगवान इस बात को सुनकर दुखी हो गए और देवर्षि नारद के मना करने पर भी क्रौञ्चपर्वत पर चले गए। इधर माता पार्वती अत्यन्त दुखी हो गई। उन्होंने भगवान शंकर से पुत्र को लाने के लिए आग्रह किया। भगवान शंकर ने अन्य देवों, ऋषियों एवं गणों को कार्तिकेय को लाने के लिए भेजा। वे सभी कुमार के पास जाकर उन्हें प्रणाम करके अनेक प्रकार से समझा कर आदरपूर्वक प्रार्थना करने लगे साथ ही उन्होंने भगवान शंकर की आज्ञा को भी निवेदित किया किन्तु कुमार उनकी प्रार्थना अस्वीकृत कर दिया। तदन्तर देवगण भगवान शंकर के पास लौट आए और कुमार के वृतान्त को बताकर सिद्धि की आज्ञा पाकर अपने-अपने भवन को चले गए। माता पार्वती और शिवजी पुत्र वियोग के कारण दुख का अनुभव करने लगे। तत्पश्चात् वे दुखी होकर कुमार के निवास स्थान पर जाने के लिए प्रस्तुत हुए किन्तु स्नेह हीन होने के कारण कुमार अपने माता-पिता के आगमन का जानकर भी पर्वत पर बारह कोस दूर चले गए। पुत्र के क्रौञ्चपर्वत पर दूर चले जाने पर वे ज्योतिस्वरूप धारण कर वहीं

अधिष्ठित हो गए। पुत्र-स्नेह से आतुर होकर प्रत्येक अमावश्या के दिन स्वयं शिवजी वहाँ पहुँचे और पूर्णिमा के दिन पार्वती भी पहुँचती हैं उसी समय से शिव का मल्लिकार्जुन नाम त्रिलोक में विख्यात हो गया।

महाकालेश्वर

यह स्थल शिप्रानदी के तट पर उज्जियिनी नगरी में है जिसकी कथा इस प्रकार है। रत्नमालपर्वत पर एक महान असुर रहता था उसका नाम दूषण था वह दैत्य महाबलवान एवं धर्मद्वेषी था। ब्रह्माजी से वरदान पाकर सम्पूर्ण जगत को तुच्छ समझता था। उसने देवताओं को परास्तकर उन्हें स्थानच्युत कर दिया। उस समय अवन्ती नगरी अत्यन्त रमणीय थी। उस नगरी में वैदिक धर्म में परायण रहने वाले उत्तम ब्राह्मण रहते थे। वे शैव और वैदिक धर्म के अनुयायी थे। दैत्येन्द्र दूषण विप्रद्रोही था। उसकी दृष्टि उस नगरी पर पड़ी। उसने चार प्रधान दैत्यों को बुलाया और उन ब्राह्मणों का नाश करने की आज्ञा दी। उन दैत्यों ने अवन्ती नगरी को चारों ओर से घेर लिया। तब समस्त नगरवासी अपनी रक्षा के लिए ब्राह्मणों की शरण में आए। वे ब्राह्म उसे आपत्तिकाल की स्थिति में पार्थिव शिवलिंग की स्थापना करके पूजा में तल्लीन हो गए। यह देखकर दैत्य उन्हें मारने के लिए टूट पड़ा। सहसा उस शिवलिंग के स्थान पर भयानक शब्द के साथ एक गड्ढा हो गया और उसे गड्ढे से शिवजी विकटरूप में प्रकट हुए। उन्होंने दैत्यों से कहा तुम दुष्टों को नष्ट करने के लिए मैं महाकाल के रूप में प्रकट हुआ हूँ। दोनों ओर से भयंकर युद्ध हुआ। अन्त में सभी दैत्यों का संहार कर शांति की स्थापना कर स्वयं वहाँ विराजमान हो गए। उस गर्त में विराजमान शिव का दर्शन करने वाले भक्तों की भीड़ रहती है।

ओंकारेश्वर

मध्यप्रदेश में नर्मदा के तट पर यह ज्योतिर्लिङ्ग अवस्थित है जिसकी कथा इस प्रकार है- एक बार देवर्षि नारद पर्वत पर जाकर शिव की आराधना करने लगे। विंध्य के मन में अभिमान व्याप्त हो गया।

भगवान सूर्य उस पर्वत की प्रतिदिन परिक्रमा करते थे। भगवान सूर्य का आदेश दैत्यों के प्रति हुआ कि सारे दैत्यगण यहाँ से चले जायें। दैत्यों ने संघर्ष शुरू किया। शिवभक्तों की रक्षा के स्वयंभगवान शिव महाकाल रूपधारी भक्तों की रक्षा हेतु उपस्थित हुए। दैत्यों को शिव के आक्रोश के आगे ठहर पाना असंभव हो गया। सारे दैत्यों के विनाश करने वाले भगवान शंकर विराजमान हैं जिनके दर्शन करने से सारे दुःखों का अन्त होता है और सारी मनोकामनाएँ पूर्ण होती हैं।

केदारेश्वर

केदारनाथ पर्वतराज हिमालय के शृंग पर विराजमान है। अलखनन्दा के सुरम्यतट पर बद्रीकाश्रम के रूट पर मंदाकिनी के किनारे विराजमान है। भगवान विष्णु के अवतार नर-नारायण बद्रीका श्रम में तप करते थे। कालान्तर में भगवान शिव वहाँ प्रकट हुए। नर-नारायण ने कहा- देवेश यदि आप प्रसन्न हैं और वर देना चाहते हैं तो आप अपने स्वरूप में यहाँ विराजमान हो जायें। ज्योतिर्लिङ्ग रूप से भगवान शंकर केदारनाथ में स्वयं प्रतिष्ठित हो गए। नर-नारायण ने उनकी अर्चना की।

त्र्यम्बकेश्वर

यह स्थल नासिक रोड रेलवे स्टेशन से 25 कि0मी0 की दूरी पर है। इस लिंग की कथा सुनने मात्र से ही सारे पापों का शमन हो जाता है। प्राचीन काल में गौतम नामक एक प्रसिद्ध ऋषि थे। अहिल्या उनकी पत्नी थी। गौतम ऋषि परम परोपकारी थे। ब्रह्मगिरि पर्वत पर दस हजार वर्षों तक उन्होंने तप किया था। वरुण देवता यह घोर तपस्या देखकर प्रकट हुए थे। परोपकारी गौतम ने उनसे आग्रह किया कि यदि आप प्रसन्न हैं तो आप इस स्थल पर विराजमान हो जायें। गौतम ने एक हाथ गहरा गड्ढा खोदा। तब वरुण ने दिव्य जल से उसे भर दिया। वह पवित्र स्थल आज तक दर्शनीय स्थल बना हुआ है।

श्रीरामेश्वरम्

मद्रास से धनुषकोटि तक जाने वाले रेलवे लाईन के समीप

रामेश्वर ज्योतिर्लिङ्ग की ख्याति पूरे देश में फैली हुई है। भगवान राम ने लंका विजय के समय इसकी स्थापना की थी। भक्ति का उमड़ता सागर का दृश्य अत्यन्त रमणीय तथा अलौकिक दिव्य विभूति सी प्रतीत होती है।

भगवान शिव ने चतुर्दिक अपने भक्तों के कल्याणार्थ अपने शिवत्व से प्रभावापन्न कर कष्टमुक्ति का वरदान प्रदान किया है।

सामाजिक चिंतन में पुराणग्रन्थों की देन

भारतीय परम्परा में पुराणसाहित्य का महत्त्व सर्वाधिक माना गया है। पुराण ग्रन्थ की उक्ति के अनुसार आचरण करना धर्म समझा जाता है।

सर्वतीर्थेषु यत्पुणयं सर्वतीर्थेषुयत् फलम्।
तत् फलं समाप्नोवति भस्म स्नानं करो नरः॥

भस्मस्नान परं तीर्थं गङ्गस्नाने दिने-दिने।
भस्मरूप शिवः साक्षात्
भस्म त्रैलोक्य पाप-विनाशनम्॥

न तत् स्नानं न तत् ध्यानं
न तत् दानम् जपो न सः॥
त्रिपुण्ड्रेण विनायेन विप्रेण यदनुष्ठितम्।
वानप्रस्थस्य कन्यानां दीक्षाहीनं नृणा तथा॥

विद्येश्वर संहिता में शिवचरित्र का आदर्श इस प्रकार अभिव्यक्त है:-

येन तत् साधनेषु शुद्धयात्मा विशेषतः।
शिवप्राप्तिर्भवेत् तात् सदानिर्मल चेतसः।
धन्यः त्वं मुनिशार्दूल श्रवणप्रीति लालसः॥

इस तरह शिव पुराण के भाव-विचार मानव जीवन के अङ्ग माने जाते हैं।

शैवं पुराणं परमं शिवेनोक्तं पुरामुने।
जन्मान्तरे भवेतपुण्यं महत् तस्य सुधीमतः॥

इस तरह भक्तिधारा का अविरल स्त्रोत शिवपुराण में सतत् प्रवाहमान दीख पड़ता है। सम्पूर्ण जीवन शिव की भक्ति में मानव तरगांयित होते रहता है।

पुराण श्रवणात्शम्भो निष्पापो जायते नरः।
युक्त्वा भोगान् सुविपुलाञ्छिव लोकाप्नुयात्॥

इस तरह शिवपुराण जीवन का अङ्ग माना जाता है।

शिव के सर्व तत्वात्मक रूप का विवेचन करते हुए लिंगपुराणकार की उक्ति है ''शिव ही पंच ब्रह्माओं के रूप में प्रकट होते हैं। उनमें एक समस्त लोकों का संहार करने वाला, एक रक्षा करने वाला और एक सबका निर्माण करने वाला कहा गया है। परमेष्ठी शिव की प्रथममूर्ति दो क्षेत्रज्ञ है। इनका नाम ईशान है और ये प्रकृति के भोक्ता समझे जाते हैं।

भारतीय दर्शानिकों के अनुसार दैवी सत्ता के दो विभाग माने गए हैं। इन विभागों की कहीं सत्, कहीं असत्, कही क्षर, और कहीं अक्षर कहकर मान्यता दी गई है।

महामनीषीगण ऐसा भी मानते हैं कि शिव के अतिरिक्त अन्य कोई वस्तु है ही नहीं। उसी को शब्द ब्रह्म, परमब्रह्म आदि कहकर सम्बोधित किया जाता है। इस तरह शिवपुराण ग्रन्थ में शिव के विभिन्न स्वरूपों का बड़ा ही स्पष्ट विश्लेषण किया गया है जो सर्वमान्य समझा जाता है।

अष्टादश पुराणग्रन्थों के मौलिक चिंतन का सामाजिक प्रभाव इसकी उपादेयता एवं मूल्यांकनः-

(1) ब्रह्मपुराण

पृथिव्यां भारतं वर्ष दण्डकं तत्र पुण्यदम्।
तस्मिन् क्षेत्रे कृतं कर्म मुक्ति-मुक्ति प्रदंनृणाम्॥

तीर्थानां गौतमी गङ्गा श्रेष्ठा मुक्तिप्रदानृणाम्।
तत्र यज्ञेन दानेन भोगान् मुक्तिमवारप्स्यति॥

दण्डकारण्य की प्रशंसा में यह स्पष्ट उल्लिखित है कि यहाँ पर किये गए धार्मिक अनुष्ठान कभी निष्फल नहीं होते हैं।

यह गौतमी नदी दण्डकारण्य की नदियों में सर्वश्रेष्ठ मानी गई है। अभीष्ट प्रदान करने में यह नदी सर्वोपरि समझी जाती है।

श्रूयते दण्डकारण्ये सरित श्रेष्ठास्ति गौतमी।
अशेषाघप्रशमनी सर्वाभीष्ट प्रदायिनी॥

ब्रह्मपुराण श्लोक 88 तथा 62

ब्रह्मपुराणं अध्याय 69 में पुरुषोत्तम क्षेत्र का महत्त्व प्रतिपादित हुआ है जिसमें इस विशिष्ट क्षेत्र का सांस्कृतिक तथा धार्मिक स्थलों में सर्वोपरि सिद्ध किया गया है।

ब्रह्मपुराण की विशेषता यह भी है कि सम्पूर्ण पृथ्वीतल पर भारतवर्ष सर्वोपरि सिद्ध हुआ है। जीवन के चार लक्ष्य माने गये हैं- धर्म, अर्थ, काम तथा मोक्ष लेकिन इस ब्रह्मपुराण में धर्म को ही सर्वोपरि कहा गया है:-

धर्मे गतिर्भवतु वः पुरुषोत्त्मानां
स ह्येक एव परलोकगतस्यबन्धुः।
अर्थाः स्त्रियश्च निपुणैरुचि सेव्यमाना
विप्रभावमुपयन्ति न च स्थिरत्वम्॥

धर्म ही परमश्रेष्ठ पुरुषार्थ माना गया है। इस पुराण में गौतमी, गङ्गा, कृतिकातीर्थ, चक्रतीर्थ, पुत्रतीर्थ, यमतीर्थ, आपस्तम्वतीर्थ आदि तीर्थों के महत्त्व बड़ी स्पष्टता के साथ प्रतिपादित किये गए हैं जिससे इस पुराण की सरसता के साथ-साथ उपादेयता भी बहुत अधिक बढ़ जाती है। भगवान कृष्ण के चरित्र का आख्यान बड़े आकर्षक रूप में प्रस्तुत किये गये हैं जिससे इस पुराण की उपादेयता एवं सरसता में काफी अभिवृद्धि हुई है।

पुराणों में सांख्ययोग का विवेचन अत्यन्त आकर्षक है जिसे हृदयंगम करने में अति आनन्द का अनुभव होता है।

पुराणग्रन्थ के कतिपय अध्याय महाभारत के 12वें पर्व (शान्ति पर्व) से मिलते हैं जिससे कृति की विशेषता में चार चाँद लग जाता है। सम्पूर्ण ग्रन्थ ज्ञानवर्धक एवं धर्मग्रन्थ के रूप में मान्य समझा जाता है जो पठनीय एवं स्मरणीय है।

पद्मपुराण

यह पुराण परिमाण के आधार पर अद्वितीय है। इसके श्लोकों की संख्या लगभग 50,000 है। अतः महाभारत का आधा समझा जाता है।

इस पुराण का महत्त्व धार्मिक के साथ-साथ ऐतिहासिक भी है। पाँच खण्डों में यह पुराणग्रन्थ उपलब्ध है:-

प्रथमं सृष्टिखण्डं हि, भूमिखण्डं, द्वितीयकम्।
तृतीयं स्वर्गखण्डं च, पातालञ्च चतुर्थकम्॥
पंचमं चोत्तरं खण्डं सर्वपापविनाशनम्।

इस तरह जीवन के श्रेय तथा प्रेय दोनों तत्वों का समावेश इस पुराणग्रन्थ में बड़ी सफलता के साथ किया गया है।

यह पुराण पाँच पर्वों में विभक्त है जिसमें श्लोकों की संख्या लगभग 55,000 (पचपन हजार) है।

(1) पौष्कर पर्व में देवता, मुनि, पितर तथा मानव की सृष्टि का आकर्षक वर्णन है।

(2) तीर्थ पर्व में पर्वत, द्वीप, सप्तसागर का आकर्षक वर्णन है।

(3) तृतीय पर्व में अधिक दक्षिणा देने वाले राजाओं के सरस वर्णन हैं।

(4) राजाओं के वंशानुकीर्तन भी समाविष्ट हुए है।

(5) मोक्ष तथा मोक्ष के साधनों के उल्लेख विस्तार से हुए हैं।

शैवं च वैष्णवं लोकमेकरूपं नरोत्तम।
द्वयो श्चाप्यन्तरं नास्ति एकरूपं महात्मनाः॥
शिवाय विष्णुरूपाय विष्णवे शिवरूपिणे।
शिवस्य हृदये विष्णुः विष्णो श्च हृदये शिवः॥
एकमूर्तित्रयोदेवाः ब्रह्मविष्णु महेश्वरा।
त्रयाणामन्तरं नास्ति गुणभेदाः प्रकीर्तिताः॥

पुराण ग्रन्थों में सम्प्रदायवादियों की आपसी द्वन्द्व की झलक भी मिलती है जो असामाजिक तत्त्वों की देन समझी जाती है जिस सन्दर्भ में संत तुलसीदास को कहना पड़ा है-

शिवद्रोही मम भक्त कहावा,
सो नर मोहिक बहु नहिभावा॥

यह चेतना जागृत करना ही सदग्रन्थों का दायित्व माना गया है।

रामचरितमानस का चिंतन सामाजिक भेद-भाव मिटाने की चेष्टा में है। सामाजिक सौहार्द स्वस्थ चिंतन से ही कायम होता है।

दुख-सुख, पाप-पुण्य दिन-राती। साधु-असाधु, सुजाति-कुजाति दानव-देव ऊँ और नीच्। अभिअ सुजीवन यादस मीचु जैसे पदार्थ इस सृष्टि की उपज हैं जिसे ध्यान में रखते हुए सामाजिक विषमता के स्थान पर सामञ्जस्य स्थापित करना ही स्वस्थ चिंतन एवं जीवन का लक्ष्य होना चाहिए।

पद्मपुराण विष्णुभक्ति का प्रतिपादक सबसे बड़ा पुराण समझा जाता है।

विष्णु भगवान की स्तुति बड़ी सरसता से यहाँ प्रस्तुत की गई है:-

संसारसागरमतीव गभीरपारं।
दुखोर्मिभिर्विविध मोहमयैस्तरङ्गैः॥
सम्पूर्णमस्ति निजदोषगुणैस्तु प्राप्तं।
तस्मात् समुद्धर जनार्दन! मां सुदीनम्॥

विष्णुपुराण

वैष्णवधर्म के मूल आधार विष्णुपुराण कहे जाते हैं। इस पुराण के साथ ही पद्मपुराण भी इस धर्म के साथ जुड़ा है।

भागवत् पुराण तीसरे स्थान पर वैष्णवधर्म के साथ जुड़े माने जाते हैं। महत्व की दृष्टि से भागवतपुराण को कुछ विद्वानों ने प्रथम स्थान पर माना है।

साहित्यिक दृष्टि से यह सर्वाधिक सरस पुराण कहा जाता है। ज्ञान और भक्ति दोनों धाराओं के अविरल स्रोत प्रवाहित दीख पड़ते हैं। शिव चरित्र के भी सरस विवेचन समाहित हैं जिससे इसकी उपादेयता द्विगुणित हो जाती है। विष्णु के साथ शिवाराधना बड़ा ही आकर्षक प्रतीत होता है:- स्वयं भगवान श्रीकृष्ण के मुख से शिव की प्रशंसा जब होती है तो साम्प्रदायिक सौहार्द की रसधारा प्रवाहमान दीख पड़ती है। इस तरह के चिंतन से भक्तिभावना की संकीर्णता विलीन होती हुई झलक उठती है। इस पुराण के तीन अध्यायों में (अध्याय 4 से 6 तक) वेद की शाखाओं का विशिष्ट वर्णन की वस्तु दीख पड़ती है।

भक्ति की सरस धारा के साथ साम्प्रदायिक उदारता एवं सर्वधर्मसमन्वय की प्रवाहित रसधारा पठनीय एवं अनुकरणीय है। भगवान कृष्ण महादेव की प्रशंसा करते हुए दीख पड़ते हैं जिससे इस कृति के महत्व बहुत अधिक बढ़ जाते हैं:-

योऽहं सत्वं जगच्चेदं सदेवासुररमानुजम्।
मत्रो नान्यदशेषं यत्, त्वं ज्ञातुमिहार्हसि॥

अविद्यामोहितात्मनः पुरुषाः भिन्नदर्शिनः।
वदन्ति भेदं पश्यन्ति चावयोरन्तरं हरः॥

5-33-48-49

इस तरह की धार्मिक सहिष्णुता लिङ्ग पुराण प्र0 भाग के पृ0 संख्या 20-21 में अभिव्यञ्जित हुई है:-

न निन्देघतिन तस्माद्दिग्वा समुनत्तमत्तमम्।

जो साधु दिशाओं के ही वस्त्र पहनने वाले हैं, सर्वोत्तम हैं, उनकी निन्दा नहीं करनी चाहिए। विशेष स्पष्टता हेतु यह उक्ति।

''पुराणं सर्वशास्त्राणां प्रथमं ब्रह्मणा स्मृतम् तथ्य प्रभावोत्पादक हैं।

सामाजिक परिवेश में:-

अनन्तरं च वक्त्रेभ्यः वेदास्तस्य विनिर्गताः।

यह कथन मत्स्य पुराण के आधार पर अभिव्यक्त है- मत्स्यपुराण 53/3

यतः प्रवृत्तिभूतानां येन सर्वमिदंततम्।
स्वकर्मणा तमभ्यर्च्य सिद्धिंविन्दतिमानवः॥

मानव मन अपने कर्म में सतत् जुड़ा रहता है। कर्म के परिणाम कभी निष्फल नहीं होते हैं। कर्म-प्रधानता की स्वीकृति में ही सफलता है:-

''श्रीमद्भागवदगीता के अनुसार कर्म की फलप्राप्ति में मानव-जीवन की सफलता है। कर्मफल का ही भोग सभी करता है।

अध्याय 18; 46 श्लोक

अर्थात् जिस परमेश्वर से सम्पूर्ण प्राणियों की उत्पत्ति हुई है और जिससे यह समस्त जगत व्याप्त है, उस परमेश्वर की अपने स्वाभाविक कर्मों द्वारा पूजा करके मनुष्य परम सिद्धि को प्राप्त होता है। सत्कर्म के परिणाम की अभिव्यक्ति में उक्ति है:-

पुराण-श्रवणात् शम्भो निष्पापो जायते नरः।
भुक्त्वा भोगान्विपुला शिवलोकमवाप्नुयात्॥

राजसूयेन यत् पुण्यम् अग्निष्टोम् शतेन च।
तत्पुण्यं लभते शम्भोः कथनं श्रवणमात्रतः॥

ये शृण्वन्ति मुने शैवं पुराणं शास्त्रमुत्तमम्।
ते मनुष्याः न मन्तव्याः रुद्राः एव न संशयेः॥

श्रृण्वतां तत्पुराणं हि तथा कीर्तियता।
पादाम्बुजरजांस्येव तीर्थानि मुनयोः विदुः॥

शिवपुराण पृ0 39

मानव मन पवित्र वातावरण में जब रम जाता है तो उसे अनेक लौकिक एवं पारलौकिक सुख की अनुभूतियों के भोग प्राप्त होते हैं। उसकी बुद्धि सत्कर्म में लिप्त हो जाती है और क्षणमात्र भी उसकी ऊर्जा निरर्थक रूप में नष्ट नहीं होती है।

शास्त्र के विधान

भारतीय परम्परा में शास्त्र का महत्त्व सर्वाधिक है। शिवपुराण की उमासंहिता में उक्ति है:-

अन्यो न दृष्टः सुखदो हि मार्गः
पुराणमार्गो हि सदा वरिष्ठः।
शास्त्रं बिना सर्वमिदं न भाति
सूर्येण हीना इव जीवलोकाः॥

पुराणशास्त्र का निर्धारण समाज में सतत् मान्य रहा है। जन-मानस में इस साहित्य का प्रवेश सर्वाधिक कहा जाता है। भाषा, भाव एवं विचार की बोधगम्यता के कारण यह पुराणशास्त्र सर्वाधिक लोकमानस में व्याप्त दीख पड़ता है।

पापं संक्षीयते नित्यं धर्मश्चैव विवर्धते।
पुराण श्रवणात्ज्ञानी न संसारे प्रपद्यते॥
अतएव पुराणानि श्रोतव्यानि प्रयत्नतः।
धर्मार्थकामलाभाय मोक्षमार्गाप्तये तथा॥
यज्ञैः दानैः तपोभिस्तु यत्फलं तीर्थसेवया।
तत्फलं समवाप्नोति पुराणं श्रवनात् नरः॥

''पुराणं श्रृणुयात नित्यं'' कथन द्वारा पुराण द्वारा वर्णित धर्मोपदेश का महत्त्व प्रतिपादित किया गया है- श्रीमद्भागवत् पुराण में पुराण के श्रवण से प्राप्त होने वाले फल का विश्लेषण इस प्रकार किया गया है:-

धर्मस्य ह्यापवर्ग्यस्य नार्थोऽर्थायोपकरभ्यते।
नार्थस्य धर्मै कान्तस्य कामो लाभाय हि स्मृतः॥

कामस्यनेन्द्रिय प्रतिलाभो जीवेत् यावता।
जीवस्य तत्त्वजिज्ञासा नार्थोयश्चेह कर्मभिः॥

श्रीमद्भागवत–1/2/9–10

पुराणग्रन्थों के सर्वमान्य चिंतन

स्कन्दपुराण के आधार यह कहा जाता है कि तीर्थों के फलों की प्राप्ति सवों के लिए नहीं है। मनुष्य के चिन्तन–मनन की स्थिति के अनुसार तीर्थों के फलों की प्राप्ति हुआ करती है।

इस सन्दर्भ में उक्ति इस प्रकार हैः–

अश्रद्धधानः पापात्मा नास्तिकोऽच्छिन्नसंशयः।
हेतुनिष्ठश्चपञ्चैते न तीर्थफलभागिनः॥

अर्थात् जो अश्रद्धालु हैं, पापयुक्त भावना से ग्रसित रहते हैं, नास्तिक, छिन्नसंशय युक्त व्यक्ति हैं वैसे पात्र तीर्थों के फलों से वंचित रह जाते हैं। अतः इन सारे दोषों से मुक्त रहने की चेष्टा सतत् करनी पड़ती है तब ही तीर्थयात्रा फलीभूत हुआ करती है।

नारदपुराण में यह प्रसिद्ध उक्ति हैः–

गङ्गादि तीर्थेषु वसन्ति मत्स्याः।
देवालये पक्षिगणाः श्वसन्ति॥

भार्वोज्भितास्ते न फलं लभन्ते।
तीर्थाच्च देवायतनाच्च मुख्यात्॥

भावं ततो हृत्कमलेनिधाय।
तीर्थानि सेवेत् समाहितात्मा॥

अर्थात् तीर्थों की प्रवाहमान जलधारा में मछलियाँ सतत् विद्यमान रहती हैं। उन मछलियों को तीर्थसेवन का फल कभी प्राप्त नहीं हुआ

करता है क्योंकि तीर्थों के प्रति किसी भी तरह की श्रद्धाभक्ति का अनुभव भी उसे नहीं होता है।

देवालयों में पक्षी का निवास प्राय: देखा जाता है। उन पक्षियों के दिल में देवालयों के प्रति श्रद्धाभक्ति तो नगण्य ही है अत: उसे भी तीर्थस्थलों के सेवन का फल थोड़ा भी प्राप्त नहीं होता है। तात्पर्य यह है कि मनुष्य अपनी भावनाओं को समेट कर समर्पित हो जाता है तब ही वह पुण्य के फलों का उपभोग भी करता है।

स्कन्दपुराण के काशीखण्ड में इस तथ्य पर काफी विस्तार से विचार किया गया है जो इस प्रकार अभिव्यंजित है।

श्रृणु तीर्थानि गदतो मानसानि ममानघे।
येषु सम्यङ् नरः स्नात्वा प्रयाति परमां गतिम्॥

सत्यं तीर्थं क्षमातीर्थं तीर्थमिन्द्रियानिग्रहः।
सर्वभूतदयातीर्थं तीर्थमार्गवभेव च॥

दानं तीर्थं दमस्तीर्थं सन्तोस्तीर्थमुच्यते।
ब्रह्मचर्य परं तीर्थं तीर्थं च प्रियवादिता॥

ज्ञानं तीर्थं धृतिस्तीर्थं तपस्तीर्थमुदाहृतम्।
तीर्थनाभचि तत्तीर्थं विशुद्धिर्मनसः परा॥

न जलाप्लुतदेहस्य स्नानभित्यामिधीयते।
स स्नातो यो दमस्नातः शुचिः मनोमलः॥

यो लब्धः पिशुनः क्रूरो दाम्भिको विषयात्मकः॥

सर्वतीर्थेस्वचि स्नातः पापो मलिन एव सः।
न शरीरमलत्यागान्नरो भवति निर्मलः॥

मानसे तु मले त्यक्ते भवत्यन्तः सुनिर्मलः।
जायन्ते च मृणन्ते च जलेष्वेव जलौकसः॥

न च गच्छन्ति स्वर्गं विशुद्ध मनोमलाः॥

विषयेष्वतिसंरागो मानसो मल उच्यते।

तेष्वेव हि विरोगोऽस्य नैर्मल्यं समुदाहृतम्।
चित्तमन्तर्गतं दुष्टं तीर्थस्नान्नं शुध्यति॥

शतशोऽपि जलैर्धौतं सुरामाण्डमिवाशुचि।
दानभिज्या तपः शौचं तीर्थसेवाश्रुतं तथा॥

सर्वाण्येतान्यतीर्थानि यदिभावो न निर्मलः।
निग्रहेतेन्द्रियग्रामो यत्रैव च वसेनूरः॥
तत्र तस्य कुरुक्षेत्रं नौभिषंपुस्कानि च।
ध्यानपूते ज्ञानजले रागद्वेषमलाहे॥
यः स्नाति मानसे तीर्थे स याति परमांगतिम्।

स्कन्द पुराण काशीखण्ड- 56-29-41

अर्थात् सत्य, क्षमा इन्द्रिय-संयम, सब प्राणियों के प्रति दया सरलता दान-मन का दमन संतोष, ब्रह्मचर्य प्रियमापण, ज्ञान धृति और तपस्या ये प्रत्येक एक एक तीर्थ हैं। उनमें ब्रह्मचर्य परमतीर्थ है। मन की परम विशुद्धि तीर्थों का भी तीर्थ है। जल में डुबकी मारने का ही नाम स्नान नहीं है, जिसमें इन्द्रियसंयमरूप स्नान किया है वही स्नान है। और जिसका चित्त शुद्ध हो गया है वही पवित्र है। जो लोभी चुगलखोर, निर्दय, दम्भी और विषयों के आसक्त हैं वह सारे तीर्थों में भलीभाँति स्नान कर लेने पर भी पापी और मलिन हैं। शरीर का मल उतारने से ही मनुष्य निर्मल नहीं होता, मन के मैल को निकाल देने पर ही भीतर से सुनिर्मल होता है। जलजन्तु जल में ही पैदा होते हैं और जल में ही मस्त हैं लेकिन वे स्वर्ग नहीं जाते क्योंकि उनके मन का मैल नहीं धुलता। विषयों में अत्यन्त राग ही मन का मैल है। और विषयों से वैराग्य ही निर्मलता है। चित्त अन्तर की वस्तु है। उसके दूषित रहने पर केवल तीर्थस्नान से शुद्धि नहीं होती जैसा सुराभाण्ड को चाहे सौ बार जल से धोया जाये वह अपवित्र ही है। वैसे ही जब तक मन का भाव शुद्ध नहीं है तब तक उसके लिए दान, यज्ञ शौच, तप, तीर्थसेवन और स्वाध्याय सभी अतीर्थ हैं, जिसकी इन्द्रियाँ संयम में है वह मनुष्य जहाँ

रहता है वहीं उसके लिए कुरुक्षेत्र, नैमिषारण्य और पुष्कारादि तीर्थ विद्यमान हैं। ध्यान से विशुद्ध हुए रागद्वेष रूपी मल का नाश करने वाले ज्ञान जल में जो स्नान करता है वही परमगति को प्राप्त करता है।

पुराणग्रन्थों को पंचमवेद कहा गया है। वेदों की सार बातें पुराणग्रन्थों में रोचक ढंग से समाहित हुई हैं। शास्त्रानुसार वेदों के अध्ययन सबका अधिकार मान्य नहीं है लेकिन पुराणग्रन्थों के सन्दर्भ में ये बातें मान्य नहीं हैं। जो वर्ग वेद ग्रन्थों से वंचित हैं उनके लिए पुराणों के पठन-पाठन में कोई व्यवधान नहीं है। ऐसी मान्यता है कि सारे समाज को ज्ञान सागर से अवगत कराने के लिए ही पुराणग्रन्थों के प्रणयन की आवश्यकता समझी गई थी जिसकी पूर्ति पुराणसाहित्य से ही होती है। पुराणग्रन्थों में भक्ति, ज्ञान, वैराग्य, सदाचार एवं निष्काम कर्म की महिमा के साथ-साथ यज्ञ, दान, तप, तीर्थसेवन, देवपूजन आदि शास्त्रविहीन कर्मों में जनसाधारण को प्रवृत्त करने हेतु विशाल पुराणग्रन्थों की संरचना हुई है। पुराणग्रन्थों में आस्तिक तथा नास्तिक दर्शनों के सिद्धान्तों का सूत्ररूप से विश्लेषण प्राप्त हो जाता है। सांख्य, योग, एवं वेदान्त दर्शनों का श्रीमद्भागवत् आदि पुराणों में विशेष रूप से विवेचन किया गया है। वेद के छहों अङ्गों- व्याकरण, छन्द, ज्योतिष निरुक्त शिक्षा, कल्प तथा आयुर्वेद, धनुर्वेद, गान्धर्ववेद, आदि उपवेदों, राजनीति, समाजनीति आदिनीतियों धर्म के विविध अङ्गों, शिल्प, निधण्टु, युद्धविद्या एवं अन्यविभिन्न विषयों को पुराणग्रन्थों में समाहित करने की सफलचेष्टा की गई है। इन तथ्यों के आधार पर पुराणसाहित्य को भारतीय सभ्यता एवं संस्कृति का विश्वकोष कहा जाये तो अत्युक्ति नहीं होगी।

ऐतिहासिक दृष्टि से भी पुराण ग्रंथों के महत्त्व आज के परिप्रेक्ष्य में सर्वाधिक माने जाते हैं। पुराणग्रन्थों की दृष्टि बहुत व्यापक है। पुराण साहित्य में भूमण्डल का इतिहास नहीं, अपितु इस भूमंडल की कब और कैसे उत्पत्ति हुई, अन्य लोकों की कब-कब इन सारी बातों के विश्लेषण पुराणग्रन्थों में समाहित किये गए हैं।

पुराणों में जीवन की गुत्थियों को बहुत हीरोचक एवं हृदयग्राही

ढंग से समझाया गया है। भगवान से निर्गुण निराकार सगुण साकार आदि विविधरूपों में से किसी भी एक रूप को लक्ष्य बनाकर उसकी ओर अग्रसर होने का सुगम मार्ग दिखाया गया है। पुराणों की महत्ता का प्रधान कारण यही है। पुराणों का पाठ करके उनमें प्रतिपादित तत्त्वों का अनुशीलन करके तथा उनके उपदेशों को जीवन में उतारने का अथक प्रयत्न करके असंख्य मनुष्यों ने अपने जीवन सार्थक बनाया है और आगे भी पुराणग्रन्थों से लाभान्वित होते रहेंगे।

वास्तव में पुराणों की कथाएं और उपदेशों का सार यही है कि हमें आसक्ति का त्याग कर वैराग्य की ओर प्रवृत्त होना चाहिए तथा सांसारिक बन्धनों से मुक्त होने के लिए एकमात्र परमात्मा की शरण में जाना चाहिए। यह लक्ष्य प्राप्ति योगकर्म अथवा भक्ति द्वारा इस प्रकार हो सकती है इसकी विशद् व्याख्या अनेक पुराणग्रन्थों में हुई है।

पुराणग्रन्थ भगवत प्राप्ति के लक्ष्य को सामने रखते हुए विभिन्न रुचि और अधिकार के अनुसार विभिन्न व्यक्तियों के लिए उनके ग्रहण करने योग्य विभिन्न अनुभूत सत्यमार्गों का, मार्गों के विधियों का तथा विघ्नों से छूटने के उपायों के सुन्दर निरूपण हुए हैं। मनुष्य अपने ऐहिक जीवन को किस प्रकार सुख-समृद्धि और शान्ति से सम्पन्न कर सकता है और उसी जीवन के द्वारा जीवमात्र का कल्याण करने में सहायक होता हुआ कैसे अपने परमध्येय भगवत-प्राप्ति के मार्ग का आसानी से बढ़ सकता है। इसके विविध साधन बड़ी ही रोचक भाषा में सच्चे तथा उपदेशपूर्ण इतिवृत्त कथानकों के साथ पुराणग्रन्थों में बताए गए हैं।

पुराण के श्रवण और पढ़ने से स्वाभाविक रूप से ही पूर्णलाभ तथा अन्तकरण की परिशुद्धि भगवान में रति और विषयों में विरति होती है। साथ ही मनुष्य को ऐहिक और पारलौकिक हानि लाभ का यथार्थ ज्ञान भी होता है। तदनुसार जीवन में कर्त्तव्य निश्चय करने की अनुभूत शिक्षा मिलती है। साथ ही सभी को यथाधिकार समान रूप से कल्याणकारी ज्ञान, साधन और सुन्दर तथा पवित्र जीवन-यापन की शिक्षा मिलती है।

ये पुराण ग्रन्थों के विभिन्न दृष्टिकोण वाले पाठकों के लिए अत्याधिक उपादेय, ज्ञानवर्धक, सरस तथा उनके यथार्थ अभ्युदय में सहायक हैं।

भारतीय धर्म तथा सभ्यता संस्कृति में भौतिकता या भागों का निषेध नहीं है। वरन् मानव-जीवन एक क्षेत्र में उनकी आवश्यकता बतलायी गई है पर वे होने चाहिए धर्म के द्वारा नियन्त्रित तथा मोक्ष एवं भगवत-प्राप्ति के साधन रूप। केवल भोग तो आसुरी सम्पदा की वस्तुएं हैं और मनुष्यों का अधःपतन करने वाली है। आधिभौतिक उन्नति हो पर वह हो अध्यात्म की भूमिका पर है। आध्यात्मिक लक्ष्य की पूर्ति के लिए। ऐसा न होने पर केवल काभोपभोग परायणता तो मनुष्य को असुर बनाकर उसके अपने तथा जगत के अन्यान्य प्राणियों के लिए घोर संताप, अशांति चिंता, पाप, तथा दुर्गति की प्राप्ति कराने वाली होती है। आज के भौतिकवादी भोग परायण मानव जगत में यही हो रहा है और उसी कारण नये-नये उपद्रव अशांति, पाप तथा दुख बढ़ रहे हैं।

भारत में भी इस अनर्थ का उत्पादन करने वाले भोग परायणता का विस्तार बड़े जोरों से हो रहा है। अतएव इस समय इसकी बड़ी आवश्यकता है कि मानव-पतन के प्रवाह से निकलकर पापपथ से लौटकर फिर वास्तविक उत्थान प्रगति तथा पुण्य के पथ पर आरूढ़ हों। इस दिशा में उचित रूप से पौराणिक कथानकों का स्वाध्याय तथा तदनुसार कार्य किये जायें तो जीवन में महान परिवर्तन हो सकता है।

पुराणों का जितना अधिक प्रचार-प्रसार होगा उतना ही देश और मानव जाति का मंगल होगा।

चत्वारः वेदग्रन्थाः

शोध कार्य के अन्तर्गत चत्वारः वेदग्रन्थों की विशेषताओं के उल्लेख आवश्यक समझे गए। इन विशेषताओं को अलग-अलग चार खण्डों में लिपिबद्ध करने का प्रयास किया है।

शोध विषयों में ही समाविष्ट अष्टादश पुराणग्रन्थों की विशेषताओं के विश्लेषण आवश्यक समझे गए। उक्ति प्रसिद्ध हैः-

अष्टादशपुराणेषु व्यासस्य वचनद्वयम्।
परोपकारः पुण्याय पापाय परपीडनम्॥

इस उल्लिखित तथ्यों के संक्षिप्त स्वरूपों के आधार पर अष्टादश पुराणग्रन्थों के संक्षिप्त स्वरूपों के विश्लेषण प्रस्तुत कर देना आवश्यक समझा गया है, जिन्हें संक्षिप्त स्वरूप में प्रस्तुत कर दिया गया है।

शास्त्र शासित भारतीय परम्परा में अष्टादश पुराण एवं चत्वारः वेदाः से प्रेरित समाज का स्वरूप-

पुराण साहित्य तथा वेद साहित्य भारतीय एवं जनमानस का प्रेरणास्रोत हैः-

आत्मवत् सर्वभूतेषुयः पश्यति स पण्डितः।

लिङ्ग पुराण प्रथम भाग पृ0 7 का चिंतन

प्रणवो धनुः शरो ह्यात्मा ब्रह्म तत् लक्ष्यमुच्यते।

अर्थात् प्रणव धनुषवाण आत्मतत्त्व, एवं ब्रह्मतत्त्व लक्ष्य है।

वेदान्तदर्शन

अप्रमत्तेन वेधव्यम् शरवत्तन्मयो भवेत्॥

अर्थात् प्रणव (ऊँ) तो धनुष है और जीवात्मा वाण के सदृश है पृ0 55

जीवन का लक्ष्य ब्रह्मप्राप्ति है। ब्रह्म ही लक्ष्य है। सतत् सावधान मनुष्य के द्वारा वह लक्ष्य वींधा जाने योग्य है।

संत कवि तुलसीदास की उक्ति प्रसिद्ध है-

सुजस पुराण विदित निगमागम्।
गावत् सुना-मुनि संत समागम्॥

1. विशाल पुराण साहित्य के साथ-साथ निगमागमशास्त्र- 2. वेद एवं 3. उपनिषद् भारतीय जनमानस के लिए प्रेरणास्रोत हैं।

कुर्वन्नेवेह कर्माणि जिजीविषेच्छतँसमाः।
एवं त्वयिनान्थेतोऽस्ति न कर्म लिप्यते नरे॥

अर्थात् इस लोक में कर्म करते हुए ही सौ वर्षों तक हम जीने की इच्छा करें। इस प्रकार मनुष्यत्व का अभिमान रखने वाले तेरे लिए इसके सिवा और कोई मार्ग नहीं है; जिससे तुझे (अशुभ कर्म का लेप न हो) पृ0 6 (ईशावास्योपनिषद्) इस तथ्य के विकासक्रम में ही उक्ति है कि दूसरे की सम्पत्ति की स्पृहा उचित नहीं है-

ईशवास्यमिदं सर्वम् "तेन त्यक्तेन भुञ्जीथाः मा गृधः कस्यस्विद्धनम्" लक्ष्य माना गया। भारतीय परम्परा की कुछ ऐसी विशेषताएं हैं जिनके सम्बन्ध में विचार करने से अनेक तथ्य सामने आते हैं। वेद की व्याख्या में पुराणग्रन्थों की अनिवार्यता मानी गई है:-

इतिहासपुराणाभ्यां वेदं समुपवृंह्येत।
विभेत्यल्पश्रुताद् वेदो मामयं प्रहरिण्यति॥

अर्थात् इतिहास एवं पुराणों के द्वारा ही वेदों के अर्थ का अनुशीलन करना चाहिए। इतिहास-पुराण ग्रन्थों के ज्ञानाभाव में वेद के अर्थ का सही विश्लेषण सम्भव नहीं है। तात्पर्य यह है कि अल्पश्रुत व्यक्ति से वेद डरता है क्योंकि अर्थ विश्लेषण में इतिहास तथा पुराण साहित्य का ज्ञान अपेक्षित होता है। यह कथन प्रसिद्ध है:-

पुराणं सर्वशास्त्राणां प्रथमं ब्रह्मणा स्मृतम्।
अनन्तरं च वक्त्रेभ्यो वेदास्तस्य विनिर्गताः॥

अर्थात् सब शास्त्रों में पहले ब्रह्मा ने पुराण का स्मरण किया और उसके अनन्तर उनके मुख से वेद प्रादुर्भूत हुए थे।

वामनपुराण अण-श्लोक 61; मत्स्य पुराण अध्याय 59 श्लोक 3 अर्थात् प्राचीनकाल में जो कुछ हुआ वह पुराण ग्रन्थों में वर्णित है:- पुराणं-पुरा नवं भवति अर्थात् प्राचीनकाल में जो नया था वह पुराणों में वर्णित है।

पुराणग्रन्थों के आदेश का पालन यदि प्राचीन काल में हुआ था तो उसकी आदेश गति अक्षुण्ण बनी हुई है:-

श्रीमद्भागवत की पंक्ति में पूरे समाज को जिस आदर्श का आख्यान देकर नैतिक बंधन में जकड़ दिया था वह आज भी अक्षुण्ण है और उस आदर्श का पालन होता है:-

वपनं द्रविणादानं स्थानान्निर्यापणं तथा।
एष हि ब्रह्मवन्धूनां वधोनान्योऽस्ति दैहिकः॥

श्रीमद्भागवतपुराण 1-7-57

कथा का सन्दर्भ द्रौपदी, अश्वथामा तथा अर्जुन से सम्बद्ध है जो अश्वथामा ब्राह्मण, गुरुपुत्र होने के कारण भगवान कृष्णद्वारा अवध्य घोषित हुआ था। वह कथा और आचरण दोनों ही जीवित है।

उक्ति प्रसिद्ध है:-

पुराणं सर्वशास्त्राणां प्रथमं ब्रह्मणा स्मृतम्।
उत्तमं सर्वलोकानां सर्वज्ञानोपपादकम्॥

अर्थात् स्वयं ब्रह्मा ने समस्तशास्त्रों से पूर्व पुराणग्रन्थों का स्मरण किया था। ये ग्रन्थ सर्वश्रेष्ठ माने गए हैं क्योंकि सर्वश्रेष्ठ ज्ञान के उत्पादक एवं प्रचारक ये ग्रन्थ सिद्ध हो चुके हैं।

अथर्ववेद में पुराणग्रन्थों की प्रशंसा इन शब्दों में अभिव्यञ्जित है:-

ऋक् सामानि छन्दांसि पुराणं यजुषा सह
उच्छिष्टा यज्ञिरे सर्वं दिवि देवा विपश्चितः॥

अर्थात् ऋक्, यजु, साम और अथर्ववेद के साथ उच्छिष्ट ब्रह्मा ने पुराणों का भी आविर्भाव किया था।

अथर्ववेद की उक्ति से विदित होता है कि पुराण साहित्य के प्राचीन स्वरूप समाज में प्रचलित अवश्य थे। पुराण की भाषा लौकिक संस्कृत होने के कारण इसके विस्तार में विशेष कठिनाई नहीं थी।

वैदिक संस्कृत की भाषा की क्लिष्टता के फलस्वरूप उसमें फैलाव या अपनी ओर से स्वरूप-विकास करने की चेष्टा में कठिनाई थी।

वेदग्रन्थों में इस तरह की विकासधारा का रोक के कारण पुराणग्रन्थों का फैलाव कुछ अधिक होते चला गया है। वेदग्रन्थों में यह सुविधा नहीं थी क्योंकि वैदिक संस्कृत की क्लिष्टता इसमें बाधक थी।

पुराणसाहित्य की विस्तारिता में भाषा की क्लिष्टता नहीं थी जिसके फलस्वरूप इसमें नमक-मिर्च लगाते हुए विस्तार करते जाना सम्भव हो सका है। कालक्रम में विस्तारितापुराणों के अङ्ग बनते चले गए हैं।

पुराणों में वैदिक तत्त्वों का भी प्रतिपादन हुए हैं। वेदों का संवत्सर चक्र पुराणों में विष्णु चक्र बन गया है। वेदग्रन्थों की छन्दविद्या वेद ग्रन्थों का सौपर्ण उपाख्यान है। पुराणों की ह्यग्रीव विद्या वेद की दह्यङ् विद्या है। वेद की अग्नि सोम विद्या पुराणों की हरिहरमूर्ति है। वेद का पंचाचतिक या पंक्ति-यज्ञ पुराणों का पंच ब्रह्म सिद्धान्त कहा जाता है।

''पुराणं शतकोटि विस्तरम्'' जैसी उक्ति से इस शास्त्र के विस्तारिता का स्वरूप प्रकट होता है ''शतकोटिविस्तरम्'' का तात्पर्य है। सौ करोड़ यानि एक अरब श्लोक पुराणग्रन्थों में समाहित किये गए हैं।

यथासूर्यवपुर्भूत्वा प्रकाशाय चेरदहरिः।
सर्वेषां जगवामेव हरिरालोकहेतवे॥

तथैकान्तः प्रकाशाय पुराणावयवो हरिः।
विचरेदिह भूतेषु पुराणं पावनं परम्-पद्म॥

स्वर्ग-61-62

सूर्या चन्द्रमसौधाता यथापूर्वमकल्पयत्।
दिवं च पृथ्वी चं अन्तरिक्षमथो स्वः॥

अर्थात् पूर्वकल्प में सूर्य, चन्द्र, पृथ्वी, एवं अन्तरिक्ष आदि जैसे निर्मित होते थे, वैसे ही अब भी होते हैं और आगे भी वैसे ही होते रहेंगे।

सर्वशक्तिमान ईश्वर के कार्यों में भूल नहीं होती है क्योंकि पूर्वापर सम्बन्ध सतत् जुड़े रहते हैं।

भारतीय जीवन-पद्धति में परम्पराओं के निर्वाह में कहीं त्रुटि नहीं दीख पड़ती है। यह ईश्वरीय बन्धन शास्त्रों के कारण कायम रह जाते हैं। इस बन्धनों के कायम रखने में शास्त्र नियमों की भूमिका महत्त्वपूर्ण रहती है।

गङ्गातीरे सुप्रसिद्धा काशी खलु विमुक्तिदा।
सा हि लिंगमयी ज्ञेया शिववासस्थलीस्मृता॥

लिंग तत्रैव मुख्यं च सम्प्रोक्तम्विमुक्तकम्।
कृतिवासेश्वरः साक्षातत्रुल्यो वृद्ध बालकः॥

अर्थात् भागीरथी के परमपावनतीर तट पर बसी हुई मुक्ति प्रदान करने वाली अति विख्यात काशी नाम की नगरी है, वह समस्त लिंगमयी तथा भगवान विश्वनाथ के निवास की भूमि कही गई है।

काशीपुरी में मुक्ति प्रदान करने वाली भगवान शिव की मुख्य प्रतिमा विराजमान है और कृतिवास शिव भी वहाँ पर स्थित हैं। वहाँ काशी में नित्यनिवास करने वाला, चाहे वृद्ध हो या बालक, वे शिव के तुल्य हो जाया करते हैं, यह स्थल का प्रभाव है। वेद एवं पुराणसाहित्य के ज्ञान से समन्वित ज्योतिस्तम्भ के कारण भारतभूमि पर ऋषियों-महर्षियों का शासन सतत् विद्यमान रहा है। यह भारतीय चिंतन की उपज है। परशुराम के व्यक्तित्व से ध्वनित होता हैः-

''अग्रतः सकलंशास्त्रम् पृष्ठतः सशरः धनुः।''

उनके जीवन का सिद्धान्त था। महाकवि संत तुलसी की दृष्टि में शास्त्र शासित समाज की ही अवधारणा विद्यमान थी जिसकी अभिव्यक्ति इन शब्दों में व्यञ्जित हुई हैः-

नानापुराणनिगमागम सम्मतं यद्।
रामायणे निगदितं क्वचित् अन्यतोऽपि॥

स्वान्तः सुखाय तुलसी रघुनाथ गाथा।
भाषा निबन्धमतिमंजुलमातनोति॥

अर्थात् अनेक पुराणों, वेदों और तन्त्रशात्रों से सम्मत जो रामायण में वर्णित है और कुछ अन्यत्र से भी उपलब्ध है श्री रघुनाथ जी की कथा को संत तुलसीदास अपने अन्तःकरण के सुख के लिए अत्यन्त मनोहर भाषाशैली रचना में विस्तृत कर रहे हैं।

रामचरितमानस पृ0 सं0 2

कवि की आत्मध्वनिसे व्यञ्चित है:-

सुजस पुराण विदित निगमागम।
गावत सुरमुनि संत समागम॥

भारतीय जीवन की रूपरेखा में समाहित प्रेरणास्त्रोत के रूप में जिन शास्त्रों एवं ग्रन्थों की मूलभूमिका रही है वे सारे ग्रन्थ ऋषियों-महर्षियों द्वारा सतत् अनुमोदित एवं प्रशंसित रहे हैं।

पश्यादित्यान् वसून् रुद्रानश्विनौमरुतस्तथा।
बहुनन्यदृष्टपूर्वाणि पश्याश्चर्याणि भारत॥
इहैकस्थं जगत्कृत्स्नं पश्याद्य सचराचरम्।

अर्थात् हे भरतवंशी अर्जुन! तू मुझमें आदित्यों को अर्थात् अदिति के द्वादश पुत्रों को, आठवसुओं को एकादशरुद्रों को, दोनों अश्विनी कुमारों को और उनचास रुद्रों को देख तथा और भी बहुत से पहले न देखे हुए आश्चर्यमय रूपों को देख-गीता अ0 11 श्लोक 6 तथा 8

भगवान कृष्ण का यह स्वरूप अलौकिकता का परिचायक है। विराटस्वरूप ग्रहण करने से सारी अलौकिकताएं जुड़ गई हैं। ब्रह्म-विद्या या पराविद्या की आधारशिला का विवेचन वेदसाहित्य के अन्तर्गत काफी विस्तार से हुआ है जिसकी व्याख्या में कथन है-

स ब्रह्म, स विष्णुः, स रुद्रः, स शिवः स परमः स्वराट् स इन्द्रः स कालाग्निः स चन्द्रमाः। कैवल्य उपनिषत् के इस विवेचन में ब्रह्म के

विराटस्वरूप का उल्लेख करते हुए ब्रह्म के सारे विराटतत्त्व के कारण ही उन्हें ब्रह्म की संज्ञा दी गई है।

ऋग्वेद के मन्त्रों से भी इन तथ्यों का समर्थन इस प्रकार हुआ है:-

इन्द्रं मित्रं वरुणमग्निमाहुरथो दिव्यस्ससुपर्णो गरुत्मान।

ऋग्वेद म0 1 सू0 164 मंत्र 46

यजुर्वेद अध्याय। मंडल द्वितीय के मन्त्र द्वारा इस तथ्य की पुनरावृत्ति की गई है:-

सामवेद प्रपा0 6 त्रिक 8 मं 2 के मन्त्र तथा अथर्ववेद काण्ड। प्रपा0 24 अ0 2 त्रक 8 मंडल 2 के अनुसार इस तथ्य पर प्रकाश डाला–

प्राणायनमो यस्यसर्वमिदं वशे।
यो भूतः सर्वेश्वरो यस्मिन्सर्वप्रतिष्ठितम्॥

इन सारे उद्धरणों के सारभूत चिंतन का निष्कर्ष गीता के अध्याय 18 श्लोकः संख्या 51-54 में इस प्रकार है:-

सिद्धिं प्राप्तो यथा ब्रह्मा तथाप्नोति निबोध मे।
समासे नैव कौन्तेय निष्ठा ज्ञानस्य या परा॥

अध्याय-18 श्लोक

इस स्थिति के उपरान्त स्वतः साधक को ब्रह्मलीन होने का अवसर प्राप्त होता है:-

ब्रह्मभूतः प्रसन्नात्मा न शोचयति न काङ्क्षति।
समः सर्वेषु भूतेषु मद्भक्तिं लभतेपराम्॥

अर्थात् योगी को ब्रह्मलीन होने का अवसर प्राप्त होता है। गीता श्लोक 54

विशुद्ध बुद्धि से युक्त वह योगी उस पथ का अनुगामी होता है जिससे ब्रह्मपद का वह अधिकारी कहा जाता है।

ब्रह्मभूतः प्रसन्नात्मा न शोचयति न काङ्क्षति।
समः सर्वेषु भूतेषु मद्भक्तिं लभते पराम॥

अ0 18 श्लोक 54

इस प्रकार वह पापरहित योगी इस प्रकार निरन्तर आत्मा को परमात्मा में लगाता हुआ सुखपूर्वक "परमब्रह्म" परमात्मा की प्राप्तिरूप अनन्त आनन्द का अनुभव करता है।

अ0 6 श्लोक 28 में यह उक्ति इस प्रकार है:-

युमन्नेव सदात्मानं योगी विगतकल्मषः।
सुखेन ब्रह्मसंस्पर्शमत्यन्तं सुखमश्न्द्रते॥

गीता में भगवान कृष्ण ने बड़ी स्पष्टता के साथ ब्रह्मशक्ति के स्वरूप का वर्णन किया है और उनके अनुसार एक में ही विभिन्न देवों का दर्शन उल्लिखित हुआ है:-

"हे भरतवंशी अर्जुन! तूं मेरी शक्ति में समाविष्ट विभिन्न देवों के या स्वरूपों का दर्शन करो:-

अदिति के द्वादश पुत्रों, आठ वसुओं को, एकादशरुद्रों को, दोनों अश्विनी कुमारों को और उनचास मरुद्गणों को तथा और भी बहुत से पहले न देखे हुए आश्चर्यमय रूपों को देख सकते हो।

उस विराटशक्ति के दर्शन करने में चकाचौंध उत्पन्न होने की स्थिति में दिव्यदृष्टि भी भगवान द्वारा प्रदान कर दी जाती है:-

न तु मां शक्यसे द्रष्टुमनेनैव स्वचक्षुषा।
दिव्यं ददामि ते चक्षुः पश्य मे योगमैश्वरम्॥

अर्थात् अपने इन प्राकृत नेत्रों द्वारा देखना तुम्हारे लिए सम्भव नहीं है। इसलिए इन्हें दिव्य यानि अलौकिक दृष्टि प्रदान की जाती है जिससे भगवान की ईश्वरीय योगशक्ति का दर्शन करने में वह समर्थ हो सके। अर्जुन की मानवीय क्षमता अर्थहीन सिद्ध होने पर ही दिव्यशक्ति प्रदान की जाती है जिससे ब्रह्मस्वरूप से वे अवगत हो सकें। अपनी सीमित शक्ति उस दिव्यस्वरूप के दर्शन में असफल होने पर ही दिव्यशक्ति

प्रदान की गई थी। विशेष शक्ति की प्राप्ति हेतु ऋषियों का मार्गदर्शन इस प्रकार हुआ है:-

शमो दमस्तपः शौचं क्षन्तिरार्जवमेवच।
ज्ञानं विज्ञानमास्तिक्यं ब्रह्मकर्मस्वभावजं॥

इसके साथ-साथ यह उक्ति भी ज्ञानमार्ग की विशेषता का प्रतिपादन करती है:-

एषा ब्राह्मीस्थितिः प्रार्थ नैनां प्राप्य विमुह्यति।
स्थित्वास्यामन्तका लेड पि ब्रह्मनिर्वाणमृच्छति॥

अर्थात् यह स्थिति ब्रह्म को प्राप्त हुए पुरुष की स्थिति है, इसको प्राप्त कर योगी मोहित नहीं होता है तथा अन्तकाल में भी इस ब्राह्मी स्थिति में स्थित होकर ब्रह्मानन्द को प्राप्त हो जाता है। गीता अ0 2-श्लोक 72

सृष्टि में क्रमागत कर्म एवं क्रमागत फलों की प्राप्ति के सन्दर्भ में यह उक्ति विशेष चिंतन का संकेत देती है:-

अन्नाद्भवन्ति भूतानि पर्जन्यादन्नसम्भवः।
यज्ञात् भवति पर्जन्यो यज्ञः कर्म समुद्भवः॥
कर्म ब्रह्मोद्भवं विद्धि ब्रह्मक्षरसमुद्भवम्।
तस्मात् सर्वगतं ब्रह्म नित्ये यज्ञे प्रतिष्ठितम्॥

अर्थात् सम्पूर्ण प्राणी अन्न से उत्पन्न होते हैं, अन्न की उत्पत्ति वृष्टि से होती है, वृष्टि यज्ञ से होती है और यज्ञ विहित कर्मों से उत्पन्न होने वाला है कर्म समुदाय को वेदों से उत्पन्न समझो और वेद को अविनाशी परमात्मा से उत्पन्न समझना चाहिए।

मी0 अ0 3 श्लोक 14 एवं 15

मनुस्मृतिकार ने बड़ी स्पष्टता से कहा कि एक कार्य की पवित्रता दूसरे कार्य की सफलता में योगदान प्रदान करती है:-

अद्भिर्गात्राणि शुध्यन्ति मनः सत्येन शुध्यति।
विद्या तपोऽन्यां भूतात्माबुद्धिः ज्ञानेन शुद्धयति॥

जल से सारे अंग की पवित्रता, सत्य चिंतन एवं सद्मार्ग से मन की शुद्धता आती है, विद्या एवं तप से अन्तरात्मा की शुद्धि होती है। बुद्धि की निर्मलता हेतु उचित ज्ञानवान होना अपेक्षित है। सद्ज्ञान की भूख की तृप्ति होने पर ही सन्मार्ग में चलने की रुचि उत्पन्न होती है।

मुण्डकोपनिषद् के खंड-2 म0 11 में कथन है कि 1-तप:श्रद्धे ये वसन्ते अरण्ये शान्ता विद्वांसः भैक्षचर्या चरन्तः।; सूर्यद्वारेण ते विरजाः प्रयान्ति यथा अमृतः स पुरुषो ह्यव्यात्मा।

अर्थात् शान्तचित्तयुक्त पुरुष बनवासी होकर धर्मानुष्ठान् एवं सन्नमार्ग के अनुशीलन द्वारा अपनी तपस्या में वे सफल होते हैं तथा उनकी ब्रह्मचिंता निश्चित ही फलीभूत हुआ करती है।

मानव प्रवृत्ति है कि वह अपनी योजना को फलीभूत करने हेतु अन्य की सहायता प्राप्त करने की चेष्टा करता है अपनी सीमितशक्ति में थोड़ी भी सहायता प्राप्त कर मनोबली बन जाता है।

यज्ञाहुति से उसे नयी ऊर्जा मिलती है जिसके बल पर वह आगे बढ़ता है और सफलता मन-मस्तिष्क में अनुभव होने लगती है। याज्ञिक क्रियाएँ इसी सन्दर्भ में दृष्टिगत होती हैं। सामाजिक एवं धार्मिक मान्यता है कि याज्ञिक क्रियाएँ अपार फल देनी वाली होती हैं।

इस यज्ञ के धुएं से सम्पूर्ण माहौल सौरभपूर्ण होता है और यज्ञकर्ता अपारशक्ति संचय में समर्थ होते हैं। गीता में कथन है:-

सहयज्ञाः प्रजा सृष्ट्वा पुरोवाच प्रजापतिः।
अनेन प्रसविष्यध्वमेष वोऽस्त्विष्ट कामधुक॥

अ0 32 श्लोक-10

अर्थात् प्रजापति ब्रह्मा ने कल्प के आदि में यज्ञसहित प्रजाओं को रचकर उनसे कहा कि तुम लोग इस यज्ञ के द्वारा वृद्धि को प्राप्त होओ और यह यज्ञ तुमलोगों को इच्छित फल प्रदान करने वाला है।

इस शक्ति विशेष के आख्यान में यह भी कह दिया गया कि इस यज्ञ के द्वारा देवताओं को उन्नत करो और वे देवता तुम लोगों को भी

उन्नत करेंगे। इस प्रकार निःस्वार्थभाव से एक दूसरे को उन्नतशील करते रहेंगे तथा सम्पूर्ण मानव समाज कल्याण को प्राप्त हो जायेंगे।

इन सारे तथ्यों की स्पष्टता वेद की पंक्तियों से विशेषरूप में होती है:-

ऋचो अक्षरे परमे व्योमन्
यस्मिन् देवा अधिविश्वेनिषेदुः॥
यः तन्न वेद किमृचा करिष्यति
य इत्तद्विदुस्त इमे समासते॥

ऋ0 11 मं 1 सू0 164 मं0 39

इस व्यापक अविनाशी सर्वोत्कृष्ट परमेश्वर में सब विद्वान् और पृथ्वी, सूर्य आदि सब लोक स्थित हैं तथा वेदों के मुख्य तत्त्व उस ब्रह्म को जो नहीं जानता वह किसी शास्त्र से सुख की प्राति कभी नहीं कर सकता है। इस तथ्य के अन्तर्गत यज्ञकार्य की ओर अभिप्रेरित करने की सफल चेष्टा हुई है।

यज्ञार्थात्कर्मणोऽन्यत्र लोकोऽयं कर्मबन्धनः।
तदर्थ कर्म कौन्तेय मुक्तः सङ्ग समाचर॥

गीता अ0 3 श्लोक 9

अर्थात् यज्ञ के निमित्त किये जाने वाले कर्मों के अतिरिक्त दूसरे कर्म में लगा हुआ ही यह मनुष्य समुदाय कर्मों से बँधा हुआ है। इसलिए हे अर्जुन तू आसक्ति से रहित होकर उस यज्ञ के निमित्त ही भलीभाँति कर्तव्य कर। यज्ञ शब्द यज् धातु से व्युत्पन्न होता है जिसका अर्थ है पूजन क्रिया। भजन-पूजन में पूरी निष्ठा के साथ समर्पण हो तो मनुष्य कर्म के बंधन में फँसता नहीं है। पूर्ण निष्ठा के साथ यज्ञ-कार्य में तत्पर हो जाने से मनुष्य का चिंतन बंधनमुक्त रहने की दिशा में सक्रिय मानी जाती है। उक्ति है:-

अन्नाद्भवति भूतानि पर्जन्यादन्नसम्भवः।
यज्ञात् भवति पर्जन्यः यज्ञः कर्मसमुद्भवः॥

गी0 अ0 3 श्लोक 14

इस क्रम में मनुष्य कर्मबन्धन से मुक्त रहता है।

उक्ति है:-

कर्म ब्रह्मोद्भवं विद्धि ब्रह्माक्षरं समुद्भवम्।
तस्मात् सर्वगतं ब्रह्म नित्यंयज्ञप्रतिष्ठितम्।।

अ0 3 श्लोक 15

इस तरह सृष्टि में कर्म की स्थिति स्पष्ट की गई है। सत्य है कि सम्पूर्ण प्राणी अन्न से उत्पन्न होते हैं। अन्न की उत्पत्ति वृष्टि से होती है और यज्ञ विहित कर्मों से सम्पन्न होता है। कर्म समुदाय वेद से उत्पन्न माना गया है। वेद की उत्पत्ति अविनाशी परमात्मा से है। इस तरह सिद्ध होता है सर्वव्यापी परम अक्षर परमात्मा सदा यज्ञ में प्रतिष्ठित हैं।

मनुस्मृतिकार के अनुसार भी मानव का परम कर्त्तव्य है कि वह निष्काम भावना से कार्य न कर सकाम भावना की शरण में रहकर कार्य सम्पन्न करने की चेष्टा करता रहे क्योंकि उक्ति है:-

अकामस्य, क्रिया काचित् दृश्यते नेह कर्हिचित यानि निष्काम भावना की अपेक्षा सकाम भावना ही श्रेयस्कर है। निष्काम भावना सतत् विद्यमान रहे तो मानव मन अपने नेत्रों के पलक भी झपकाने की आवश्यकता नहीं समझेंगे। अतः मनुस्मृतिकार की उक्ति की सार्थकता इन तथ्यों में समाहित दीख पड़ती है:-

अकामस्य क्रिया काचित दृश्यते नेह कर्हिचित्।

मानव की कार्य-योजना एक विशेष प्रयोजन के फलस्वरूप नियोजित होती रहती है। इस उद्देश्य के साथ-साथ फल की प्राप्ति के भाव छिपे रहते हैं जिस फल से मानव मन उत्प्रेरित होता है और अपनी कार्य क्षमता की परीक्षा भी लेता है। अतः मनुस्मृतिकार की उक्ति की सार्थकता स्पष्ट परिलक्षित होने के कारण ही उनकी उक्ति समाज में आदर के साथ ग्रहणीय समझी जाती है:-

"आचारात् विच्युतो पुरुषो न वेदफलमश्नुते।"

आचारेण तु संयुक्तः सम्पूर्णफलभोगभवेत्॥

इस तरह मानव की चिंतन धारा के साथ क्रियाशीलता सतत् जुड़ी रहती है। यही मानव धर्म की परम्परा शास्त्रीय दृष्टि से मान्य कही गई है।

इस कर्मबंधन तथा कर्त्तव्य-पालन को हमारी चिंतनधारा का सबल सोपान माना है जिस पर सतत् अग्रसर रहना कर्त्तव्य मान्य हुआ है। इस कर्त्तव्य चिंतन को बंधनयुक्त कर दिया गया है जिससे कोई अलग-थलग रहकर जीने की कामना या चेष्टा नहीं कर सकता है।

शास्त्रबंधन शस्त्रधार की तेज से अधिक शक्तिशाली मान्य है। परिणाम स्वरूप किन्हीं पुरुष को कर्त्तव्य विमुख देखना भी सम्भव नहीं है। यह हमारी परम्परा, संस्कृति एवं चिंतन धारा की देन है। कर्त्तव्यच्युति का पाप सबसे बड़ा अधर्म मान्य हुआ है।

एषो वोऽभिहितो धर्मो चातुर्वर्णस्य चतुर्विधः।

अर्थात् ब्रह्मचर्य, गृहस्थ, वानप्रस्थ तथा संन्यास ये चार आश्रम मानवधर्म के अन्तर्गत समाहित है।

आधुनिक चिंतन में संन्यासधर्म की नगण्यता समझी जाती है लेकिन इसके लिए तर्क यह दिया गया है कि धर्म की परिभाषा इस प्रकार शास्त्र में अभिव्यक्त है:-

धृति क्षमादमोस्तेयं शौच इन्द्रियनिग्रहः।
धी, विद्या सत्यमक्रोधः दशकं धर्म लक्षणम्॥

अर्थात् धर्म की सीमा निर्धारित है जिसके लिए कुछ आवश्यक तत्त्व निर्धारित है जिसका अनुपालन समाज की प्रगति के लिए अनिवार्य रूप से मान्य हुआ है।

1. धृति अर्थात् धारण की शक्ति यानि धैर्य रखने की क्षमता मानव के विशेष गुण हैं जो धर्म के अन्तर्गत समाहित हुए हैं

2. क्षमा-अर्थात् किसी के दोष या अपराध को नगण्य मान लेना यह भी मानव-धर्म के अन्तर्गत है। उक्ति प्रसिद्ध है:-

क्षमा शोभती उस भुजंग को जिसके पास गरल है। यानि विषधर साँप की क्षमाशीलता ही महत्त्वपूर्ण है "उसको क्या जो" दन्तहीन, विषहीन सरल है। सम्पूर्ण जीवन विभिन्न सिद्धान्तों से जुड़े हैं। कर्त्तव्य का बन्धन भी उसी तरह काफी दृढ़ता से युक्त है। इन सारे बन्धनों को अपनी इच्छा से सहर्ष स्वीकार किया है। समाज की गतिशीलता इसी कर्त्तव्य बंधन के कारण कायम है। जीवन का प्रारम्भ एवं अवसान यानि मानव जीवन आदि से अन्त तक कर्त्तव्य के धागे से बँधा हुआ है। यह धागा हमारी सहज स्वीकार करने की प्रवृत्ति का प्रतीक है।

इस तरह धर्म, अर्थ, काम तथा मोक्ष से चारों श्रेय कर्म हैं जिनकी समीपता एवं सहज उपलब्धता हमारे जीवन के लक्ष्य से जुड़े हैं।

इन सारे तथ्यों के साथ ब्रह्म की उपासना भी अपरिहार्य एवं आवश्यक माना गया है।

"ब्रह्म सत्य जगन्मिथ्या" के कथन की परीक्षा भी आवश्यक मानी गई है।

जिस तरह जीव को ही ब्रह्म मान लेना अविद्या कही गई है क्योंकि जीव अल्पज्ञ और ब्रह्म सर्वज्ञ एवं व्यापक माना गया है। ब्रह्म नित्य, शुद्ध-बुद्धि युक्त स्वभावयुक्त कहा गया है। ब्रह्म को सर्वव्यापक सर्वज्ञ मान लेने से भ्रम या अविद्या का प्रभाव प्राप्त नहीं हो सकता है। ब्रह्म प्राप्त जीव-मरण दुःख से युक्त माना गया है। संन्यास धर्म ग्रहण करने के उपरान्त ही ब्रह्म के सत्याभास का भान होता है इसलिए संन्यास धर्म जीवन की अन्तिम बेला में अनिवार्य रूप से ग्रहण करने की आवश्यकता बतलायी गई है।

संन्यास की परिभाषा में यह उक्ति प्रसिद्ध है:-

सम्यड्. नित्यमास्ते यस्मिन् यद्वा सम्यड्.
न्यस्यन्ति दुखानि कर्माणि येन सः सन्यासः,
स प्रशस्तो विद्यते यस्य स सन्यासी॥

अर्थात् जो जीव ब्रह्म और उसकी आज्ञा में उपविष्ट हो जाये अर्थात् स्थिर हो जाये वह संन्यासी की संज्ञा से अभिहित किया जा सकता है। इस प्रकार सारे दुष्ट कर्मों का त्याग स्वाभाविक रूप से होने लगे यानि बिना प्रयास दुष्टकर्म पीछा छोड़ दे तो वह संन्यास की स्थित कही जाती है। संन्यासी का दुष्टकर्मों का त्याग स्वाभाविक गति में हो जाये तो वह संन्यास की स्थिति समझी जानी चाहिए। यह ज्ञान एवं अनुमान स्वत: ही संन्यासी को होने लगता है। ब्रह्मलीन होने की गति से ही प्रकट होता है कि संन्यास धर्म की स्थिति है। एक ओर सारे दुष्टकर्म का त्याग होता है और दूसरी ओर ब्रह्म-आज्ञा में अपने को विलीन अनुभव करता है यह संन्यास की परिपक्वास्थिति मानी गई है। सारे उत्तम स्वभाव का ही वह अधिष्ठाता बन जाता है। अत: संन्यास आश्रम शांति की सर्वोपरि स्थिति मानी गई है। सारे उत्तम स्वभाव का अधिष्ठाता वह बन जाता है और अपने ब्रह्मलीन की अवस्था का उसे अनुभव होने लगता है। तात्पर्य यह है कि सारे सुकर्मों का कर्त्ता बन जाता है और दुष्टकर्मों का त्यागी जैसा अनुभव होने लगता है। इनके अतिरिक्त ब्रह्मलीनता तो अपरिहार्य स्वाभाविक कर्म की तरह शरीर का स्वाभाविक कर्त्तव्य-सा प्रतीत होता है। इस प्रकार संन्यास धर्म की अनिवार्यता शरीर के चौथेपन की स्वाभाविक देन होनी चाहिए।

कभी-कभी यह शंका उठायी गई है कि गृहस्थ होकर भी संन्यासी व्रत लिया जा सकता है लेकिन संन्यासी व्रत का आचरण करना और संन्यास धर्म में तन्मय रहना दोनों स्थिति एक नहीं मानी गई है, इसलिए संन्यास धर्म, या आश्रम की अनिवार्यता मान्य समझी गई है।

संन्यास-धर्म चिंतन के अनुसार

"एक रात्रिं वसेत्- ग्रामे" के नियम के पालन की आवश्यकता समझी गई है।

चतुर्थ आश्रम यानि संन्यास की अवधि में पारिवारिक सौमनस्य की सफलता का सर्वोत्कृष्ट जनक माना गया है। वेद की पंक्ति इस सन्दर्भ में ग्राह्य तथा सर्वत्र मनन करने योग्य एवं सर्वत्र ग्रहणीय एवं

उल्लेखनीय मानी गई है:-

अङ्गादङ्गात् सम्भवसि हृदयात् अधि जायसे।
आत्मासि पुत्र! मा मृथाः स जीव शरदः शतम्॥

यह उक्ति सामवेद से उद्धृत की गई है जिस कथन का तात्पर्य पारिवारिक पीढ़ियों को अक्षुण्ण रखने की मंत्रणा का गायन किया गया है जिसका मूल विचार इस प्रकार सम्प्रेषित होते रहा है:-

हे पुत्र! तुम अङ्ग-अङ्ग से उत्पन्न हुए हो और हृदय से उत्पन्न होने के फलस्वरूप तुम्हें आत्मज की संज्ञा से अभिहित किया गया है अतः वह पुत्र पिता की आत्मा मानी गई है जिसके फलस्वरूप पिता के रहते आत्मवत पुत्र का अन्त हर दृष्टि से जीवन की असफलता कही गई है। अतः मेरे पूर्व मृत्यु को प्राप्त होने का तुझे अधिकार ही प्राप्त नहीं है तथा शतायु होने का वरदान तुम्हें प्राप्त हो चुका है। अल्पायु होने की परम्परा का बीज-वपन घोर पातक की स्थिति मानी गई है।

यथा नदीनदाः सर्वे सागरे यान्ति संस्थितम।
तथैवाश्रमिणः सर्वे गृहस्थे यान्ति संस्थितिम्॥

यथा वायुं समाश्रित्यवर्तन्ते सर्वजन्तवः।
तथा गृहस्थभाश्रित्य वर्तन्ते सर्व आश्रमाः॥

विभिन्न तरह के कर्त्तव्यों में अनिवार्य एवं ऐच्छिबद्ध दो श्रेणियाँ निर्धारित की गई है। इस चिन्तन के मूल में पुनर्जन्म एवं कर्म-सिद्धान्त कार्यरत हैं। इनकी परिधि इतनी अधिक विस्तृत है कि सम्पूर्ण जीवन कार्यरत रहते हुए भी मानव अपने कर्त्तव्यों से निवृत्त होने में असमर्थ ही रहता है। अतः लोकोक्ति का यही सन्दर्भ सतत् संतोष दिलाकर कर्त्तव्य की 'इतिश्री' समझनी पड़ती है। मानव की स्वाभाविक वृत्ति है कि वह अपनी कामनाओं से समन्वित रहने पर भी पुण्यवर्धन-कार्य की ओर अधिक अग्रसर रहना चाहता है। काम-क्रोध, लोभ-मोह मद-मात्सर्य, इर्ष्या, दम्भ, राग-द्वेष आदि दुर्गुणों के वशीभूत मानव का अधिक समय पापा-चरण में व्यतीत हो जाता है।

गीता की पंक्ति से यह तथ्य विशेषरूप से स्पष्ट होता है:-

विषया विनिवर्तन्ते निराहारस्य देहिनः।
रसवर्जं रसोऽप्यस्य परं दृष्ट्वा निर्वतते॥

गी० अ० 2 श्लोक 59

अर्थात् इन्द्रियों के द्वारा विषयों को नहीं ग्रहण करने वाले पुरुष के भी केवल विषय तो निवृत्त हो जाते हैं, परन्तु उनमें रहने वाली आसक्ति निवृत्त नहीं होती है। सिर्फ स्थितप्रज्ञ पुरुष की आसक्ति भी परमात्मा का साक्षात्कार करके निवृत्त हो जाती है।

इस समस्या का समाधान गीता में ही इस प्रकार उल्लिखित हुआ है:-

एषा ब्राह्मी स्थितिः पार्थ नैनां प्राप्य विमुह्यति।
स्थित्वास्यामन्तकालेऽपि ब्रह्मनिर्वाणमृच्छति॥

अर्थात् यह ब्रह्म को प्राप्त हुए पुरुष की स्थिति है। इसको प्राप्त होकर योगी कभी मोहित नहीं होता है। अन्तकाल में इस ब्राह्मी स्थिति में स्थित होकर ब्रह्मानन्द को प्राप्त हो जाता है।

संत कवि तुलसीदास ने ब्रह्म स्थिति की व्यवस्था संक्षेप में प्रस्तुत की है। उनके चिंतन-मनन से जो स्वरूप उभर कर समक्ष आता वह इस प्रकार चित्रित है:-

यन्मायावशवर्ति विश्वमखिलं ब्रह्मादिदेवासुराः
यत्सत्त्वादभृषैव भाति सकलं रज्जौ यथा हे र्भ्रमः।
यत्पादप्लवमेकमेष हि भवामभोधेस्तितीर्षावतां
बन्देऽहं तमशेष कारणपरं रामाख्यमीरां हरिम्॥

अर्थात् जिनकी माया के वशीभूत सम्पूर्ण विश्व ब्रह्मादि देवता और असुर हैं, जिनकी सत्ता से रस्सी में सर्प के भ्रम की भाँति यह सारा दृश्य जगत सत्य ही प्रतीत होता है और जिनके केवल चरण ही भवसागर से तरने की इच्छा वालों के लिए एकमात्र नौका है उस समस्त कारणों से पर (सब क़ारणों के कारण के कारण और सबसे श्रेष्ठ) राम

कहलाने वाले भगवान हरि की मैं वन्दना करता हूँ।

ब्रह्म के स्वरूप का आभास होने पर वह असीम शक्ति किसी स्थूल के माध्यम से व्याख्यायित होता है। इस स्थल के उपरान्त दूसरे स्थल के स्वरूप भी चित्र इस प्रकार उल्लिखित है:-

मुदमंगलमय संत समाजू जो जगजंगमतीरथराजू।

रामभक्ति जँह सुरसरिधारा सरसई "ब्रह्म" विचार प्रचारा अर्थात् संतों का समाज आनन्द और कल्याणमय है जो जगत में चलता-फिरता तीर्थराज (प्रयाग) जहाँ रामभक्तिरूपी गंगाजी की धारा है। और ब्रह्मविचार का प्रचार सरस्वती जी हैं। असीम शक्ति का मान होने पर ही सरस्वती की शरण अपेक्षित हो जाती है जिस सरस्वती का ही यह दायित्व है कि ब्रह्मतथ्य को वे विस्तारित कर दें जिससे साधारण जनमानस भी उस भाव में तरंगायित हो सकें।

ब्रह्मशक्ति की छाया से जब दूर तक प्रभावापन्न होता है कवि की वाणी मुखर हो उठती हैं:-

कहत सुनत सुमिरत सुठि नीके।
राम लखन समप्रिय तुलसी के॥
वरनत चरन प्रीति विलगाती।
'ब्रह्म' जीव सम सहज संघाती॥

अर्थात् ये कहने, सुनने, और स्मरण करने में बहुत ही अच्छे हैं। तुलसीदास को तो श्रीराम-लक्ष्मण के समान प्यार हैं इनका ("र" और "मैं" का) अलग-अलग वर्णन करने में प्रीति विलगाती है (अर्थात् बीज मंत्र की दृष्टि से इनके उच्चारण, अर्थ और फल में भिन्न दीख पड़ती है परन्तु हैं ये जीव और ब्रह्म के समान स्वभाव से ही साथ रहने वाले (सदा एकरूप और एकरस)

इस कथन के सन्दर्भ से स्पष्ट है कि संत कवि भी कहना चाहते हैं कि "ब्रह्मसत्य जगन्मिथ्या" यह तथ्य सृष्टि का परम सत्य है जो माया के आवरण से आवेषित हैं।

रामचरितमानस में अनेक सन्दर्भ ब्रह्म विद्या या पराविद्या से संलिप्त तथ्य संलग्न हैं। गीता में ब्रह्म तत्त्व या परा तत्त्व विशेष रूप से स्पष्ट है तथा यह तत्त्व गीता का वर्ण्यविषय कहा जा सकता है।

न प्रहृष्येत्प्रियं प्राप्य नोद्विजेत् प्राप्य चाप्रियम्।
स्थिरबुद्धिरसम्भूढो ब्रह्मविद् ब्रह्मनि स्थित:।।

गी0 अ0 5 श्लोक 20

अर्थात् जो पुरुष प्रिय को प्राप्त होकर हर्षित नहीं हो वह स्थिर बुद्धि है क्योंकि अप्रिय को प्राप्त होकर वह उद्विग्न भी नहीं होता है। अत: संशयरहित ब्रह्मवेत्ता पुरुष परमब्रह्म परमात्मा में एकीभाव से नित्य स्थित रहता है। स्पष्ट है कि इस ब्रह्मतत्त्व में अलौकिक आनन्द प्रदान करने की शक्ति है।

परमब्रह्म में विलीन हो जाने पर आसक्ति रहित अन्त:करण वाला साधक आत्मा में स्थित जो ध्यानजनित सात्विक आनन्द है उसको प्राप्त करने के उपरान्त परमब्रह्म परमात्मा के ध्यान रूप योग में अभिन्न भाव से स्थित होकर आनन्द का अनुभव करता है। गीता की पंक्ति इस प्रकार है:-

ब्राह्मस्पर्शेष्वसक्तात्मा विन्दत्यात्मनि यत्सुखम।
स ब्रह्मयोगयुक्तात्मा सुखमक्षयमश्नुते।।

इस श्लोक से भाषित होता है कि ब्रह्म का आनन्द शायद गुड़ के स्वाद जैसा है जिसकी मिठास शायद गूँगा दूसरे को समझाने में पूर्ण असमर्थ हो जाता है। साधारण जन-समुदाय में यह कथन प्रचलित है कि ब्रह्म का आनन्द गूँगे के गुड़ जैसा होता है।

ब्रह्म निर्वाण या ब्रह्म भूत की प्राप्ति से साधक अनन्त सुख वाला अनुभव करता है। जो पुरुष अन्तरात्मा में ही सुख वाला है, आत्मा में ही रमण करने वाला है, वह सच्चिदानन्दघन परब्रह्म परमात्मा के साथ अपने अस्तित्व की विलीनता से भाव-विभोर रहता है और वह सांख्ययोगी शान्त ब्रह्म में निजत्त्व का तनिक भी आभास प्राप्त नहीं करता है। इस तथ्य को भाषा से स्पष्ट नहीं किया जा सकता है।

(गीता अ0 5 श्लोक 24)

इस सन्दर्भ में स्वयं भगवान को कृष्ण के मुख से जो भाव एवं विचार अभिव्यक्त होता है वह इस प्रकार है:-

भोक्तारं यज्ञतपसां सर्वलोक महेश्वरम्।
सुहृदं सर्वभूतानां ज्ञात्वा मां शान्तिमृच्छीत्॥

अर्थात् मेरा भक्त मुझको सब यज्ञ और तपों का भोगने वाला, सम्पूर्ण लोगों के ईश्वरों का भी ईश्वर तथा सम्पूर्ण भूत प्राणियों का सुहृद अर्थात् स्वार्थरहित दयालु और प्रेमी, ऐसा तत्त्व से जानकर शान्ति को प्राप्त होता है।

(गीता अ0 5 श्लोक 29)

सामवेद की विशेषताएँ

वेदानां सामवेदोऽस्मि देवानामस्मि वासवः।
इन्द्रियाणां मनश्चास्मि भूतानामस्मिचेतना॥

गीता अ0 10-श्लोक-22

वेदेषु सामवेदोऽस्मि देवेषु वासवः।

भगवान कृष्ण की उक्ति है वेद में सामवेद हूँ तथा देवताओं में इन्द्र (वासवः) हूँ।

सभी वेदों के महत्त्व समानरूप से व्यक्त होते हैं, फिर भी इस विशेष कथन में कोई विशेष प्रयोजन निश्चित रहा है क्योंकि कथन है वेदों में सामवेद हूँ।

सामवेद के मन्त्रों के विचार इस प्रकार अभिव्यञ्जित हुए हैं:-

अग्न आयाहि वीतये गृणानो हव्यदातये।
नि होता सत्सि वर्हिषि॥

मन्त्रसंख्या-1-पृ0 सं0 1 सामवेद

अर्थात् हे ईश्वर अग्ने! (आयाहि) प्राप्त हों (वीतये) ज्ञान के लिए, स्तुति की गई उत्तम पदार्थों को पाने के लिए जो हमें प्राप्त हो

जायें।। अग्नि की आराधना से पूरा भारतीय समाज अनुप्राणित होते रहा है। ऋग्वेद का प्रथम मन्त्र "ओम अग्निमीलेपुरोहितम्" भावार्थ यह है कि हे परमेश्वर! समस्त उत्तम पदार्थों के दाता हैं। अतः विद्वानों एवं दिव्य पदार्थों के द्वारा मनुष्य समाज पर उपकार करने वाले भी हैं। जिस विशेष शक्ति की उपासना की गई है वह शक्ति निष्फल नहीं होनी चाहिए।

आगे के मन्त्र में यह उक्ति है:-

"अग्निं दूंत वृणीमहे होतारं विश्ववेदसम्" (सर्वज्ञ) इस यज्ञ का यानि संसार के उत्तम यज्ञ के निर्माता मन्त्र सं0 3 पृ0 सं01 परमेश्वर! की स्तुति की गई है। श्रेष्ठता के परिणाम स्वरूप सर्वोपरि होने की सम्भावना यहाँ परिलक्षित है।

मन्त्र संख्या 6 पृ0 सं0-1 में अभिव्यञ्जित मन्त्र इस प्रकार है:-

त्वन्नो अग्ने महोभिः पाहि विश्वस्या अरातेः।

उत द्विषो मर्त्त्यस्य।। अर्थात् हे अग्निदेव! कृपण एवं द्वेषी मनुष्यों से बचाने का दायित्व आपका है। अज्ञानता निवारक ज्ञान की प्राप्ति अग्निदेव की प्रेरणा से ही प्राप्त है।

एह्यषु व्रवानि तेऽग्न इत्थेतरा गिरः।
एभिर्वर्धारित इन्द्रभिः।। मन्त्र सं0 7 पृ0 1

अर्थात् हे परमेश्वर! मैं मानवी वाणी से भिन्न तेरी वेदमयी वाणी अथवा स्तुति को उत्तमरूप से बोलूँ। इस प्रकार तूँ मुझे प्राप्त हो और इन यज्ञादिकों के द्वारा मुझे बढ़ा।

अग्नि की उपासना तथा अग्निदेव के प्रभाव एवं शक्ति के विश्लेषण से यह सिद्ध करने का प्रयास है कि अग्निदेव मानव समाज का सर्वाधिक सहयोगी एवं उत्तम फलदायक शक्ति है जिसकी आराधना एवं उपासना अनिवार्य रूप से मान्य है।

आ ते वत्सो मनो यमत् परमाच्यित्सधस्थात्।
अग्ने त्वाङ्कमये गिरा।। मन्त्र सं0 8 पृ0 सां1

अर्थात् हे परमेश्वर! तेरा पुत्ररूप जीव हृदयदेश में साथ रहने वाले तुझ परम् प्रभु से मननयोग्य ज्ञान को प्राप्त करता है। मैं भी स्तुति द्वारा तेरी कामना करता हूँ।

तात्पर्य यह है कि पूर्ण समर्पण एवं ईश्वरीय शक्ति के समक्ष भक्तों के हृदय में उस परम सत्ता के प्रति असीम श्रद्धा भक्ति का उन्मेष ही उस परम सत्ता से जोड़ने की क्षमता रखता है।

अतः त्याग-तपस्या एवं तदनुसार साधना ही उस परमशक्ति से जोड़ने की क्षमता रखती है। पूर्ण समर्पण ही मानव के लिए एकमात्र साधन है जो उस सत्ता से जोड़ने की दिशा निर्धारित करता है।

त्वामग्ने पुस्करादध्यथर्वा निरमन्यत्ः।
मूर्ध्नो विश्वस्य वाधतः॥ मन्त्र सं0 9 पृ0 1

अर्थात् महान अहिंसाव्रती योगी तुझे हृदयाकाश में प्राप्त करता है और मेधावी जन तुझे मूर्त्त पदार्थों के आधारभूत संसार के मध्य में देखते हैं।

इस असीम शक्ति का आभास भक्ति की प्रबलशक्ति की देन मानी जाती है। आराधना के कारण हृदयतन्त्र में वह असीम सत्ता जब प्रकाश से अभिभूत कर देती है तो उस सत्ता के प्रति तल्लीलनता के भाव स्वतः उदित हो उठते हैं।

अग्ने विवस्वदामरास्मम्यमूतये महे।
देवो ह्यसि नो दृशे॥ मन्त्र सं0 10 पृ0 1

अर्थात् हे परमेश्वर हमारी पूर्ण रक्षा के लिए हमें अज्ञान निवारक ज्ञान दें। निश्चय ही तूँ हमारे ज्ञान दान के लिए है।

मानव-मन विभ्रम के उहापोह में अपनी सारी क्षमता खो बैठता है। वह स्थिति जब समाप्त होती है तब ही ईश्वरीय प्रेरणा से सत्य की खोज में वह जुट् जाता है, जहाँ उसे परमशक्ति का आभास एवं दर्शन भी होता है तथा अलौकिक आनन्द की विभोरता का रसास्वादन करने में वह सफल हो जाता है। पहली दशती समाप्त-पृ0 सं01

उप त्वा जामयो गिरो देदिशतीर्हविष्कृतः।
वायोरनी के अस्थिरन्॥ मन्त्र सं0 3 पृ01

हे परमेश्वर! की जाने वाली ज्ञानमय स्तुतियाँ तेरा निर्देश कराती हुई वायुमण्डल में स्थित हो जाती है। अर्थात् ईश्वर की असीम सत्ता का आभास होते ही मानव का स्वरूप एवं उसका सांसारिक चिंतन विलीन हो जाता है। वह उस विशेष सत्ता के इर्द-गिर्द ही अपनी सारी मनोकामना का विसर्जन कर उसी परमसत्ता में तन्मयता का अनुभव करने लगता है। इस सन्दर्भ में गीता की पंक्ति भी इस तथ्य का समर्थन करती है:-

यं ब्रह्मा वरुणेद्ररुद्रमरुतःस्तुवन्ति दिव्यैः स्तवै।
वेंदैः साङ्गपदक्रमोपनिषदैर्गायन्ति यं सामगाः॥

ध्यानावस्थित तद्गतेन मनसा पशन्ति यं योगिनो।
यस्यान्तं न विदुः सुरासुरगणा देवाय तस्मै नमः॥

अर्थात् ब्रह्मावरुण इन्द्ररुद्र और मरुद्गण दिव्यस्तोत्रों द्वारा जिनकी स्तुति करते हैं, सामवेद के गाने वाले अङ्ग, क्रम, पद-क्रम और उपनिषदों के सहित वेदों द्वारा जिनका गान करते हैं, योगीजन ध्यान में स्थित तद्गत हुए मन से जिनका दर्शन करते हैं, देवता और असुर गण जिनके अन्त को नहीं जानते उन देव के लिए मेरा नमस्कार है।

इस तथ्य का विशेष स्वरूप आगे भी अभिव्यक्त होता है:-
तीसरीदशती से सम्बद्ध-सामवेद-

अग्नेरक्षाणो अहसः प्रतिस्म
देवरीषतः तपिष्ठैरजरो दह।

अर्थात् हे परमात्मदेव! अजर, अमर तूँ हमें पाप से बचा और तपाने वाले तेजों से हिंसा के बुरे विचारों को भस्म करो।

इस तरह विशेषशक्ति के आह्वाण से रक्षाप्राप्ति की कामना की गई है जहाँ पर असीम शक्ति में विलीन का प्रयास है।

तन्त्वा गोपवनो गिरा जनिष्ठदग्ने अङ्गिरः।
स पावक श्रुधी ह्वम्॥

मन्त्र संख्या 9 पृ0 सं0 3

अर्थात् हे सर्वव्यापक परमेश्वर! वेदवाणी का रक्षक विद्वान् तुझे वाणी से प्रकट करता है। हे पवित्र कर्त्ता! तूँ हमारी पुकार प्रार्थना सुन!

मानव मन के अन्दर ज्ञान का महत्त्व जब छा जाता है तब ईश्वर के स्वरूप का आभास प्राप्त होने लगता है। इसी स्थिति में ईश्वर की व्याप्ति का संदेश भी प्राप्त होता है।

शन्नो देवीरभिष्ट्ये शन्नो भवन्तुपीतये।
शं योरभि स्त्रवन्तु नः॥

मन्त्र सं0 13 पृ0 सं03 सामवेद

अर्थात् हे परमेश्वर तेरी दिव्य विभूतियाँ हमारी इष्ट प्राप्ति के लिए हमें कल्याणकारी हों तथा आनन्द लाभ के लिए कल्याणकारी हों और हम पर सदा सुख की वृष्टि करें।

यहाँ कल्याणकारी कामना की गई है, तथा ईश्वर की असीम कृपा प्राप्ति के लिए वेद मन्त्रों के प्रयोग इस प्रकार हुए हैं:-

कस्य नूनं परीणसि धियो जिन्वसि सत्पते।
गोषाता यस्य ते गिरः॥

अर्थात्, हे सज्जनों के पालक परमेश्वर! तू किसी बुद्धि को अधिकतर पूर्ण करता है। उस पुरुष की जिसकी वाणियाँ वेदवाणियों से युक्त और तेरी स्तुति करने वाली हैं। मन्त्र सं0 14 पृ0 सं0 3 तीसरी दशती समाप्त।

इस मन्त्र से अभिव्यंजित होता है कि ईश्वरीय अनुकम्पा उनकी प्रसन्नता से ही प्राप्त होती है जिस हेतु वेदवाणी के माध्यम से उस शक्ति की आराधना की जाती है। मन्त्र संख्या 13 इसके उदाहरण स्वरूप मान्य समझे जाते हैं। तीसरी दशती समाप्त पृ0 सं0 3

त्वमग्ने यज्ञानां होता विश्वेषां हित:।
देवेभिर्मानुषे जने॥ मन्त्र संख्या 2 पृ0 1

अर्थात्, हे परमेश्वर! तुम समस्त उत्तम व्यवहारों का दाता तथा विद्वानों एवं दिव्य पदार्थों द्वारा मनुष्य समाज का उपकार करने वाला है।

अग्नि दूतं वृणीमहे होतारम् विखवेदसम।
अस्य यज्ञस्य सुक्रतुम्॥ सामवेद मन्त्र 3 पृ0 1

अर्थात् हम पापियों को दण्ड देने वाले दाता सर्वज्ञ और संसाररूपीयज्ञ के उत्तम निर्माता परमेश्वर की स्तुति करते हैं।

सामवेद के मन्त्रों से विदित होता है कि मानव को संसार त्यागने की स्थिति में पारलौकिक चिंतन के सिवा और कुछ सोचने या समझने की स्थिति नहीं रह जाती है।

आ ते वत्सो मनो यमत् परमाच्चित्सधस्थात्।
अग्ने त्वाङ्कामये गिरा॥

अर्थात् हे परमेश्वर तेरा पुत्ररूप जीव हृदयदेश में साथ रहने वाले तुझ परमप्रभु मनन योग्य ज्ञान प्राप्त करता है, मैं भी स्तुति द्वारा तेरी कामना करता हूँ-मन्त्र सं0 8 पृ0 1 सामवेद

अग्नेविवस्वदामतास्मभ्यमूतये महे।
देवो ह्यसि नोदृशे॥ मन्त्र सं0 10 पृष्ठ 1 सामवेद

अर्थात् हे परमेश्वर हमारी पूर्णरक्षा के लिए हमें अज्ञाननिवारक ज्ञान दें। निश्चय ही तूँ हमारे ज्ञान के लिए है। इस तरह सामवेद ग्रन्थ में लौकिक चिन्तन को छोड़कर पराविद्या को ही वर्ण्यविषय माना गया है।

मन्त्र संख्या 5 पृ0 सं0 2 के चिंतन से स्पष्ट होता है कि परमेश्वर की आराधना से ही मनुष्य के कल्याणकारी भावों-विचारों के उदय से उनकी सारी समस्याआं का समाधान सम्भव है:-

जराबोध (स्तुति से ज्ञान प्राप्त करने वाले) मानव के लिए उचित है कि वह पूर्ण श्रद्धा के साथ परमेश्वर की स्तुति करके शक्ति प्राप्त

करने की सफल चेष्टा कर आगे बढ़ने की कामना का आश्रय ले तो उसकी चेष्टा सफल अवश्य होगी। मन्त्र की पंक्ति इस प्रकार है:-

जराबोध तद्विविड्ढि विशेविशे यज्ञियाय।
स्तोमं रुद्राय दृशिकम्॥

हे स्तुति से ज्ञान पाने वाले विद्वान! तूँ प्रत्येक प्राणी के पूजनीय परमेश्वर की मनोहर स्तुति कर॥ आगे के मन्त्र संख्या 9 पृ0 सं0 2 में यह तथ्य भी समक्ष रक्खा गया है:- मनुष्य को चाहिए कि वह भोग की अग्नि को प्रदीप्त करता हुआ मन के साथ बुद्धि को भी संयुक्त कर ले और ज्ञान ज्योतियों से अपने अन्दर परमेश्वर को प्रकाशित करे।

मन्त्र की पंक्ति इस प्रकार है:-

अग्निमिन्धानो मनसा धियं सचेत मर्त्यः।
अग्निमिन्धे विवस्वभिः॥

ईश्वर की प्रार्थना का महत्त्व प्रतिपादित करते हुए मानव मन की शक्ति प्रज्वलित करना ही मन्त्र का लक्ष्य है जिससे उसकी सफलता में किसी तरह का व्यवधान उपस्थित न हो जाये। जोगीजन इस प्रकार से सनातन और सबके कारण स्वरूप परमेश्वर को सर्वत्र फैली हुई इस परमज्योति को देखते हैं जो कि चमकने वाले सूर्य आदि पदार्थों में भी प्रकाशमान हो रही है जिसका मन्त्र इस प्रकार है:-

आदित् प्रत्नस्य रेत सो ज्योतिः पश्यन्तिवासरम्।
परो यदिध्यते दिविः॥ मन्त्र सं0 10 पृ0 सं0 2

मन्त्र की पंक्ति से यह ध्वनि निकलती है कि परमेश्वर की शक्ति हमेशा विद्यमान रहती है जिस शक्ति के आश्रय में पहुँचकर मानव मन अपनी प्रज्ञाशक्ति से उस परमेश्वर की शक्ति को प्राप्त कर सफलीभूत हो जाता है, जहाँ मनुष्य कभी असफलता का मान भी नहीं करता है।

दूसरी दशती समाप्ति के बादः-

मन्त्र संख्या 2 पृ0 सं0 2 में मन्त्र की पंक्ति इस प्रकार है:-

अग्नितिमग्नेन शोचिषा यंसद्वश्वंन्य उत्रिणन्।
अग्निर्नो वंसते रचिम्॥

अर्थात् परमेश्वर अपने प्रचण्ड तेज से पापियों को नियम में रखता है और परमेश्वर ही हमें धन देता है।

तात्पर्य यह है कि मानव की सफलता का मूलस्रोत परमेश्वर की असीमशक्ति है जिस शक्ति की प्राप्ति हमें उनकी प्रसन्नता से प्राप्त होती है। अत: उस परमेश्वर की प्रार्थना द्वारा ही असीम शक्ति की प्राप्ति की जा सकती है।

उसी परमेश्वर की शक्ति का श्रेय है कि हमें धन की भी प्राप्ति उन्हीं परमेश्वर की अनुकम्पा से होती है।

मन्त्र संख्या 13 पृष्ठ सं03 में जिस मन्त्र का उल्लेख है उससे विदित होता है कि बिना परमेश्वर की प्रार्थना और उनकी अनुकम्पा की प्राप्ति के बिना सफलता सम्भव नहीं है:-

मन्त्र की पंक्ति इस प्रकार उल्लिखित है:-

शन्नोदेवीभिष्ट्ये शन्नो भवन्तु पीतये।
शं योरभि स्त्रवन्तु नः॥

अर्थात् हे परमेश्वर! तेरी दिव्य विभूतियाँ हमारी इष्ट प्राप्ति के लिए हमें कल्याणकारी हों तथा आनन्द लाभ के लिए कल्याणकारी हों और हम पर सुख की सदा वृष्टि करें।

मन्त्र का आश्रय लेकर ही ईश्वरीय अनुकम्पा की प्राप्ति होती है जैसा कि मन्त्र की पंक्ति उल्लिखित की गई है।

कस्य नूनं परीणसि धियो जिन्वसि सत्पते।
गोषाता यस्य ते गिर:॥ पृ0 सं0 3 मन्त्र सं0 14

अर्थात् हे सज्जनों के पालक परमेश्वर! तूँ किसकी बुद्धि को अधिकतर पूर्ण करता है। उस पुरुष की जिसकी वाणियाँ वेदवाणियों से युक्त और तेरी स्तुति करने वाली है। ऊपर मन्त्र की पंक्ति उल्लिखित की गई है:- मन्त्र सं0 14 पृ0 3 तीसरी दशती समाप्त।।

तीसरी दशती समाप्ति के बादः- पृ0 सं0 3 मन्त्र संख्या 5

अग्ने जरितर्विश्यतिस्तपानो देव रक्षसः।

अप्रोषिदान गहंपते महाँ असि दिवस्पायुर्दुरोणयुः॥

अर्थात् हे संसार गृह के स्वामी स्तुत्य परमेश्वर! तूँ प्रजा का पालक, दुष्टों को तपाने वाला, सर्वदा विद्यमान महान द्युलोक का रक्षक तथा संसार गृह का निर्माता है।

सातवीं दशती समाप्ति के बाद मन्त्र संख्या 2 पृ0 7

प्र भूर्जयन्त महा विपोधां मुरैरमुरं पुरां दर्माणम्।

नयन्तं गीर्भिवनाधियं धा हरिश्मश्रुं न वर्मणा धनर्चिम अर्थात् हे मनुष्य! तूँ भूमि के चलाने वाल महान बुद्धिमानों के रक्षक मूर्खों द्वारा न जानने योग्य मूलरहित वेद वाणी द्वारा ज्ञान और रक्षा द्वारा प्रशंसनीय सुख को प्राप्त कराने वाले सूर्य के समान घनों के स्वामी परमेश्वर को धारण कर।

प्रस्तुत मन्त्र के माध्यम से मानव के व्यक्तित्व, उनके कर्त्तव्य एवं विचार को महत्व देते हुए परमेश्वर की सहायता से जीवन में अनेकानेक कर्त्तव्य सम्पादित करने की सलाह दी गई है जिससे मानव सफलता की ओर आगे बढ़ सके।

शुक्रन्ते अन्यद यजतं ते अन्यद
विषुरुपे अहनीं द्यौरिवासि।
विश्वा हि माया अवसि
स्वधावनं भद्रा ते पूषन्निह रातिरस्तु॥ मन्त्र 3 पृ0 7

अर्थात् हे प्रकृति के स्वामी परमेश्वर! तेरा तेज अद्भुत है। तेरी रचना विचित्र है, तेरी सृष्टि में होने वाले दिन-रात भिन्न रूप वाले हैं। तूँ सूर्य के समान है तूँ सारे ज्ञानों की रक्षा करता है तेरा दान हमारे लिए कल्याणकारी है।

प्रस्तुत मन्त्र के माध्यम से परमेश्वर की असीम सत्ता का उल्लेख करते हुए उनकी शक्ति के द्वारा सारे क्रिया-कलापों की सम्पन्नता पर

प्रसन्नता अभिव्यक्त की गई है तथा उनके प्रति कृतज्ञता के भावों की अभिव्यञ्जना भी हुई है।

इडामग्ने पुरुदसं सनि गोः शश्वत्तमं ह्वमानायसाध।
स्यान्नः सुनुस्तनयो विजावाग्ने सातेसुमतिभूत्वस्मे॥

मन्त्र सं0 4 पृ0 7

अर्थात् हे परमेश्वर! मन, वचन और कर्म से उपासना करने वाले को, बहुत कर्मों को सिद्ध करने वाली पृथ्वी और गायें बराबर दें। हे नाथ हमारे पुत्र और पौत्र वंश के विस्तार करने वाले हों, तेरी वह सुन्दर बुद्धि हमारे लिए हो।

प्रस्तुत मन्त्र के माध्यम से परमेश्वर की अनुकम्पा प्राप्ति कर अपने आश्रितों को लाभान्वित करने की प्रार्थना की गई है।

प्र होता जातो महान्नमो-
विन्नृषदमा सीददपां विवर्ते।
दधद्यो धायि सुते वयांसि
यन्ता वसूनि विधते तनूपाः॥ मन्त्र 5 पृ0 7

दाता प्रसिद्ध महान सुखों को प्राप्त कराने वाला मनुष्यों में विराजमान जो परमेश्वर आकाश में स्थित तथा संसार में समस्त अन्नादि पदार्थों को धारण करता है, वह हमारे शरीरा का रक्षक, सबका पालक, परम नियामक प्रभु हमें धनादि दें।

प्रस्तुत मन्त्र में परमेश्वर की शक्ति की प्रशंसा की गई है क्योंकि परमेश्वर ही दाता हैं जो अनेक सुखों एवं समृद्धि के दाता हैं।

प्र सम्राजमसुरस्य प्रशस्तं
पुंसः कृष्टीनामनुमाद्यस्य।
इन्द्रस्येव प्र तवसस्कृतानि
वन्द द्वारा वन्दमाना विवष्टु॥ मन्त्र सं0 6 पृ0 सं0 8

हे मनुष्य! मेघ और प्राण के स्वामी प्रशस्त परमेश्वर की कामना

कर। वन्दनीय और वरणीस वह मनुष्यों प्रशंसनीय विद्युत के समान तेजस्वी पुरुषों के कर्मों की सराहना करता है।

प्रस्तुत मन्त्र के माध्यम से परमेश्वर की सराहना की गई है तथा उनकी असीम कृपा से मानव अनेक लाभों से युक्त होकर अनेक प्रकार के सुखों एवं समृद्धि से लाभान्वित होता है।

अरण्य निहितो जातवेदा गर्भ इवेत्सुभृतो गर्भिणीभिः।
दिवेदिव इऽयो जागृवद्धिहविष्मद्धर्मनुष्योभिरग्निः॥

मन्त्र 7 पृ08

गर्भिणी स्त्री के द्वारा सावधानी से सुरक्षित गर्भ के समान आत्मा और प्रणव में स्थित, सर्वज्ञा परमेश्वर सावधान, और साधन-सम्पन्न योगीजनों के द्वारा प्रतिदिन उपासना करने के योग्य है।

इस मन्त्र के माध्यम से परमेश्वर की उपासना से लाभान्वित होकर ही मानव सतत् विकासशील बना रहता है।

सनादग्ने मृणसि यातुधानान्
न त्वा रक्षांसि पृतनासु जग्मुः।
अनुदह सहभूरान बुयादोमा
ते हेत्या मुक्षत दै व्यायाः॥ मन्त्र 8 पृ0 8

अर्थात् हे परमेश्वर तूँ सदा राक्षसी विचारों को दूर करता है। तुझे बुरे विचार वाले लोग संग्राम में नहीं जीत सकते, तूँ सहज मूर्खता के भावों को और पापियों को दण्ड देता है; वे तेरी दिव्यदृष्टि से नहीं बचते।

परमेश्वर की शक्ति से सतत् सम्पूर्ण सृष्टि के लोग लाभान्वित होते रहते हैं। उस असीम सत्ता की सहायता से ही मानव का कल्याण होते रहता है। अष्टमी दशती समाप्तः-

प्रातरग्निपुरुप्रियो विश स्तवेतातिथिः।
विश्वे यस्मिन्नमर्त्ये ह्वयं मर्तासि इन्धते॥

मन्त्र 5 पृ0 8

अर्थात् सारी मनुष्य-प्रजाएं अपनी भक्ति को प्रकाशित करती हैं, उसी पूजनीय कालबन्धन रहित परमेश्वर की प्रातः वेला में स्तुति की जाती है।

जातः परेण धर्मणा यत्सवृद्भिः सहानुवः।
पिता यतकश्यपस्याग्निः श्रद्धा माता मनुः कवि॥

मन्त्र सं0 10 पृ09

परमेश्वर सूक्ष्म गतियों से सबका उत्पादक होकर सहवर्तिनी शक्तियों के साथ विद्यमान है और ज्ञानी पुरुष का पिता है, अतः वही सत्य का धारक कवि ज्ञानी और सबकी माता है।

नवमी दशती के बाद का मन्त्र-

सोमं राजानं वरुणमग्निमन्वारभामहे।
आदित्य विष्णुं सूर्य ब्रह्माणञ्च बृहस्पतिम्॥

मन्त्र 1 पृ0 सं0 9

सृष्टिकर्त्ता प्रकाशस्वरूप सर्वमान्यपूज्य व्यापक सबकी प्रेरणा के स्त्रोत हैं उनकी आराधना की जाती रही है।

इतएत उदासहन् दिवः पृष्ठान्या रूहन्।
प्रभूर्जयो यथा पथो यामङ्गिरसो ययुः॥

मन्त्र सं0 2 पृ0 9

अर्थात् जिस प्रकार पृथ्वी पर विजय करने वाला राजा उत्तम मार्ग से आकाश पृष्ठ पर आरूढ़ हो जाता है उसी प्रकार ये ज्ञानीजन इस लोक से अपने उत्तम कर्मों द्वारा सौर्यायणी आदि दशाओं को जाते हैं और मोक्षयोग कर्म से उत्तम गति को प्राप्त होते हैं।

मन्त्र के माध्यम से सृष्टिचक्र पर प्रकाश डाला गया है। मानव की सारी चेष्टाएं क्रमिक विकास से सम्बद्ध रहती हैं। परमेश्वर की अनुकम्पा से ही मानव की सारी सफलताएं हस्तगत हुआ करती हैं।

राये अग्ने महत्वा दानाया समिधीमहि।
ईड़िष्वा महे वृषन् द्यावा होत्राय पृथिवी।।

मन्त्र सं0 3 पृ0 सं0 9

अर्थात् हे परमेश्वर महान धन को प्राप्त करने के लिए हम तुझे ध्यान में लाते हैं। हे सुखों के वर्षक प्रभो! तुम महान यज्ञ-कर्म के लिए विस्तृत द्यु और पृथिवी लोक को ऐश्वर्य युक्त करें।

मन्त्र में परमेश्वर की असीम शक्ति का आह्वान किया गया है जिससे मानव के सारे आवश्यक पदार्थ उन्हें हस्तगत हो जायें तथा उस परमसत्ता के प्रति कृतज्ञता भी ज्ञापित की गई है।

दधन्वे वा यदी मनुवोचद् ब्रह्मेति येरू तत्।
परि विश्वानि काव्या नेभिश्चक्रमिवाभुवत्।।

मन्त्र 4 पृ0 9

अर्थात् जो मनुष्य इस परमेश्वर को धारण करता वह ब्रह्म है ऐसा उपदेश करता है या भलीभाँति जानता है; वह उसको सारे वेदों को चक्रनेभि के समान अपने अधीन रखता है।

प्रस्तुत मन्त्र के माध्यम से परमेश्वर की कृपा की प्राप्ति की कामना की गई है जिससे मानव के सारे प्रयास सफलीभूत हो जायें तथा उस असीम सत्ता के प्रति सदैव कृतज्ञ बने रहें।

प्रत्यग्ने हरसा हरः शृणाहि विश्वतस्परि।
यातुधानस्य रक्षसो वलं न्युब्जवीर्यम्।।

मन्त्र सं0 5 पृ0 सं0 9

हे परमेश्वर तू अपने तेज से दुखदायी रोग के तेज का सब प्रकार से संहार कर तथा उसकी शक्ति और सामर्थ्य को भी भंग करें।

मन्त्र के माध्यम से रोग निवारण हेतु प्रार्थना परमेश्वर की हुई है जिससे सारे कष्ट एवं पीड़ा समाप्त हो जाये तथा स्वास्थ्य की प्राप्ति भी हो जाये यह प्रार्थना यहाँ की गई है।

त्वमग्ने वसूं रिह रुद्रां आदित्यां उत।
यजास्वध्वरञ्जनं मनुजातं घृतप्रुषम्॥

अर्थात् हे परमेश्वर तुम आठ वसुओं एग्यारह रुद्रों एव बारह आदित्यों की यथायोग संगति लगाता करता है और तू ही यज्ञकर्त्ता विद्वान् से उत्पन्न तथा तेज से पूर्ण मनुष्य वर्ग को हमें प्रदान करता है।

मन्त्र में परमेश्वर के सार प्रभावों का विश्लेषण प्रस्तुत किया गया तथा उस परमेश्वर की असीम सत्ता की प्राप्ति की कामना की गई है जिससे सारे कष्टों का अन्त हो जाये तथा स्वास्थ्य की प्राप्ति भी पूर्णरूप से हो जाये।

पुरुत्वा दाशिवां वोचेऽरिरग्ने तव स्विदा।
तोदस्येव शरण आ महस्य॥ मन्त्र सं0 1 पृ0 सं0 10

अर्थात् हे परमेश्वर तू सबका स्वामी है, अतः पूर्णतया आत्मसमर्पण करने वाला में महान कूप के सदृश तुझ प्रभु की शरण में स्थित होकर आह्वाण करता हूँ।

मन्त्र के माध्यम से परमेश्वर के आह्वाण पर प्रकाश डाला गया है तथा उस असीम सत्ता की अनुकम्पा प्राप्ति का प्रयास भी हुआ है जिससे रोगमुक्ति मिल सके।

प्र होत्र पूर्व्यं वचोऽग्नये मरता वृहत्।
विपां ज्योतीषि विभ्रते न वेधसे॥

मन्त्र सं0 2 पृ0 सं0 10

अर्थात् हे मनुष्यों! वेद पाठियों के तेज को धारण करने वाले विद्वान के समान सब सुखों के दाता परमेश्वर की सनातन वेदवचन से स्तुति करो।

मन्त्र के माध्यम से परमेश्वर की स्तुति की गई है जिससे सारे सुखों की प्राप्ति हो सके तथा उस असीम सत्ता की सहानुभूति भी प्राप्त हो जाये।

अग्ने वाचस्य गोमत इशानः सहसो यहो।
अस्मे देहि जातवेदो महिश्रवाः॥

मन्त्र सं0 3 पृ0 सं010

अर्थात् पराक्रमशील मनुष्य के पुत्र विजयी पुरुष! तुम गो आदि पशुओं से युक्त धन का स्वामी है, हमें विद्या का श्रवण करवें।

प्रस्तुत मन्त्र के माध्यम से सामाजिक सहयोग की आकाँक्षा अभिव्यक्त हुई हैं जिन्हें आर्थिक सम्पन्नता है उनसे ही सहयोग एवं सहायता की अपेक्षा की जाती। वेदकालीन समाज की सहयोग-भावना की अभिव्यक्ति बड़ी स्पष्टता के साथ उल्लिखित हुई है।

अग्ने यजिष्ठो अध्वरे देवान देवयते यज।
होता मन्द्रो राजस्यति स्त्रिधः॥ मन्त्र सं0 4 पृ0 10

अर्थात् हे परमेश्वर तूँ अत्यन्त तथा दुखदायी भावों को दबाकर सदा विराजमान है। तूँ कल्याणकारी यज्ञ में यजमान के लिए उत्तम विद्वानों को प्राप्त कराओ।

प्रस्तुत मन्त्र के माध्यम से यज्ञ के अवसर पर सामाजिक सहयोग की प्राप्ति स्पष्ट रूप से परिलक्षित होती है। स्पष्ट है कि यज्ञ कार्य की सम्पन्नता सामाजिक सहयोग से होती थी जो परम्परा अभी तक विद्यमान है।

जज्ञानां सप्त मातृभिर्मेधामाशासत श्रिये।
अयं ध्रुवो रयीपाञ्चिके तदा॥ मन्त्र सं0 5 पृ0 10

अर्थात् नित्य अविनाशी परमेश्वर सम्पदाएं प्राप्त करावें ऐसा जानता हुआ मनुष्य धन के लिए सातस्वरों और छन्दों से सामगान और मन्त्रों द्वारा उत्तम बुद्धि की याचना करता है।

प्रस्तुत मन्त्र के माध्यम से यज्ञ की सम्पन्नता हेतु अनेक सुव्यवस्थाएं की जाती हैं जिससे यज्ञ कार्य में किसी तरह का व्यवधान उपस्थित न हो जाये।

उत त्वा नो दिवा मतिरदिति सत्यागमत्।
सा शान्ताता मयस्करदपसिद्धः॥

मन्त्र सं0 6 पृ0 10

अर्थात् जानने योग्य वह परमेश्वर हमारे रक्षा के साधनों के साथ दिव्यगुणों सहित हमें प्राप्त हो। शांति का दाता वह हमारी बुराईयाँ दूर करें।

प्रस्तुत मन्त्र के माध्यम से एक ओर परमेश्वर की अनुकम्पा की प्राप्ति का प्रयास है तो दूसरी ओर जनसहयोग प्राप्ति की सफल योजना भी स्पष्ट रूप से परिलक्षिरत होती है।

इडिष्वाहि प्रतीव्यां यजस्व जातवेदसम्।
चरिष्णुधूममगृभीतशोचिषम्॥ मन्त्र 7 पृ0 10

अर्थात् हे जीव! धूममुक्त प्रज्वलित अग्नि के समान प्रकाश स्वरूप सर्वज्ञ और सर्वव्यापक परमेश्वर की स्तुति और पूजा कर।

प्रस्तुत मन्त्र के माध्यम से परमेश्वर की शक्ति का उल्लेख करते हुए उनकी परमेश्वर की शक्ति का उल्लेख करते हुए उनकी शक्ति का आह्वान किया गया है जिससे असीम सत्ता के सहयोग से यज्ञकार्य की सम्पन्नता शीघ्रता के साथ हो जाये। यज्ञ में ऐसी कामना की अभिव्यक्ति होती है जिससे सभी की सहमति एवं शक्ति से यज्ञ- कार्य सम्पन्न हो जायें।

न तस्य मायया च न रिपुरीशीत यर्त्य।
यो अग्नये ददाश ह्वयदातये॥

अर्थात् जो पुरुष कर्मफल दाता परमेश्वर की शरण अपने आपको समर्पित करता उसका मनुष्य शत्रु कुछ नहीं बिगाड़ सकता है।

अर्थात् मन्त्र के माध्यम से यज्ञ की सम्पन्नता में सामाजिक सहयोग प्राप्ति की कामना की अभिव्यक्ति बड़ी स्पष्टता के साथ परिलक्षित होती है।

अपत्यवृजिन रिपुं स्तेनमग्ने दुराध्यम्।
दविष्टमस्य सत्पते कृधी सुगम्।। मन्त्र 9 पृ0 10

अर्थात् हे सज्जनों! के पालक परमेश्वर! पापी, चोर एवं दुखवाले शत्रु मनुष्य को हमसे दूर कर। उत्तम मार्ग पर चलने वाला बना।

सामाजिक सौहार्द से ही पूरे समाज का कल्याण होता है इस भावना की अभिव्यक्ति बड़ी स्पष्टता के साथ हुई है।

श्रुष्टवाग्ने नवस्य मे स्तोमस्य वीर विश्पते।
नि माचिनस्तपसा रक्षसो दह।।

हे सर्वरक्षक और शक्तिमान परमेश्वर तूँ मेरा नवीन स्तोत्र आदि सामगान शीघ्र सुन तथा अपने तेज से मायावी लोगों के बुरे विचारों को भस्म कर।

मन्त्र सं0 10 पृ0 10 एन्द्र पर्व द्वितीयो अध्यायः।

तद्व सुते सचा पुरुहूताय सत्वने।
शं यदगवे न शाकिने।।

हे स्तुति करने वाले! तूं सर्वपूज्य सदावर्त्तमान तथा सर्वशक्तिमान परमेश्वर के लिए वह वाणी की प्रशंसा के समान अपने कल्याकारी स्तोत्र का गान कर।

यस्ते नूनं शतक्रत विन्द्र द्युम्नितमोमदः।
तेन नूनं मदे मदेः।। मन्त्र सं0 2 पृ0 सं0 12

हे असंख्य ज्ञान वाले ईश्वर! अत्यन्त यशस्वी जो तेरा आनन्द है उस आनन्द से हमें उपासना में आनन्दित कर।

गाव उपवदावटे मही यज्ञस्य रप्सुदा
उमा करुर्णा हिरण्यया। मन्त्र 3 पृ0 12

अर्थात् सूर्य की किरणें पृथ्वी के ऊँचे नीचे सभी स्थानों पर पड़ती है। पृथ्वी यज्ञ का स्वरूप देने वाली है। उसके दोनों शिरे चमकीले हैं।

अरमश्वाय गायत् श्रुतकक्षारं गवे।
अरमिन्द्रस्य धाम्ने॥ मन्त्र सं0 4 पृ0 12

अर्थात् हे उत्तम श्रेणी के मनुष्य! ईश्वर की व्यापकता उसकी शक्ति और उसके स्वरूप का गुणवान कर।

तमिन्द्रं वाजयामसि महे मित्राय हन्तवे।
स वृषा वृषभो भुवत्॥ मन्त्र सं0 5 पृ0 12

हम महान अज्ञान का नाश करने के लिए ईश्वर की महिमा का गान करते हैं। वह हमारी कामनाओं को पूर्ण करती है। वह हमें धन दें।

वमिन्द्र वलादषि सच्सोजात ओजसः।
त्वं सन् वृषन् वृषेदसि॥ मन्त्र 6 पृ0 12

अर्थात् सुखों की वर्षा करने वाले ईश्वर! तू बलतेज और धैर्य के लिए प्रसिद्ध है। तूँ सदा विद्यमान रहता हुआ हमारी कामनाओं को पूर्ण करने वाला है।

यज्ञ इन्द्रमवर्धयद्यदभूमिं व्यवर्तयत्।
चक्रान ओपशं दिवि॥ मन्त्र सं0 7 पृ0 12

अर्थात् यज्ञ-परमेश्वर ने सूर्य को बढ़ाया है जो कि आकाश में सम्बन्ध करता हुआ भूमि को घुमाता है।

यदिन्द्राहं यथा त्वमीशीय वस्व एक इत।
स्तोता मे गोसखा स्यात्॥ मन्त्र सं0 8 पृ0 12

अर्थात् हे ईश्वर! जैसे तूँ सारे ऐश्वर्य का एक ही अधिष्ठाता है ऐसे ही मैं भी हो जाऊँ तो मेरी स्तुति करने वाला गवादि धन से युक्त हो।

पन्यपंन्यमित्सोतार आ धावत् मद्याय।
सोमं वीराय शूराय॥ मन्त्र सं0 9 पृ0 12

इदं वसो सुतमन्धः पिवा सुपूर्णमुदरम्।
अनामयिन्ररिमा ते॥ मन्त्र सं0 10 पृ0 12

हे सबको बसाने वाले परमेश्वर! तूँ संसार में उत्पन्न होने वाले सोम को पूर्ण और पर्याप्त रूप से मिला। हे निर्भय! अपने स्र्वस्व को तुझमें समर्पण करते हैं।

पहली दशती समाप्त-

उद्धेदिमि श्रुतामधं वृषार्भ नर्यापसम्।
अस्तारमेषि सूर्य॥ मन्त्र 1 पृ0 12

अर्थात् सर्वप्रेरक ईश्वर! विख्यात धनी चकों की माँग पूरी करने वाले मनुष्य मात्र के हिताचिन्तक और उदारपुरुष को तूँ अवश्य उन्नत करता है।

यदद्य कच्च वृत्रहन्नुदगा अभिसूर्य।
सर्व तदिन्द्र त वसे॥ मन्त्र सं0 2 पृ0 12

अर्थात् हे सबको प्रेरणा देने वाले! हे अज्ञान का नाश करने वाले ईश्वर! जो कुछ भी उत्पन्न दिखाई देता है वह सब तेरे ही अधीन हैं।

य आजयत परावतः सुनीति तुर्वशं यदुम्।
इन्दः स नो युवा सखा॥ मन्त्र सं0 3 पृ0 13

हे ईश्वर! अज्ञान के कारण दूर भटकने वाले मनुष्य को अपनी उत्तम नीति से समीपवर्ती कर लेता है, वही हमारा अजरमित्र है।

मा न इन्द्राम्या दिशः सूरो अक्तुष्वायमत।
त्वा युजा वनेम तत्॥ मन्त्र सं0 4 पृ0 13

अर्थात् हे परमेश्वर! जिससे कि कोई भी वीर पुरुष रात या दिन में हमारे सम्मुख की दिशाओं पर नियंत्रण न कर सके अर्थात् हम जिधर चाहे चल सकें हमारी राह कोई न रोक सके। इस कारण हम तेरे से योग कराने वाली भावना के साथ तेरी भक्ति करते हैं।

एन्द्र सा नसि रयिं सजित्वानं सदासहम्।
वर्षिष्ठभूतये भरा॥ मन्त्र सं0 5 पृ0 13

अर्थात् हे ईश्वर! निरन्तर भोग करने योग्य जिससे हम शत्रु पर विजय पा सकें तथा उनके आक्रमण का सामना कर सकें और जो सदा हमें उन्नत कर सके ऐसे धन के द्वारा हमारे रक्षा के लिए हमें पूर्ण कर।

इन्द्रं वयं महाधनं इन्द्रमर्मे हवामहे।
युजं वृत्रेषु वज्रिणम्।। मन्त्र सं0 6 पृ0 13

अर्थात् हम छोटे या बड़े संग्रामों में सहायक अज्ञानों के नाश करने वाले परमेश्वर को पुकारते हैं।

अपिबत कद्रुवाः सुतमिन्द्रः सहस्त्रवाहवे।
तत्राद्हिष्टपौंस्यम्।। मन्त्र सं0 7 पृ0 13

अर्थात् बुरी भली गतियों वाला जीव संसार का उपभोग करता है तथा आयु की बृद्धि के लिए पुरुषार्थ को ग्रहण करता है।

वयमिन्द्र त्वा यवोमिप्र नो नुमोवृषन्।
विद्धी त्वा सो नो वसो। मन्त्र सं0 8 पृ0 13

हे सुख के वर्षक इन्द्र! तुम्हारी कामना करने वाले हम लोग तुमको नमस्कार करते हैं। तूँ हमारे इस संसार की सभी वस्तुओं को जानता है।

आ धा ये अग्नि मिन्धते स्तृणन्ति वर्हिरानुषक्।
एसामिन्द्रो युवा सखा।। मन्त्र सं0 9 पृ0 13

अर्थात् जिनका अजर परमेश्वर सखा है और आत्मा उसे ध्याते हैं ये अपने ज्ञान को निरन्तर बढ़ाते हैं।

मिन्धि विश्वा अप द्विषः परिवाधो जहीमृधः।
वसुस्पार्हं तदा भर।। मन्त्र सं0 10 पृ0 13

दूसरी दशती समाप्त–

अर्थात् हे इन्द्र तूँ समस्त द्वेष की भावनाओं को नष्ट कर तथा मिटा समस्त विघ्न बाधाओं को जो स्पृहणीय धन है वह हमें प्रदान कर।

इहे व श्रृण्व एषां कशा हस्तेषु यद्वान्।
नि याम् चित्रमृञ्ज ते।। मन्त्र सं0 1 पृ0 13

अर्थात् दूसरी जगह के लोग जो कुछ बोलते हैं वहाँ यहाँ ही सुनाई पड़ता है। वाणी उन पवनों के अधिकार में है। अद्भुत मार्ग सिद्ध करता है।

इम उत्वा विचक्षते सखाय इन्द्र सोमिनः।
पुष्टावन्तो यथा पशुम॥ मन्त्र सं0 2 पृ0 13

अर्थात् हे ईश्वर! जैसे पशुपालक पशु को देखता है वैसे ही तुम्हारे ऐश्वर्यशाली लोग तुमको विशेष रुचि से देखते हैं।

समस्य मन्ववे विशो विश्वा नमन्त कृष्ट्यः।
समुद्रायेव सिन्धवः॥ मन्त्र सं0 3 पृ0 13

अर्थात् जिस प्रकार नदियाँ समुद्र की तरफ झुकती है उसी प्रकार सारे मनुष्य मन या ज्ञान के लिए परमेश्वर की तरफ झुकते हैं।

देवा नाममिदवो महत तदा।
वृणीमहे वयम् वृष्णामस्मम्यभूतये॥

मन्त्र सं0 4 पृ0 13

ईश्वर सूर्य विद्वान आदि देवों का जो महान संरक्षण है उसे हम अपनी रक्षा के लिए सदा स्वीकार करते हैं।

सोमानं स्वरणं कृणुहि ब्रह्मणस्थते।
कक्षीवन्तं य औ शिजः॥ मन्त्र सं0 5 पृ0 13

अर्थात् वेद वाणियों के स्वामी परमेश्वर जो मेधावी का पुत्र है ऐसे सोम विज्ञान के प्रकाशक पुरुष को समस्त सृष्टि विद्या का ज्ञाता बना।

वोधन्मना इदस्तु नो वृत्रहा भूर्यासुतिः।
श्रृणोतु शक्रं आशिषम्॥ मन्त्र सं0 6 पृ0 14

अर्थात् अज्ञान का नाश करने वाला आनन्द स्वरूप और शक्तिमान ईश्वर हमारी स्तुति सुनता है और अभिप्राय को जानता है।

अद्या नो देव सवितः प्रजावत्सावोः सौभगम्।
परा दुःस्वप्न्यं सुव॥ मन्त्र 7 पृ0 14

हे सबके उत्पादक देव ईश्वर! आप हमको सन्तानयुक्त सम्पत्ति दें और क्लेश को दूर करें।

क्वास्य वृषभो पुवा तुवीग्रीवो अनानतः।
ब्रह्मा कस्तं सर्पयति॥ मन्त्र सं0 8 पृ0 14

विराटरूप और महान शक्तिशाली परमेश्वर कहाँ है? अर्थात् सर्वत्र है। उसकी भलीभाँति उपासना कौन कर सकता है? चारों वेदों के ज्ञाता पुरुष।

उपह्वरे गिरिणां संगमे च नदीनाम्।
धिया विप्रो अजायत्॥ मन्त्र सं0 9 पृ0 14

अर्थात् पर्वत की गुफाओं में नदियों के संगम पर विशेष कर्म (योगाभ्यास) करने से मनुष्य ज्ञानी बनता है।

प्रसम्राजं चर्षणी नामिन्द्रं स्तोता नव्य गीभिः।
नरं नृषाहं महिष्ठम्॥ मंत्र सं0 10 पृ0 14

हे मनुष्यो! मनुष्यमात्र के सम्राट स्तुति करने के योग्य ईश्वर की वेदमन्त्रों से उत्तम स्तुति करो, वह मनुष्य मात्र को नियम से रखता है उसका दान महान है और वह सबको सुपथ पर चलाता है।

तीसरी दशती समाप्त-

अपादु शिप्र्यन्धसः सुदक्षस्य प्रहोषिणः।
इन्दोरिन्द्रो यवाशिरः॥ मन्त्र सं0 1 पृ0 14

व्यावहारिक परमार्थिक सुख की प्राप्ति करने वाला राजा उत्तम शक्तिशाली तथा संसार यज्ञ के होता परमेश्वर यवादि से युक्त अन्नादि पदार्थों की रक्षा और उपभोग करता है।

इमा उ त्व पुरुषोऽभि प्र नोनुवुर्गिरः।
गावो वत्सं न धेनवः॥ मन्त्र सं0 2 पृ0 14

अर्थात् हे ईश्वर! सबके निवास दाता! जैसे दूध देने वाली गाएं बछड़े के पास जाती है वैसे ही हमारी स्तुतियां सब प्रकार से बार-बार तेरी शरण में पहुँचती हैं।

अत्रह गोरमन्वत नाम त्वष्टुरपीच्यम्।
इत्था चन्द्रमसो गृहे।। मन्त्र सं० 3 पृ० 14

इस चन्द्रमंडल में सूर्य की किरणें प्रवेश करती हैं। हे मनुष्यों ऐसा जानो।

यदिन्द्रो अनयद्रितो महीरपो वृषन्तयः।
तत्र पूषा भुवत्सचा।। मन्त्र सं० 4 पृ० 14

पूर्ण वर्षा करने वाला सूर्य, गति करने वाली पृथ्वी पर जलों को बरसाता है। उसमें वायु सहायक होता है।

गौर्धयति मरुतां श्रवस्युर्माता।
युक्ता वह्नी रथानाम।। मन्त्र सं० 5 पृ० 14

अर्थात् इन्द्र द्वारा की गई वृष्टि को अन्नादि के दाता सूर्यादि की साथी रथादि यानों को धारण करने वाली पृथ्वी माता पान करती है अथवा ग्रहण करती है।

उप नो हरिनिः सुतं याहि मदानां पते।
उप नो हरिमिः सुतम्।। मन्त्र सं० 6 पृ० 14

हे आनन्दों के स्वामी परमेश्वर! अपने विद्वानों के उपदेश से अत्यन्त ज्ञान तथा सूर्यअग्नि आदि द्वारा उत्पन्न भोग को हमें प्राप्त कराओ।

इष्टा होत्रा असृक्षतेन्द्रं वृधन्तो अध्वरे। अवभुमोजसा। मन्त्र सं० 7 पृ० 14

अर्थात् यज्ञ में विद्वानजन तेज से परिपूर्ण ईश्वर का उच्चारण करते हुए इष्टाद्धुतियों को छोड़ते हैं।

अहमिद्धि पितुष्परि मेधामृतस्य जग्रह।
अहं सूर्य इवाजनि।। मंत्र 8 पृ० 14

मैं परमेश्वर द्युलोक तथा अग्नि या सांसारिक नियम के पूर्ण ज्ञान को धारण करता हूँ। मैं ही सूर्य के समान ज्ञान पैदा करता हूँ।

रेवतीर्नः सधमाद इन्द्रेसन्तु तुविवाजाः।
क्षुमन्तो यानिर्मदेम्॥ मन्त्र 9 पृ0 14

अर्थात् धनवाली हमारे प्रसन्न होने पर परमेश्वर की होती हैं। अनेक बलवाली अन्नयुक्त जिनसे प्रसन्न होते हैं।

प्र सम्राजनं चर्वणी नाभिन्द्रं स्तोता नव्यं गीर्भिः।
नरं नृषाहं महिष्ठम॥ मन्त्र 10 पृ0 14

अर्थात् हे मनुष्यों मनुष्यमात्र के सम्राट स्तुति करने योग्य ईश्वर की वेदमंत्रों उत्तम स्तुति करो। वह मनुष्यमात्र को नियम में रखता उसका दान महान है और वह सबको सुपथ पर चलाता है।

तीसरी दशती समाप्त-

आपादु शिप्यन्धसः सुदक्षस्य प्रहोषिणः।
इन्दरिन्द्रो यवशिरः॥ मन्त्र सं0 1 पृ0 14

अर्थात् व्यावहारिक परमार्थिक सुख की प्राप्ति करने वाला राजा उत्तम शक्तिशाली तथा संसारयज्ञ के होता परमेश्वर के दिये हुए यवादि से युक्त अन्नादि पदार्थों की रक्षा एवं उपभोग करता है।

इमां उत्वा पुरुवसौ ऽभि।
प्रनोनुवुर्गिरः गावो वत्सं न धेनवः॥ मंत्र 2 पृ0 14

अर्थात् हे ईश्वर सबके निवास दाता! जैसे दूध देने वाली गायें बछड़े के पास जाती हैं ऐसी ही हमारी स्तुतियाँ सब प्रकार से बार-बार तेरी शरण में पहुँचती हैं।

भारतीय जीवन-पद्धति की कुछ विशेषताएं हैं जो अन्य समाज से काफी भिन्न हैं ''पूज्यन्ते यत्र नार्यास्तु रमन्ते तत्र देवताः'' की उक्ति के अर्थ में जो ध्वनि है उसे समझने की आवश्यकता है। नारी वर्ग का सम्मान समाज में अति प्राचीन काल से चला आ रहा है। इस वर्ग पर राजनीतिज्ञों की दृष्टि जब पड़ी तो इनके शोषण का जाल फैलाया गया। ''नारी सशक्तिकरण'' आन्दोलन की ओर से नारी वर्ग को आधुनिकता

की नई दिशा दी गई है। यह वर्ग समाज की धारा से अलग-थलग पड़ती जा रही है। वैवाहिक जीवन इनका समस्याओं में उलझता चला गया। समान अधिकार का झुनझुना इनके हाथों में दिया गया। पर्दा प्रथा की निरर्थकता का पाठ पढ़ाया गया। समान अधिकार के पाठों में पड़ कर इनका शोषण का चक्र चलने लगा। वैवाहिक जीवन कलहपूर्ण हो जाने के फलस्वरूप पति की छत्रछाया से इन्हें दूर रखने की योजना तैयार हुई। समान अधिकार के नाम पर पति से तलाक, पतिगृह का त्याग कर स्वगृह के लोभ में इनके प्रति शोषण चक्र शुरू हुआ। पति को संदेह की दृष्टि से देखने का परिणाम यह हुआ कि पति के स्थान पर पितागृह में शरण लेनी पड़ी। कमाऊ पत्नी होने के कारण पतिगृह का त्याग तो हुआ लेकिन पितागृह में इनकी कमाई का भाग पहुँचता गया। यह आर्थिक शोषण जो नये अभिभावक के हाथों में चला गया। पारिवारिक वैमनस्य की आँधी चल पड़ी जिसके कुपरिणाम उन्हें भोगना पड़ता है। यही हमारी प्राचीन परम्परा से अलग करने का प्रयास था जिस षडयन्त्र के कुपरिणाम नारी वर्ग को भोगना पड़ रहा है।

नारी वर्ग को त्रिशंकु की तरह वह न तो पतिप्रेम की अधिकारिणी है और न वह पितागृह में स्वाभिनी हो सकी। स्वामी गृह का त्याग जिस लोभवश हुआ उसके कुपरिणाम उसके बच्चे पर पड़ गया। बच्चे ने पितागृह का त्याग तो कर दिया लेकिन पितागृह बच्चे का ननिहाल न होकर क्षणिक शरण स्थली के रूप में देखा जा रहा है, यह दुर्गति नारी समाज का उसके आर्थिक शोषण के लिए किया गया। इस छल-छद्म को नारी समाज ने नहीं समझा जिसके परिणाम में उसे "धोबी के कुत्ते" की तरह जीवन व्यतीत करनी पड़ रही है।

वेदकालीन समाज में नारी की स्थिति नैसार्गिक सुखवाली थी जिसे नारकीय जीवन जीने के लिए बाध्य कर दिया गया। इस वर्ग को पुरानी परम्परा में लौटने का अवसर चाहिए।

वेदकालीन नारी समाज के चित्र से हमें अवगत होना चाहिए तथा उस वर्ग की रक्षा हमारा धर्म है। ऋग्वेद प्रथम भाग पृ0 70 मंत्र 5

आ घा योषेव सूनर्युषा याति प्रभुञ्जती।
जरयन्ती वृजनं पद्वदीयत उत्पातयति पक्षिणः।।

अर्थात् जैसे प्रातः काल की बेला निर्मल तथा सब प्रकार से सुख को देने वाली उसी प्रकार स्त्रियों को होना चाहिए।

वि या सृजति समनं व्यर्थिनः पदं न वेस्योदती।
वयो नकिष्टे पप्तिवांस आसते व्युष्टौ वाजिनीवती।।

पृ0 70 मंत्र 6

अर्थात् जैसे स्त्रियाँ व्यवहार से अपने पदार्थों को प्राप्त होती है, वैसे उषा अपने प्रकाश से अधिकार को प्राप्त होती है जैसे वह दिन को उत्पन्न हो सब प्राणियों को उठाकर अपने अपने व्यवहार में प्रवर्त्तमान कर रात्रियों को निवृत्त करती है और दिन के होने से दाह को भी उत्पन्न करती है वैसे ही सब स्त्रियों को होना चाहिए।

एषायुक्त परावतः सूर्य्यस्योदयनादधि।
शतं रथेमि सुभगोषा इयं वि यात्यभि मानुषान्।।

पृ0 70 मंत्र 7

अर्थात् जैसे पतिव्रता स्त्रियाँ अपने नियम से अपने पतियों की सेवा करती हैं, जैसे उषा से सब पदार्थों का दूर देश से संयोग होता है, वैसे दूरस्थ कन्या, पुत्रों का युवावस्था, में स्वयंवर विवाद करना चाहिए जिससे दूर देश में रहने वाले मनुष्यों से प्रीति बढ़े। जैसे निकटस्थों का विवाह कष्टदायक होता वैसे ही दूरस्थों का विवाह आनन्ददायक होता है।

उष आभाहि भानुना चन्द्रेण दुहितीर्दिवः।
आवहन्ती भूर्यस्मभ्यं सौभगं व्युच्छन्ती।।

मंत्र 9 पृ0 70

अर्थात् जैसे विदुषी धार्मिक कन्या माता और पिता दोनों के कुलों को उज्जवल करती है, वैसे उषा स्थूल, सूक्ष्म अर्थात् बड़ी-छोटी दोनों तरह की वस्तुओं को प्रकाशित करती है।

विश्वस्य हि प्राणनं
जीवनं त्वे वियदुच्छसूनरि।
सा नो रथेन वृहता
विभावरि श्रुधि चित्रामघे हवम्॥ मंत्र 10 पृ0 70

अर्थात् उषा सब प्राणिमात्र को सुख देती है वैसे ही पतिव्रता स्त्री से प्रसन्न पुरुष को सब आनन्द प्राप्त होते हैं।

उषो वाजं हि वंस्व यश्चित्रो मानुषे जने।
तेना वह सुकृतो अध्वराँ
उप ये त्वा गृणन्ति वह्नयः॥ मंत्र 11 पृ0 70

अर्थात् जो मनुष्य सूर्य उषा को प्राप्त होके दिन को प्राप्त कर सबको सुख देता है वैसे अपनी स्त्रियों को भूषित करते हैं उनको भी स्त्रियाँ भूषित करें। इस प्रकार परस्पर प्रीति उपकार से सदा सुखी रहें

विश्वान्देवाँ आ वह सोमपीतयेऽन्तरिक्षदुषस्त्वम्।
सास्मासु गोमदश्वावदुक्थ्यमुषोवाजं सुवीर्य्यम्॥

मंत्र 12 पृ0 70

अर्थात् जैसे यह उषा अपने प्रादुर्भाव से शुद्धवायु, जल प्रकाश आदि दिव्य गुणों को प्राप्त कराके दोषों का नाश कर सब उत्तम पदार्थ समूह को प्रकट करती है वैसे उत्तम स्त्री गृहकार्य में हो।

यस्या रुशन्तो अचर्यः प्रति भद्रा अदृक्षत्।
सा नो रयिं विश्ववारं सुपेशसमुषा ददातु सुऽम्यम्॥

मंत्र 13 पृ0 70

अर्थात् जैसे दिन निमित्त उषा के बिना सुख से कार्य सिद्ध नहीं होता और स्वरूप की प्राप्ति भी नहीं होती वैसे ही सती स्त्री के यह सब नहीं होता है।

ये चिद्धि त्वामृषयः पूर्वं उतये जुहुरेऽवसे महि।
सा नः स्तोमा अभि गृणीहि राधसोषः शोचिषां॥

मंत्र 14 पृ0 71

अर्थात् मनुष्य को योग्य है कि जिन्होंने वेदों का अध्ययन किया वे पूर्व ऋषि और जो वेदों को पढ़ाते हैं उनको नवीन ऋषि जाने और जैसे विद्वान लोग पदार्थों को जानकर उपकार लेते हैं। वैसे सभी पुरुषों को करना चाहिए। जैसे उषा अपने प्रकाश से सबको प्रकाशित करती है वैसे ही विदुषी स्त्रियाँ विश्व को विभूषित करती रहे।

सन्नी राया बृहत्ता विश्वपेशसो
मिमिक्ष्वा समिलाभिरा
सं द्युम्नेन विश्वतुरोषो
महि सं वाजैवाजिनीवति॥ मंत्र 16 पृ0 71

अर्थात् जैसे विद्वानों की वस्तुएँ शिक्षा से उषा के गुण का ज्ञान उससे पुरुषार्थ सिद्धि फिर उससे सब सुखों की निमित्त वस्तुएं प्राप्त होती है। वैसे ही माता की शिक्षा से पुत्र उत्पन्न होते हैं।

उषो भद्रेभिरा गाह दिवश्चिद्रोचनादधि।
वहन्त्वरुणप्सव उप त्वा सोमिनो गृहम्॥

मंत्र 7 पृ0 71

अर्थात् जिस प्रकार उषा की, भूमि संयुक्त सूर्य के प्रकाश से उत्पत्ति होती है, वह दिन रूप परिणाम को प्राप्त होकर पदार्थों को प्रकाशित करती हुई सबको आह्लादित करती है, वैसे ही ब्रह्मचर्य, विद्या योग से युक्त स्त्री श्रेष्ठ हो।

सुपेशसं सुखं रथं यमध्यस्था उषस्त्वम्।
तेना सुश्रवसं जनं प्रावाद्य दुहितर्दिवः॥

मंत्र 2 पृ0 71

अर्थात् मनुष्य लोग जैसे सूर्य के प्रकाश से सुरुप की प्रसिद्धि होती है वैसे ही विदुषी स्त्री से घर का काम और पुत्रों की उत्पत्ति होती है। ऐसा जानकर उससे उपकार लें।

द्वितीय अध्याय

अथर्ववेद के सार तत्त्वों का विवेचन

वेद की उक्तियों से पूरा भारतीय समाज अनुप्राणित होते रहा है। वेद शब्द विद् धातु से व्युत्पन्न होता है जिसका अर्थ होता है ज्ञान। तात्पर्य यह कि वेदग्रन्थ ज्ञान के भण्डार हैं जो पूरे समाज का मार्गदर्शन करने की क्षमता से सम्पन्न माना जाता है। वेद की ऋचाओं में पथ-प्रदर्शन ही मुख्य उद्देश्य रखा गया है। ईश्वरीय ज्ञान पाकर मानव समाज चिरकाल से लाभान्वित होते रहा है। अथर्ववेद के प्रथम मंत्र में ही मार्गदर्शक परमेश्वर के प्रकाश से सम्पूर्ण समाज आलोकित हो उठता है। उक्ति है-

ये त्रिषप्ता परियन्ति विश्वारूपाणि विभ्रतः।
वाचस्पतिर्वला तेषां तन्वो अद्य दधातु मे॥

अर्थात् तृण से लेकर परमेश्वर पर्यन्त जो पदार्थ संसार की स्थिति के कारण हैं, उन पदार्थों के तत्त्वज्ञान वेदवाणी से ही प्राप्त होते हैं। परमेश्वर की असीम सत्ता के महत्त्व का आख्यान बड़ी स्पष्टता के साथ अभिव्यंजित हुआ है। अथर्ववेद की पंक्ति है-

पुनरेहि वाचस्पते देवेन मनसा सह।
वसोष्पते नि रमय मध्यवास्तु मयि श्रुतम्॥

इन पंक्तियों के माध्यम से मनुष्य के कर्त्तव्य का निर्धारण किया गया हैं अथर्ववेद की इन पंक्तियों में आदेश है कि मनुष्य प्रयत्लपूर्वक परम गुरु परमेश्वर का ध्यान निरन्तर करता रहे। और पूरे स्मरण के साथ वेद-विज्ञान से अपने हृदय को शुद्ध करके सतत् सुख के भोग में लिप्त रहे।

भगमस्या बर्न्व आदिष्याधि वृक्षादिव स्त्रजम्।
महावूध्नो इव पर्वतो ज्योक् पितृष्वास्ताम्॥

सूक्त-14 मंत्र-1 पृ0-7

अर्थात् विद्वान् पुरुष खोजकर अपने समान गुणवती स्त्री से विवाह करके संसार में ऐश्वर्य और शोभा पाता है जैसे वृक्ष के सुन्दर फूलों से शोभा होती है। वधू अपने सास-श्वसुर आदि माननीयों की सेवा और शिक्षा से दृढ़ चित्त होकर घर के कामों का सुप्रबन्ध करके गृह लक्ष्मी की आराधना करें और पत्नी और पुत्र आदि कुटुम्बियों में बड़ी आयु भोग कर आनन्द करें।

सं सं श्रवन्तु सिन्धवः संग वाताः सं पतत्रिणः।
इमं यज्ञं प्रदिवो मे जुषन्तां संस्त्राग्रेण हविषा जुहोमि॥

सूक्त 15 मंत्र 1 पृ0 7

अर्थात् मनुष्यों के लिए उचित है कि नौका आदि से समुद्र यात्रा करे। विमान आदि से वायु मण्डल में तथा यथायोग्य व्यवहार से पक्षि आदि सब जीवों को अनुकूल रखे। विज्ञान के माध्यम से अन्य पदार्थों से लाभ प्राप्त करे, तथा विद्वानों में प्रीति और श्रद्धा रखे तथा इस तरह उत्साहपूर्वक जीवन व्यतीत करे।

इहैव हवमा यातम इह
संस्त्रावणा उतैमं वर्धयता गिरः।
इहैतु सर्वो यः पशु रश्मिन् तिष्ठतु यरिः॥

सूक्त-15, मंत्र-2, पृ0-7

अर्थात् विद्वान् लोग विद्या के बल से संसार में उन्नति करते हैं। इससे मनुष्य विद्वानों का सत्संग पाकर सदा अपनी वृद्धि करे तथा उपकारी जीवों और धन का उपार्जन पूर्ण शक्ति से करते रहें।

ऐसे मन्त्रों के माध्यम से जीवन की समस्याओं का निदान खोजने का प्रयास है जिससे शांति और सुख का उपभोग समुचित रूप से कर सकें।

यदि नो गां हंसि यद्यश्वं यदि पुरुषम्।
तंत्वासीसेन विध्यामो यथा नोऽसो अवीरहा।।

सूक्त-16, मंत्र-4, पृ0-8

अर्थात् मनुष्य वर्तमान क्लेशों को देखकर आने वाले क्लेशों को यत्नपूर्वक रोककर आनंद का उपभोग करें।

इस मंत्र के माध्यम से जीवन में क्लेश एवं संघर्ष के प्रति सजग रहने की चेतावनी दी गई है।

यो अद्योसेन्योवधोऽभायूना मुदीरते।
युवं तं मित्रा वरुणावस्मद् यावयतं परि।।

सूक्त-20, मंत्र-2, पृ0-9

अर्थात् जिस समय युद्ध में शत्रु की सेना प्रभावकारी सिद्ध होने लगे, उस समय अपने प्राण और अपान् वायु यथायोग्य सम रखकर और सचेत होकर शरीर में बल वृद्धि करके युद्ध करें तो शत्रुओं को निश्चय ही पराजय का मुख देखना पड़ सकता है।

तात्पर्य यह है कि श्वास के साधने से मनुष्य में ऊर्जा एवं शक्ति की वृद्धि होने लगती है। इस तरह सैनिक सुसंगठित होकर आगे बढ़ जा सकते हैं। श्वास साधने के फलस्वरूप मानवशरीर में नयी ऊर्जा की प्राप्ति होती है। प्राण और अपान के समान उपकारी और बलवान होकर योद्धागण परस्पर रक्षा कर विजयी हो सकते हैं।

इतश्च यद्भुतश्च यद् वधं वरुण यावय।
वि महच्छर्य यच्छ वरीयो यावया वधम्।।

सूक्त-20, मंत्र-3, पृ0-9

अर्थात् जो सेनापति ईश्वर पर विश्वास करके अपनी सेना को प्रयत्नपूर्वक शत्रु के प्रहार से बचाता और उसमें वैरी को जीतने का उत्साह बढ़ाता है वह शूरवीर जीत हासिल कर आनन्द का उपभोग करता है।

वेदकालीन संघर्ष के स्वरूप का उल्लेख बड़ी स्पष्टता से किया गया है तथा सैन्यबल के संचालन की जो विधि अपनायी गई है वह निश्चय ही युगविशेष के चिंतन एवं तत्कालीन आवश्यकता की देन है जिसका उल्लेख हुआ है।

शास इत्था महाँ अस्यमित्रसाहो अस्तृतः।
न यस्य हन्यते सखा न जीयते कदाचन॥

सूक्त-20, मंत्र-4, पृ0-10

अर्थात् वह परमात्मा सर्वशक्तिमान शत्रुनाशक है। इस प्रकार श्रद्धा करके जो मनुष्य प्रयत्नपूर्वक आत्मिक, शारीरिक और सामाजिक बल की वृद्धि में सतत प्रयत्नशील रहते हैं उन्हें ईश्वर भी सहायता करते हैं।

स्वस्तिदा विशां पतिर्वृत्रहा विमधोवशी।
वृषेन्द्रः पुर एतु न सोमपा अभयंकरः॥

सूक्त-21, मंत्र-1, पृ0-10

अर्थात् जो मनुष्य मन्त्रोक्त गुणों से युक्त राजा को अगुवा बनाते हैं वे अपने सभी कार्यों में विजयी होते हैं। वह जगदीश्वर सभी राजा-महाराजाओं का लोकाधिति मान्य है। उनको अपना अगुवा समझकर सम्पूर्ण सामूहिक बल से विजयी बनाने की सफल चेष्टा करते हैं।

इस तरह वेदकालीन सैन्यबल एवं उसके संचालककर्ता के कार्य-कलापों का उल्लेख बड़ी स्पष्टता के साथ किया गया है। समाज की संघर्षशीलता एवं विजयी होने की चेष्टा पर प्रकाश डाला गया है जो तत्कालीन युद्ध की मनोदशा से अवगत कराता है।

वि न इन्द्र मृधो जहि नीचायच्छपृतन्यतः।
अधमं गमया तमो यो अस्माँ अभिदाशति॥

सूक्त-21, मंत्र-2, पृ0-10

अर्थात् न्यायशील प्रतापी राजा अन्यायी एवं दुराचारियों को परमेश्वर के दिये हुए बल से सब प्रकार से परास्त करके दृढ़बन्दीगृह

में डाल दे। महाबली परमेश्वर को हृदयस्थ समझकर सब मनुष्य अपनी कुवृत्तियों का दमन करे।

मन्त्र में उल्लिखित भाव-विचार से स्पष्ट है कि जनहित में कार्य करने वाले को जन सहयोग से भी शक्ति की प्राप्ति हो जाती है तथा सफलता उसे अवश्य मिलती है। वेदकालीन समाज की संघर्षशीलता एवं उसकी विजय लालसा की पूर्ति का वर्णन बड़ी स्पष्टता से हुआ है।

अपेन्द्र द्विषतो मनोऽप जिज्यासतो वधम्।
वि महच्छर्म यच्छ वरीयो यावया वधम्॥

अर्थात् परमेश्वर के विश्वास से मनुष्य अपने पुरुषार्थ एवं बुद्धिबल से शत्रु को निरुत्साहित कर विजयप्राप्ति की सफलचेष्टा करते हैं।

सूक्त-21, मंत्र-4, पृ0-10

सुकेषु ते हरिमाणे रोपणाकासु दध्मसि।
अथो हारिद्रवेषु ते हरिमाणं नि दध्मसि॥

मन्त्र सं0-4 सूक्त-22 पृ0 सं0-10

अर्थात् सद्वैद्य बाहरी शारीरिक रोगों को यथायोग्य औषधि और लेप आदि से, तथा भीतरी मानसिक रोगों को उत्तम-उत्तम औषधिरसों से नाश करके रोगी को स्वस्थ करें।

अर्थात् रोग-निवारण औषधि तथा अनेक शारीरिक एवं मानसिक उपचारों के माध्यम से रोगमुक्त करने वाले वैद्य की प्रयत्नशीलता एवं सहृदयता पूर्णव्यवहार के उदाहरण से वेदकालीन वैद्य की सजगता के साथ-साथ उनके सक्रिय सहयोग की चेष्टा से रोगी का रोग मुक्त हो जाना स्वाभाविक प्रतीत होता है।

आरे इऽसावस्मदस्तु हतिदवासो असत्।
आरे अश्मा यमस्यथ॥

सू0 26 मंत्र सं0 1 पृ0 सं0 12

अर्थात् युद्ध कुशल सेनापति लोग चक्रव्यूह, पद्मव्यूह क्रौञ्चव्यूह, सूचीव्यूह आदि से अपनी सेना का विन्यास इस प्रकार करे कि शत्रु के अस्त्र-शस्त्र का प्रहार उलट कर अपनी प्रजा और सेना को न करे, किन्तु शत्रु का विनाश अचूक रूप से अवश्य कर दे। युद्ध कौशल के लिए जितनी सावधानी होनी चाहिये वे सारी व्यवस्थाएं की जाती थीं जिससे सेना अजेय सिद्ध हो जाती थी।

आर्यों के प्राचीन काल में भी युद्ध की विशाल तैयारी के फलस्वरूप विजय वर्णन यहाँ बड़ी स्पष्टता के साथ उल्लिखित है जिससे स्पष्ट है कि आर्यों को अनेक संघर्षों का सामना करना पड़ता था और उसकी सेना अजेयशक्ति का परिचय शत्रु के समक्ष देती थी। यह युद्ध व्यवस्था पूर्णरूप से सफल ही हो जाती थी ऐसा स्पष्ट रूप से परिलक्षित होता है।

उप प्रागाद् देवो अग्नी रक्षो हामविचातनः।
दहुन्न द्वयाविनो यातुधानान् किमिदिनः॥

सूक्त 28, मंत्र सं0 1 पृ0 सं0 12

अर्थात् जब सेनापति अग्निरूप होकर शतहनी (तोप) भुशुण्डी (बन्दूक) धनुष, वाण, तलवार आदि अस्त्र-शस्त्र से शत्रुओं का नाश करता है तब राज्य में शांति रहती है।

अभिवृत्य सपत्नान मि या नो अरातयः।
अभि पृतन्यन्ते तिष्ठामि यो नो दुरस्यति॥

सूक्त 29 मंत्र-1 पृ0 15

अर्थात् जिस प्रकार हमसे पहले मनुष्य उत्तम सामर्थ्य और धन को पाकर महाप्रतापी हुए हैं वैसे ही सर्वशक्तिमान जगदीश्वर के अत्यन्त सामर्थ्य और उपकार का विचार करके हम लोग पूर्ण पुरुषार्थ के साथ विद्याधन और सुवर्ण आदि धन की प्राप्ति से सर्वदा उन्नति करके राज्य का पालन करें।

आशानामाशापालेभ्यश्चतुर्भ्यो अमृतेभ्यः।
इदम भृतस्याध्यक्षेभ्योविधेम् हविषा वयम्।।

सूक्त 31 मंत्र 1 पृ0 14

अर्थात् सब मनुष्यों को उत्तम गुणवाले पुरुषों अथवा चतुर्वर्ग, धर्म, अर्थ, काम और मोक्ष की प्राप्ति के लिए सदा पूर्ण पुरुषार्थ करना चाहिए। इनके ही पाने से मनुष्य की सब कामनाएं पूर्ण होती हैं।

य आशानामाशापालाश्चत्वारः स्थन देवाः।
ने नो निर्ऋत्या पाशेभ्यो मुञ्चतां हसो अहंसः।।

सूक्त-31, मंत्र-2, पृ0-14

अर्थात् हे प्रकाशमय देवताओं! ये जो तुम सब दिशाओं के मध्य (चत्वारः) प्रार्थना के योग्य धर्म, अर्थ, काम, मोक्ष) आशाओं के रक्षक वर्तमान हो वे तुम हमें महामारी के फंदों से और प्रत्येक पाप से छुड़ाओ।

अर्थात् मानव परिश्रम से चारों पदार्थों के अधिकारी बनकर जीवन-यापन कर सकते हैं तथा सारे क्लेशों से मुक्त भी हो जाने की शक्ति से सम्पन्न हो सकते हैं।

अस्त्रामस्त्वा हविषा यजाम्यश्लोणस्त्वा घृतेन जुहोभि।
य आशानामाशालस्तुरीयो देवः स नः सूभूतमेहवक्षत्।।

सूक्त-31 मन्त्र-3 पृ0-14

अर्थात् जो मनुष्य निरालस्य होकर परमेश्वर की आज्ञा का पालन करते हैं अथवा जो घृत से अग्नि के समान प्रतापी होते हैं वे शीघ्र ही जगदीश्वर का दर्शन करके चतुर्वर्ग प्राप्ति के लाभ से सामर्थवान हो जाते हैं इस मंत्र के माध्यम से एक ओर जहाँ चतुर्वर्ग के महत्व प्रतिपादित होते हैं वहाँ दूसरी ओर मानव की शक्ति को जागृत कर अभिप्रेरित करते हुए सफलता की ओर अग्रसर होने की प्रेरणा भी प्रदान करते हैं-

स्वस्तिमात्र उत पित्रे नो अस्तु
स्वस्ति गोभ्यो जगते पुरुषेभ्यः।

विश्वे सुभूतं सुविदित्रे नो
अस्तु ज्योगेव दृशेम सूर्यम्।। सूक्त-31 मं.-4 पृ0-14

अर्थात् जो मनुष्य माता-पिता आदि अपने कुटुम्बियों और अन्य माननीय पुरुषों और गो आदि पशुओं से लेकर सब जीवों और संसार के साथ उपकार करते हैं वे पुरुषार्थी सब प्रकार का उत्तम धन उत्तम ज्ञान उत्तम कुल पाते और वही सूर्य जैसे प्रकाशवान होकर दीर्घ आयु एवं बड़े नाम को भोगते हैं।

मन्त्र से एक ओर पुरुषार्थ का महत्व प्रतिपादित होता है तो दूसरी ओर ईश्वर की अनुकम्पा प्राप्ति की प्रेरणा भी दी जाती है।

इदं जनासो विदम महद् ब्रह्म वदिष्यति।
न तत् पृथिव्यां नो दिवि येन प्राणन्ति वीरुधः।।

सूक्त-32 मंत्र-1 पृ0-14

अर्थात् यद्यपि वह सर्वव्यापी सर्वशक्तिमान परमब्रह्म भूमि वा सूर्य आदि किसी विशेष स्थान में वर्तमान नहीं है तो भी वह अपनी सत्ता मात्र से औषधि, अन्न आदि सब सृष्टि का नियमपूर्वक प्राणदाता है। ब्रह्मज्ञानी लोग उस ब्रह्म का उपदेश करते हैं।

मंत्र में ब्रह्म की शक्ति की अनिवार्यता पर ध्यान देते हुए उनकी मदद प्राप्ति की भावना अभिव्यंजित है तो दूसरी ओर पुरुषार्थ को भी महत्व दिया गया है।

अन्तरिक्ष आसां स्थाम श्रान्त सदामिव।
आस्था नमस्य भूतस्य विदुष्टद् वेधसो नो वा।।

सूक्त-32 मंत्र-2 पृ0-14

अर्थात् सूर्य आदि असंख्य लोक इसी परम ब्रह्म में ठहरे हैं वही समस्त जगत का केन्द्र है। इस तथ्य को विद्वान लोग विधि और निषेध रूप विचार से निश्चित करते हैं जैसे ब्रह्म जड़ नहीं है किन्तु चैतन्य है, इत्यादि अथवा जितना अधिक ब्रह्मज्ञान होता जाता है उतना ही वह ब्रह्म

अधिक अनन्त और अगम्य जाना पड़ता है इससे वह ब्रह्मज्ञानी अपने को अज्ञानी समझते हैं।

इस मंत्र के माध्यम से ब्रह्म की शक्ति की महत्ता प्रतिपादित की गई है तथा ब्रह्म की शक्ति अनन्त एवं असीम है तथा जितना उसका आभास मिलता जाता है उतना ही अधिक अगम्य एवं अनन्त सा भी प्रतीत होता है।

यद रोदसी रेजमाने भूमिश्च निरतक्षतम्।
आर्द्रं तदद्य समुद्रस्येव स्त्रोतस्या:॥

सूक्त-32 मंत्र-3 पृ0-14

अर्थात् जिस रस या उत्पादन शक्ति को परमेश्वर ने सूर्य और भूमि को वश में रखकर सृष्टि के आदि में उत्पन्न किया था वह शक्ति मेघ आदि रस रूप से सदा संसार में सृष्टि की उत्पत्ति और स्थिति का कारण है।

ब्रह्म की शक्ति की विशेषता एक ओर यदि स्पष्ट की गई है तो दूसरी ओर उस ब्रह्मशक्ति की अनन्तता पर भी विचार किया गया है।

विश्वमन्यामभीवार तदन्य स्यामधिश्रितम्।
दिवे च विश्ववेदसे पृथिव्यै चाकरं नम:॥

सूक्त-32 मंत्र-4 पृ0-15

अर्थात् सृष्टि का कारण रस अर्थात् जल सूर्य की किरणों से आकाश में जाकर फिर पृथिवी में प्रविष्ट होता है, वही फिर पृथिवी से आकाश में जाता है, और फिर पृथिवी पर आता है, इस प्रकार इन दोनों का परस्पर आकर्षण जगत के लिए उपकारी होता है। विद्वान लोग उसी प्रकार जगदीश्वर की अनन्त शक्तियों को विचार कर सत्कारपूर्वक उपकार लेकर आनन्द भोगते हैं।

प्रस्तुत मन्त्र के माध्यम से जगदीश्वर की अनन्त शक्ति का महत्व प्रतिपादित किया गया है, उस परम सत्ता से जुड़े रहने की प्रेरणा दी गई है।

हिरण्यवर्णा सूचय पावका
यासु जातः सविता यावग्निः।
या अग्निः गर्भं दधिरे सुवर्णास्ता
न आपः शं श्योना भवन्तु॥ सूक्त-33 मंत्र-1 पृ0-15

अर्थात् जैसे परमात्मा ने कामना की और खोजने के योग्य तन्मात्राओं के संयोग-वियोग से अग्नि, सूर्य और बिजली इन तीन तेजधारी पदार्थों आदि सब संसार को उत्पन्न किया है उसी प्रकार मनुष्यों को शुभगुणों के ग्रहण ओर दुर्गुणों के त्याग से उपकारी होना चाहिए।

प्रस्तुत मन्त्र के माध्यम से सारे मानव समुदाय के लिए एक विशेष स्वरूप में संदेश देने का सफल प्रयास किया गया है। परमेश्वर की अजस शक्ति का उपयोग मानव कल्याण के लिए सिद्ध होता है तदनुसार मानव समुदाय को भी दुर्गुणों का त्याग कर तथा शुभगुणों का ग्रहण कर बड़ी चेष्टा के साथ करना चाहिए जिससे परमेश्वर की कल्याणकारी योजना सफलीभूत होती रहे। मानव के आचरण परमेश्वर की योजना में सहायक के रूप में दीख पड़े यह हमारा परम कर्त्तव्य समझा जाता है।

यासां राजा वरुणो याति
मध्ये सत्यानृते अवपश्यन् जनानाम्।
या अग्निं गर्भं दधिरे सुवर्णास्ता
न आपः शंश्योना भवन्तु॥ सूक्त-33 मंत्र-2 पृ0 15

अर्थात् इन तन्मात्राओं का नियन्ता अर्थात् संयोजक और वियोजक परमेश्वर हैं वही सब जीवों के पुण्य-पापों को देखकर यथावत फल देता है, उन गुणों से उपकृत होकर मनुष्यों को सुख भोगना चाहिए।

निर्दिष्ट मन्त्र के माध्यम से यह सिद्धान्त प्रतिपादित हुआ है कि परमेश्वर अपनी सारी शक्ति एवं क्षमता के अनुसार पूरी सृष्टि में न्याय का साम्राज्य स्थापित किये रहता है। अतः मानव को भी इस सिद्धान्त से सीख लेनी चाहिए जिससे वह स्थापना सतत् विकासमान रह सके।

यासां देवा दिवि कृण्वन्ति
भक्षं या अन्तरिक्षे बहुधा भवन्ति।
या अग्निं गर्भं दधिरे सवर्णास्ता
न आपः शं स्योना भवन्तु॥ सूक्त 33 मंत्र 3 पृ0 15

अर्थात् अपरिमित तन्मात्राएं ईश्वरकृत परस्पर आकर्षण से संसार के सूर्य, अग्निवायु आदि सब पदार्थों के धारण एवं पोषण का कारण है विद्वान लोग उनके सूक्ष्म विचार से संसार में अनेक उपकार करके सुख पाते हैं।

अर्थात् परमेश्वर के द्वारा सृष्टि संचालन कार्यों में कहीं विरोधाभास का दर्शन नहीं प्राप्त होता है। मानव समुदाय को भी वैसा ही चिंतन-मनन तथा आचरण रखना चाहिए जिससे किसी तरह असामंञ्जस्य उनके कार्यों में नहीं दीख पड़े।

जिवेन मा चक्षुष पश्यतापः
शिवया तन्वोप स्पृशतत्वचमे।
घृतच्युतः शुचयो याः पावकास्ता
न आपः शं स्योना भवन्तु॥ सूक्त-33 मंत्र-4 पृ0-15

अर्थात् तन्मात्राएं मुझे नेत्र से देखें अर्थात् पूर्ण ज्ञान हमें प्राप्त हो और उससे हमारे शरीर और आत्मा स्वस्थ रहे अथवा शब्द से तन्मात्राओं के ज्ञाता और वशयिता परमेश्वर वा विद्वान पुरुष का ग्रहण है, जो मनुष्य सृष्टि के विज्ञान से शरीर का स्वास्थ्य और आत्मा की उन्नति करके वे उपकारी होते हैं। उनके लिए परमेश्वर की कृपा से सदा अमृत अर्थात् स्थिर सुख बरसता है।

प्रस्तुत मंत्र के माध्यम से सृष्टि के सारे सुखों का उपभोग ज्ञान से ही किया जा सकता है जिसके लिए ज्ञानवान होने से ही सारे सुखों के उपभोक्ता मानव बन सकते हैं

इयं वीरुन्मधु जाता मधुना त्वा स्वनामसि।
मधारेधि प्रजातासि सा नो मधुमतस्कृधि॥

सूक्त-34 मंत्र-1 पृ0-15

अर्थात् मधुशब्द का अर्थ ज्ञान है धात्वार्थ (धातु के आधार पर) भी यह अर्थ ध्वनित है कि शिक्षा के, अभ्यास, अन्वेषण और परीक्षण से मनुष्य को उत्तम सुखदायक विद्या की भी प्राप्ति होती है।

मंत्र में विद्या यानि ज्ञान के महत्व का प्रतिपादन किया गया जो मानव के लिए दिशा-निर्दिष्ट करने की क्षमता से युक्त मानी जाती है।

जिह्वाया अग्रे मधु मे जिह्वामूले मधुलकम्।
ममेदहु क्रतावसो ममचित्तमुपायसि॥

सूक्त-34 मंत्र-2 पृ0-15

अर्थात् जब मनुष्य विद्या का अध्ययन, मनन और परीक्षण प्रेमपूर्वक करते हैं तब विद्या उनके हृदय में प्रविष्ट करके सुख प्रदान करती है। मंत्र में विद्या के महत्व का प्रतिपादन किया गया है।

मंत्र में विद्या का यानि ज्ञान का महत्व सर्वाधिक माना गया है जो सारे सुखों का आधार समझा जाता है। यहाँ पर यह तथ्य विश्लेषित किया है कि "ज्ञानात् ऋते मुक्तिः न भवति" यानि सद्ज्ञान के बिना मुक्ति भी नहीं मिलती है।

मधुमन्मे निष्क्रमणं मधुमन्मे परायणम्।
वाचा वदामि मधुमद भूयांसः मधुसंदृशः॥

सूक्त-34 मंत्र-3 पृ0-15

अर्थात् जो मनुष्य घर, सभा, राजद्वार, देश, परदेश में आवागमन, निरीक्षण, परीक्षण अभ्यास आदि समस्त चेष्टाओं और वाणी से भी विचार अभिव्यक्त करते अर्थात शुभगुणों के ग्रहण तथा उपदेश में ज्ञानवान अथवा सरसतायुक्त कथन से प्रभावशाली होते हैं वही व्यक्ति रसीले रूपवाले पूरे संसार में शुकर्मी मान्य होते हैं।

मन्त्र के माध्यम से ज्ञानी व्यक्ति की प्रशंसा तथा उनके जीवन की सफलता पर विचार करते हुए उसकी प्रशंसा की गई है।

मधोरस्मि मधुतरो मधुमानमधुमत्तरः।
मामित किस्म त्वं वनाः शाखां मधुमतीमिव॥

सूक्त-34 मंत्र-4 पृ0-15

अर्थात् मंत्र के माध्यम से विद्या का महत्व सर्वाधिक माना गया है। ज्ञान ही मानवता प्रदान करता है। विद्या का रस संसार में सर्वाधिक स्वादिष्ट माना गया है जिसकी अभिव्यक्ति मंत्र के माध्यम से हुई है।

परित्वा परितत्नुनेक्षुणामामविद्विषे।
यथा मां कामिन्यसो यथा मनापगाअसः॥

सूक्त-34 मंत्र-5 पृ0-16

अर्थात् जब ब्रह्मचारी पूर्ण अभिलाषा से विद्याहेतु प्रयत्नशील होता है तो कठिन से कठिन विद्या उसको अवश्य प्राप्त होती है तथा अभीष्ट आनन्द भी वह विद्या देती है। विद्यावान ही गुणी एवं चतुर समझे जाते हैं।

मंत्र में ज्ञान की प्रशंसा की गई है तथा ज्ञान प्राप्ति के लिए जिज्ञासुओं को संघर्षशील होने की आवश्यकता भी अभिव्यञ्जित है।

अथर्ववेद के संक्षिप्त स्वरूप द्वारा विशाल ग्रन्थ के नमूने मात्र प्रस्तुत किये गए हैं क्योंकि ज्ञान क्षेत्र की सीमा निर्धारित करना तथा सम्पूर्णग्रन्थ के विचारों से अवगत करा देना यह सम्भव नहीं है इसके लिए मूलग्रन्थ के साथ जिज्ञासु को जोड़ना पड़ता है।

यजुर्वेद के मुख्य चिंतन

यजुर्वेद चालीस अध्यायों का ग्रंथ है जिसमें उन्नीस सौ पचहत्तर मंत्र हैं। सभी मंत्रों से पाठक को अवगत कराने की क्षमता नहीं रहने के कारण कुछ ही मंत्र नमूने के रूप में ''शोध ग्रंथ के लिए चुने गए हैं'' जिन्हें यहाँ विश्लेषित करने का प्रयास किया है।

वसोः पवित्रमसि शतधारं
वसोः पवित्रमसि सहस्त्रधारम्।

देवस्त्वां सविता पुनातु वसोः
पवित्रेण शतधारेण सप्वा कामद्युक्षः॥ मंत्र–3 पृ01

अर्थात् जो मनुष्य पूर्वोक्त यज्ञ का सेवन करके पवित्र होते हैं उन्हीं को जगदीश्वर बहुत सा ज्ञान देकर अनेक प्रकार के सुख देते हैं परन्तु जो लोग ऐसी क्रियाओं को करने वाले वा परोपकारी होते हैं वे ही सुख को प्राप्त होते हैं, आलस्य करने वाले कभी नहीं।

यज्ञमय जीवन के द्वारा प्रभु का साक्षात्कार करते हुए हम प्रगतिबल–प्रेरणा पाकर मोक्ष की ओर अग्रसर हों यह जीवन–लक्ष्य श्रेयष्कर माना गया है। वेद की मान्यता है कि "वेदज्ञान ही इस धरती को राह दिखा सकता है।"

अग्ने व्रतपते व्रतमचारिषुं तदशकं।
तन्मेऽराधीदमहं यऽएवाऽस्मि॥ मंत्र सं0 28 पृ0 14

मनुष्य को निश्चित रूप से समझना चाहिए कि वह जैसा कर्म करता है वैसा ही फल भी प्राप्त करता है। इस विधान का उल्लंघन कदापि कोई नहीं कर सकता है।

ये रूपाणि प्रतिमुञ्चमाना असुराः सन्तः स्वधयाचरन्ति।
परापुरो निपुरो ये भरन्त्यग्निष्टँल्लोकात् प्रणुदात्यस्मात्॥

मंत्र सं0 30 पृ0 सं0 15

अर्थात् जो दुष्ट मनुष्य अपने मन, वचन, और शरीर से अन्य किसी को पीड़ा देकर सुख का भोग कर लेता है वह नीच योनियों में ही जन्म लेता है। लोक में भी यह तथ्य प्रसिद्ध है कि जैसी "करनी वैसी भरणी" अर्थात्– "कर्म के फलों को भोगना है

अग्ने व्रतपते व्रतमचारिषं तदृशं
तन्मेऽ राधीदमहं यऽ एवा ऽस्मि सोऽस्मि।

मंत्र 28 पृ0 14

मनुष्य को ऐसा निश्चय करना चाहिए कि जैसा कर्म किया है

वैसा ही फल मिल रहा है। इस नियम का उल्लंघन कभी नहीं होता है।

तृतीय अध्याय-पृ0 18

स नः पितेव सुपायनो भव।
सचस्वा नः स्वस्तये॥ मंत्र-24 पृ0 सं0 19

अर्थात् जिस तरह विद्वान पिता अपने पुत्र को सन्मार्ग पर लाकर सुखी जीवन भोगने का अवसर प्रदान करता है वैसे ही जगदीश्वर चरित्रवान को सुख प्रदान करते हैं।

तत् सवितुर्वरेण्यं भर्गो देवस्य धीमहि।
धियो योनः प्रचोदयात्॥ मंत्र सं0 35 पृ0 20

जैसी प्रार्थना हो वैसा ही पुरुषार्थ से भी कर्म अवश्य करना चाहिए जिससे परमेश्वर की दृष्टि आकृष्ट हो जाये।

प्रधासिना ह्वामहे मरुत श्च रिशादसः।
करमेण सजोषसः॥ मंत्र 44 पृ0 21

वैद्य, शूरवीर, यज्ञकर्म के ज्ञाता को सत्कारपूर्वक आश्रय देकर उनकी सलाह से लाभ अवश्य उठाना चाहिए।

अक्रन् कर्म कर्मकृतः सह वाचा मयोभुवा।
देवेभ्यः कर्म कृत्वास्तं प्रेम सचाभुवः॥

मंत्र सं0 47 पृ0 सं0 22

अर्थात् मानव के लिए उचित है कि आलस्य छोड़कर पुरुषार्थ में ही सतत् संलग्न रहे। मूर्खपन छोड़कर वेदविद्या का आश्रय लेकर कर्म का निर्धारण कर लेना चाहिए जिससे जीवन में सफलता प्राप्त हो जाए।

त्र्यम्वकं यजामहे सुगन्धिं पुष्टि वर्धनम्।
उर्वारुकमिव बन्धनान् मृत्योः मोक्षीय मामृतात्॥
त्र्यम्वकं यजामहे सुगन्धिं पतिवेदनम्।
उर्वारुकमिव बन्धनादितो मुक्षीय मामुतः॥

मंत्र 60 पृ0 24

त्रायषं जमदग्नेः कश्यपस्य त्रायषम्।
यद्देवेषु त्र्यायुषं तन्नो अस्तु त्र्यायुषम्।। मंत्र 62 पृ0 24

शिवो नामासि स्वधितिस्ते
पिता नमस्तेऽ अस्तु मामा हिसीः।
नि वर्त्रयाम्यायुषेऽन्नाद्याय प्रजननाय
रायस्पोषाय सुप्रजास्त्वाय सुवीर्य्याय।। मंत्र 63 पृ0 24

सप्तम् अध्याय पृ0 53;

अग्ने नये सुपथारायेऽ
अस्मान्त्रिश्वानि देव वयुनानिविद्वान्।
युयोद्धयस्मज्जुहुराएमेना भूयिष्ठां
ते नम् ऽ उक्तिं विधेम स्वाहा।। मंत्र 43 पृ0 52

कोई भी पुरुष परमात्मा की प्रेमभक्ति के बिना योगसिद्धि को प्राप्त नहीं होता है, और जो प्रेमभक्ति युक्त होकर योगबल से परमेश्वर का स्मरण करता है उसको वह दयालु परमात्मा योग सिद्धि देता है।

अर्थात् परमेश्वर या जगदीश्वर की असीम कृपा मिलने के उपरान्त ही मंत्र या कार्यसिद्धि की सम्भावना तैयार होती है अतः यजुर्वेदः-

वसोः पवित्रमसि शतधारं
वसोः पवित्रमसि सहस्त्रधारमी।
देवस्त्वां सवितापुनातु वसोः
पवित्रेण शतधारेण सुष्वा कामधुक्ष।।

यजुर्वेद मंत्र सं0 3 पृ0 संख्या-1

जो यज्ञ असंख्यात संसार को धारण करने और शुद्धि करने वाला कर्म है तथा जो यज्ञ अनेक प्रकार के ब्रह्माण्डों के ब्रह्माण्ड को धारण करने और शुद्धि का निमित्त सुख देने वाला है उस यज्ञ को स्वयं प्रकाशस्वरूप वसु आदि तैंतीस देवों की उत्पत्ति करने वाला परमेश्वर पवित्र करें।

हे जगदीश्वर! आप हम लोगों से सेवित जो यज्ञ है उस की शुद्धि के निमित्त वेद के विज्ञान बहुत विद्याओं को धारण करने वाले वेद और अच्छी प्रकार पवित्र करने वाले यज्ञ से हम लोगों को पवित्र कीजिए। हे विद्वान पुरुष! वा जानने की इच्छा करने वाले मनुष्य! तुम वेद की श्रेष्ठ वाणियों में से कौन–कौन वाणी के अभिप्राय को अपने मन में पूर्ण करना या जानना चाहता है।

मंत्र संख्या –12 पृ0 3:-

का भावार्थः-जो पदार्थ संयोग से विकार को प्राप्त होते हैं वे अग्नि के निमित्त से अतिसूक्ष्म परमाणुरूप होकर वायु के मध्य रहा करते हैं और कुछ शुद्ध भी हो जाते हैं परन्तु जब कि यज्ञ के अनुष्ठान से वायु और वृष्टि जल की उत्तमशुद्धि और पुष्टि होती है वैसी दूसरे उपाय से कभी नहीं हो सकती, इससे विद्वानों को चाहिए कि होमक्रिया और वायु, अग्नि, जल आदि पदार्थ का शिल्प विद्या से अच्छी-अच्छी सवारी बनाकर अनेक प्रकार के लाभ उठावें अर्थात् अपनी मनः कामना सिद्धि करके औरों की भी कामना सिद्ध करें जो जल इस पृथ्वी से अन्तरिक्ष को चढ़कर वहाँ से लौटकर फिर पृथ्वी आदि पदार्थों को प्राप्त होते हैं। वे प्रथम और मेघ में रहने वाले हैं वे दूसरे कहाते हैं। ऐसी शत पथ ब्राह्मण मं मेघ का वृत्त और सूर्य का इन्द्र नाम से वर्णन करके युद्ध रूप कथा के प्रकाश से मेघ विद्या का विश्लेषण है।

मंत्र 13 पृ0 4 में तथ्यों का विश्लेषष इस प्रकार हुआ है:-

परमेश्वर ने अग्नि और सूर्य की रचना इसलिए की है वे सब पदार्थों में प्रवेश करके उनके रस और जल को छिन्न-भिन्न जिससे वे वायुमंडल में जाकर फिर वहाँ से पृथ्वी पर आकर सबों को सुख एवं शुद्धि करने वाले हों इससे मानव को उत्तम सुख प्राप्त होने के लिए अग्नि में सुगन्धित पदार्थों के होम से वायु और वृष्टि जल की शुद्धि द्वारा श्रेष्ठसुख बढ़ाने के लिए प्रीतिपूर्वक नित्ययज्ञ करना चाहिए जिससे इस संसार के सब रोगादि नष्ट होकर उसमें शुद्धगुण प्रकाशित होते रहे। इसी प्रयोजन के लिए इस तरह व्यवस्था एवं परिणाम की कामना की गई है।

मंत्र में आदेश है कि मानव को परोपकार के लिए शुद्ध कर्म-क्रिया का आह्वान करे। वायु, अग्नि और जल के गुणों को शिल्प क्रिया में संयुक्त करके अनेक यान आदि यन्त्रकला बनाकर अपने पुरुषार्थ से सदैव सुखपूर्वक निवास कर सकें।

मंत्र 14 पृष्ठ 4 में इस तथ्य का विश्लेषण विशेष रूप से किया गया है। ईश्वर मनुष्यों को आदेश देता है कि तुम लोग शुद्ध और विस्तारयुक्त भूमि के मध्य सब ऋतुओं में सुख देने योग्य गृहनिर्माण कर उसमें सुखपूर्वक निवास करना चाहिए। तथा उसमें रहने वाले दुष्ट स्वभावयुक्त मनुष्यादि प्राणी और दोषों को निवृत्त करो फिर उसमें सब पदार्थों का स्थान और वर्षा का हेतु जो यज्ञ विधान है उसका सम्यक् अनुष्ठान कर नाना प्रकार के सुखों का उपभोग करना चाहिए क्योंकि यज्ञ के अनुष्ठान का उद्देश्य यह है।

मन्त्र संख्या-15 पृष्ठ 4 में यज्ञ विधान पर विस्तार से विचार किया गया है:-

जब मनुष्य वेद आदिशास्त्रों के द्वारा यज्ञक्रिया तथा उसके फलों या परिणाम जानने के लिए यह विश्लेषण प्रस्तुत किया गया है:-

शुद्धि और उत्तमता के साथ यज्ञविधान किया जाता है तब वे सुगन्धित पदार्थ होम क्रिया द्वारा परमाणु अर्थात् अतिसूक्ष्मरूप में आकर वायु और वृष्टि जल में विस्तृत हुआ, सब पदार्थों को उत्तम करके दिव्य सुखों का सफल आह्वान होता है जो मनुष्य सब प्राणियों के सुख के लिए पूर्वोक्त तीन प्रकार के यज्ञ का सम्पादन करता है उसका सब मनुष्य हविष्कृत अर्थात् यह यज्ञ का विस्तार करने वाला उत्तम मनुष्य है ऐसा कहकर सत्कार करे।

मंत्र संख्या 16 पृ0 4 में यज्ञकर्त्ता के महत्व का विश्लेषण हुआ है जिससे प्रतीत होता है कि आर्यों के जीवन में यज्ञ विधान एक आवश्यक या अनिवार्य कर्त्तव्य मान्य था जिसका पालन आर्यों का समाज में निश्चित रूप से किया जाता था।

पृष्ठ 23 मंत्र संख्या 53 का स्वरूप इस प्रकार है:- मंत्र की पंक्ति इस प्रकार है:-

मनोन्वाहना महे नावाशसेन स्तोमेन।।

पितृणाम् च मन्मभिः।।

अर्थात् मनुष्य को मनुष्यजन्म की सफलता के लिए विद्यादि गुणों से युक्त होना चाहिए जैसे ऋतु अपने-अपने गुणों को क्रम से प्रकाशित करते हैं तथा जैसे विद्वान लोग क्रम से अनेक प्रकार की विद्याओं को साक्षात्कार करते हैं वैसे पुरुषार्थ के माध्यम से मनुष्यों को विद्या और प्रकाश की प्राप्ति करनी चाहिए जिससे जीवन की सफलता के सुखों का उपभोग वे कर सकें।।

मानवजीवन की सफलता हेतु जिस मार्ग का निर्धारण किया है उसका विश्लेषण मंत्र के माध्यम से प्रस्तुत किया गया है:-

पुनर्नः पितरोमनो ददातु दैव्योजनः।
जीवंव्रातं सचेमहि।।

जैसे मंत्रों के द्वारा आर्यों में उत्कंठा उत्पन्न की गई है, जिसके लिए आचरण करने वालों के जीवन को सफल माना गया है।

ऋषियों ने तपःपूत समाज की कल्पना की थी जिसके वास्तविक स्वरूप वेद में उपलब्ध होते हैं:-

उरू विष्णो विक्रम स्वोरू क्षयाय नस्कृधि।
धतं घृतयोने पिब प्रप्र यज्ञपतिंतिर स्वाहा।।

ऐसे मंत्रों के विधान द्वारा धार्मिक प्रवृत्ति का उद्‌बोध न करने की सफल चेष्टा अनेक मंत्रों में दृष्टिगत होती है। मंत्र सं0 41 पृ0 38 यजुर्वेद मानव शरीर के अन्तकाल की प्रक्रिया पर भी ऋषियों ने विचार किया है। शरीर के अन्त की अवस्था के सन्दर्भ में काफी विस्तार से विचार किया गया है। यजुर्वेद मंत्र संख्या 1 पृष्ठ 284 में कथन है कि:-

देवस्य त्वा सवितु प्रसवेश्विव नो।
वांहुभ्यांपूष्णो हस्ताभ्यां आ दुदेऽदित्य रास्नाऽसि।।

अर्थात् हे नारी जैसे सूर्य भूगोलों का, प्राण शरीर का और अध्यापक उपदेशक सत्य का ग्रहण करते हैं वैसे ही तुझको मैं ग्रहण करता हूँ तूँ निरंतर अनुकूल सुख देने वाली हो।

जैसे पगड़ी आदि वस्त्र सुख देने वाले होते हैं वैसे तूँ पति के लिए सुख देने वाली हो मंत्र संख्या 3 पृ0 284; मंत्र की पंक्ति इस प्रकार हैः-

आदित्यै रासनासीन्द्रुण्याउष्णीषः।
पूषाऽसि धर्माय दीस्व॥

जैसे इन्धन से और घृत से अग्नि की ज्वाला बढ़ती है वैसे उपासना किये जगदीश्वर से योगियों की आत्मा प्रकाशित होती हैः-

मन्त्र की पंक्ति इस प्रकार उल्लिखित हुई हैः-

एघोऽस्येधिषीमहि समिदसि।
तेजोऽसि तेजोमयि धेहि॥ मन्त्र सं0 25 पृ0 287

यजुर्वेदग्रन्थ यज्ञ विधान से सम्बद्ध शास्त्र है। आर्यों ने ऋषियों-महर्षियों के प्रति असीम श्रद्धा-भक्ति प्रकट की है जिससे यज्ञ-विधान में किसी प्रकार का व्यवधान का सामना न करना पड़े।

विद्यां चा अविद्यां च यस्तद्वेदोभयथं सह।
अविद्यया मृत्युं तीर्त्वा विद्ययाऽमृतमश्नुते॥

अर्थात् जो मनुष्य विद्या और अविद्या को उनके स्वरूप से जानकर उनके जड़-चेतन साधक हैं ऐसा निश्चय कर सब शरीर आदि जड़ पदार्थ और चेतन आत्मा को धर्म, अर्थ, काम और मोक्ष की सिद्धि के लिए साथ ही प्रयोग करते हैं वे लौकिक दुख को छोड़ परमार्थ के सुख को प्राप्त होते हैं। जो जड़ प्रकृति आदि कारण शरीर आदि कार्य न हो तो परमेश्वर जगत की उत्पत्ति और जीव-कर्म-उपासना और ज्ञान के कर्मों को करने में कैसे समर्थ हों। मंत्र संख्या 14 पृ0 292 यजुर्वेद।

वायुरनिलममृतमथेदं भस्मान्त थं शरीरम्।

ओम् क्रतोंस्मर। क्लिबे स्मर। कुतथं स्मर। मंत्र 15 पृ0 292 यजुर्वेद अर्थात् हे कर्म करने वाले जीव! तू शरीर छूटते समय ओम नामवाच्य ईश्वर को स्मरण कर अपने सामर्थ्य के लिए परमात्मा और अपने स्वरूप का स्मरण कर अपने किये कर्मों का स्मरण करना चाहिए।

भावार्थ के रूप में यह तथ्य इस प्रकार विश्लेषित हुआ है:-

मनुष्यों को चाहिए कि जैसी मृत्यु के समय में चित्त की वृत्ति होती है और शरीर से आत्मा का पृथक् होना होता है वैसे ही इस समय को भी जानें।

अग्ने नय सुपया राये अस्मा-
न्विश्वानि देव वयुनानि विद्वान्।
ययोध्यस्मज्जुराणमेनो
भूयिष्ठां ते नम उक्तिं विधेम॥

अर्थात् जो सत्यभाव से परमेश्वर की उपासना करते यथाशक्ति उसकी आज्ञा का पालन करते और सर्वोपरि सत्कार के योग्य परमेश्वर को मानते हैं उनको दयालु ईश्वर पापचरण मार्ग से पृथक् कर धर्मयुक्त मार्ग में चलाकर धर्म, अर्थ, काम-मोक्ष, को सिद्ध करने के लिए समर्थ करता है। अत: एकमात्र ईश्वर को छोड़कर किसी अन्य की उपासना न करे।

मंत्र सं0 16 पृ0 292 यजुर्वेद

भारतीय चिंतनधारा में वेदग्रन्थ सर्वोपरि महत्व रखता है। निम्नलिखित तथ्य अनेक पुराणग्रंथों में उपलब्ध होते हैं।

पुराणं सर्वशास्त्राणां प्रथमं ब्रह्मणा स्मृतम्।
अनन्तरं च वक्त्रेभ्यो वेदा:तस्य विनिर्गता:॥

यह कथन महत्त्वपूर्ण है क्योंकि इससे पात्रों का स्वरूप और इनके आविर्भाव क्रम का सही-सही ज्ञान प्राप्त होता है। इस श्लोक से परिचित न होने के कारण ही आज वेद एवं पुराण के स्वरूप और काल के सम्बन्ध में अनेक भ्रमपूर्ण मत प्रचलित हैं। अत: इस श्लोक के अर्थ

से परिचित होना अपेक्षित है। 1.कृत, 2. स्मृत, 3. विनिर्गत तथा श्रुत

कृतग्रंथ- वह होता है जिसके अर्थ और शब्द किसी पुरुष के द्वारा निर्मित होते हैं जैसे मालती माधव, रघुवंश महाकाव्यादि। मालती माधव भवभूति की रचना है इसके सम्वाद, सामाजिक चित्रण आदि सभी अर्थ कवि-कल्पना से प्रसूत हैं। समूची कथावस्तु ही कल्पित है। इसी तरह मालती माधव के अर्थ और शब्द किसी पुरुष द्वारा कल्पित है। इसलिए इस ग्रन्थ को ''कृत'' कहा जाता है। रघुवंश की कथावस्तु यद्यपि माना जाता है। इसका कारण यह है कि कवि की कल्पना से यह उद्धुत है। ध्वन्यालोक आदि ग्रन्थों में इन्हें ऐसा करने का आदेश भी है। दूसरी बात यह है कि कालिदास ने अपने काव्यरचना प्रसंग को रामायण से ही ज्ञान प्राप्त कर लिखा गया है। ऋतम्भरा प्रज्ञा से स्मरण नहीं किया गया है। अतः रघुवंश वाल्मीकीय रामायण की तरह स्मृत ग्रन्थ की कोटि में नहीं आता। इस तरह कवियों एवं विद्वानों की कृतियाँ कृत ग्रन्थ की कोटि में आती है।

स्मृतग्रन्थः- शास्त्र दो दलों में विभक्त है। एक श्रुति है दूसरा स्मृति है। वेदों को छोड़कर पुराण, उपपुराण धर्मशास्त्र आदि सब शास्त्र स्मृत होने के कारण स्मृति कहलाते हैं। यह पंकज की तरह योगरूढ़ शब्द है।

कृतग्रन्थ भी परिस्थिति विशेष में स्मृतग्रंथ हो सकते हैं। बीस वर्ष पहले हमने मालती माधव को खूब समझकर पढ़ा। बाद में परिस्थितिवश उसकी चर्चा भी छूट गई। आज उसे याद कर लिखने की चेष्टा की जाये और उसमें सफल हो जायें तो वह कृतग्रंथ की संज्ञा से अभिहित होता है। विनिर्गतग्रन्थ वह होता है जिसका अर्थ शब्द और उच्चारण किसी पुरुष द्वारा कृत नहीं होता। संस्कृत वाङ्मय में ऐसे ग्रंथ श्रुतिग्रन्थ कहलाते हैं। यह भी योगरूढ़ शब्द है।

ग्रंथों की अलग-अलग श्रेणियाँ निर्धारित की गई है जिन श्रेणियों में ये सारे साहित्य समाहित हुए हैं वे ग्रन्थ समाज के ज्योतिस्तम्भ के रूप में समादृत है। श्रुतिग्रन्थ के सन्दर्भ में स्वयं भगवान की उक्ति है:-

वेदानां सामवेदोऽस्मि देवानामस्मि वासव: (इन्द्र) इन्द्रियाणां मनश्चास्मि भूतानामयि चेतना (जीवनशक्ति) गीता अ0 10 श्लोक 22 इस कथन के पूर्व भगवान की उक्ति है:-

पिताहमस्य जगतो माता धाता पितामहः।
वेद्यं पवित्रमोङ्कार ऋक्साम् यजुरेव च॥

अ0 9 श्लोक 17

गीता एवं स्वयं भगवान कृष्ण के वेदग्रन्थों में अपने को समाहित कर देना यह अलौकिक तथ्य है जिससे वेद ग्रन्थों की पवित्रता में असीम वृद्धि हो जाती है। स्वयं भगवान कृष्ण के मुख से जो विचार अभिव्यञ्जित है वह इस प्रकार उल्लिखित हुआ है:-

कालो ऽस्मि लोकक्षयकृत्प्रवृद्धो
लोकान् समाहर्त्तुमिह प्रवृत्तः।
ऋते ऽचि त्वां न भविष्यति सर्वे
येऽवस्थिताः प्रत्यनीकेषु योधाः॥

गीता अध्याय 11 श्लोक 22

अर्थातः- "मैं लोकों का नाश करने वाला हूँ। बढ़ा हुआ महाकाल हूँ। इस समय इन लोकों को नष्ट करने के लिए प्रवृत्त हुआ हूँ। इसलिए जो प्रतिपक्षियों की सेना में स्थित योद्धालोग हैं, वे सब तेरे बिना (अर्जुन के बिना भी) नहीं रहेंगे। अर्थात् अर्जुन के युद्ध नहीं करने पर भी इन सबों का नाश हो जायेगा।

इस तरह की अलौकिक शक्ति का दर्शन महाभारत युद्ध में अर्जुन ने किया था जिससे युद्ध के प्रति अर्जुन का सारा मोह भंग हो गया और एक योद्धा का कर्त्तव्य-निर्वाह उनके अनिवार्य धर्म बन गया। ऐसी प्रभावापन्न स्थिति में महाभारत युद्ध में सम्मिलित हो जाना अर्जुन के लिए स्वाभाविक क्रिया थी।

महाकाल की उपस्थिति और उनके मुख से विनाश का स्वरूप अभिव्यक्त होना एक विशेष स्थिति से अवगत होना अत: भगवान द्वारा यह कहा जाना कि:-

पितामहस्य जगतो माता धाता पितामहः।
वेद्यं पवित्रमोङ्कारं ऋक्साम यजुरेव च॥

ऋक् यजुः साम तीनों वेदग्रन्थों में व्याप्ति का संदेश देना एक विशेष प्रयोजन सिद्ध करता है क्योंकि अध्याय 9 श्लोक संख्या 17 में स्पष्ट कथन है कि सभी वेदों में वे भगवान कृष्ण विद्यमान हैं लेकिन अध्याय दशम श्लोक सं0 22 में वे अपने को सिर्फ सामवेद का स्वरूप सिद्ध करते हैं। यह सामवेद की अलग विशेषता परिलक्षित है लेकिन सामवेद में चारों वेदों के उल्लेख एक साथ करते हुए समान महत्व स्थापित किये गये हैं:-

पाहि नो अग्ने एकया पाह्यूउत द्वितीयया।
पाहि गीर्भिस्तिसृभिरूर्जा पते पाहि चतसृभिर्वसो॥

सामवेद मंत्र संख्या 2 पृ0 3

अर्थात् हे बलों के स्वामी अन्तर्यामी परमेश्वर! तूँ ऋग्वेद, यजुर्वेद, सामवेद एवं अथर्ववेद रूप इन चार वाणियों से हमारी रक्षा करें। चारों वेदों की समन्वित शक्ति के आह्वान के साथ ही अपनी सुरक्षा प्राप्ति की कामना अभिव्यक्त है। इस स्थल पर चारों वेदों को समान धरातल पर रखते हुए सबों को आह्वान कर कल्याणार्थ प्रार्थना की गई है जिससे स्पष्ट है कि महत्त्व की दृष्टि से चारों वेद समान रूप से महत्त्वपूर्ण मान्य हैं जिससे सबों का स्मरण एक साथ किया गया है, सबों की अनुकम्पा प्राप्ति की कामना भी की गई है जिससे परिलक्षित है कि चारों वेदग्रन्थों में ईश्वर की वाणी के रूप में समान रूप से समाहित होते गए हैं।

महाकवि संततुलसी की उक्ति में श्रद्धा एवं असीम भक्ति समन्वित पंक्तियाँ प्रातः स्मरणीय हैं जिसमें वेद-पुराण ग्रन्थों के साथ-साथ अन्य सद्ग्रन्थों के भी महत्त्व उल्लिखित हुए हैं:-

श्रीरामचरितमानस के प्रारम्भ में उक्ति है:-

रावनारि सुखरूप भूपवर।
जय दशरथ कुल कुमुद सुधाकर॥

सुजस पुराण विदित निगमागम।
गावत सुर मुनि संत समागम॥

कारूणीक बयलीक मद खंडन।
सब विधि कुसल को सला मंडन॥

कालिमल मथन नाम ममताहन।
तुलसिदास प्रभु पाहि प्रनत जन॥

रामचरितमानस पृ0 सं0 24

शास्त्रों में मंत्रों के विवेचन किये गये हैं। मंत्रों का विश्लेषण इन शब्दों में हुआ है:- "मननात् इति मन्त्रः" नारदपुराण में पंक्ति है:-

मननं सर्ववेदित्वं त्राणं संसार्यनुग्रहः।
मननात् माणधर्मत्वान्मन्त्र इत्यभिधीयते॥

नारदपुराण 1-64-3

सामूहिक आराधना द्वारा ही ईश्वर का सामीप्य प्राप्त होता है। इसलिए "सुजस पुराण" का उल्लेख हुआ है।

देव आवाहनीय वैदिक मन्त्र-

वेदमंत्रों की रचनाओं में कई उद्देश्य समाहित थे। सामाजिक इतिहास प्रस्तुत करना, देवताओं की शक्तियों के उल्लेख करते हुए उनकी शक्ति से अपनी सुरक्षा की व्यवस्था करना तथा स्वलोक का त्याग करते हुए देवलोक तक पहुँचने का प्रयास॥

वेदग्रन्थों की भूमिका की पंक्तियों से ये सारे तथ्य अभिव्यञ्जित होते हैं:-

ज्ञान का पावन दर्शन वेद की ऋचाओं के रूप में धरती के पथ-प्रदर्शन के लिए परमपिता के रूप में धरती के पथ-प्रदर्शन के लिए परम पिता परमात्मा ने प्रदान किया। सृष्टि के आरम्भ में इस ईश्वरीय ज्ञान को पाकर मनुष्य को ज्ञान नेत्र मिले। वेदमार्ग पर चलकर भूमण्डल स्वर्ग बना और जब-जब इस ज्ञान को विस्मृत किया गया तब-तब भूमि

पर पाप-अज्ञान का आवरण छाया और सभी के दुखों का कारण बना।

मनुष्य कैसे मनुष्य बने, मनुष्य बनकर कैसे व्यवहार करे, इसकी उदात्त प्रेरणाएँ वेद की प्रत्येक ऋचाओं से ध्वनित हैं। इनके स्वाध्याय, मनन आचरण से मानवता का विकास हुआ है और होता रहेगा।

ज्ञान, कर्म और उपासना तथा जीवन धर्म की व्यावहारिकता से परिपूर्ण वेदवाणी का ही यह प्रभाव था कि भारत लाखों वर्ष पूर्व भी ज्ञान और विज्ञान की दृष्टि से आज से भी कहीं उन्नत और विकसित था। वेद की विस्मृति सत्य और ज्ञान की उपेक्षा है। इस तथ्य को जान-समझकर ही हम वेद की गौरव गरिमा का मूल्यांकन करने में समर्थ हो सकेंगे।

आज आवश्यकता है कि प्रभु पुत्र वेद का स्वाध्यान करें। उसके दिखाए प्रकाश से अपनी राह ज्योतित कर सभी देव बनने का प्रयास करें। प्रभु की कल्याणी वाणी वेद की किरणों के प्रकाश में दुख-दारिद्रय, कष्ट-क्लेश कहीं शेष नहीं रह सकता। जीवन के प्रत्येक पल में आनन्द सुधा का पान हुए मनुष्य शांति-गंगा में स्नान कर जीवन-यात्रा पथ पर अविराम गति से बढ़ सकता है।

यज्ञमय जीवन के द्वारा प्रभु का साक्षात्कार करते हुए हम गति-बल प्रेरणा पाकर मोक्ष की ओर अग्रसर हों, हमारे जीवन वेद-माता के निर्देशन में जगनियन्ता परमात्मदेव की गोदी में स्थान पाकर उस प्रकाश पुञ्ज का सामीप्य अनुभव कर सकें, जिसे प्राप्त करने के लिए ही यह मानव देह हमें प्राप्त हुई है।

श्रद्धा, आदर और सर्वस्व समर्पण पवित्र-भावना से हम यजुर्वेद और सामवेद के मन्त्रों के अर्थ समझने की चेष्टा करें। यह भाषाभाष्य प्रभुपुत्रों की सेवा में सादर अर्पित इनके दर्शन, मनन-स्मरण से प्रत्येक मानव-मन का अंधकार दूर हो।

यजुर्वेद-मन्त्र संख्या-4

सा विश्वायः सा विश्वकर्मा सा विश्वधायाः।
इन्द्रस्य त्वा भाग सोमेना तनचिम विष्णो हव्यं रक्ष॥

अर्थात् हे व्यापक ईश्वर! आप जिस वाणी को धारण करते हैं वह पूर्ण आयु को देने वाली है, जिससे कि सम्पूर्ण क्रियाकाण्ड सिद्ध होता है। और वह विश्वधाया: सब जगत को विद्या और गुणों से धारण करने वाली है।

भावार्थ- वाणी तीन प्रकार की होती है। प्रथम वह जो कि ब्रह्मचर्य में पूर्ण विद्या पढ़ने या पूर्ण आयु होने के लिए सेवन की जाती है। दूसरी वह जो गृहाश्रम में अनेक क्रिया या उद्योगों से सुखों को देने वाली विस्तार से प्रकट की जाती है। तीसरी वह जो इस संसार में सब मनुष्यों के शरीर और आत्मा के सुख की वृद्धि या ईश्वर आदि पदार्थों के विज्ञान को देने वाली वानप्रस्थ और संन्यास आश्रम में विद्वानों से उपदेश की जाती है।

मन्त्र संख्या-9

अहणुतमसि हविर्धानं दृहस्व
मा ह्वार्मा ते यज्ञपतिर्ह्वाषीत्।
विष्णुस्त्वा क्रमतामस वाताया-
पहतैरक्षो यच्छन्तां पञ्ज।

भावार्थः- जब मनुष्य प्रीति के साथ कुटिलता को छोड़कर शिक्षा देने वाले के शिष्य होकर विशेष ज्ञान और क्रिया से भौतिक अग्नि की विद्या को जानकर उसका अनुष्ठान करते हैं तभी शिल्पविद्या की सिद्धि के द्वारा सब शत्रु दारिद्र्य और दुखों से छूटकर सब सुखों को प्राप्त होते हैं। इस प्रकार विष्णु अर्थात् व्यापक परमेश्वर ने सब मनुष्यों के लिए आज्ञा दी है जिसका पालन करना सबको उचित है।

सं0 10 पृ0 सं03:-

देवस्य त्वा सवितुः प्रसवेऽश्विनो
र्वाहुभ्यां पृष्णो हस्तभ्याम्।
अग्नये जुष्टं गृहाम्यग्नी-
षोमाभ्याम् जुष्टं गृहामि॥

अर्थात् विद्वान् मनुष्यों को उचित है कि विद्वानों का समागम वा अच्छे प्रकार से अपने पुरुषार्थ से परमेश्वर की उत्पन्न की हुई प्रत्यक्ष सृष्टि अर्थात् संसार में सकल विद्या की सिद्धि के लिए सूर्य, चन्द्र, अग्नि और जल आदि पदार्थों के प्रकाश से सभी केवल-वीर्य की वृद्धि के अर्थ अनेक विद्याओं को पढ़कर उनका प्रचार करना चाहिए।

सं0-11 पृ0 सं0 3:-

भूताय त्वा नारातये स्वरभिविख्येषं
दृहन्तां दुर्य्याः पथिव्यामर्वन्तरिक्षमन्वेभि।
पृथिव्यास्त्वा नाभौ सादयाम्य-
दित्याऽउपस्थे ऽग्ने ह्व्यरक्ष॥

अर्थात् हे मनुष्य लोगों मैं तुम्हारी रक्षा इसलिए करता हूँ कि तुम लोग पृथ्वी पर सब प्राणियों को सुख पहुँचाओं तथा तुम्हारे लिए उचित है कि वेद-विद्या धर्म के अनुष्ठान और अपने पुरुषार्थ द्वारा विभिन्न प्रकार के सुख को सदा बढ़ाना चाहिए। तुम सब ऋतुओं में सुख देने योग्य बहुत अवकाश युक्त सुन्दर घर बनाकर सर्वदा सुख-सेवन करो और मेरी सृष्टि में जितने पदार्थ हैं उनसे अच्छे-अच्छे गुणों को खोजकर अनेक विद्याओं को अभिव्यक्त करें।

मन्त्र सं. 12 पृ0 सं0 3:-

पवित्रे स्थो वैष्णाव्यो सवितुर्वः प्रसव
अत्युनाभ्य छिद्रेण पवित्रेण सूर्यस्य रश्मिभिः।
देवीरापोऽ अग्रेगुवाऽअग्रेपवो ऽग्रऽइममद्य यज्ञं
नयताग्रे यज्ञपति साधातुं यज्ञपतिं देवयुवम्॥

अर्थात् जो पदार्थ संयोग से विकार को प्राप्त होते हैं वे अग्नि के निमित्त से अति सूक्ष्म परमाणु रूप होकर वायु के बीच रहा करते हैं और कुछ शुद्ध भी हो जाते हैं। परन्तु जैसी यज्ञ के अनुष्ठान से वायु और वृष्टि जल की उत्तम शुद्धि और पुष्टि होती है वैसी दूसरे उपाय से कभी नहीं हो सकती।

इसलिए विद्वानों को चाहिए कि होमक्रिया और वायु, अग्नि, जल आदि पदार्थ वा शिल्पविद्या से अच्छी-अछी सवारी बनाकर अच्छे-अच्छे लाभ उठावें अथवा अपनी मन-कामना की सिद्धि करके औरों की भी कामना सिद्ध करें।

मन्त्र सं0 13 पृ0 3:-

यष्माऽ इन्द्रो ऽवृणीत वृत्रतूर्ये
यूयमिन्द्रमवृणीध्वं वृत्रतूर्ये प्रोक्षिता स्थ।
अग्नये त्वा युष्टं प्रोक्षाम्यग्नीषोमाभ्यां
त्वा युष्टं प्रोक्षामि दैव्याय कर्मणे शुन्धछत्वं देव
यज्यायै यद्वोऽशुद्धाः पराजध्नुरिदं वस्तच्धुन्धामि॥

अर्थात् परमेश्वर ने अग्नि और सूर्य को इसलिए रचा है कि वे सब पदार्थों में प्रवेश करके उनके रस और जल को छिन्न-भिन्न कर दें जिससे वे वायुमण्डल में जाकर फिर वहाँ से पृथ्वी पर आकर सबको सुख और शुद्धि करने वाले हों। इससे मनुष्यों को उत्तम सुख प्राप्त होने के लिए अग्नि में सुगन्धित पदार्थों के होम से वायु और वृष्टि जल की शुद्धि द्वारा श्रेष्ठ सुख बढ़ाने के लिए प्रीतिपूर्वक नित्ययज्ञ करना चाहिए जिससे इस संसार के सब रोग आदि दोष नष्ट होकर उसमें शुद्धगुण प्रकाशित होते रहें।

सं0 14 पृ0 4:-

शर्मास्यवधूतँ रक्षोऽवधूताऽ अरातयोऽ
दित्या स्त्वगसि प्रति त्वादितिर्वेतु।
अद्धिरसि वानस्पत्यो ग्रावासि
पृधुवुध्नः प्रति त्वादित्यास्त्वग्र्वेत्तु॥

अर्थात् ईश्वर मनुष्यों को आज्ञा देता है कि तुम लोग शुद्ध और विस्तारयुक्त भूमि के बीच में अर्थात् बहुत से अवकाश में सब ऋतुओं में सुख देने योग्य घर बनाकर उसमें सुखपूर्वक वास करो तथा उसमें रहने वाले दुष्ट स्वभाव मनुष्यादि प्राणी के दोषों से निवृत्त करो फिर

उसमें सब पदार्थ स्थान और वर्षाहेतु यज्ञ करने से वायु और वृष्टि जल की शुद्धि हो जायेगी।

मन्त्र सं0 15 पृ0 4:-

अग्नेस्तनुरसि वाचो सिर्जनं देववीतये
त्वा गृहणामि वृहद्ग्रवासि वानस्पत्याः
सऽ इदं देवेभ्यो हविः शमीष्वं सशमिष्व!

हविष्कृदेहि-2

अर्थात् जब मनुष्य वेद आदि-शास्त्रों के द्वारा यज्ञ क्रिया और उसका फल जानकर शुद्धि और उत्तमता के साथ यज्ञ करते हैं तब यह सुगन्धि आदि पदार्थों के होमद्वारा परमाणु अर्थात् अति सूक्ष्म होकर वायु और वृष्टि जल में विस्तृत हो जाता है।

मन्त्र सं0 16 पृ0 सं0 4:-

कुक्कुटो ऽसि मधुजिह्वइषमृर्जमावद्-
त्वयावयँसङ्घातंजेष्म।

वर्षवृद्धमसि प्रति त्वा वर्षवृद्धं वेत्तु परापूतम् रक्षः परापूता अरातयोऽ पहतॅं रक्षो वायुर्वो विविनक्तुदेवो वः सवित हिरण्यपाणिः प्रतिगृम्ना त्वच्छिद्रेण पाणिना।।

अर्थात् परमेश्वर सब मनुष्यों को आज्ञा देता है कि यज्ञ का अनुष्ठान, संग्राम में शत्रुओं का पराजय, अच्छे-अच्छे गुणों का ज्ञान विद्वानों की सेवा, दुष्ट दोषों का त्याग तथा सब पदार्थों को अपने ताप से छिन्न-भिन्न करने वाला अग्नि वा सूर्य और उनका धारण करने वाला वायु है।

मन्त्र सं0 17 पृ0 4:-

धष्टिरस्यपाऽग्ने ऽ अग्निमामादॅ
जहि निष्क्रव्यादॅ सेधा देवयजेवह।

ध्रुवमसि पृथिवीं दृह ब्रह्मवनित्वा क्षत्रवनि
स जात वन्युपदधामिमातृव्यस्य वधाय॥

अर्थात् सर्वशक्तिमान ईश्वर ने यह भौतिक अग्नि से कच्चे पदार्थों को जलाने वाला बनाया है, इस कारण भस्मरूप पदार्थों को जलाने की सामर्थ्य नहीं है।

मन्त्र सं0 18 पृ0 5:-

अग्ने व्रह्म गृभणीष्व धरूणमस्यन्तरिक्षं दृँह व्रह्मवनि।
त्वाक्षत्रवनि सजातवेन्युपदधामि मातृव्यस्य वधाय॥
धर्त्रमसि दिवं दृह व्रह्म वनित्वाक्षत्रवनि।
सजातवन्युपदधामि मातृव्यस्य वधाय॥
विश्वाम्यस्त्वाशाम्य ऽ उपदधामिचितस्थो-
र्ध्वचितो भृगूणामङ्गिरसां तपसा तप्यध्वम॥

अर्थात् ईश्वर का यह उपदेश है कि हे मनुष्यों तुम विद्वानों की उन्नति तथा मूर्खपन का नाश वा सब शत्रुओं की निवृत्ति से राज बढ़ने के लिए वेद विद्या को ग्रहण करो तथा वृद्धि का हेतु अग्नि वा सबका धारण करने वाला वायु अग्निमय सूर्य और ईश्वर इन्हें सब दिशाओं में व्याप्त जानकर यज्ञ सिद्धि वा विमान आदि यानों की रचना धर्म के साथ करो तथा इनसे इनको सिद्ध करके दुखों को दूर करके शत्रुओं को जीतो॥

मन्त्र सं0 19 पृ0 5-

शर्मास्य वधूतँ रक्षोऽ वधूताऽ अरातयोऽ-
दित्यास्त्वगसि प्रतित्वादितिर्वेत्तु।
धिषणासि पर्वती प्रति त्वादित्यास्त्वग्वेत्ते दिव स्कम्भ
नीरसि धिषाणासि पार्ववतेयी प्रतित्वा पर्वती वेत्तु॥

मनुष्यों को अपने विज्ञान से अच्छी प्रकार पदार्थों को इकट्ठा करके उनसे यज्ञ का अनुष्ठान करना चाहिए जो कि वृष्टि या बुद्धि को

बढ़ाने वाला है वह अग्नि और मन से शुद्ध किया हुआ सूर्य के प्रकाश को त्वचा के समान सेवन करता है।।

मन्त्र सं0 20 पृ0 5:-

धान्यमसि धिनहि देवान् प्राणाय
त्वोदानाय त्वाव्यानाय त्वा।
दीर्घामन प्रसितिमायुषे धां देवो वः
सविता हिरण्यपाणिः प्रतिगृम्णा त्वच्छिद्रेण
पाणिना चक्षुषे त्वा महीनां पयोऽसि।।

अर्थात्, जो यज्ञ से शुद्ध किये हुए अन्न, जल और पवन आदि पदार्थ हैं वे सबकी शुद्धि, बल, पराक्रम और दीर्घायु के लिए समर्थ होते हैं, इससे मनुष्यों को यज्ञ-कर्म का अनुष्ठान नित्य करना चाहिए तथा परमेश्वर की प्रकाशित की हुई जो वेदचतुष्ट्यी अर्थात् चारों वेदों की वाणी है उसको प्रत्यक्ष कराने के लिए ईश्वर के अनुग्रह की इच्छा तथा अपना पुरुषार्थ करना चाहिए और जिस प्रकार परोपकारी मनुष्यों पर ईश्वर कृपा करते हैं वैसे ही हम लोगों का भी सच प्राणियों पर नित्य कृपा करनी चाहिए। अथवा जैसे अन्तर्यामी ईश्वर आत्मा और वेदों में सत्य ज्ञान तथा सूर्यलोक संसार में मूर्तिमान पदार्थों का निरन्तर प्रकाश करता है वैसे हम सब लोगों को परस्पर सबके सुख के लिए सम्पूर्ण विद्या मनुष्यों को दृष्टिगोचर कराकर नित्य प्रकाशित करनी चाहिए और उससे हमको पृथ्वी का चक्रवर्ती राज्य आदि अनेक उत्तम-उत्तम सुखों को उत्पन्न निरन्तर करना चाहिए।

मन्त्र सं0 21 पृ0 6:-

देवस्य त्वा सवितुः प्रसव
ऽस्विनोर्वाहुम्यांपूष्णो हस्ताभ्याम्।
सं वपामि समापऽओषधीमिः
समोषधयो रसेन सरॅवेती जंगतीभिः
पृच्यन्तॉ स मधुमतीर्मधुमतीभिः पृच्यन्ताम्।।

विद्वान मनुष्यों को ईश्वर के द्वारा उत्पन्न किये हुये सूर्य के प्रकाश को प्राप्त हुए इस ससांर में अनेक प्रकार से संप्रयुक्त करने योग्य पदार्थों को मिलाने के योग्य पदार्थों से मेल करके उक्त तीन प्रकार के यज्ञ का अनुष्ठान करना चाहिए। जैसे जल अपने रस से औषधियों को बढ़ाता है और वे उत्तम रसयुक्त जल के संयोग से रोग नाश करने से सुखंदायक होता है और जैसे ईश्वर कारण से कार्य को रचता है तथा सूर्य सब जगत को प्रकाशित करके और निरन्तर रस को भेदन करके पृथिवी आदि पदार्थों का आकर्षण करता है तथा वायुरस को धारण करके पृथिवी आदि पदार्थों को पुष्ट करता है वैसे हम लोगों को भी यथावत संस्कार युक्त किये हुए पदार्थों से विद्वानों का संग करना चाहिए।

मन्त्र संख्या 22 पृष्ठ-6:-

जनत्वै त्वा संयोमीदमग्नेरिदमग्नी
सोमयोरिषे त्वा धर्मोऽसि विश्वा।
युरूरूप्रथा ऽ उस प्रस्थवोरूते यज्ञ पतिः
प्रथतामग्निष्टे त्वचंहिसीद्वेवस्त्वा॥

सविता श्रपयत् वषिष्ठेऽधिनाके।

अर्थात्, मनुष्यों को इस प्रकार यज्ञ करना चाहिए जिससे पूर्ण लक्ष्मी, सकल आयु अन्न आदि पदार्थ रोग नाश और सुखों का विस्तार हो उसको कभी नहीं छोड़ना चाहिए क्योंकि उसके बिना वायु और वृष्टि जल तथा औषधियों की शुद्धि नहीं हो सकती और शुद्धियों के बिना किसी प्राणी को अच्छे प्रकार सुख नहीं हो सकता। इसलिए ईश्वर उक्त यज्ञ करने की आज्ञा सब मनुष्यों को दी है।

मन्त्र सं0 23 पृ0 6:-

मा भेर्मा संविक्थाऽ अतमेरूर्यज्ञे।
ऽतमेरूर्यजमानस्य प्रजाभूयात्-
तिताय त्वा द्विताय त्वैकयत्वा॥

ईश्वर सब मनुष्यों को आज्ञा और आशीर्वाद देता है कि किसी मनुष्य को यज्ञ, सत्याचार और विद्या के ग्रहण से डरना या चलायमान कभी न होना चाहिए क्योंकि मनुष्यों को उक्त यज्ञादि अच्छे-अच्छे कार्यों से ही उत्तम संतान शरीरिक, वाचिक और मानस विविध प्रकार निश्चल सुख प्राप्त हो सकते हैं।

मन्त्र सं0 24 पृ0 6:-

देवस्य त्वा सवितुः प्रसवेऽ-
श्विनोर्वाहुभ्यां पूष्णो हस्ताभ्यां।
आददेऽध्वरकृतं देवेम्य ऽइन्द्रस्य वाहुरसिदक्षिणः
सहस्त्रभृष्टिः शततेजा वायुरसितिग्मतेजा द्विषतो वधः।।

अर्थात्, ईश्वर आज्ञा करता है कि मनुष्य अच्छी प्रकार सिद्ध किया यज्ञ जिसमें भौतिक अग्नि के संयोग से ऊपर की ओर अच्छे-अच्छे पदार्थ छोड़े जाते हैं। वह सूर्य की किरणों में स्थिर होता है तथा पवन उसको धारण करता है।

मन्त्र सं0 25 पृ0 7:-

पृथिवीदेवयजन्योष ध्यास्तेमूलं
माहिंसिषं व्रजं गच्छ गोष्ठानं वर्षतु।
ते द्यौर्वधान देवसवितः परमस्यां पृथिव्यां शतेन
पाशैर्यो ऽस्मान्नद्वेष्टि यं च
वयं द्विष्मस्तमतो मा मौक।।

अर्थात् ईश्वर आज्ञा देता है कि विद्वान मनुष्यों को पृथिवी राज्य तथा उसी पृथिवी में तीन प्रकार के यज्ञ और औषधियाँ, उनका नाश कभी नहीं करना चाहिए। जो यज्ञ अग्नि में हवन किये हुये पदार्थों का धूम मेघमंडल को जाकर शुद्धि के द्वारा अत्यन्त सुख करने वाला होता है इससे वह यज्ञ किसी पुरुष को कभी छोड़ने योग्य नहीं है तथा जो दुष्ट मनुष्य है उनको इस पृथिवी पर अनेक बंधनों से बाँधे और उनको कभी न छोड़े जिससे कि वे दुष्टकर्मों से निवृत हो और सब मनुष्यों को चाहिए

कि परस्पर ईर्ष्या-द्वेष से अलग होकर एक दूसरे की सब प्रकार सुख की उन्नति के लिए सदा यत्न करे।

मंत्र सं0 26 पृ0 सं0 7:-

अपरारूरू पृथिव्यै देवयजनाद्वध्यासं व्रजंगच्छ
गोष्ठानं वर्ष तु ते द्यौर्वधान देवसवितः परमस्यसां
पृथिव्या शतेन पाशैर्योऽस्मान्द्वेष्टि यं च वयं॥

द्विष्मस्तमतोमामौक। अररो दिवमा पप्तोद्रप्सस्ते
द्यां मा स्कन् व्रजं गच्छ गोष्ठानं वर्षतु ते द्यौर्वधान्
देव सवितः परमस्यां पृथिव्या शतेन पाशैर्योऽ-
स्मानद्वेष्टि यं च वयं द्विष्मस्तमतो मा मौत्क॥

अर्थात् ईश्वर आज्ञा है कि हे मनुष्यों! तुम लोगों को विद्या के सिद्ध करने वाले कार्यों के नियमों में विघ्नकारी दुष्ट जीवों को सदा मारना चाहिए और सदा श्रेष्ठ सज्जनों का सत्कार तथा दुष्टों को दण्डवाले के लिए उनका बंधन करना चाहिए।

मन्त्र सं0 27 पृ0 7:-

गायत्रेण त्वा छन्दसा
परिगृहणामि त्रेष्ठुमेन त्वा।
छन्दसा परिगृहणामि जागतेन
त्वा छन्दसा परिगृहणामि॥

सक्ष्मा चासि शिवा चासि स्योना चासि सषदा चास्यूर्जस्वती चासि पयस्वतीच।

अर्थात्, हे मनुष्यों तुम लोगों को वेदमंत्रों को बिना पढ़े और उसके अर्थों को बिना जाने यज्ञ का अनुष्ठान या सुखरूप फल को प्राप्त होना और सब शुभगुण युक्त सुखकारी अन्न, जल और वायु आदि पदार्थ है उनको शुद्ध नहीं कर सकते इससे यह तीन प्रकार के यज्ञ की सिद्धि यत्नपूर्वक सम्पादन सदा सुख में ही रहना चाहिए और इस पृथिवी

में वायु, जल तथा औषधियों को दूषित करने वाले दुर्गन्ध अवगुन तथा दुष्टमनुष्य है उनका सर्वदा निर्वाण करना चाहिए।

मन्त्र सं0 28 पृ0 7:-

परा क्रूरस्य विसृपो विरस्विन्नुदादाय पृथिवी
जीवदानुम् यामैरयं चन्द्रमसिस्वधाभिस्ताम्।
धीरासो ऽ अनादिश्य यजन्ते
प्रोक्षनीरासाद्य द्विषतो वधोसि॥

अर्थात् जिस ईश्वर ने क्रम से अन्तरिक्ष में पृथिवी और पृथिवियों के समीप चन्द्र लोक के समीप पृथिवी इन सबमें नाना प्रकार की प्रजा रचकर स्थापना की है वही परमेश्वर सब मनुष्यों के लिए उपासना करने योग्य हैं।

विद्वान लोग विद्या, विनय, न्याय के बिना युद्ध और बल से शत्रु को कभी परास्त नहीं कर सकते हैं।

ऋग्वेदः-लोकोपकारी चिंतन

समाज की जिजीविषा जिस साहित्य के माध्यम से सुरक्षित मानी जाती है वैसे सद्ग्रन्थ लोक-मंगलकारी श्रेणी में सतत् समादृत होते रहते हैं।

अग्ने यं यज्ञमध्वरं विश्वतः परिभूरसि।
स इद्देवेषु गच्छति॥

इस मंत्र के माध्यम से भौतिक अग्नि तथा परमेश्वर की शक्तिस्वरूप अग्नि का आह्वान किया गया है। यज्ञाग्नि सारी कलुषताएं मिटाने की शक्ति से सम्पन्न मानी जाती हैं। पूरे समाज की कल्याणकारी भावना की पूर्ति उस परमेश्वर की शक्ति से ही होती है। आर्यसंस्कृति में अग्निदेव की उपासना यज्ञाग्नि के रूप में ही पूर्ण होती है।

ऋग्वेद के मंत्रों में ईश्वरीय शक्ति के विश्लेषण इन शब्दों में दृष्टिगत होते हैं:-

यदङ्ग दाशुषे त्वमग्ने भद्रं करिष्यसि।
तवेतत्सत्यमङ्गिरः।।

न्याय, दया, कल्याण और सबों के प्रति मित्रभाव रखने वाले परमेश्वर के स्वरूप में अग्निदेव सब प्रकार के सुखों से सम्पन्न करने की शक्ति रखने वाले हैं।

उप त्वाग्ने दिवेदिवे दोषावस्तर्धिवयम्।
नमो मरन्त एमसि।।

अर्थात् हे सबके उपासना करने योग्य परमेश्वर! हम लोग अनेक प्रकार के विद्वान होने के लिए अपनी बुद्धि एवं कर्मों से आपकी उपासना करते हैं। दिवा-रात्रि निरन्तर आराधना करते हैं। आपकी शरण में रहते हुए समय व्यतीत करते हैं।

इस मंत्र में अग्नि की आराधना के तत्त्व उल्लिखित करते हुए अग्नि की आराधना की अनिवार्यता पर प्रकाश डाला गया है:-

स नः पितेव सूनवे ऽग्ने सूपायनो भव।
सचस्वा नः स्वस्तये।।

अर्थात् हे ज्ञानस्वरूप परमेश्वर! जैसे पिता पुत्र के लिए कल्याणकारी चिन्तन में तल्लीन रहता है वैसे ही आप हम सबों को कल्याणकारी मार्ग में आगे बढ़ने की प्रेरणा देते रहने का कार्य करते रहें जिसके लिए मेरी यह प्रार्थना यहाँ अभिव्यक्त होती है।

प्रेरयित सुनृता नां साधन्ती सुमतीनाम्।
यज्ञं दधे सरस्वतीम्।।

विद्या की देवी सरस्वती सत्यमार्ग पर चलने की प्रेरणा देने वाली देवी हैं। अच्छी बुद्धि देने वाली उस सरस्वती की हम आराधना यज्ञ द्वारा करें जो सतत् सही मार्ग पर चलने की प्रेरणा देती रहती हैं।

ऋग्वेद पृ0 सं0 7:-

सरस्वती विद्या यानि ज्ञान की देवी या ज्ञानप्राप्ति के प्रेरणास्त्रोत कही जाती हैं। इनकी आराधना तथा इनकी प्रसन्नता की प्राप्ति की कामना सतत् रहती है।

अहो अर्णः सरस्वती प्रचेतयति केतुना।
धियो विश्वा वि राजति॥

ऋग्वेद मंत्र संख्या-12 पृ0 7

अर्थात् वायु से तरंगयुक्त और सूर्य से प्रकाशित समुद्र अपने रत्न और तरंगों से युक्त होने के कारण बहुत उत्तम व्यवहार और रत्नादि की प्राप्ति में बड़ी सरलता एवं सहजता का एहसास होता है उसी तरह वेदवाणी भी विद्याप्राप्ति में सहायिक सिद्ध होती है। सद्ग्रंथ से ही ज्ञानसागर पार करने की शक्ति में अभिवृद्धि होती है और मानव अपने लक्ष्य की प्राप्ति कर लेता है जो ज्ञान मानव जीवन का लक्ष्य है।

ज्ञान का महत्व प्रतिपादित करते हुए ऋग्वेद की ऋचा संख्या 3 पृ0 सं0 7 में इस तथ्य का विश्लेषण विस्तार से प्रस्तुत किया गया है:-

अथा ते अन्तमाना विद्याम् सुमती नाम्।
मा नो अति रव्य आ गहि॥

अर्थात् जब मनुष्य विद्वानों के समीप जाकर शिक्षा एवं विद्या प्राप्त करते हैं तभी पृथ्वी से लेकर परमेश्वर पर्यन्त पदार्थों के ज्ञान द्वारा नाना प्रकार के सुखों से युक्त होकर परमेश्वर की समीपता का त्याग नहीं करते हैं और परमेश्वर की समीपता का लाभ प्राप्त करते हैं।

वेद की ऋचा के माध्यम से कर्त्तव्याकर्त्तव्य की ओर ध्यान आकृष्ट करने के लिए कहा गया है कि ''हे क्रिया में बुद्धि रखने वो दृढ़ज्ञान से परिपूर्ण, द्रोहरहित संसार को सुख पहुँचाने वाले सब विद्वान लोगों! तुम ज्ञान और क्रिया से सिद्ध करने योग्य यज्ञ को प्रीतिपूर्वक यथावत सेवन किया करो।

विश्वे देवासो अस्त्रिध एहिमाचासो
अद्रुहः मेघम् युषन्त वह्नयः॥

ऋचा सं0 9 पृ0 6 ऋग्वेद प्र0 भा0

सब मनुष्यों के लिए निर्धारित कर्त्तव्य में जुड़ जाने की प्रेरणा तथा मन्त्र का आदेश स्पष्ट है।

विद्वानों को कैसी वाणी का प्रयोग करना चाहिए उनके लिए मंत्र का आदेश इस प्रकार उल्लिखित हैं।

पावका नः सरस्वती वाजेभिवाजनीवती।

यज्ञं वष्टु धियावस्तुः॥ मंत्र सं0 10 ऋग्वेद प्र0 भा0 7

अर्थात् क्रिया में वृद्धि रखने वाले, दृढ़ज्ञान से परिपूर्ण द्रोहरहित, संसार को सुख पहुँचाने वाले विद्वानगण आप ज्ञान और क्रिया से सिद्ध करने योग्य यज्ञ को प्रीतिपूर्वक सेवन किया करें।

कल्याणकारी चिंतन करना विद्वानों का धर्म है सब मनुष्यों को चाहिए कि वह ईश्वर की प्रार्थना और पुरुषार्थ से सत्य विद्या और सत्यवचनयुक्त कामों में कुशल और सबों के उपकार करने वाली वाणी का प्रयोग करे। मंत्र की पंक्ति से यह तथ्य स्पष्ट है:-

समाज को कर्त्तव्य के बंधन से बाँधना चाहिए इस संदर्भ में मंत्र की पंक्ति है:-

अथा ते अन्तमानां विद्याम् सुमतीनाम।
मानो अति रव्य आ गहि॥

ऋचा-3 पृ0 7 ऋ0 वे0 प्रथम भाग

मनुष्य के लिए उचित है कि धार्मिक श्रेष्ठ विद्वानों के सम्पर्क से शिक्षा और विद्या ग्रहण करने की सतत् चेष्टा करते रहे। इसके उपरान्त ही उससे यह आशा की जाती है कि वह समाज किसी भ्रम में पड़कर असत्य मार्ग का आश्रय लेगा।

सारे समुदाय के लिए यह मंत्र अपनाने योग्य है। विद्वानों की सतत् संगति बनी रहे, मूर्खों के संग का सर्वथा त्याग भाव रखे इससे विद्या की वृद्धि होगी अविद्या का लोप होगा, मानवीय पुरुषों को समादृत करने का प्रयास होगा।

ऋचा संख्या 5 पृ0 7 के मंत्र इस प्रकार हैं-

उत ब्रुवन्तु नो निदो निरन्यतश्चिदारत।
दधाना इन्द्र इद्दुवः॥

अर्थात् मनुष्य के लिए उचित है कि धार्मिक विद्वानों का संग करे। मूर्खों के संगत का सर्वथा त्याग कर दे जिससे सर्वत्र विद्या की वृद्धि हो सके। श्रेष्ठ पुरुषों का सम्मान हो सके तथा समाज में अशुभकर्मों का विनाश पूर्णरूप से हो जाये।

जब सारे लोग विरोध का त्याग कर देते हैं। उपकार करना सामाजिक धर्म या कर्त्तवय हो जाता है, ऐसी स्थिति में शत्रु भी मित्रवत आचरण करने लगते हैं। मानव समुदाय को ईश्वर की अनुकम्पा भी प्राप्त होने लगती है।

मंत्र की पंक्ति इस प्रकार अभिव्यञ्जित हुई है:-

उतः नः सुभगां अरिर्वोचेयुर्दस्म कृष्ट्यः।
स्यामेदिन्द्रस्य शर्मणि।। (ऋचा सं0 6 पृ0 सं0 7)

इस मंत्र की व्याख्या के साथ भावार्थ की अभिव्यक्ति में कथन है कि:-

ईश्वर पुरुषार्थी मनुष्य पर ही कृपा करते हैं। आलस्यग्रसित मानव को ईश्वरीय कृपा प्राप्त नहीं होती है। जब तक पुरुषार्थ नहीं किया जाता है तब तक ईश्वर की कृपा प्राप्त नहीं होती है। अतः मनुष्य को पुरुषार्थी बनने के उपरान्त ही ईश्वरीय अनुकम्पा की प्राप्ति की कामना करनी चाहिए।

मंत्र सं0 8 पृ0 सं0 8 ऋग्वेद प्र0 भा0

अस्य पीत्वा शतक्रतो घनो वृत्राणाम् भवः।
प्रावो वाजेषु वाजिनम्।।

अर्थात् जो मनुष्य दुष्टों के साथ धर्मपूर्वक युद्ध करता है उसी व्यक्ति की जीत होती है। दूसरे की नहीं। परमेश्वर धर्मपूर्वक युद्ध करने वाले मनुष्यों के ही सहायक बनते हैं औरों के नहीं।

मंत्र संख्या 9 पृ0 सं0 8 में मंत्र इस प्रकार है:-

तं त्वा वाजेषु वाजिनं वाजयामः शतक्रतो।
धनानामिन्द्र सातये।। मंत्र सं0 9

अर्थात् जो मनुष्य दुष्टों को युद्ध में निर्बल कर देता है तथा जितेन्द्रिय एवं विद्वान होकर जगदीश्वर की आज्ञा का पालन करता है वही उत्तम धनी एवं विजयी कहलाता है। वह सभी शत्रुओं को पराजित करने वाला कहलाता है।

मन्त्र संख्या 14 पृष्ठ संख्या-12 में ऋग्वेद प्रथम भाग में मनुष्य की वीरता विश्लेषित की गई है:-

मंत्र की पंक्ति इस प्रकार है:-

वयं शूरेभिरस्तृभिरिन्द्र त्वया युजा वयम्।
सासह्याम पृतन्यतः॥

भावार्थः- शूरता दो प्रकार की होती है। एक तो शरीर की पुष्टि और दूसरी विद्या तथा धर्म से संयुक्त आत्मा की पुष्टि इन दोनों से परमेश्वर की रचना के क्रमों को जानकर न्याय, धीरज, उत्तम स्वभाव और उद्योग आदि बल से, उत्तम गुणों से युक्त होकर सभाप्रबन्ध के साथ राज्य का संचालन करना चाहिए, दुष्ट शत्रुओं का विरोध करना चाहिए।

ऋग्वेद पृ0 सं0 34 मंत्र सं0 4 में जीवन संघर्ष की सीमा निर्धारित करने पर प्रकाश डाला गया है:

परा हि मे विमन्यवः पतन्ति वस्य इष्ट ये।
वयो न वसतीरूप॥

अर्थात् उड़ते हुए पक्षी दूर जाकर ही विश्राम लेते हैं, उसी तरह यह कामना की जाती कि क्रोधी मनुष्य या जीव मुझसे दूर जाकर ही बसे और मैं भी उनसे दूर बसूँ जिससे हमारे स्वभाव में विकृति न हो और मेरे धन की हानि भी न हो। यह भाव एवं विचार कल्याणकारी चिंतन की देन है। जिसका समर्थन वेद ग्रंथ से भी हुआ है।

मनुष्य जीव जन्तु से ऐसी शिक्षा ग्रहण करता है जिससे कल्याणकारी जिंदगी व्यतीत हो सके क्योंकि क्रोधी के समीप वास करने से स्वभाव में विकृति आती है। तथा धन की वृद्धि में क्षति भी होती है। मंत्र संख्या 8 में ऐसा ही चिंतन अभिव्यक्त है-

वेद मासो घृतव्रतो द्वादश प्रजावतः।
वेदा य उपजायते॥

जो मनुष्य ब्रह्मचर्य और जितेन्द्रियता आदि से आयु बढ़ाकर धर्म मार्ग में विचरते हैं, उन्हीं को जगदीश्वर अनुगृहीत कर आनन्द युक्त करता है। जैसे प्राण और सूर्य अपने बल और तेज से ऊँचे नीचे स्थानों को प्रकाशित कर प्राणियों को सुख के मार्ग से युक्त करके उचित समय पर दिन-रात आदि सब काल विभागों को अच्छे प्रकार से सिद्ध करते हैं वैसे ही आत्मा, शरीर और सेना के बल से न्यायाधीश धर्मयुक्त कर्मों को सम्पन्न करते हैं। इस कथन के समर्थन में वेद की ऋचा इस प्रकार हैः-

स नो वि श्वाहा सुक्रतुरादित्यः सुपथा करत्।
प्र ण आयूंषि तारिषत्॥ पृ0 सं0 35 ऋचा 12

आगे के मंत्र में मनुष्य की क्षमता तथा उनकी शारीरिक शक्ति का आकलन इस प्रकार से किया गया है कि मनुष्य शक्ति क्षीणता के कारण हतप्रभ न हो जाय बल्कि वह प्रकृति से प्रेरणा लेकर आगे बढ़ने की चेष्टा करें। ऋचा की पंक्ति जिसकी संख्या 16 है। इस प्रकार उल्लिखित हुई है-

परां मे यन्ति धीतयो गावो न गव्यूतीरनु।
इच्छन्तीरूरूचक्षसम्॥

ऋचा 16 पृ0 सं0 35 ऋग्वेद प्रथम भाग

अर्थात् मनुष्यों को ऐसा निश्चय करना चाहिए जैसा कि गौ आदि प्राणी या पशु अपने वेग के अनुसार दौड़ते हुए गन्तव्य स्थान पर पहुँचकर थक जाते हैं, वैसे ही मनुष्य अपनी बुद्धि तथा बल के अनुसार परमेश्वर, वायु, और सूर्य आदि पदार्थों के गुणों को जानकर थक जाते हैं। किसी मनुष्य की बुद्धि या शरीर का वेग ऐसा नहीं हो सकता है जिसका अन्त नहीं होता है, जैसे पक्षी अपने-अपने बल के अनुसार आकाश में उड़ते हुए विश्राम लेना अनिवार्य समझता है वैसे ही मनुष्य

को भी विद्या विषय का अन्त तक पहुँच पाना अस्वाभाविक ही मानना चाहिए। उसे विश्राम की नितान्त आवश्यकता समझनी चाहिए।

विद्या की अभिवृद्धि में शिष्य तथा शिक्षक दोनों को समानरूप से परिश्रम करना पड़ता है। एक की शक्ति दूसरे की सहायिका बन जाती है तब ही शिक्षण कार्य का परिणाम फलदायक हुआ करता है। ऋचा में यह तथ्य विशेष रूप से उल्लिखित हुआ है:-

सं नु वांचावहै पुनर्यतो मे मध्वामृतम्।
होतेव क्षदसे प्रियम्॥ ऋचा 17 पृ0 35

ऋचा की व्याख्या इस प्रकार हुई है:-

जैसे आचार्य और शिष्य दोनों के सहयोग से यज्ञ की सफलता दृष्टिगत होती है वैसे ही गुरु शिष्य दोनों के आपसी सहयोग से विद्या की अभिवृद्धि में सफल होते हैं। अर्थात् जैसे यज्ञ करने वाले और कराने वाले दोनों के सहयोग से यज्ञ की सफलता देखी जाती है वैसे ही हमारी विद्या भी गुरु-शिष्य सहयोग के फलस्वरूप ही विद्या की प्राप्ति हुआ करती है।

त्वं विज्ञस्य मेधिर दिवश्चग्मश्चराजासि।
स यामिनि प्रति श्रुचि॥ ऋचा0 20 पृ0 36

अर्थात् जैसे परमब्रह्म ने इस संसार को दो भागों में बाँट दिया है, एक भाग में प्रकाशवाला सूर्य आदि तथा दूसरा प्रकाश रहित पृथ्वी आदि लोक विद्यमान हैं। इसमें किसी तरह का व्यवधान पैदा करने की चेष्टा किसी भी ओर से नहीं होती है। यह सृष्टि क्रम ऐसा है जिसका पालन अनिवार्य रूप में माना गया है।

अविद्यान्धकार के नाश करने वाले जगदीश्वर! हम लोगों के जीने के लिए मध्यम दु:खरूपी बन्धनों से अच्छी तरह छुड़ाइए तथा जो हमारे दोषरूपी निकृष्ट बंधन हैं उनका भी विनाश कीजिए। मंत्र की पंक्ति इस प्रकार अभिव्यक्त है:-

उदुत्तमं मुमुग्धि नो वि पाशं मध्यमंचृत।
अवाधमानि जीव से॥ मंत्र सं0 21 पृ0 36

मंत्र का भावार्थ है:- जैसे परोपकारी विद्वान होकर ईश्वर की प्रार्थना करते हैं जिससे दु:ख के सारे बंधनों को तोड़कर दु:खी व्यक्ति को सुखयुक्त करते हैं वैसे ही कर्म हम सबों को करना चाहिए। मंत्र सं0 9 पृ0 37 में जगदीश्वर की प्रार्थना इस प्रकार की गई है-

अथा न उभयेषाममृत मर्त्यानाम्।
मिथः सन्तु प्रशस्तयः॥

अर्थात् जब तक मनुष्य राग या द्वेष को छोड़ कर परस्पर उपकार के लिए विद्या शिक्षा और पुरुषार्थ से उत्तम-उत्तम कर्म नहीं करते तब तक वे सुखों के सम्पादन करने में समर्थ नहीं हो सकते, इसलिए सबों को चाहिए कि परमेश्वर की आज्ञा से संकट का निवारण हेतु कल्याण करें। पृ0 सं0 37 के मंत्र संख्या 1 में यह विचार अभिव्यक्त हुआ है- जैसे विद्या, सुशिक्षा से धार्मिक सुशीलपुत्र अनेक अनुकूल कार्यों को करके पिता-माता आदि के सुखों में अववृद्धि करते हैं वैसे ही यह भौतिक अग्नि भी विद्या के अनुकूल सारे सुखों की सिद्धि में सहायक है। मंत्र संख्या 4 में इस पृष्ठ के अन्तर्गत यह विचार अभिव्यक्त हुआ है-

इममू षु त्वमस्माकं सनिंगायत्र नव्यासम्।
अग्ने देवेषु प्र वोचः॥

अर्थात् हे जगदीश्वर! आपने जैसे ब्रह्मा आदि महर्षि धार्मिक विद्वानों की आत्माओं में वेद द्वारा बोध का प्रकाश कर उनको उत्तम सुख दिया वैसे ही हम लोगों की आत्माओं में बोध प्रकाशित कीजिए जिससे हमलोग विद्वान होकर उत्तम-उत्तम धर्म कार्यों को सदा करते रहें।

फिर मनुष्यों के प्रति विद्वानों को कैसा व्यवहार करना चाहिए इस विषय का उपदेश इस मंत्र में है-

प्रियो नो अस्तु विश्तिर्होता मन्द्रो वरेण्यः।
प्रियाः स्वग्नयो वयम्॥ मन्त्र सं0 7 पृ0 सं0 36

अर्थात् हे मनुष्यों! जैसे अग्नि सुखकारक हैं, हमलोग राजपुरुष के लिए प्रिय हैं। होता यानि यज्ञ करने कराने वाले की स्तुति के योग्य

विश्वपति के समान है। भावार्थ यह है कि हमलोग सबके साथ मित्रभाव से व्यवहार करते हैं। सब लोग हमलोगों के साथ भी मित्रभाव और प्रीति रखते हैं-

मंत्र सं0 8 पृ0 संख्या 37 में जो मंत्र अभिव्यक्त है वह इस प्रकार है:-

स्वग्नयो हि वार्य देवासो दधिरे च नः।
स्वग्नयो मनामहे॥

अर्थात् मनुष्य के लिए उचित है कि ईश्वर ने इस संसार में जितने पदार्थ उत्पन्न किए हैं उनको जानने के लिए विद्याओं का सम्पादन करके कार्य सिद्ध करें। मंत्र संख्या 9 में मानव में सद्भाव उत्पन्न करने की कामना की गई है-

अथा न उभयेषाममृत मर्त्यानाम्।
मिथः सन्तु प्रशस्तयः॥ पृ0 सं0 37 मंत्र सं0 9

अर्थात् जब तक मनुष्य राग व द्वेष को छोड़कर परस्पर उपकार के लिए विद्या, शिक्षा और पुरुषार्थ से उत्तम-उत्तम कर्म नहीं करते तब तक वे सुखों के सम्पादन करने में समर्थ नहीं हो सकते।

इसलिए सबको उचित है कि परमेश्वर की आज्ञा से जुड़कर सबों का कल्याण करें।

मनुष्य समुदाय का कैसा आचरण होना चाहिए इस पर भी विचार किया गया है:-

मंत्र सं0 10 में अभिव्यक्त है कि मानव के लिए अपनी संतान को ज्ञानकार्य में नियुक्त करना चाहिए। मंत्र की पंक्ति इस प्रकार है-

विश्वेभिरग्ने अग्निभिरिमं यज्ञमिदं वचः।
चनो धाः सहसो यहो॥ पं. सं0 37 मंत्र सं0 10

अर्थात् सारे मनुष्यों को उचित है कि अपनी सन्तानों को ज्ञान-कार्य में संलग्न कर दें।

पारिवारिक माहौल को स्वस्थ रखने की चेष्टा से सम्बद्ध विचार अभिव्यक्त हुए हैं। पृ0 सं0 37 के मंत्र सं0 2 में कहा गया है कि धर्मात्मा पुत्र अपने पुरुषार्थ एवं सामर्थ से कल्याणकारी कार्य सम्पन्न कर लेते हैं। सुशिक्षा से धार्मिक सुशील पुत्र अनेक कार्यों को सम्पन्न करके पिता-माता को सुख पहुँचाते हैं। मंत्र की पंक्ति इस प्रकार है-

स घा नः सूनुः शवसा पृथुप्रगामा सुशेवः।
मीढ् वाँ अस्माकं वभूयात्॥

अर्थात् विद्या सुशिक्षा से धार्मिक एवं सुशील पुत्र अनेक अनुकूल कार्यों को करके पिता-माता आदि सुखों में अभिवृद्धि करते हैं। मंत्र सं0 3 में इसका विशेष विस्तार किया गया है। सुपुत्र से पारिवारिक सम्पन्नता में अभिवृद्धि होती है यह उल्लिखित हुआ है।

हे जगदीश्वर! आपने जैसे ब्रह्मा आदि महर्षि धार्मिक विद्वानों की आत्माओं में वेद द्वारा बोध का प्रकाश कर उनको उत्तम सुख दिया वैसे ही हम लोगों की आत्माओं में बोध प्रकाशित कीजिए जिससे हम लोग विद्वान होकर उत्तम-उत्तम धर्मकार्यों को सदा करते रहें।

पृ0 सं0 37 मंत्र सं0 4

भारतीय परिवार में जिस आवश्यक वस्तु की अनिवार्यता है उस पर भी वेदग्रन्थ में विचार हुआ है:-

उलूखल एवं मूसल गृहिणी के लिए आवश्यक सामान है। जौ कि भूसी निकालने के लिए उसे उलूखल में डालकर मूसल से कूटना पड़ता है जिसकी आवश्यकता यहाँ पर वर्णित है। उलूखल विद्या पारिवारिक आवश्यकता जिसकी चर्चा ग्रंथ में इस प्रकार है:-

यत्र नार्यपच्यवमुपच्यवं च शिक्षते।
उलूखलसुतानामवेदिन्द्र जल्गुलः॥ पृ0 30 मंत्र सं0 3

अर्थात् उलूखल विद्या जो भोजनादि पदार्थ सिद्ध करने वाली है, गृहसम्बन्धी कार्य करने वाली होने से यह विद्या स्त्रियों को ग्रहण करनी चाहिए तथा अन्य स्त्रियों को यह विद्या सिखानी भी चाहिए। वेदग्रंथ में

पारिवारिक आवश्यकती की वस्तु का उल्लेख कर ज्ञान-दान का प्रयास है। जो मनुष्य वेद की रीति से धर्मचक्र व्यवहार करते हैं वे ज्ञानवान और श्रेष्ठमति होकर जिस उत्तम विद्वान की सेवा करते हैं, वह उनको श्रेष्ठ सामर्थ्य और उत्तम विद्यायुक्त करता है। ऋचा की पंक्ति इस प्रकार है-

ऐतानाग्रे ब्रह्मणा वावृधस्व
शक्ती वा यत्ते चकृमा विदावा।
उत प्र णेष्यमि वस्यो अस्मान्त्स
सं नः सृजसुमत्यावाजवत्या॥

मन्त्र सं0 18 पृष्ठ 45 ऋग्वेद प्र0 भा0

इस मंत्र के पूर्व मंत्र संख्या 16 में कुछ अदृष्टशक्ति की प्रशंसा की जाती है जो इस प्रकार है:-

जब मनुष्य सत्य भाव से अच्छे मार्ग को प्राप्त करना चाहते हैं, तब जगदीश्वर उनको उत्तम ज्ञान का प्रकाश करने वाले विद्वानों का संग करने के लिए प्रीति और जिज्ञासा अर्थात् उनके उपदेश को जानने की इच्छा उत्पन्न करता है। इससे उसके व्यक्तित्व में विकास होता है:-

इमामग्ने शरणिं मीमृषो न
इमम्ध्वानं यमगामदुरात्।
आपिः पिता प्रमतिः सोम्यानां
मृमिरस्यृषि कृन्म त्यानाम्॥

मंत्र संख्या 16 पृ0 44 ऋ0 प्र0

ईश्वरीय ज्ञान के तत्त्वों के विवेचनः- वेद ग्रंथ को ईश्वरीय ज्ञान भांडार कहा गया है। वह ऐसी दिव्यवाणी है जो देशकाल इतिहास की सीमाओं में न बँधकर समान रूप से सदा सबको कल्याण का निर्देशन करती है। संसार के सबसे प्राचीन ग्रंथ के रूप में वेद का अर्थ है ''ज्ञान'', और ज्ञान के लक्षण हैं निर्माण, कल्याण तथा उत्थान। बुराईयाँ, पाप हमारे निकट नहीं आवें और हम सत्य, न्याय, नैतिकता के मार्ग पर चलते हुए विज्ञान द्वारा भौतिक पदार्थों का स्वहित के लिए प्रयोग कर

सकें यह हमारा लक्ष्य है। ज्ञान हमारा नेतृत्व करे और विज्ञान हमारी सुख-सुविधा का कारण हो, हम जीवन के प्रत्येक चरण में आनन्द सुधा का पान करते रहे यह हमारी कामना है।

धर्म की पावन गंगा का प्रवाह प्रभु ने वेदरूप में धरती पर प्रवाहित किया। आदि सृष्टि से महाभारत काल पर्यन्त मनुष्य जाति वेदमार्ग पर चलते हुए उत्कर्ष की राह पर बढ़ती रही किन्तु दुर्भाग्यवश स्वार्थ और अज्ञान के वशीभूत हो प्रभु का ज्ञान विस्मृत होते गया और जैसे सूर्य के छिपने पर नाना दीपक जल उठते हैं वैसे ही वेद भानु के अस्त होते ही मनुष्यकृत नाना मत-मतानन्तरों का का उदय हुआ, मनुष्य और मनुष्य के मध्य विभिन्न दिवारें खड़ी हो गई। धरती अंधकार में डूबती गई।

19वीं शताब्दी के मध्य में जब भारत-राष्ट्र पराधीनता और अज्ञान के कारण निराशा के सागर में डूब रहा था, तब प्रभुकृपा से एक दिव्य विभूति ने भगवान दयानन्द के रूप में वेद के प्रचार-प्रसार का व्रत लिया। ऋषि दयानन्द ने बताया कि वेद सब विद्याओं की पुस्तक है, और कहा कि जब तक मनुष्य जाति वेद के, प्रभु के बताए मार्ग पर नहीं चलेगी तब तक उसका कल्याण नहीं होगा।

मानव-मात्र के कल्याणार्थ और जनमानस का अंधकार दूर कर प्रकाश प्रसारित करने के पावन लक्ष्य से यह आनन्द और उन्नति का पावन संगीत, प्रभु वीणा की कल्याणी वाणी और ज्ञान की अमृत गंगा का पुण्य प्रभाव वेद भाष्य के रूप में हमने धरती के हर आँगन में प्रतिष्ठित करने का व्रत लिया है। हमारी प्रबल कामना है कि संसार का प्रत्येक मनुष्य मनुष्य कृत ग्रंथों के मायाजाल से मुक्त हो, प्रभु के दिव्य-स्वरों का, संगीत सुन अपना जीवन सफल करें। वेद ज्योति से ज्योतिर्मय हो, मनुष्य प्रभु पुत्र बन धरती पर साकार स्वर्ग लाने में समर्थ हो। श्रद्धा से, आदर से, भावना से, पक्षपात त्याग, वेद का पाठ कीजिए, मनन कीजिए, दिव्यदर्शन के गहन भावों पर चिंतन कर उन्हें जीवन में

ढालिए, आपका जीवन मंगलमय हो जाएगा। शान्ति आपके घर आंगन में ज्योतिसुधा रसधार बरसायेगी।

एक पिता की संतान, धरती के 400 करोड़ पुत्र और पुत्रियाँ अपने हृदयमंदिर में सत्य ज्ञान की प्रतिष्ठा करें तो परमात्मा स्वयं प्रकाश से हमारे जीवन का हर अंधकार हर लेंगे। जीवन की यात्रा मंगलमय हो, जीवन के प्रतिक्षण में आनन्द बरसे, जीवन के प्रत्येक क्षेत्र में सफलता मिलती रहे, इसके लिए प्रभु की अमरवाणी हम आपको शुभकामनाओं सहित अर्पित करते हैं।

हमारी एकमात्र इच्छा है कि वह दिन शीघ्र आ जाये जब परमात्मा के इस अनुपम ज्ञान भंडार को हम धरती के हर आंगन में विभिन्न भाषाओं के अनुवाद सहित पहुँचाने में समर्थ हों। सभी प्रभु पुत्र प्रभु के दिखाये मार्ग पर चलें और यह धरती स्वर्ग बढ़ जाए। अज्ञान, पाप, दुखों का लेशमात्र भी न रह जाये। सब प्रभु की वाणी को पढ़ें। ऋचाओं का संगीत सुनें। शाश्वत ज्ञान की ज्योति में मन का मस्तिष्क का अंधकार मिट जाये।

मन्त्र सं0 17 पृ0 44:-

पवित्र प्राण के समान धारण करने वाले विद्याओं से सर्वत्र व्याप्त हे सभाध्यक्ष! आप मनुष्यों के जाने-आने के समान शरीर में व्याप्त प्राणवायु के सदृश राज्य कर्म में व्याप्त पुरुष के तुल्य (ययातिवत्) जैसे पुरुष यत्न के साथ कामों को सिद्ध करते-कराते हैं जैसे उत्तम प्रतिष्ठा वाले विद्वान उत्तम विद्या देने वाले हैं वैसे सबको प्रसन्न करने वाले विद्वानों में अति चतुर मनुष्य को अच्छे प्रकार से प्राप्त कीजिए तथा उत्तम मोक्ष के साधन में स्थित और प्रतिष्ठित कीजिए।

मंत्र की पंक्ति इस प्रकार है:-

मनुष्यदग्ने अंगिरस्वदङ्गिरो
ययाति वत्सदनेपूर्ववच्छुचे।

अच्छ याद्या वहा दैव्यं
जनमा वर्हिष यक्षि च प्रियम॥

मंत्र सं0 17 पृ0 45 ऋ0 व0 प्र0 भाग

अर्थात् जिन मनुष्यों ने विद्या धर्मानुष्ठान और प्रेम से सभापति की सेवा की है वह उनको उत्तम-उत्तम धर्म के कामों में लगाता है।

ऐते नाग्रे ब्रह्मणा बावृधस्वशक्ती।
मा यत्ते चकृमा विदा वा॥

अर्थात् जो मनुष्य वेद की रीति से धर्म युक्त व्यवहार करते हैं वे ज्ञानवान और श्रेष्ठ मति वाले होकर जिस उत्तम विद्वान की सेवा करते हैं वह उनको श्रेष्ठ सामर्थ्य और उत्तम विद्या संयुक्त करता है।

मन्त्र सं0 18 पृ0 45 ऋ0 प्र0 भाग अहम् वृतं वृत्ततरं व्यासनिन्द्रो व्रजे महता वधेमा स्कन्धा सीव कुलिशेना विदृक्णा हिः श्यत उपपृक पृथिव्या मन्त्र का भावार्थ इस प्रकार उल्लिखित हैः-

जैसे कोई अतितीक्ष्ण तलवार आदि शस्त्रों से शत्रुओं के शरीर को छेदन कर भूमि में गिरा देता है और वह मरा हुआ शत्रु पृथ्वी पर सो जाता है वैसे ही वह सूर्य और बिजली मेघ के अङ्गों को छेदन कर भूमि में गिरा देती और वह भूमि में गिरा हुआ सोते के समान दीख पड़ता है (मंत्र सं0 5 पृ0 46 ऋ0 प्र0 भा0)

ऋपादहस्तो अपृतन्य दिन्द्र
मास्य व्रजमधि सानो जघान।
वृष्णो वध्निः प्रतिमानं वुभूषन
पुरुत्रावृत्रो अशयद व्यस्तः॥

अर्थात् जैसे निर्बल पुरुष बड़े बलवान के साथ युद्ध चाहे वैसे ही वृत्र मेघ सूर्य के साथ प्रवृत्त होता है और जैसे अन्त में वह मेघ सूर्य से छिन्न-भिन्न होकर पराजित हुए के समान पृथ्वी पर गिर पड़ता है वैसे जो धर्मात्मा बलवान पुरुष के संग लड़ाई को प्रवृत्त होता उसकी भी यही दशा होती है। मंत्र सं0 7 पृ0 46 ऋ0 प्र0 भा0

इस मंत्र के माध्यम से सामाजिक पारिवारिक तथा नैतिक समस्याओं के समाधान की ओर संकेत किया गया है। वेदग्रंथ में इन सारे तथ्यों को सामाजिक एवं पारिवारिक दृष्टिकोण से समाधान प्रस्तुत किया है जो पूरे समाज का मार्गदर्शन कराता है। संघर्षमय जीवन में ऐसी समस्याएं स्वाभाविक रूप से उत्पन्न होती हैं जिन्हें नैतिक मूल्यों के आधार इसका सम्यक् निदान प्रस्तुत किया है जो भारतीय चिंतनधारा में महत्वपूर्ण स्थान रखता है।

अशच्यो वारो अमवस्तदिन्द्र
सृके यत्त्वां प्रत्यहन्देव एकः।
अजयो गा अजयः शूर सोम
वासृजः सत्तवे सप्त सिन्धून्।।

अर्थात् जैसे यह मेघ सूर्य के प्रकाश को ढाँप देता है तब सूर्य अपनी किरणों को छिन्न–भिन्न कर भूमि में जल को बरसाता है। इसी से यह सूर्य उस जल समुदाय को लाने के लिए समुद्रों को रचने के हेतु ही होता है वैसे प्रजा का रक्षक राजा शत्रुओं को बाँधकर शस्त्रों से काटकर और नीच गति को प्राप्त कराके प्रजा को धर्मयुक्त मार्ग में चलाने का निमित्त कारण होता है।

मंत्र सं0 12 पृ0 47 ऋ0 प्र0 भाग इस मंत्र के माध्यम से प्रकृति तथा समाज के प्रति आवश्यक कार्यचिंतन की ओर ध्यान आकृष्ट करने की चेष्टा हुई है।

एतायामोप गव्यन्त इन्द्रस्माकं सुप्रमतिं व्यावृधाति।
अनामृणः कुविदादस्य रायो गवां केतं परिमार्जते नः।

अर्थात् मनुष्यों के योग्य है कि संसार में अविद्या का नाश तथा विद्या के दान से जो उत्तम धनों को बढ़ाता है, उस परमेश्वर की आज्ञा का पालन और उपासना करके उसी से शरीर तथा आत्मा का बल नित्य बढ़ावें। इसकी सहायता के बिना कोई भी मनुष्य धर्म, अर्थ, काम और मोक्ष रूपी फल प्राप्त करने में समर्थ नहीं हो सकता। इस तरह

व्यावहारिक चिंतन इस ग्रंथ की विशेषता है। मन्त्र संख्या 1 पृ0 47 ऋ0 प्र0 भा0

उपदेहं धनरामप्रतानं जुष्टां न श्येनो बसतिं पतामि।
इन्द्र नमस्यन्नुपमेभिकरकैर्यः स्तोतृभ्यो हव्यो यामन।।

अर्थात् जो ग्रहण करने योग्य ईश्वर अपनी स्तुति करने वालों के लिए धन देने वाला है। उस चक्षु आदि इन्द्रियों से अगोचर धन देने वाले परमेश्वर को नमस्कार करता हुआ मैं जैसे पूर्वकाल में सेवन किये हुए घोंसले को बाज पक्षी प्राप्त होता है वैसे ही गतिशील इस संसार में उपमा देने के योग्य अनेक सूर्य प्रकाशों से ही प्राप्त होता है।

भावार्थ यह है कि जैसे स्यन पक्षी पुराने घोंसले को प्राप्त करता है वैसे ही मनुष्य भी इस संसार को प्राप्त करते रहता है। मन्त्र संख्या 2 पृ0 48 ऋ वे0 प्र0 भा0

नि सर्वसेन इषुधी रॅसक्त समयोः गा अजति यस्मवष्टि चोष्कूयमान इन्द्रभूरि वामं मा परिभूरस्मदधि प्रवृद्ध अर्थात् राजा को चाहिए कि जैसे वैश्य गौओं का पालन तथा चराकर दुग्धादि से व्यवहार सिद्ध करता है वैसे ही ईश्वर उत्पन्न हुए सारे पदार्थों में रस संचार कर उसे खाद्ययोग्य बना देता है।

मन्त्र सं0 3 पृ0 48 ऋ0 वे0 प्र0 भा0

वधीर्हि दस्युं धनिनं धनेन
एकश्चरननुपशाकेभिरिन्द्र।
घनोरधि विषुणक्ते व्यायन
यज्वानः सनकाः प्रेतिमीयुः।।

अर्थात् ईश्वर शत्रुओं से रहित हैं। सूर्यलोक भी मेघ से रहित हैं वैसे ही मनुष्यों को चोर डाकू या शत्रुओं से रहित होना चाहिए। धनवाले को ऐसी व्यवस्था करनी चाहिए जिससे लोकमंगल सर्वत्र व्याप्त हो जाये तथा संघर्ष एवं अशांति का माहौल का दर्शन न हो सके।

मंत्र संख्या 4 रोष

त्वमेतान् सदतो जज्ञत
श्चायो धयो रजस इन्द्रंपारे।
ऊवादहो दिव आ दस्युमुच्चा-
प्रसुन्वतः स्तुवतः शंसमावः॥

हे इन्द्र! सेना के ऐश्वर्य से युक्त सेनाध्यक्ष! आप सभी तरह के कल्याणमार्गों का सेवन कराते रहते हैं।

मनुष्यों को भी अनेक प्रकार के कर्मों का सम्पादन सफलतापूर्वक करना चाहिए। सारे उत्तम गुणों से मनुष्य को सुसज्जित रहना चाहिए। ईश्वर ने भी सारे सुखों का उपभोग कराने की व्यवस्था कर दी है।

मन्त्र सं० 7 पृ० 48 ऋ० वे० प्र० भा०

चक्राणा सः परीणहं पृथिव्याः।
हिरण्येन मरिना शुम्भमानाः॥
न हिन्वा नासस्तितिरुस्त इन्द्रं।
परि स्पशो अदधात् सूर्येण॥

अर्थात् जैसे परमेश्वर ने सूर्य के साथ प्रकाश आकर्षणादि कर्मों का निबंधन किया है, वैसे ही विद्या, धर्म, न्याय शूरवीरों की सेनादि सामग्री को प्राप्त हुए पुरुष के साथ इस पृथ्वी के राज्य का नियोजन किया है।

मंत्र में ईश्वरीय शक्ति तथा उनकी व्यवस्था की ओर ध्यान आकृष्ट करते हुए लौकिक एवं पारलौकिक दोनों तरह की समस्याओं पर ध्यान देकर मानव-मन को उत्प्रेरित करने की सफल चेष्टा की गई है।

चक्राणासः परीणहं पृथिव्या
हिरण्येन मणिना शुम्भमानाः।
न हिन्वानासस्तितिरूस्त इन्द्रं
परि स्पशों अदधात् सूर्येण॥

मन्त्र सं० 8 पृ० 48 ऋ० वे० प्र० भाग

अर्थात् जैसे सूर्य सब ओर से धारण करता है। वे मेघ के अवयव बादल सूर्य के प्रकाश को बाँधने वाले पृथ्वी को चारों ओर से घेरे हुए के सामान युद्ध करते हुए प्रकाशरूप मणि से जैसे सूर्य के तेज से शोभायमान सुखों को सम्पादन करते हुए सूर्यलोक को नहीं उल्लंघन वैसे ही सेनाध्यक्ष अपने धार्मिक शूरवीर आदि को शत्रुजन जैसे जीतने को सामर्थ न हों वैसा प्रयत्न सब लोग करें।

प्रस्तुत मंत्र के द्वारा प्रकृति के प्रभुत्व के महत्त्व का प्रतिपादन एक ओर यदि किया गया है तो दूसरी ओर सेना के लिए अनुशासन की शर्तों की अवहेलना किसी भी स्थिति में नहीं होनी चाहिए वैसी ही परम्परा हमारे समाज में भी कायम होनी चाहिए जिससे किसी तरह की सामाजिक अव्यवस्था दृष्टिगत नहीं हो यह प्रयास रहना चाहिए। प्राचीन समाज में अनुशासन के पालन की अनिवार्यता स्थापित की गई है।

मन्त्र संख्या नौ में भी आठ उत्कृष्ट विचार सं0 के भावों विचारों के पालन की अनिवार्यता ही प्रतिपादित की गई है।

मन्त्र सं0 9 पृ0 48 ऋ0 व0 प्र0 भा0 मनुष्य के कर्त्तव्याकर्त्तव्य पर वेदग्रन्थों में बड़ी गम्भीरता के साथ विचार किया गया है:-

न ये दिवः पृथिव्या अन्त-
मापुर्न मायाभिर्धनदां पर्यभूवन।
युजं वज्रं वृषभश्चक्र इन्द्रो
निर्ज्योतिषा तमसो गा अदुक्षत्॥

अर्थात् मानव समाज का कर्त्तव्य है कि सूर्य तेज स्वरूप स्वभाव और प्रकाश के सदृश कर्म कर और सब शत्रुओं के अन्याय रूप अन्धकार का नाश करके धर्म से राज्य का सेवन करें क्योंकि छली-कपटी लोगों का राज्य कभी स्थिर नहीं होता है। अतः छलादि दोषरहित, विद्वान होकर शत्रुओं की माया में न उलझकर या फँसकर राज्य का पालन करने के लिए अवश्य उद्योग करना चाहिए।

मन्त्र संख्या-10 पृष्ठ संख्या-49 ऋ0 व0 प्र0 भा0 प्रस्तुत मन्त्र संख्या 11 के माध्यम से व्यक्ति के चरित्र का महत्त्व प्रतिपादित किया

गया है तथा कर्त्तव्याभिमुख होकर त्याग, तपस्या की भावना से संघर्ष में जुड़े रहने की कामना की गई है:-

मन्त्र

अनु स्वधाभक्षरन्नार्षो अस्यावर्धत मध्यआ
सध्री चीनेन मनसा तमिन्द्र।
ओजिष्ठेन हन्मनाहनर्नाभद्यून॥

मन्त्र संख्या-11 पृष्ठ संख्या-49 ऋ0 व0 प्र0 भा0

अर्थात् प्रकृति से प्रेरणाग्रहण करने की भावना की अभिव्यक्ति इस मंत्र के माध्यम से व्यक्त हुई है। मनुष्यों को उत्तम-उत्तम शिक्षायुक्त सेना से अभिप्रेरित होकर दुष्ट गुणवाले मनुष्यों को उपदेश दें और शस्त्र-अस्त्र वृष्टि से शत्रुओं का विनाश कर जन हित में सुखों का समावेश कराने की सफल चेष्टा करें। मन्त्र की पंक्ति इस प्रकार है-

न्याविध्यादिलीविशस्यदृलहा
विशृज्णिम्मिनच्छुण्णमिन्द्रः।
यावत्तरो मघवन्या वदोजो
वज्रेण शत्रुभवधीः पृतन्युम्॥

मंत्र संख्या 13 पृ0 49 में जिन भावों-विचारों की अभिव्यक्ति हुई है उससे स्पष्ट होता है कि जहाँ पर शारीरिक बल की आवश्यकता है वहाँ पर बल पौरुष का प्रदर्शन अनिवार्य है। यह तथ्य इस प्रकार व्यंजित हुआ है:- बिजली मेघ के अवयवों को तीक्ष्ण वेग से छिन्न-भिन्न कर देती है। सेनाध्यक्ष को भी बुद्धि एवं शारीरिक बल दोनों के उपयोग द्वारा बिजली की गति से शक्ति प्रदर्शित करनी चाहिए जिससे सफलता निश्चित है और शत्रु का विनाश भी हो जाता है।

अभि सिध्यो अजिगादस्य
शत्रून्वि तिग्मेन वृषभेणा पुरोऽमेत्।
सं वज्रेणासृजदवृत्रमिन्द्रः
प्र स्वांमतिमतिरच्छाशदानः॥

मन्त्र संख्या-13 पृष्ठ संख्या-49 ऋ0 व0 प्र0 भा0

प्रकृति अपनी कल्याणकारी शक्ति का उपयोग करती है जिससे सुखसमृद्धि में सतत् विकास हो सके। मन्त्र संख्या-14 पृष्ठ संख्या-49 मंत्र की पंक्ति इस प्रकार व्यक्त हुई है-

आवः कुत्समिन्द्रः यस्मिञ्चान्यावो
युध्यन्तं वृषभं दशद्युम।
शफच्युतो रेणुनेक्षत द्यामुच्छ्वैं
त्रेयो नृपाद्यांय तस्थौ॥

अर्थात् जैसे सूर्यलोक अपनी किरणों से पृथ्वी पर मेघ को गिराकर सब प्राणियों को सुखयुक्त करता है वैसे ही सभाध्यक्ष! तूँ भी सेना, शिक्षा एवं सैन्यबल के माध्यम से शत्रुओं को अस्त-व्यस्त कर नीचे गिराकर प्रजा की रक्षा निरन्तर किया करें।

मानव की शक्ति की अभिवृद्धि प्रकृति से प्रेरणा लेकर ही होती है। इस मंत्र के साथ ही मन्त्र संख्या-15 पृष्ठ संख्या-49 भी प्रकृति की प्रेरणा आगे बढ़ने की अभिव्यंजित है:-

आवः शमं वृषभं तुग्रयासृ
क्षेत्रेजेषे मघञ्छ्वित्र्यं ग्राम।
ज्योक चिदत्र तस्थिवांसो
प्रक्रञ्छत्रयताम धरा वेदनाकः॥

प्रस्तुत मंत्र के माध्यम से ईश्वरीय शक्ति प्राप्ति हेतु जिस सुझाव या दिशा निर्देशन की चेष्टा हुई है वह निश्चिय ही प्रकृति की अजस्त्रशक्ति के उपयोग का प्रयास कहा जा सकता है:- मन्त्र की पंक्ति इस प्रकार है:-

त्रयः पवयो मधुबहिने रथे
सोमस्य वेनामनु विश्वइद्विदुः।
त्रयः स्कम्भासः स्कभितास
आरभे त्रिर्मक्त याथस्त्रिर्वश्विनादिवा॥

वेदकालीन शिल्पविद्या का आभास अगले मंत्र में इस तरह

अभिव्यञ्जित होता है जिससे कि मानव के माध्यम से यंत्र एवं तंत्र कला के द्वारा वह क्रमशः विकास की दिशा को सतत् ग्रहण करने की चेष्टा कर सके जिससे वह अपनी शक्ति एवं अपने पराक्रम का परिचय दे सके।

मंत्र की पंक्ति इस प्रकार उल्लिखित हुई है:-

समाने अह्नित्ररवद्यगोहमात्रिद्ययज्ञंमधुनाभिमिक्षतम्।
त्रिर्वा जव तीरिषो अश्विनायुवं
दोषा अस्मभ्यमुषसश्चपिन्वतम्॥

मन्त्र संख्या-3 पृष्ठ संख्या 50 ऋ0 व0 प्र0 भा0

प्राचीन अर्थतंत्र के विकास में शिल्पकला के योगदान में उल्लिखित हुआ है कि यह शिल्पकला जानने वाले के सहयोग से चतुर्दिक विकास की सम्भावना बढ़ जाती है। शिल्पविद्या से यानों को सिद्ध कर तीन प्रकार अर्थात् शारीरिक, आत्मिक और मानसिक सुख के लिए धन आदि उत्तम-उत्तम पदार्थों को इकट्ठा कर सब प्राणियों को सुखयुक्त जिसमें दिन-रात में सब लोग अपने पुरुषार्थ से इस विद्या (शिल्प-विद्या) की उन्नति कर और आलस्य को छोड़कर उसके उत्साह से उसकी रक्षा में निरन्तर प्रयत्न करें।

मन्त्र संख्या चौथे में भी इसी विकास की गति को तेज करने की चेष्टा दीख पड़ती है। शिल्पविद्या के जानने वाले मनुष्यों को उचित है कि विद्या की इच्छा करने वाले अनुकूल बुद्धिमान मनुष्य को पदार्थ विद्या का समुचित ज्ञान दिया जाये तथा उत्तम-उत्तम शिक्षा बार-बार देकर कार्यों को सिद्ध करने में समर्थवान बना सके। उनको भी चाहिए कि इस विद्या का सम्पादन करके यथावत चतुराई और पुरुषार्थ से सुखों की बहुलता से प्राप्ति करने का प्रयास करता रहे।

मंत्र संख्या 4 की पंक्ति इस प्रकार है:-

त्रिर्वर्तिर्यातंत्रिरनुव्रतेजनेत्रियः सुप्राव्ये त्रेधेवशिक्षतम्।
त्रिर्नान्द्ये बहतम् शिवना युवंत्रिः
पृक्षोअस्मे अक्षरेवापिन्वतम्॥

इसके उपरान्त मंत्र संख्या 5 के भाव एवं विचार इस प्रकार अभिव्यंजित होते हैं:-

मनुष्यों के लिए उचित है कि अग्नि भूमि के अवलम्बन से शिल्पकार्यों को सिद्ध और बुद्धि वैभव बढ़ा कर सौभाग्य और उत्तम अन्नादि पदार्थों को प्राप्त करे तथा इन सामग्रियों से सिद्ध हुए यानों में बैठकर देश-देशान्तरों में आवागमन जारी रक्खे तथा व्यवहार द्वारा धन को बढ़ाकर सदा आनन्द का उपभोग करे।

वैदिक चिंतन में सुख-समृद्धि के क्रमिक विकास को महत्व दिया गया है तथा देश-विदेश से समुचित सम्पर्क की आवश्यकता अनिवार्य समझी गई है। मंत्र की पंक्ति भी इस प्रकार है:-

त्रिर्नो रयिं वहतमश्विनायुवं-
त्रिर्देवताता त्रिरूतावतंधियः।
त्रिः समगत्वं त्रिरुतश्रवांसि
नस्त्रिष्ठं वां सूरे दुहिता रूहद्रथम्॥

मन्त्र संख्या-5 पृष्ठ संख्या-50 ऋ0 व0 प्र0 भा0

वैदिक युग के चिंतन एवं कार्य-अनुशीलन की प्रवृत्ति पर ऋषियों ने काफी सहृदयता एवं गम्भीरता से विचार किया तथा पारिवारिक विकास एवं सामञ्जस्य को भी महत्व दिया गया है, मंत्र की पंक्ति इस प्रकार है:-

त्रिनो अश्विना दिव्यानि भेषजा
त्रिः पार्थिवानि त्रिरूदत्तमदयः।
ओमानंशंयोर्ममकाय सूनवे
त्रिधातुशर्मंवहतं शुभस्पती॥

मन्त्र संख्या-6 पृष्ठ संख्या-50 ऋ0 व0 प्र0 भा0

अर्थात् जल और पृथ्वी में उत्पन्न हुई रोगनिवारक करने वाली औषधि उनका त्रिविध ताप नष्ट करने के लिए संतुलित भोजन किया करें। अनेक धातुओं से युक्त कष्टमय घर के समान यान को बनाकर

उत्तम-उत्तम यव आदि औषधि की स्थापना कर अग्नि के घर में अग्नि को काष्ठ से प्रज्वलित जल के घर में जल की स्थापना, भाँप के बल से यानों को चलाकर व्यवहार के लिए देश-देशान्तरों को जाय और वहाँ से जल्दी लौटाकर अपनी मातृभूमि या देश में आ जाये। इस प्रकार के आचरण से बड़े-बड़े सुखों के उपभोग का सौभाग्य प्राप्त हुआ करता है।

संसार सुख की इच्छा करने वाले पुरुष जैसे जीव अन्तरिक्ष आदि मार्गों से दूसरे शरीर को शीघ्र प्राप्त होता और वायु शीघ्र चलता है, वैसे ही पृथिव्यादि विकारों से कलायन्त्र युक्त यानों को रचे उनमें अग्नि, जल आदि का अच्छे प्रकार से प्रयोग करके दूर देशों को शीघ्र पहुँच जाये इस काम के बिना संसार सुख होना सम्भव नहीं हैः-

मन्त्र की पंक्तिः-

त्रिर्नो अश्विना यजता दिवे-
दिवे परिमिधातु पृथिवी मशायतम्।
तिस्त्रोनासत्या रथ्योपरावत
आत्मेव वातः स्वसराणि गच्छतम्।।

मन्त्र सं0 7 पृ050

इस मंत्र के माध्यम से वैदिक चिंतन में वैज्ञानिक सोच समझ के प्रति एक विशिष्ट आकर्षण है जिससे आर्यों की वैज्ञानिक चिंतनधारा का विश्लेषण स्पष्ट परिलक्षित होता है।

त्रिरश्विना सिन्धुभिः सप्तमातृभिस्त्रय
आहावास्त्रेधाहविष्कृतम्।
तिस्त्रः पृथिवीरूपरिप्रवादिवोर्नां
रक्षे थेद्यभिर्हि तम्।। मंत्र सं0 8 पृ0 51

अर्थात् मनुष्यों के लिए उचित है कि सूर्य वायु के छेदन, आकर्षण और वृष्टि कराने वाले गुणों से नदी चलाती तथा हवन किया हुआ द्रव्य दुर्गन्धादि दोषों का निवारण कर सब दुःखों से रहित सुखों को सिद्ध करता है। दिन-रात सुख बढ़ाता है, इसके बिना कोई प्राणी जी ने

के लिए समर्थ नहीं हो सकता, इससे इसकी शुद्धि के लिए यज्ञरूप कर्म नित्य करें।

प्रस्तुत मंत्र के माध्यम से आर्यों के व्यावहारिक चिंतन की अभिव्यक्ति परिलक्षित है। यज्ञों की अनिवार्यता एक ओर है तो दूसरी ओर वायुमंडल एवं यज्ञ स्थल परिवेश की शुद्धता भी अपेक्षित समझी जाती है जिसकी व्यवस्था इस मंत्र के माध्यम से की गई है।

मंत्र सं0 9 की पंक्ति इस प्रकार है:-

क्वत्रीचक्रात्रिवृतो रथस्य
क्व त्रयो बन्धुवोये सनीव्वः।
कदा योगो वाजिनो रासभस्य
येन यज्ञं नासत्योपयाधः॥

प्रस्तुत मंत्र में व्यावहारिक चिंतन की झलक मिलती है। इस मंत्र में ऋषियों की वैज्ञानिक चिंतन तथा व्यावहारिक सूझ-बूझ का भी परिचय प्राप्त होता है। रथ के आदि, मध्य और अन्त में सब कलाओं से युक्त तीन बन्धनों की अनिवार्यता सिद्ध की गई है। एक ही यान पर तीन भिन्न-भिन्न वस्तुओं के समावेश की सफलयोजना की अभिव्यक्ति हुई जिससे मनुष्य के बैठने की जगह, दूसरी अग्नि रखने सुरक्षित जगह तथा तीसरी जगह जल की स्थिति की सुरक्षा भी चिंतनीय समझी गई है।

वाष्पयुक्त यान चलाने की सफल व्यवस्था का सम्यक् चिंतन तथा कार्यान्वयन का स्पष्टीकरण इस मंत्र के माध्यम से हुआ है जिससे निर्विघ्नतापूर्वक व्यक्ति का स्थानान्तरण सम्भव हो सके। इस प्रकार के वैज्ञानिक चिंतन पर विचार करते हुए आर्यों की आवागमन की योजना वेवेचित हुई है। आगे के मंत्र द्वारा इसी तथ्य का विश्लेषण किया गया है।

मंत्र संख्या 11-12 पृ0 51 में ऊपर उल्लिखित तथ्यों को ही विशेष रूप से आख्यान प्रस्तुत किये गये हैं।

क्योंकि कथन है:- हे कारीगरी में चतुरजनों! श्रवण कराने वाले दृढ़ विद्या बलयुक्त आप दोनों जल और पवन के समान ''त्रिवृत'' तीनों

स्थलों जल, पवन एवं स्थलों के ऊपर से सकुशल आवागमन की व्यवस्था करने में वृद्धि एवं परिश्रम का उपयोग करे।

मंत्र बारहवें में ऋषि की योजना इस प्रकार अभिव्यञ्जित हुई है:-

जल, अग्नि से प्रयुक्त किये हुए रथ के बिना कोई मनुष्य स्थल, जल एवं अन्तरिच मार्गों से शीघ्र जाने में समर्थ नहीं हो सकते हैं। इससे राज श्री उत्तम सेना और वीरपुरुषों को प्राप्त करके ऐसे विमानादि यानों से युद्ध विजय प्राप्त कर सकते हैं, इस कारण इस विद्या में मनुष्य सदा संलग्न रहे तो सफलता निश्चित रहती है।

शक्ति की स्थापना का उद्देश्य शांति की स्थापना है जिसका पालन करना संघर्षपूर्ण जीवन का लक्ष्य एवं उद्देश्य माना गया है।

पृष्ठ संख्या 52 के मंत्र सं0 2 के भावार्थ इस प्रकार है:-

जैसे पृथ्वी आदि लोक मनुष्यादि प्राणियों का या सूर्य लोग अपने आकर्षण पृथ्वी आदि लोकों को या ईश्वर अपनी सत्ता से सूर्यादि लोकों को धारण करता है, ऐसे क्रम से सब लोकों का धारण होता है। इसके बिना अन्तरिक्ष में किसी भार युक्त लोक की अपनी परिधि में स्थिति कायम रहने की सम्भावना नहीं होती है और लोकों के घूमे बिना क्षण, मुहुर्त्त, प्रहर, दिन-रात पक्ष-मास-ऋतु या संवत्सर आदि कालों के अवयव उत्पन्न नहीं हो सकते हैं।

वेदकालीन शिल्प-विद्या के विकास का आभास देने का प्रयास उक्त मंत्र के माध्यम से हुआ है। मंत्र संख्या 3 पृ0 52 में भी यह तथ्य भिन्न रूप से उल्लिखित हुआ है।

मंत्र सं0 6 पृ0 52 में यह तथ्य इस प्रकार वर्णित हुआ है:-

तिस्त्रो द्यावः सवितुर्दा उपस्थां
एका यमस्य भुवने विराषाट्।
आणिं न रथ्यममृताधि तस्थरिह-
व्रवीतु य उंतच्चिकेतत्॥

अर्थात् ईश्वर ने अग्निरूप कारण से सूर्य, अग्नि और विद्युतरूप तीन प्रकार की दीप्ति रची है जिनके माध्यम से सब कार्य सिद्ध होते हैं। मनुष्य की प्राणशक्ति के विलय होने की स्थिति का भी विवेचन इस मंत्र के माध्यम से करने सफल चेष्टा हुई है।

अन्तरिक्ष विद्या के तत्त्वों का चिंतन विश्लेषण आगे के मंत्र द्वारा किया गया है जो तथ्य इस प्रकार उल्लिखित है:-

हिरण्यप्राणिः सविता विचर्षणि-
रूभेद्यावापृथिवी अन्तरीयते।
अपमीवां वाधते वेति सूर्यमभि-
कृष्णोन रजसा द्यामृणोति।। मन्त्र सं0 9 पृ0 सं053

अर्थात् हे समापते! जैसे यह सूर्यलोभ बहुत लोकों के साथ आकर्षण सम्बन्ध से वर्तमान सब वस्तुमात्र को प्रकाशित करता हुआ प्रकाश तथा प्रकाश तथा पृथिवी लोक का मेल करता है वैसे ही स्वभावयुक्त आप हो जायें।

वैदिक ऋषियों-महिर्षियों के कल्याणकारी चिंतन एवं सृष्टि की सुखविद्या की आकांक्षा के स्वरूप इस मंत्र के माध्यम से वर्णित हुए हैं आगे के मंत्र द्वारा भी मानव सृष्टि में शांति, सुव्यवस्था तथा सतत् विकास का क्रम जारी रहे यह चिंतन इस प्रकार अभिव्यञ्जित होता है:-मंत्र सं0

हिरण्यहस्तो असुरः सुनीथः
सुमृलीकः स्ववॉयात्ववर्वाङ्।
अपसेघत्रक्षसोयातुधानान-
स्थाद्देवः प्रतिदोषंनृणानः।।

अर्थात् हे सभापति! जैसे यह वायु अपने आकर्षण और बल आदि गुणों सब पदार्थों को व्यव्स्था में रखता है जैसे दिन में चोर प्रबल नहीं हो सकता है। वैसा ही आप आचरण करें। जिस जगदीश्वर ने बहुत गुणों से युक्त सुख प्राप्त करने वाले वायु आदि पदार्थों की रचना की है उसे कोटिशः धन्यवाद दें। इस मानव सृष्टि के विकास की प्रक्रिया

आगे बढ़ाने की चेष्टा ऋषियों-महर्षियों ने प्राचीन काल में की थी जिस विकास का स्वरूप आज भी दृष्टिगत होता है।

मन्त्र सं0 11 पृ0 सं0 52

> **ये ते पन्थाः सवितः पूर्व्यासोऽ-**
> **रेणवः सुकृता अन्तरिक्षे।**
> **तमिर्नो अद्य पथिभिः सुगेभी**
> **रक्षा च नो अधि च ब्रूहि देव॥**

अर्थात् हे ईश्वर! आपने जो सूर्यादि लोकों के घूमने और प्राणियों के सुख के लिए आकाश या महिमारूप संसार में शुद्धमार्ग की रचना की है जिनमें सूर्यादि लोक यथानियम से घूमते हैं और सब प्राणी विचरते हैं उन सब पदार्थों के मार्गों तथा गुणों का उपदेश कीजिए जिससे हम लोग इधर-उधर चलायमान होते हुए भटकन जायें। इस मंत्र के माध्यम से आर्यों की अन्तरिक्ष यात्रा का उल्लेख स्पष्ट होता है। आर्यों के विकास की गति का आभास मंत्रों से प्राप्त होता है।

मंत्र संख्या 5 पृष्ठ संख्या 53-54- कोई भी मनुष्य सब शास्त्रों में प्रवीण राजधर्म को ठीक-ठीक जानने; पर ऊपर इतिहासों के वेत्ता धर्मात्मा, निर्भयता से सभी विषयों के वक्ता शूरवीर दूतों और उत्तम राजा सहित सभासदों के बिना राज्य को पाने, पालने, बढ़ाने और परोपकार में लगाने को समर्थ नहीं हो सकते, इससे पूर्वक्त प्रकार से ही राज्य की प्राप्ति आदि का विधान सब लोग किया करें यह उपयुक्त माना गया है। उक्त मंत्र की पंक्ति इस प्रकार हैः-

> **मन्द्रो होता गृहपतिरग्ने द्दुतो विशामसि।**
> **ते विश्वा संगतानि व्रता ध्रुवा यानि देवा अकृण्वत॥**

राजनीति के प्रति ऋषियों ने अपनी उदासीनता प्रदर्शित न कर लगाव एवं सुरुचिपूर्ण एवं युक्त तथ्य चिंतन किया है। शासन एवं कुशल होना जीवन का अपरिहार्य अङ्ग माना गया है जिसका विश्लेषण विस्तारपूर्वक हुआ है। ऋषियों-महर्षियों ने समाज

त्वे इदग्ने सुभगे यविष्य्य विश्वमा हूयते हविः।
स त्वन्नो अद्य सुमनां उतापरं यक्षि देवान्त्सुवीर्या॥

मंत्र 6 पृ0 54

अर्थात् जैसे विद्वान लोग वहिन में पवित्र होम करने योग्य घृतादि पदार्थों को होम करके संसार के लिए सुख उत्पन्न करते हैं, वैसे ही राजपुरुष दुष्टों को बन्दीघर में डालकर सज्जनों को आनन्द सदा दिया करें।

अगले मंत्र में भी इसी तथ्य का विस्तार दूसरे मंत्र से भी किया गया हैः-

घ्नंतों वृत्रमतन्त्रोदसी अप उरूक्षयायचक्रिरे।
भुवत्कण्वे वृषाद्युम्न्या हुतः क्रन्द्रदश्वोगविष्तिषु॥

मंत्र सं0 8 पृ0 54

अर्थात् जैसे बिजली, अग्नि भौतिक और सूर्य यही तीन प्रकार की अग्नि मेघ को छिन्न-भिन्न कर सब लोगों को जल से पूर्ण करते हैं, उनका यह सब प्राणियों के अधिक सुख के लिए होता है वैसे ही सभाध्याक्षादि राजपुरुषों को चाहिए कि कंटकरूप शत्रुओं को मारकर प्रजा को निरंतर तृप्त करें।

ऋषियों-महर्षियों ने लोक-कल्याण का चिंतन किया था तथा उन्हें प्रकृति से ही मार्गदर्शन किया था तथा उन्हें प्रकृति से ही मार्गदर्शन एवं प्रेरक तत्व प्राप्त हुआ था जिनके उपयोग से जनहित के कार्य करने की प्रेरणा मिली थी।

आगे में मंत्र से भी यही ध्वनि एवं प्रेरणा आर्यों को मिलती रही जिससे सामाजिक कल्याण को सर्वोपरि महत्व दिया गया।

इसी तरह के चिन्तन का समावेश सम्पूर्ण समाज में स्पष्ट रूप से दीख पड़ता है। सामाजिक कल्याण करना यह सर्वोपरि उद्देश्य हुआ करता था।

मंत्र की पंक्ति इस प्रकार है: मंत्र सं0 11 पृ0 54:-

यमग्निं मेध्या तिथिः कण्वईध ऋतादधि।
तस्य प्रेषो दीदि युस्तांभिमा ऋचस्तमग्निं वर्धगामसि॥

अर्थात् राजपुरुषों को चाहिए कि होता आदि विद्वान लोग वायुवृष्टि के शोधक हवन के लिए जिस अग्नि को प्रकाशित करते हैं जिसकी किरणें ऊपर की ओर प्रकाशित होती है, जिसके गुणों को ''देवमंत्र'' कहते हैं उसी अग्नि को राजयसाधक क्रिया सिद्धि के लिए बढ़ावें।

आगे के मंत्र में भी सामाजिक एवं राजनीतिक कल्याणकारी चिंतन की अभिव्यक्ति हुई है। कथन है कि राज्य की रक्षा, नीति और दण्ड के भय से सब मनुष्यों को पाप से विलग कर सब शत्रुओं को मारकर, और विद्वानों की सब प्रकार से सेवा करके प्रजा में ज्ञान, सुख और आयु बढ़ाने के लिए सब प्राणियों को शुभ गुणयुक्त बनावें।

मंत्र की पंक्ति भी इस प्रकार है:-

ऊर्ध्वो नः पाह्यंहसो नि केतुना विश्वं समत्रिणं दह।
कृधी न ऊर्ध्वान् चरथाय जीवसे विदा देवेषुनोदुवः॥

मंत्र सं0 14 पृ0 55

अर्थात् अच्छे गुण-कर्म और स्वभाव वाले राजा को चाहिए कि राज्य की रक्षा, नीति और दण्ड के भय से सब मनुष्यों को पाप से विलग कर तथा सभी शत्रुओं का विनाश कर और विद्वानों की सब तरह से सेवा करके प्रजा में ज्ञान, सुख, और जीवन-वृद्धि के लिए सब प्राणियों को शुभगुणयुक्त करते हुए सब तरह से प्रसन्न रखने की चेष्टा करें।

आर्यों के वैज्ञानिक चिंतन का प्रतिफलन पूरे भारतीय समाज में दृष्टिगत होता है। जिस ठोस आधार पर विकास की नींव डाली गई थी वह प्रतिफलित है।

पाहिनो अग्ने रक्षसः पाहि धूर्तरराव्णः।
पाहि रीषत उत वा जिघा न सतो वृहद्धानो यविष्ठ्य॥

अर्थात् सब मनुष्यों को चाहिए कि सब प्रकार-रक्षा के लिए सर्वरक्षक धर्मोन्नति की इच्छा करने वाले सभाध्यक्ष की सर्वदा प्रार्थना से प्रसन्न रखे और अपने-आप भी दुष्ट स्वभावमुक्त रहे। मनुष्यगण सब पापों से मन, वाणी और शरीर से दूर रहे क्योंकि इसके बिना कोई मनुष्य सर्वदा सुखी नहीं रह सकता है। मंत्र सं0 15 पृ0 55 ऋ0 वे0 प्र0 भाग वेदकालीन चिंतन में धार्मिकता को सर्वदा सर्वोपरि महत्व प्रदान किया है। प्रतीत होता है कि वातावरण का प्रभाव सारे जीवों पर पड़ता था और सारे प्राणी धार्मिक प्रभाव से लाभान्वित होते थे।

आगे के मंत्र यानि मंत्र संख्या सोलह में अभिव्यञ्जित विचारों से प्रकट होता है कि ''धर्मो रक्षति रक्षितः। धर्म का अर्थ कर्त्तव्याकर्त्तव्य से था जिसका क्षेत्र काफी विशद माना जाता है। इस तरह से वेदकालीन सभ्यता हमारी धार्मिक चिंतनधारा से अनुप्राणित थी।

इस तथ्य का विस्तार आगे भी किया गया है: कथन है सब मनुष्य सभाध्यक्ष से मिलकर दुष्टों के विनाश में प्रयत्नशील सतत बने रहने की कोशिश करें:-

मंत्र इस प्रकार है:-

अग्निा तुर्वशुं यदु परावत उग्रादेवं हवामहे।
अग्निर्नयन्नवास्त्वं वृहदथं तुर्वीतिं दस्यवे सह॥

अर्थात् धार्मिक पुरुषों को चाहिए कि तेजस्वी सेनाध्यक्ष राजा के साथ मिलकर उन दुष्टों के विनाश हेतु उनके निवास स्थानों को नष्ट कर दें। मंत्र 18 पृ0 55 वेदग्रन्थों में आर्यों के संघर्ष का इतिहास है। अपनी संस्कृति-सभ्यता की स्थापना के लिए संघर्ष एवं बलिदान की कहानी ही सर्वत्र दीख पड़ती है। मंत्र है:-

नित्वामग्ने मनुर्दधे ज्योतिर्जनाय शश्वते।
दीदेाि कण्वं ऋतजात उक्षितो यंनमस्यन्ति कृष्टयः॥

मंत्र 19 पृ0 55

अर्थात्, सबके पूजने योग्य परमात्मा के कृपा कटाक्ष से प्रजा की रक्षा के लिए राज्य के अधिकारी के उचित है कि सत्यव्यवहार की प्रसिद्धि से धर्मात्माओं को आनन्द और दुष्टों को प्रताड़ना देने की सफल व्यवस्था करे। आर्यों ने शक्ति के स्रोत को पहचानने की सफल चेष्टा की थी जिसके परिणामस्वरूप विजयश्री इन ऋषियों-महर्षियों के हाथों में आ गई थी:-

इहेव सृण्व एषां कशा हस्तेषु
यद्वदान् नियमच्चित्रमृञ्जते। मंत्र 3 पृ056

अर्थात् पदार्थ विद्या की इच्छा करने वाले विद्वानों को चाहिए कि मनुष्य आदि प्राणी जितने कर्म करते हैं उन सबों का हेतु पवन है। वायु ने हो तो कोई मनुष्य कुछ भी कर्म करने में समर्थ नहीं हो सकता है और दूर स्थित मनुष्य उच्चारण किये हुए शब्द निकट के उच्चारण के समान वायु की चेष्टा बिना कोई भी कथन-श्रवण सम्भव नहीं हो सकता है। आर्यों ने वायु की शक्ति का अनुभव किया था जिसका उल्लेख मंत्र द्वारा किया गया है। मनुष्य मार्ग में चलने आदिकर्म करते हैं वे सभी वायु आश्रित ही हैं। वायु के बिना कोई नेत्र संचालित करने की शक्ति भी नहीं रखता है। प्रकृति की शक्ति एवं उससे प्राप्त लाभ का मूल्यांकन आर्यों ने जिस रूप में किया वह सतत् विकासमान रहा है।

आर्यों ने अपना जीवन प्रकृति के मध्य व्यतीत किया था। प्रकृति के तत्त्वों को उन्होंने बड़ी गहराई से परखने की चेष्टा की थी और उस प्रकृति के प्रति कई मंत्रों में अपनी कृतज्ञता भी अभिव्यक्त की है। वायु की शक्ति तथा उससे प्राप्त बल का उपयोग करते अपनी कृतज्ञता वायु के प्रति अभिव्यक्त की गई है जो कई मन्त्रों में अभिव्यञ्जित होते चले गए हैं।

प्रकृति के विभिन्न तत्त्वों की असीम शक्ति का आभास उन्हें प्राप्त हुआ था जिसके आख्यान विभिन्न मंत्रों के माध्यम से प्रस्तुत किये गये हैं और उस प्राकृतिक शक्ति के उपयोग पर भी विचार किया गया है मंत्र इस प्रकार है:-

आ ओ मक्षू तनाय कं रूद्रा अबो वृणीमहे।
गन्ता नूनं नोऽवसा यथा पुरेत्था कण्वाय विभ्युषे॥

मंत्र 7 पृ0 59 ऋ0 प्र0 भा0

अर्थात् जैसे मेधावी विद्वान लोग वायु आदि के द्रव्य और गुणों के योग से भय का निवारण करके तुरन्त आगे मंत्र में एक विशेष संदर्भ का उल्लेख होता है:-

यो बाधते ददाति सूनरं वसुस धत्ते अक्षितिश्रवः।
तस्मा इलां सुचीरा मा यजामहे सुप्रतूर्त्रिमनेहसम्॥

मंत्र सं0 4 पृ0 60

अर्थात् जो मनुष्य शरीर, वाणी और मन तथा धन से विद्वानों का सेवन करता है वही अक्षय विद्या को प्राप्त कर पृथ्वी के राज्य का भोग कर मुक्ति प्राप्त करता है। जो पुरुष वाणी विद्या को प्राप्त करते हैं वे दूसरे को पण्डित बना सकते हैं, आलसी तथा अविद्वान पुरुष ऐसा नहीं कर सकते।

आर्य संस्कृति की विशेषता यहाँ परिलक्षित होती है कि साजिक चेतना के फलस्वरूप ही एक विद्वान दूसरे को भी विद्वान बनाने की कामना एवं चेष्टा करता है जिससे सामाजिक जागरूकता एवं कर्त्तव्य-परायणता का सजीव चित्रण प्राप्त होता है।

आगे का मंत्र इस प्रकार है:-

मंत्र संख्या 6 पृ0 60 ऋ0 वे0 भाग प्रथम

तमिद्वोचेमा विदर्थे षुशम् भुवंमंत्र देवाअनेहसम्।
इमां च वाचं प्रतिर्ह्यथा नरो विश्वेद्वाभावो अश्नवत्॥

अर्थात्, विद्वानों को चाहिए कि विद्या के प्रचार के लिए मनुष्य को निरंतर अर्थ, अंङ्ग, उपाङ्ग, रहस्य, स्वर और हस्तक्रिया सहित वेदों के उपदेश का प्रचार-प्रसार करे और मनुष्य मात्र इन विद्वानों से सब वेदविद्याओं को ग्रहण करे जो कोई पुरुष सुख चाहता वह विद्वानों के

सत्संग से विद्या का अनुशीलन करे। विद्या के बिना किसी को सत्यसुख की प्राप्ति नहीं होती है। इससे पढ़ने–पढ़ाने वालों को प्रयत्न से सकल विद्याओं को ग्रहण करना या कराना चाहिए।

सामाजिक उद्भावना के विकास में आर्य–संस्कृति एवं सभ्यता के विकास में वेदग्रंथों के योगदान निश्चय ही सराहनीय प्रतीत होते हैं। समाज का स्वरूप विद्वानों के योगदान बदल सकता है। यह चिंतन वेदमंत्रों में अनेक स्थलों पर उपलब्ध होते हैं। ऋषियों–महर्षियों ने अपने आत्मचिंतन का फैलाव पूरे समाज पर किया था जिस संदर्भ में अनेक वैदिक मंत्रों का समावेश यहाँ पर हुआ है।

समाज की उक्ति प्रचलित है जिसका उद्भव एवं विकास वेदग्रंथों में प्रचुरता से समाविष्ट किया है जिससे प्रतीत होता है कि विद्वानों का मूलधर्म विद्याधन के विकास से जुड़ा हुआ था जिन्हें वेद मंत्रों में बड़ी सहजता से समाविष्ट किया गया है:–

को देवयन्तमश्नवज्जनं को वृक्त बर्हिषम्।
प्रप्रदाश्वान्पस्त्याभिरस्थिततान्तर्वावत् त्रयंदधे॥

मंत्र सं0 7 पृ0 सं0 61 ऋ0 प्र0 भा0

अर्थात् सब मनुष्य विद्या–प्रचार–प्रसार की कामना वाले उत्तम विद्वान के स्थान को नहीं प्राप्त होते हैं और सम्वेदनशील होकर सदा के सुखरूपगृह के भी भागी नहीं हो पाते हैं। कोई–कोई भाग्यशाली पुरुष ही दोनों तरह के सुखों के अधिकारी हो पाते हैं।

आ त्वा विप्रा अचुच्यवुः सुतसोमा अभिप्रयः।
वृहद्भा विभ्रतो हविरग्ने मत्तीय दाशुषे॥

मंत्र सं0 8 पृ0 सं0 66

अर्थात् विद्वान मनुष्य को चाहिए कि जिस प्रकार उत्तम सुख हों उसको विद्या विशेष परीक्षा से प्रत्यक्ष कर अनुक्रम से सबको ग्रहण करावें जिससे इन लोगों के सब काम सिद्ध हो जायें।

आर्यों के लिए शिक्षा प्राप्त करना तथा दूसरे को कराना जीवन

का सर्वोपरि उद्देश्य था। विद्या की प्राप्ति से जीवन का साफल्य समझा जाता था। अपने समाज, परिवार तथा आश्रितों के विद्यादान सर्वोपरि था यह विचार इस मंत्र में अभिव्यञ्जित है:-

प्रातर्याब्णः समृस्कृत सोमपयाय सन्त्य।
इहाद्य दैव्यं जनं वर्हिरा सादया वसो॥

अर्थात् जो मनुष्य उत्तम गुणयुक्त मनुष्यों को उत्तम वस्तु देते हैं ऐसे मनुष्यों का संग सब करें कोई भी मनुष्य विद्या वा पुरुषार्थ युक्त मनुष्यों के संग वा उपदेश के बिना पवित्र वस्तुओं एवं दिव्यसुखों को प्राप्त नहीं हो सकता।

मंत्र 9 पृ0 66

आर्य संस्कृति की उद्भावना है कि अपने समाज में विद्याधन का सम्यक् वितरण किया जाना चाहिए। इस धन को श्रद्धा की दृष्टि से देखी गयी जिसका प्रचार-प्रसार विद्वानों का दायित्व एवं मानब धर्म माना गया है। आगे के मंत्र में यह भावना विशेष रूप से उल्लिखित है:-

अर्वाञ्च दैव्यं जन्मग्ने यक्ष्वसहूर्तिभिः।
अयं सोमः सुदानवस्तंपात तिरोअहण्यम्॥

मनुष्य को उचित है कि सर्वदा सज्जनों को समीप लाकर सत्कार के साथ पदार्थों का विज्ञान शोधन और उनसे उपकरण ग्रहण करना चाहिए और उत्तरोत्तर इसको जानकर इस विद्या का प्रचार किया करें।

लोक-कल्याण के प्रति सजग आर्यों ने शिक्षा, दीक्षा को सर्वोपरिधन समझा था जिसका विस्तार या फैलाव करने की मनोदशा सर्वत्र दीख पड़ती है।

सामाजिक दायित्व समझने वाले आर्यों ने सम्पूर्ण समाज के विकास में सद्ज्ञान फैलाने की चेष्टा की थी क्योंकि ज्ञानयुक्त समाज ही संगठित रह सकता है यह उन आर्यों का विश्वास था।

नारी समाज के प्रति आर्यगण बड़े ही सजगह दीख पड़ते हैं। नारी

के सारे गुणों का आख्यान बड़ी सरसता के साथ प्रस्तुत किया गया है जिससे प्रतीत होता है कि समाज नारी की सही शिक्षा-दीक्षा के साथ सद्ज्ञान युक्त करना आर्यों का दायित्व था।

मंत्र की पंक्ति इस सन्दर्भ में इस प्रकार अभिव्यक्त हुई है:-

एषो उषा ऊपूर्व्या व्युच्छति प्रिया दिवः।
स्तुषे वामश्विना वृहत्॥

मंत्र संख्या 1 पृ0 67 ऋ0 वेद प्र0 भाग

आर्य संस्कृति एवं सभ्यता में नारी शिक्षा का महत्व समझा गया था जिससे आर्यगण सतत् जागरूक एवं नारीसमाज को भी समान रूप से शिक्षित देखने का प्रयास हुआ है। भारतीय परम्परा का शिलान्यास जिस आधार पर हुआ था उस आधार की शिला बड़ी ठोस थी जो आज भी वैसी ही सजीवता लिए हुए विद्यमान है।

मंत्र का अर्थ इस प्रकार व्यक्त है- जो स्त्रियाँ सूर्य, चन्द्र और उषा के सदृश सब प्राणियों को सुख देती है वे आनन्द को प्राप्त होती है। इनसे विपरीत कभी आनन्द को प्राप्त नहीं कर सकती है। आगे का मंत्र इस प्रकार अभिव्यक्त होता है:-

या दस्त्रासिंधुमातरा मनोतरा रयिणाम।
धिया देवा वसुविदा॥

अर्थात् जैसे कारीगर लोगों से ठीक-ठीक प्रयुक्त किये हुये अग्नि जलयानों को मन के वेग के समान शीघ्र पहुँचाने वाले बहुत धन को प्राप्त कराने वाले होते हैं उसी प्रकार अध्यापक और उपदेशकों को होना चाहिए। शिक्षण कार्य का महत्व आर्यों ने बड़ी स्पष्टता के समझा था। समाज की गति में तीव्रता लाने का कार्य शिक्षकों का ही था जिसका उल्लेख बड़ी स्पष्टता के साथ मंत्र में हुआ है।

आर्यों की चिंतधारा सतत विकासमान रही है। समाज के बुद्धिजीवी वर्ग का दायित्व एक ओर आवश्यक माना गया तो दूसरी ओर शिल्पियों के महत्व को समझा गया क्योंकि यान द्वारा एक स्थल से अन्य स्थलों

पर पहुँचना मनोवेग की तरह आसान था तो दूसरी ओर अध्यापन कार्य की सफलता से समाज की गतिशीलता कायम रखने की चेष्टा ऋषियों ने आवश्यक समझा था जिसका पालन बड़ी सक्रियता के साथ हुआ है।

ऋषियों-महर्षियों ने समाज देश तथा धार्मिक विकास के लिए सतत् प्रयत्न किया तो अन्य दिशा में भी विकासशील बने रहने की चेष्टा दीख पड़ती है। इस तरह चतुर्दिक विकास का प्रयास वेदग्रंथों में वर्णित हुआ है।

विजानीध्यार्य्यान्ये च दस्यवो
वर्हिष्मते रन्धया शासदव्रतान्।
शाकीभव यजमानस्य योदिता
व्रिश्वेताते सधामर्देषुचाकन॥

मनुष्य दस्यु अर्थात् दुष्टस्वभाव को छोड़कर आर्य अर्थात् श्रेष्ठस्वभावों का आश्रय लेना चाहिए। वे ही आर्य की संज्ञा से युक्त होते हैं जो उत्तम विद्यादि के प्रचार से सबके उत्तम भोग की सिद्धि और अधर्मी दुष्टों के निवारण के लिए निरंतर यत्न करते हैं। निश्चय ही कोई मनुष्य आर्यों के संग उनसे अध्ययन वा उपदेशों के बिना यथावत विद्वान धर्मात्मा आर्य स्वभाव वाला नहीं हो सकता। यह निश्चय ही आर्यों के गुण एवं कर्मों के परिचायक हैं। मंत्र सं0 8 पृ0 सं0 73 ऋ0 वे0 प्र0 भाग

आर्य संस्कृति एवं सभ्यता में स्त्रियों के स्थान निर्धारण पर भी विचार हुआ है। भारतीय परम्परा का इतिहास वेदग्रंथों से प्राप्त होता है, नारी के कर्त्तव्य तथा समाज-परिवार में नारी के योगदान का उल्लेख भी वेदग्रंथों से प्राप्त होते हैं:-

उपो यदद्य मानुना वि द्वारा वृणवो दिवः।
प्रनो यच्छतादवृकं पृथुच्छर्दिः प्रदेवीगोमतीरिवः॥

मंत्र 15 पृ0 71 ऋ0 वे0 प्र0 भाग

अर्थात् जैसे उषा अपने प्रकाश से अतीत, वर्तमान और आने वाले दिनों में सब मार्ग और द्वारों को प्रकाशित करती है वैसे ही मनुष्यों को

चाहिए कि सब ऋतुओं में सुख देने वाले घरों को बनाकर उसमें सब भोग्य पदार्थों की स्थापना कर सब स्त्रियों के अधीन कर प्रतिदिन सुखी रहे।

इस तरह का पारिवारिक सामञ्जस्य स्थापित करने की चिंतनधारा वेदग्रंथों से प्राप्त हैं जिसका पालन एवं निर्वहन आज तक भारतीय समाज एवं परिवार होता आ रहा है। यह प्रारम्भिक चिंतन की वैज्ञानिकता है जिसे समाज ने इसे अक्षुण्ण रखा है जिससे पारिवारिक सामञ्जस्य की झलक प्राप्त होती है। यह चिंतन प्राचीन होते हुए भी अधुनातन रूप में विद्यमान है।

अन्य मंत्र में भी इस तथ्य का विस्तार होते गया है जिससे पारिवारिक सामञ्जस्य की अभिव्यञ्जना स्पष्ट परिलक्षित होती है। मंत्र संख्या 16 पृ0 सं0 71 में यह तथ्य विश्लेषित हुआ है जो आर्यों के प्रारम्भिक चिंतन की देन कही जा सकती है।

ऋग्वेद मंत्रों के माध्यम से भारतीय समाज की प्रारम्भिक चिंतनधारा अभिव्यञ्जित होती है तो दूसरी ओर नारी समाज का महत्व भी प्रतिपादित होता है। मनुष्य की पूर्णता नारी की विशाल गरिमा समझने एवं उससे लाभान्वित होने की सफल योजना का विश्लेषण भी ऋषियों महर्षियों ने बड़ी सफलता के साथ किया है जो पारिवारिक सामञ्जस्य वर्तमानकाल में भी दृष्टिगत होता है।

सामाजिक चिंतन का इतिहास हमारे वेदग्रंथों में अभिव्यञ्जित है जो मार्गदर्शन की दृष्टि से इन तथ्यों के महत्व परिलक्षित होते हैं:-

जिस उषा की भूमि संयुक्त सूर्य के प्रकाश से उत्पत्ति है, वह दिवरूप परिणाम को प्राप्त होकर पदार्थों को प्रकाशित करती हुई सबाके आह्लादित करती है वैसे ब्रह्मचर्य, विद्या, योग से युक्त स्त्री श्रेष्ठतम समझी जानी चाहिए।

मनुष्य लोग जैसे सूर्य के प्रकाश से सुरूप की प्रसिद्धि होती है वैसे ही विदुषी स्त्री से घर का काम और सन्तान की उत्पत्ति होती है,

ऐसा समझकर उस नारी से पारिवारिक सामजञ्जस्य कायम रखने की चेष्ट करती रहनी चाहिए। मंत्र की पंक्ति इस प्रकार है-

बयश्चित्ते वितत्रिणो द्विपच्चतुष्पदर्जुनि।
उषः प्रारन्नतृरनु दिवो अन्तेध्यश्परि॥

अर्थात् जैसे उषा मुहूर्त्त, प्रहर, दिन, मास ऋतु अर्थात् दक्षिणायन और वर्षों का विभाग करती हुई सब प्राणियों के व्यवहार और चेतना को विभक्त करती है वैसे ही स्त्री सब गृहकृत्यों को संचालित करती हैं।।

मंत्र सं0 3 पृ0 71 ऋ0 वेद प्र0 भा0

व्युच्छन्ती हि रश्मिभिर्विश्वमाभासि रोचनम्।
तां त्वामुपर्वसूयोगीर्भिः कण्वा अहूषत॥

अर्थात् विद्वानों को चाहिए कि उषा के गुणों के तुल्य नारी उत्तम होती है। इस सत्य को हृदयंगम करे और यह सदज्ञान प्रचारित एवं प्रसारित करने का सतत् प्रयास करता रहे। मन्त्र सं0 4 पृ0 71

भारतीय परम्परा का निर्वाह करते हुए आर्य ऋषियों ने सामाजिक सौहार्द की स्थापना का सफल प्रयास मंत्र के माध्यम से किया गया है। ईश्वरीय अनुकम्पा से ही मानव समाज उद्भव एवं विकास हुआ इस सत्य का विश्लेषण मंत्र द्वारा इस प्रकार किया गया है:-

उद्वयन्तम् सस्परि ज्योतिष्पश्यन्त उत्तरम्।
देवं देवत्रा सूर्य मगन्म ज्योतिरूित्तमम्॥

मानव समाज के लिए यह सद्ज्ञान है कि परमेश्वर के सदृश कोई भी उत्तम पदार्थ नहीं है और न तो इसकी प्राप्ति के बिना कोई मनुष्य मुक्तिसुख को भी प्राप्त कर सकता है। मंत्र सं0 10 पृ0 72 ऋ0 वे0 प्र0 भाग

इस तरह पूरे मानव समाज को आस्तिक चिंतन के लिए मंत्र द्वारा उत्प्रेरित किया जाता है जिससे नैतिक बन्धन में समाज जुड़ा रहे और विकास मार्ग पर सतत् अग्रसर होता रहे-मंत्र की पंक्ति इस प्रकार उल्लिखित है-

अभित्यंभेषंपुरूहूतमृग्मियनिन्द्र-
गीर्भिर्मदताषस्वोवर्णवम्।
यस्य द्यावो न विचन्ति
मानुषा भुजे मंहिष्ठमभि विप्रमर्चत्।।

मंत्र सं0 1 पृ0 73 ऋ0 वे0 प्र0 भाग

मंत्र के माध्यम से स्वस्थ राजनीतिक चिंतन प्रस्तुत किया गया है जिससे देश, समाज एवं परिवार सभी प्रसन्न तथा सुख-सम्पन्न रहे।

इन सबों के सम्यक् विकास में ही देश का विकास सन्निहित समझा गया था जिससे आर्यसंस्कृति की सबलता चिरस्थायी बनी रही है। सामाजिक विकास की गतिशीलता कायम रहे इसके लिए आर्य समाज के स्वस्थचिंतन के स्वरूप इस प्रकार उल्लिखित हुए हैं:-

मंत्र सं0 7 पृ0 सं0 73 में यह विचार इस प्रकार अभिव्यञ्जित हुआ है:-

त्वे विश्वा तविषी सध्रयग्धिता
तव राधः सोमपीथाय हर्षते।
तव वज्रश्चिर्किते वाह्वोर्हितो
वृ श्चा शत्रोरव विश्वानि वृष्ण्या।।

अर्थात् श्रेष्ठों में बल उत्पन्न होने से सभी मनुष्यों को सुख प्राप्त होता है और दुष्टों केवल की वृद्धि होने से सभी लोग कष्ट पाते हैं। अतः श्रेष्ठों के बल की वृद्धि तथा दुष्टों के बल के क्षय का प्रयास सतत् किया जाना चाहिए।

वैदिक मंत्रों की प्रतिष्ठा समाज में कायम रही है। ये मंत्र दिशा-निर्देश करते थे जिसकी ज्योति तथा आभा चतुर्दिक फैली रहती है। इस मंत्र का उल्लेख इस प्रकार हुआ है:-

इमे त इन्द्र ते वयं पुरुष्टुत ये
त्वारम्य चरामसि प्रभूवसो।

नहि त्वदन्यो गिर्वणो गिरः
सघत् क्षोणीरिवप्रतिनो ह्यं तद्वचः॥

अर्थात् जो मनुष्य परब्रह्म से भिन्न किसी वस्तु की उपासना नहीं करते और उससे उपदिष्ट वेद प्रतिपादित मत से भिन्न मत नहीं मानते वे ही पूज्य यहाँ होते हैं-

मंत्र सं० 4 पृ० 81 ऋ० वे० प्र० भाग

वेदगंथ के महत्व इन पंक्तियों के माध्यम से अभिव्यञ्जित होते रहे हैं- सम्पादक के ऋग्वेद द्वितीय भाग का भूमिका से उद्धृत लघु अंशः-

धर्म की पावनगंगा का प्रभाव प्रभु ने वेद रूप में धरती पर प्रवाहित किया। आदिसृष्टि से महाभारत काल पर्यन्त मनुष्य जाति वेद मार्ग पर चलते हुए उत्कर्ष की राह पर बढ़ती रही। किन्तु, दुर्भाग्यवश स्वार्थ एवं अज्ञानता के वशीभूत हो प्रभु का ज्ञान विस्मृत होता गया और जैसे सूर्य के छिपने पर नाना दीपक जल उठते हैं। वैसे ही वेद मानु के अस्त होते ही मनुष्यकृत नानामत-मतान्तरों का उदय हुआ। मनुष्य और मनुष्य के मध्य विभिन्न दीवारें खड़ी हो गई। धरती अन्धकार में डूबती गयी।

उन्नीसवीं शदी के मध्य में जब भारत राष्ट्र पराधीनता और अज्ञानता के कारण निराश के सागर में डूब रहा था तब प्रभु की कृपा से एक दिव्याविभूति ने भगवान दयानन्द के रूप में फिर से वेद के प्रचार-प्रसार का व्रत लिया इसी महर्षि दयानन्द ने बताया कि वेद सब सत्य विद्याओं की पुस्तक है और कहा कि जब तक मनुष्य जातिवेद के प्रभु के बताए मार्ग पर नहीं चलेगी तब तक उसका कल्याण नहीं होगा। ''भूमिका का लघु अंश'' महत्व की दृष्टि से अत्यन्त महत्वपूर्ण है। यह विशालग्रंथ भारतीय समाज का प्राचीन इतिहास मात्र नहीं बल्कि मार्गदर्शक ग्रंथ है जिसके अनुशीलन से देश, समाज अपने विकास मार्ग पर चलने के लिए ''पाथेय'' की तरह इसका उपयोग करते आ रहा है। भारतीय जन-मानस की क्षुधा तृप्ति हेतु इसका उपयोग होता है।

ऋग्वेद द्वितीय भाग के मंत्र संख्या 8 पृष्ठ संख्या 5

ज्ञानी व्यक्ति की प्रशंसा की गई है तथा उनके कर्त्तव्य के प्रमाण एवं महत्व प्रतिपादित कर उनकी सफलता की कामना की गई है।

आ भारती भारतीभिः सजोषा
इला देवैर्मनुष्येमिरग्निः।
सरस्वती सारस्वते मिरर्वाक्
तिस्रो देवीवर्हिरिदं सदन्तु॥

अर्थात् हे मनुष्यो! यदि तुम लोग प्रशंसित वाणी और वृद्धि को प्राप्त हो तो सूर्य के तुल्य प्रकाशित होकर इस जगत में कल्याण-मार्ग ग्रहण करो।

आगे के मंत्रों में भी विद्वानों के कर्त्तव्य की भूरि-भूरि प्रशंसा की गई है तथा विद्वानों को उत्प्रेरित करने की सफल चेष्टा की भावना भी व्यक्त है-

मंत्र संख्या 11 पृ0 5 में कथन है- हे विद्वान! जैसे सूर्य का प्रकाश दिव्यगुणों के साथ नीचे भी स्थित हम सबों को प्राप्त है वैसे ही हम सभी अच्छी शिक्षा विद्वानों से प्राप्ति की कामना करते हैं।

राजा तथा प्रजा के बीच कल्याणकारी चिंतन की अभिव्यक्ति इस प्रकार है-

यस्य शर्मन्नुप विश्वे जनास
एवैस्तस्थुः सुमतिं भिक्षमानाः।
वैश्वानरो वरमा रोदस्य
योरग्निः ससाद पित्रोरूपस्थम्॥

मंत्र संख्या 6 पृ0 9:- अर्थात् वही राजा नित्य बढ़ता है जिसके समीप विद्यावर्धक, विद्वान मंत्री सदा रहें। जो सत्यवक्ता के उपदेश को नित्य स्वीकार करता है वह सूर्य के तुल्य सारी पृथ्वी प्रकाशमान होकर प्रशस्तराज्य को प्राप्त कर लेता है।

इस तरह के कल्याणकारी चिंतन के द्वारा समाज को उन्नति के उतुङ्ग शिखर पर पहुँचाने की चेष्टा आर्यों ने की थी जिससे सामाजिक, राजनीतिक एवं धार्मिक विकास के साथ-साथ आर्थिक विकास की भी प्राप्ति होती रही है।

मंत्र सं0 112 पृ0 सं0 10

सफल राजा के गुणों एवं उनके सामाजिक, राजनीतिक आचरण पर वेदग्रंथ में विचार किया गया है जो वेदकालीन समाज का आदर्श माना जाता है-

मंत्र की पंक्ति इस प्रकार है-

प्रद्योदेवंचित्सहसानमग्निमश्वं
न वाजिनं हिषे नमोमिः।
भवा नो दतो अध्वरस्य
विद्वानमना देवेषु विदेमितदुः॥

अर्थात् जो प्रजा के किये आक्षेपों का सहन करता है घोड़े के तुल्य सब कार्यों सम्पन्न करता है विद्वानों में विद्वान, दूत के तुल्य समाचार पहुँचाने वाले उसी को राजसिंहासन प्राप्त कराया जाना चाहिए।

अगले मंत्र में इस विचार कर विश्लेषण उपलब्ध है-

आ याह्यग्ने पथ्या अनु स्वा
मद्रो देवानाम् संख्य जुषाणः।
आ सानु शुष्मैर्न दयन्पृथिव्या-
जम्मेमिर्विश्वमुरूद नानि॥

अर्थात् जो विद्युत तुल्य पराक्रमी सूर्यतुल्य प्रतापी अपने प्रजाओं को न्याय से आह्लादित करता है वही सर्वोत्तम राजा मान्य होता है।

वेदकालीन ऋषियों ने समाज के विकास हेतु जो मापदण्ड निर्धारित किया था उसकी अवहेलना नहीं की जाती थी तथा उन आदर्शों

को मान्य समझकर वैसा आचरण करना अनिवार्य समझा जाता था क्योंकि इस चिंतन उल्लंघन किसी स्थिति में नहीं होता था।

राजा लोग सत्कर्म करने वाले यदि हैं तो वे सत्कार के अधिकारी समझे जाते थे। इससे भिन्न चरित्र वाले राजा का सम्मान किसी भी स्थिति में नहीं होता था। मंत्र की पंक्ति वेदग्रंथ में इस प्रकार है-

मंत्र सं0 4 पृ0 सं0 11 ऋ0 द्वि0 भा0

प्राणायमग्निर्मरतस्य शृण्वेयत्सूर्यो न राचते वृहद्धाः।
अभियः पूरुपृत्नासुतस्थद्युतानो दैव्यो अतिथि शुशोच॥

अर्थात् जो राज लोग सत्कर्म करने वाले का ही सत्कार करें और दुष्टाचारियों दण्डित वे ही सूर्य के तुल्य प्रकाशमान अतिथियों के समान सत्कार करने योग्य समझे जाते थे तथा सर्वदा विजयी होकर प्रसिद्ध कीर्तिवाले हुआ करते थे।

आध्यात्मिक चिंतन में रमे हुए पात्रों के प्रति पूरा समाज उनके प्रति श्रद्धा अभिव्यंजित करता था।

सामाजिक सामञ्जस्य के कारण यतिगण एवं साधुसंत सतत् समादृत होते थे तथा उनका आगत-स्वागत में किसी प्रकार की कमी नहीं की जाती थी। यह वेद कालीन समाज का स्वरूप था जिसमें सभी वर्ग पूर्ण संतुष्ट तथा सुखी थे और एक दूसरे के सहायक बने रहते थे। भिक्षाटन करने वाले के प्रति हेय दृष्टि नहीं थी बल्कि उन्हें गृहस्थों के द्वारा आदर सत्कार किया जाता था। ऋग्वेद द्वितीय भाग पृ0 सं0 14 मंत्र सं0 2

ऋग्वेद द्वि0 भाग पृष्ठ संख्या 120 मंत्र संख्या 38-

यो मे हिरण्यसन्दृशो दश राज्ञो अमहत।
अधस्पदा इच्चैद्यस्वकृष्ठ्य श्चर्मम्ना अभितोजनाः॥

अर्थात्, हे! शत्रुओं के तापदाता, हे सुमर योद्धाओं पर विजय पाने वाले ज्ञानयोगी और कर्मयोगी! आप तेजस्वी दश राजा मुझे दें। अर्थात्

दशराजाओं का मुझे शासक बना दें जिससे वे ऐश्वर्य से युक्त होकर अपना यज्ञ पूर्ण करने में सफल हो जायें।

इस तरह ऋग्वेद कालीन समाज में राजा, प्रजा, यति, संन्यासी सभी वर्गों के यथेष्ट सेवा-सत्कार होते थे और वे पूर्ण संतुष्ट थे।

समाज में शान्ति एवं सुव्यवस्था रहने पर सामाजिक समस्याओं के समाधान बड़ी तत्परता पर सम्पन्न होते थे। सामाजिक सामञ्जस्य के लिए साधु-सन्तों के पूर्ण सहयोग समाज में प्राप्त थे। किसी भी स्थिति में वैमनस्य के जहर नहीं दीख पड़ता है। सबों के बीच सौहार्दपूर्ण भावना से सहयोग की असीम शक्ति के उपयोग होते रहे हैं।

ऋग्वेद ग्रन्थों में प्रथम भाग एवं द्वितीय भाग दोनों ही समाज के स्वरूप का चित्रण प्रस्तुत करते हैं तथा सामाजिक सौहार्द का वातावरण सर्वत्र व्याप्त था जिनके अनेक उदाहरण मंत्रों के माध्यम से प्रस्तुत किये गए हैं। राजनीतिक कलह की दुर्गन्ध समाज के विकास में कभी व्याप्त नहीं होता था जिससे जनमानस की चेतना में सहयोग तथा शांति व्याप्त थी। समाज के प्रबुद्ध लोगों की गति विकास की ओर रहती थी। आपसी सहयोग तथा शांति के मध्य समाज की गतिशीलता अक्षुण्ण बनी रहती थी।

जनमानस में विकास की गति ऐसी तीव्र थी कि सारी समस्याएँ स्वतः सुलझती हुई दीख पड़ती थीं। ऐसी परोपकारी चिंता व्याप्त रहती थी कि समाज एकजुट होकर सदा आगे बढ़ने की सफल चेष्टा करता रहता था जिसका परिणाम यह हुआ कि पूरी समृद्धि चारों ओर फैलती हुई आगे बढ़ती चली गई।

तृतीय अध्याय

अष्टादश पुराणग्रन्थों एवं चत्वारः वेदाः से अनुप्राणित भारतीय समाज

अथर्ववेद के मन्त्रों में समाज

द्वितीय काण्ड - पृ. संख्या 16

मन्त्र 3 पृ.16

सः न पिता जनिता स उत बन्धुधार्मानि वेद
भुवनानिविश्वा यो देवानां नामध एक
एद तं से प्रश्नं भुवना यन्ति सर्वा॥

अर्थात् परमेश्वर संसार का माता, पिता बन्धु और सर्वस तथा अर्न्तयामी हैं। वही पिता के सामान सृष्टि पदार्थों का नामकरण संस्कार करता है जैसे पृथ्वी, मनुष्य, गौ, अश्व, आदि विद्वान लोग सतसंग करके उस जगदीश्वर को पाते है और आनन्द का उपभोग करते हैं।

मन्त्र 4 पृ.17

अभिये दिद्युन्नक्षत्रियो या
विश्वावसंगन्धर्व सचध्वे।
ताभ्यो वो देवीर्नम इत कृणोमि ॥

अर्थात् के प्रत्येक पदार्थ अवलोकन से देखा जाता है कि ये अप्सरायें परमेश्वर के वशीभूत होकर सर्व सृष्टि की उत्पत्ति, स्थिति, और अन्त का कारण है। उन शक्तियों अर्थात् उनके स्वामी जगदीश्वर

को बड़े-छोटे प्राणी नम्रता से स्वीकार करते और उपकारों को विचार कर उपकारी बनकर आनन्द भोगते हैं।

मन्त्र 5 पृ.17

याः क्लन्दास्तामिषी च यो ऽ क्षकामा मनोमुहः।
तम्यो गन्धर्व पत्नीभ्योऽप्सराभ्योऽ करं नमः ॥

अर्थात् वह परमेश्वर दुष्टों पर गरजता और शिष्टों का आवाहन कर्त्ता, अनन्त दलवान उत्तम कर्मो प्रीति करने वाला और मनोहर स्वभाव वाला है। वह सब जड़ चेतन नमस्कार करके उस सर्वशक्तिमान की आइना मानते और आनन्दित होते हैं।

मन्त्र-1 पृ.17-सूक्त-3

ऊदो यह बधावत्य वत्कमधि पर्वतात्।
तत् ते कृणोमि भोषजं, शुभेषजं यथाससि।

अर्थात् हिम वाले पर्वतों से नदियाँ ग्रीष्मऋतु में भी बहती रहती और अन्नादि औषधों को हराभरा करके अनेक विधि से जगत का पोषण करती है। उसी प्रकार औषध का औषध, वह ब्रह्म सब के हृदय में व्यापक हो रहा है। सब मनुष्य ब्रह्मचर्य सेवन और सुविधा ग्रहण से शारीरिक और मानसिक रोगों की निवृत्ति करके सदा उपकारी बने और आनन्द भोगें।

मन्त्र-3 पृ.18

नीचैः खनन्त्यसुरा अरुस्त्राणमिदं महत्।
तदास्त्रावस्य भेषजं तदु रोगमनीनशत्॥

अर्थात् जैसे सद्वैद्य बड़े-बड़े परिश्रम और परीक्षा करके उत्तम औषधि को लाकर रोगों की निवृत्ति करके प्राणियों को स्वस्थ करते है वैसे ही विज्ञानियों ने निर्णय किया कि उस परमेश्वर से आदि सृष्टि मे ही मानसिक और शारीरिक रोगों की औषधि उत्पन्न कर दी है।

मन्त्र 5 पृ.18

अरूस्ताणमिदं महत पृथिव्या अध्युद्भृतम्।
तदा वस्य भेषजं तदुरोगामनीनशत्॥

अर्थात् महाक्लेशनाकिं ब्रह्म ज्ञानरूप औषधा पृथ्वी आदि लोको के प्रत्येक पदार्थ वर्तमान है। मनुष्य उसको प्रयत्न पूर्वक प्राप्त करे और रोगों की निवृति करके स्वस्थचित्त होकर आनन्दित रहे।

मन्त्र 6 पृ. 18

शं नो भवन्त्वा औषधयः शिवाः।
इन्द्रस्य वज्रो अप हन्तु रक्षण
आराद् विस्वासृष्यइषवः पतन्तुरक्षसाम्॥

अर्थात् परमेश्वर के अनुग्रह से हम पुरूषार्थ करते रहें जिससे जल, अन्न आदि सब पदार्थ शुद्ध रहकर प्रजा में आरोग्य वढ़ावे, जैसे राजा चोर, डाकू आदि दुष्टों को दण्ड देता है कि प्रजागण कष्ट न पावे और सदा आनन्द भोगे। ऐसे ही हम अपने दोषों का नाश करके आनन्द भोगें।

मंत्र 3 पृ. 18 सूक्त 4

अयं विष्कन्धं सहतेऽयं वाधते अत्रिणः।
अयं नो विश्वभेषजो जङ्गिडः पात्वंहसः॥

अर्थात् उत्साही विचारवान पुरुष परमेश्वर में विश्वास और पथ्य पदार्थो का सेवन करके अपनी दूरदर्शिता से मानसिक और शारीरिक बाधाओं को हटाकर अटल सुख भोगते हैं।

मंत्र 5 पृ. 18

शणश्च मा जङ्गिडश्च विष्कन्धादभि रक्षताम्।
अरणयादन्य आभृतः कृष्या अन्यो रसेभ्यः॥

अर्थात् आत्मदानी, उद्योगी, पथ्यसेवी और परमेश्वर के विश्वासी पुरुष अपनी और सबकी रक्षा कर सकते हैं। वही योगी जन तपश्चर्या,

विद्याभ्यास और खोज करने से आत्मदान और परमेश्वर में श्रद्धा प्राप्त करके अनेक सामर्थ्य और आनन्द का अनुभव करते हैं।

मन्त्र 3 पृ. 19 सूक्त 5

इन्द्र स्तुरायाणिम त्रोवृप्तंयोजधान यीतर्ण।
विभेद बलंभृगर्नससहेशत्रून मदेसोमस्य॥

अर्थात् महाप्रतापी राजा बड़े-बड़े यत्नवाले और बुद्धि निपुणवीरों का अनुकरण करके विरोधी शत्रुओं और अज्ञान नाश करके प्रजा को आनन्द और आप आनन्द पाते हैं।

मन्त्र 4 पृ. 19

आत्वा विशन्तुस्त्रतासइन्द्र पृणस्वकक्षी
विडढि शक्र धियेहया नः।
श्रधी हवं गिरो मे जुस्वेन्द्रस्व-
यूरिभर्मत्स्वेर महेरणाय॥

अर्थात् राजा अनेक श्रेष्ठ विधाओं के रस से अपने आत्मा को संतुष्ट करे और न्याय पूर्व प्रजा की रक्षा करता हुआ समुद्रों का जीत कर आनन्द भोगे।

मन्त्र 5 पृ. 19

इन्द्रस्य नु प्रा वोचं वीर्याणि यानिचकारप्रथमानिवजी।
अहन्नहिमन्व पस्ततर्द
प्रवक्षणा अभिनत पर्वतानाम॥

अर्थात् मनुष्य पूर्व कालीन प्रतापी और तेजस्वी नीतिकुशल पुरुषों का यश कीर्तन इतिहास द्वारा करे और उनका अनुकरण करके कुरीतियों को त्याग और सुरीतियों के प्रचार से आनन्द भोगे।

मन्त्र 6 पृ. 19

अहन्नहि पर्वते शिश्रियानं
त्वष्टा स्मैवज्रं स्वयं ततदा।

वाश्रा इव धेनवः स्यन्दमाना
अञ्जः समुद्रमव जग्मुरापः॥

अर्थात पूर्वज विवेकी राजाओं ने दण्ड व्यवस्था स्थापन करके अपने प्रकट और गुप्त शत्रुओं को मारा, तब प्रजागण प्रसन्न होकर उस हितकारी राजा का अभिनन्दन करने गए जैसा रम्भाती हुई गौ वछड़ो के पास अथवा वृष्टि के जल एकत्र होकर समुद्र में दौड़कर जाते हैं। उसी प्रकार सब राजा और प्रजागण परस्पर रहकर आनन्द मनाते रहें।

मन्त्र 2 पृ. 20 सूक्त 6

सं चेध्यस्वाग्ने प्र च
वर्धायेममुच्चं तिष्टमहते सौभागाय।
मातरिवन्नुप सत्तारो ब्रह्माणस्ते
यशसः सन्तु मान्ये॥

अर्थात् राज के लिए उचित है कि ब्रह्मचर्य से आत्मरक्षा प्रजारक्षा, शिल्पविद्या, युद्धविद्या आदि सामान्य और विशेष विद्याओं में निपुण होकर अपने सभासदों को भी निपुण करे और विद्वानों का सत्कार तथा अविद्वानों का तिरस्कार करता हुआ सदा आनन्द युक्त रहे। प्रस्तुत ऋचा के माध्यम से एक ओर राजतन्त्र की सुव्यवस्था पर विचार किया गया है तो दूसरी ओर पूरी शक्ति के साथ अन्य सारी व्यवस्थाओं को स्वस्थ एवं निपुण रखने की चेष्टा भी दीख पड़ती है। सामाजिक कल्याण हेतु स्वस्थ चिंतन करते हुए सारी सुव्यवस्थाओं को सुदृढ़ करने में उनकी प्रवृति की सजगता से स्पष्ट है कि पूरे समाज एवं राज्य के सारे निवासियों के कल्याणर्थ अनेक योजनाएं भी लागू की जाती हैं।

मन्त्र 3 पृ. 20 सूक्त 6

त्वामग्ने वृणते ब्राह्मणा इमो-
शिव अग्ने संवरण भवानः।
सपलहाग्ने अभिमातिजिद-
भव स्वगयें जागृह्यप्रयुच्छन्॥

अर्थात् वेदवेत्ता चतुरसभासद ऐसे पुरुषार्थी विद्वानं को अपना राजा या प्रधान बनावे कि जो सब दोषों और दुष्टों को मिटाकर अपने अधिकार को सावधान होकर चलावे और जिसमें सब राजा प्रजा आनन्द युक्त रहे।

मन्त्र 2 पृ 20 सूक्त 7

यश्च सापत्न शपथो ज़ाभ्याः शपथश्च यः।
ब्रह्म यन्मयुतः शपात् सर्वन्नो अधस्दम॥

अर्थात् हमसे कोई वेदविरुद्ध खोटा कर्म हो जावे जिससे हमारे शत्रु, हमारी स्त्रियाँ हमारे ब्राह्मणादि विद्वान लोग क्रुद्ध हों तब हम पूरा प्रयत्न करें कि हमारे शिष्टाचार और वैदिक कर्म से शाप विमोचन हो जावें अर्थात् वे सब हमसे पूर्ववत् फिर प्रीति करने लगे।

मन्त्र के माध्यम से सामाजिक चिंतन की सफलता पर विचार करते हुए राजतन्त्र की सजगता कर्मनिष्ठता आदि तत्त्वों के उपयोग करते हुए समाज की सही दिशा देने का सफल प्रयास किया है जिससे शासन तन्त्र दोषमुक्त जैसा प्रतीत होने लगे सारी प्रजा इस शासन तन्त्र के प्रति सहर्ष अपनी सहमति बनाये रक्खे जिससे शासन तन्त्र में कोई कमी या व्यवधान न दीख पड़े।

मन्त्र 1 पृ. 20 सूक्त 8

उदगातां भगवती विचृतौ नाम तारके।
विक्षेत्रीयस्य मुञ्चतामधुमं पाशमुत्तमम्॥

अर्थात् जैसे सूर्य और चन्द्रमा संसार मे उदित होकर अपने ऊपर और नीचे के अन्धकार का नाश करके प्रकाश करते हैं, उसी प्रकार मनुष्य छोटे और मानसिक, शारीरिक और वांशिक रोगों तथा दोषों को निवृत करके स्वस्थ और प्रतापी हों।

मन्त्र 2 पृ. 21 सूक्त 8

ऊपेयं रात्र्युच्छ त्वयोच्छन्त्वभिकृत्त्वरीः।
वीरुतं दोत्रियनाशन्यपदोत्रियमुच्छतु॥

अर्थात् जैसे रात्रि के समाप्त होने पर आलस्य आदि का अन्त होता है और जैसे औषध से शरीर रोग निवृत होता है वैसे ही मनुष्यों को अपने और अपने वंश के अज्ञान का नाश करके ज्ञान के प्रकाश से आनन्दित रहना चाहिए।

मन्त्र 3 पृ. 21 सूक्त 8

व्रभोरर्जुन काणस्ययवस्य
ते परमाल्यातिलस्य तित्मपिञ्जया।
वीरूत क्षेत्रिय नाशन्यष क्षेत्रियमुच्यतो॥

अर्थात् जैसे परिपक्व और नवीन यव तिरम आदि पदार्थों के यथावत उपयोग से और औषधों के सेवन से शारीरिक बल सिथर रहता है वैसे ही मनुष्य उत्तम विद्या प्रकाश से आत्मिक दोषों की निवृति करके आनन्द प्राप्त करें।।

मन्त्र 4 पृ. 21 सूक्त 8

नमस्ते लाङ्गलेम्यो नम् ईषायुगेभ्यः।
वीठत क्षेत्रिय नाशन्यप क्षेत्रियमुच्छतु

अर्थात् जैसे कृषक वर्ग हल आदि उपयोगी और दृढ़ सामग्री के प्रयोग से अन्न उत्पन्न करते हैं वैसे ही सब मनुष्य परमेश्वर के नियमों को साक्षात् करके उद्योग के साथ प्रयत्न से शरीर और अन्तःकरण की दृढ़ता करके उपकारी बनें और सदा आनन्द भोगें।

मन्त्र 5 पृ. 21 सू. 8

नमः सनिस्त्रसादोभ्योनमः सन्देस्येभ्यः
नमः दोत्रस्य पतये वीरूत्क्षेत्रियनाशन्यप क्षेत्रियमुच्छतु॥

अर्थात् जैसे कृषक वर्ग हल आदि उपयोगी और दृढ सामग्री के प्रयोग से अन्न उत्पन्न करते हैं वैसे ही सब मनुष्य परमेश्वर के नियमों को साक्षात करके उद्योग के साथ प्रयत्न से शरीर और अन्तःकरण की दृढ़ता करके उपकारी बनें और सदा आनन्द भोगें।

मन्त्र 5 पृ. 2 सू. 8

नमः सनिस्त्रसादोम्योनमः सन्देस्येम्यः
नमः क्षेत्रस्य पतये वीरूत्क्षेत्रियनाशन्यप क्षेत्रियमुच्छतु॥

अर्थात् सब मनुष्य ऐसा सुप्रवन्ध करे कि हीन दुखियों का यथावत पालन हो। उद्योगी दानी पुरुष और कृषक वर्ग अन्नादि प्राप्त करें जैसे परमेश्वर ने औषध आदि उत्पन्न करके उपकार किया है उसी प्रकार सबको उपकारी बनना चाहिए।

मन्त्र के माध्यम से समाज का स्वरूप वर्णित करते हुए कहा गया कि सब वर्ग समाज में एक दूसरे पर आश्रित माना जाता है। कृषक वर्ग की परिश्रम शीलता के फलों का रसास्वादन अन्य वर्ग भी बड़ी सहजता से करते है दूसरी ओर कृषक वर्ग भी अन्य वर्ग द्वारा उसके लिए तैयार किये सामानों का उपभोग किसान वर्ग भी बड़ी सहजता के साथ करता है। इस लिए यह उक्ति प्रसद्धि "जहाँ काम आवे सुई कहां करे तलवार" अर्थात् सभी अपनी हीनता के अनुसार सामान तैयार करता है लेकिन उनके सामानो के सही उपयोग अन्य वर्ग करते हैं।

मन्त्र 1 पृ. सूक्त 9

दशवृक्ष मुञ्चेमं रक्षसो
ग्राहया अधि येन जग्राह पर्वसु।
अथो एनां वनस्पते जीवानां लोकमुन्नया॥

अर्थात् सर्व चर और अचर के सेवनीय और सत्पुरुषों के रक्षक परमेश्वर के उपकारों पर दृष्टि करके मनुष्य अपने शारीरिक और मानसिक क्लेशों और विघ्नों को हटाकर सदा अपनी उन्नति करे।

मन्त्र 2 पृ. 21 सू.9

आगादुदगादयं जीवानां व्रातनप्यगात्
अमुदु पुत्राणां पिता नृणां च भवत्तमः।

अर्थात् पुरूषार्थी मनुष्य ही जीवित होते है इससे मनुष्य संसार में जन्म पाकर ब्रह्मचर्य सेवन से विद्या ग्रहण करे और पुरुषार्थी होकर

पुत्रादि सब प्रजा का पालन-पोषण करके महाप्रतापी और यशस्वी होवे।

मन्त्रय पृ. 21 सू. 9

देवास्ते चीतिमविदम् ब्रह्मणउत वीरुधः
चितिं ते विश्वेदेवा अविदन् मूम्यामधि॥

अर्थात् मनुष्य विद्वान वेदवेताओं के उपदेश से तथा अन्नादि औषधियाँ और सूर्य, चन्द्र, वायु जल आकाश दिव्य पदार्थो में ईश्वरीय अटल नियमों शिक्षा और उपकार प्राप्त करके ईश्वर की महिमा के ध्यान में निमग्न होकर और परोपकार करके आनन्द पाते हैं।

वेदकालीन समाज की परिस्थितियाँ काफी संघर्षपूर्ण रही हैं। वेदग्रन्थों में उन परिस्थियों के विश्लेषण से कई एक तथ्य प्रकाश में आते हैं जिन तथ्यों के उपयुक्त विश्लेषण से विदित होता है कि समाज पर बुद्धिजीवी एवं श्रमजीवी वर्ग का प्रभाव चतुर्दिक था। उनके कार्य कलापों के प्रभाव से समाज पूर्णरूप से विकासोन्मुख था। निराशा एवं हतोत्साह की स्थिति समाज में नहीं थी बल्कि एक वर्ग दूसरे से घुले-भुले थे तथा उनके सम्मलित सहयोग से समाज के विकास की गति चतुर्दिक थी जिससे संघर्षशील वर्ग काफी संतुष्ट तथा अपनी सुखसुविधा के पूर्ण संतुष्ट थे। समाज की प्रगति में व्यक्ति की प्रगति निहित थी यह सामाजिक चिन्तन बड़ा ही सबल एवं स्वस्थ था जिनके फलस्वरूप पूरा समाज सुख शान्ति के सागर में गोता लगाकर प्रसन्न रहा करते थे। कोई भी वर्ग पीड़ित नहीं दीख पड़ता है। वेदकालीन युग भारतीय विकास के इतिहास में स्वर्णयुग ही कहा गया है।

वेदग्रन्थ की भूमिका में उल्लिखित उक्ति से वेद के प्रभाव स्पष्ट होते हैं।

ज्ञान ज्योति की शुभ्रकिरण
का जग में हो विस्तार
प्रभु की वाणी के स्वर गूँजे, फैले शुद्ध विचार।
जन मानस में सत्य सुधा की गूँजे जयजयकार,
धर्म ध्वजा फहरात भू पर, स्वर्ग बने संसार॥

चतुर्थ अध्याय

यजुर्वेद की ऋचाओं में वर्णित तथ्यों के विश्लेषण

मन्त्र 14 पृ.4

शर्मास्यवधूत रक्षोऽवधूताऽअरातयोऽ-
दित्यास्त्वगसि प्रतित्वादितिर्वेत्तु।
अद्रिरसि वानस्पत्यो ग्रवासि
पृथुवुध्नः प्रतित्वादित्या स्त्वग्वत्तु॥

अर्थात् ईश्वर मनुष्यों को आज्ञा देता है कि तुम लोग शुद्ध और विस्वारयुक्त भुमि के वीच में अर्थात बहुत से अवकाश में सब ऋतुओं में सुख देने योग्य घर को बनाकर उसमें सुखपूर्वक वास करो तथा उसमें रहने वाले दुष्ट स्वभावयुक्त मनुष्यादि प्राणी और दोषों को निवृत्त करो। फिर उसमें सब पदार्थों को स्थापन का प्रयास करो और वर्षा के हेतु में जो यज्ञ है उसका अनुष्ठान करके नाना प्रकार के सुखों को उत्पन्न करना चाहिए क्योंकि यज्ञ के करने से ही वृष्टि जल की शुद्धि होती है। संसार में यह अत्यन्त बड़ा सुख सिद्ध होता है।

मन्त्र 19 पृ. 5

शर्मास्यवधूतॅं रक्षोऽवधूताऽ
अरातयोऽदिव्यास्त्वगसि प्रतित्वदितिर्वेत्तु।
धिषणासि पर्वती प्रति त्वादित्यास्त्व ग्वेत्तु दिव
स्कम्भनीरसि धिषणासि पार्वतेयी प्रतित्वा पर्वतीवेतु

अर्थात् मनुष्यों को अपने विज्ञान से अच्छी प्रकार से पदार्थों को इकट्ठा करके उनसे यज्ञ का अनुष्ठान करना चाहिए जो कि वृष्टि वा वुद्धि को बढ़ाने वाला है। वह अग्नि और मन से शुद्ध किया हुआ सूर्य प्रकाश को त्वचा के समान सेवन करता है।

मन्त्र 22 पृ.6

जनयत्यौ त्वा संयोमीदमग्नेरिदमग्निषोम
यो रिषेत्वा धर्मोऽसि विश्वा युरुरूप्रथाऽउरु
प्रथस्वोरु ते यज्ञपतिः प्रथमाग्निष्टे त्वचंमा
हिंसीद्देवस्त्वा सविता श्रययंत वर्षिष्ठेऽधि नाके॥

अर्थात् मनुष्यों को इस प्रकार का यज्ञ करना चाहिए जिससे पूर्णलक्ष्मी, सकल आयु, अन्नादि पदार्थ रोग-नाश एवं सव सुखों का विस्तार हो, उसको कभी नहीं छोड़ना चाहिए क्योकि उसके विना वायु और वृष्टि जल तथा औषधियों की शुद्धि के विना किसी प्राणी को अच्छी तरह से सुख नहीं हो सकता, इसलिए ईश्वर ने उक्त यज्ञ करने की आज्ञा सब मनुष्यों को दे दी है।

मन्त्र 25 पृ. 7

पृथिवी देवयजन्योषध्यास्तेमूलं मा
हिंसिषं व्रजं गच्छ गोष्यनं वर्षतु ते द्यौवधान
देव सवितः परमस्यां पृथिव्या शतेन पाशैर्यो
ऽस्मान द्वेष्टिं यं चवयं द्विष्मस्तमतो मामौक्॥

अर्थात् ईश्वर आज्ञा देता है कि विद्वान मनुष्यों को पृथ्वी का राज्य तथा उसी पृथिवी में तीन प्रकार के यज्ञ और औषधियाँ इनका नाश कभी न करना चाहिए। जो यज्ञ अग्नि में हवन किये पदार्थों का धूम मेघमंडल को जाकर शुद्ध के द्वारा अत्यन्त सुख उत्पन्न करने वाला होता है इससे यह यज्ञ किसी पुरुष को कभी छोड़न योग्य नहीं है, तथा जो दुष्ट मनुष्य हैं उनको इस पृथिवी पर अनेक बंधनों से बाँधे और उनका

कभी न छोड़े जिससे वे दुष्टकर्मों से निवृत्त हो और सब मनुष्यों को चाहिए परस्पर इर्ष्या द्वेष से अलग होकर एक दूसरे की सब प्रकार से सुख की उन्नति के लिए सदा यत्न करे।

मन्त्र 29 पृ. 8

प्रत्यष्टँ रहाः प्रत्युष्टाऽअरातयो
निष्टप्तँ रक्षो निष्टप्तोऽअरातयः।
अनिशितोऽसि सत्नक्षिद्वाजिनं
त्वा वाजे ध्याये समार्जिय।
प्रत्युष्टरक्षः प्रत्युष्टाऽ अरातयो
मिष्टप्तँ रक्षो निष्टत्प्ता ऽ अरातयः।
अनिशितासि सपत्नक्षिद्वाजिनो
त्वा वाजे ध्यायै समार्जिम॥

अर्थात् ईश्वर आज्ञा देता है कि मनुष्यों को विद्या और शुभ गुणों के प्रकाश की वृद्धि करनी चाहिए और दुष्ट शत्रुओं की निवृति के लिए नित्य पुरुषार्थ करना चाहिए तथा सदैव श्रेष्ठशिक्षा, शस्त्र-अस्त्र और सत्पुरुष युक्त उत्तम सेना से श्रेष्ठों की रक्षा करनी चाहिए तथा दुष्टों का विनाश करना चाहिए जिसे करके अशुद्धि आदि के दोषो के विनाश होने से सर्वत्र शुद्धगुण प्रवृत हो सकते हैं।

मन्त्रं 4 पृ. 9

वीतिहोत्रं त्वा कवेद्युमन्तं समधीमहि
अग्ने वृहन्तमध्वरे॥

अर्थात् संसार में जितनी क्रियाओं के साधन या क्रियाओं से सिद्ध होने वाले पदार्थ हैं उन सबको ईश्वर से ही रचकर अच्छी प्रकार धारणा किया है, मनुष्यों को उचित है कि उनकी सहायता से गुण-ज्ञान और उत्तम-उत्तम क्रियाओं की अनुकूलता से अनेक प्रकार के उपकार लेना चाहिए।

मन्त्र 7 पृ.10

अग्ने वाजजिद वाजं त्वा
सरिष्यन्तं वाजगित सम्मार्जिन।
नमो देवेभ्यः स्वछापितृम्यः स्यमेव मे भूयास्तं॥

अर्थात्, ईश्वर उपदेश करता है कि प्रथम मन्य में कहे हुए यज्ञ का मुख्य साधन अग्नि होता है क्योंकि जैसे ही प्रत्यक्ष में भी उसकी लपट देखने में आती है वैसे अग्नि का ऊपर में ही चलने-जलने का स्वभाव है तथा सव पदार्थों को छिन्न-भिन्न करने का भी उसका स्वभाव है और यान या अस्त्र-शस्त्रों में अच्छी प्रकार से युक्त किया हुआ शीघ्रगमन वा विजय का हेतु होकर वसन्त आदि ऋतुओं में उत्तम-उत्तम पदार्थों का सम्पादन करके अन्न और जल को शुद्ध वा सुख देने वाला कर देता है।

मन्त्र 34 पृ. 15

उर्ज्जं वहन्तोरमृतधतं पयः कीललॅ परिस्नुतम्।
स्वधा स्थ तर्पयत् में पितृन।

ईश्वर आज्ञा देता है कि सब मनुष्यों को पुत्र और नौकर आदि को आज्ञा देकर कहना चाहिए कि तुम हमारे पितर अर्थात् पिता-माता आदि तथा विद्या देने वाले प्रीति से सेवा करने योग्य हैं। जैसे कि उन्होंने वाल्यावस्था या विद्यादान के समय वे हमें और तुम्हें पाले हैं वैसे हम लोगों की भी वे सब काल में सत्कार करने योग्य हैं जिससे हम लोगो के बीच में विद्या का नाश और कृतघ्नता आदि दोष कम न प्राप्त हों।

ईश्वर ने इस दूसरे अध्याय में जो वेद आदि यज्ञ के साधनों का बनाना, यज्ञों का फल गमन वा साधन, सामग्री का धारण अग्नि के दूतपन का प्रकाश, आत्मा तथा इन्द्रियादि पदार्थों की शुद्धि सुखों का भोग, वेद का प्रकाश, पुरुषार्थ का सन्धान युद्ध में शत्रुओं को जीतना आदि कर्त्तव्यों के आख्यान दिये गए हैं वे हमारे पारिवारिक एवं सामाजिक दायित्वों के अन्तर्गत समाहित हो जाते हैं हमें कर्त्तव्य को

सर्वोपरि समझने की आवश्यकता है जिससे विकास-पथ पर हम सतत् अग्रसर होकर पारिवारिक एवं सामाजिक दायित्वों का सही-सही तरीके से पालन चिर काल तक कर सकें ।

मन्त्र 1 पृ. 16

सभिधाग्निं दुवस्यत् घृतैर्वोधयतातिथिम्
अरिस्मन् हव्या जुहोतेन॥

अर्थात् जैसे गृहस्थ मनुष्य आसन, अन्न, जल, वस्त्र और प्रिय वचन से उत्तम गुण चार में संन्यासी आदि से सेवन करते हैं वैसे ही विद्वान लोगों को यज्ञ, वेदी, कलायन्त्र और यानों में स्थापन कर यथायोग्य इन्धन, घी जलादि से अग्नि को प्रज्वलित कर वायु, वर्षा जल की शुद्धि तथा यानों आदि की रचना रोज हमें करनी चाहिए।

वेदमन्त्रों के माध्यम से समाज को कर्त्तव्य-ज्ञान से परिचित कराया गया है तथा सतत् विकासशील बने रहने के लिए कर्त्तव्य पथ पर सतत् गतिशील रहने की आवश्यकता पर भी किया गया है।

मन्त्र 7 पृष्ठ 16

अन्तशपरति रोचनास्य प्राणादपानती।
व्यख्यन् महिषो दिवम्॥

अर्थात्, मनुष्यों को जानना चाहिए कि जो विद्युत नाम से प्रसिद्ध सब मनुष्यों अन्त:करण में रहने वाली जो अग्नि की कान्ति है वह प्राण और ऊपान वायु के साथ युक्त होकर प्राण, ऊपान, अग्नि और प्रकाश आदि चेष्टाओं के व्यवहारों का प्रसिद्ध करती है।

मन्त्र के माध्यम से मानव शरीर का विश्लेषण करते हुए उसके अन्तर्रात प्राणवायु, एवं ऊपानवायु का भी विवेचन किया गया है।

मन्त्र 20 पृ. 18

अन्ध स्थान्धो वो मक्षीय महस्थमहो
वो भक्षीयीर्ज्ज स्थोज्ज वो भक्षीय रायस्पोष

स्थरामस्पाष वो भक्षीय॥

अर्थात मनुष्यों को जगत के पदार्थों के गुण ज्ञान पूर्वक क्रिया की कुशलता से उपकार को ग्रहण करके सब सुखों का भोग करना चाहिए।

प्रकृति की शक्ति का विवेचन यदि एक ओर मंत्र में है तो दूसरी ओर उस शक्ति के उपयोग तथा उस शक्ति से प्रेरणा ग्रहण करने की आवश्यकता पर भी प्रकाश डाला गया है।

मन्त्र 24 पृ.19

स, नः पितेव सूनवेऽग्ने सूषायनो भव।
सचस्वा नः स्वस्तये॥

अर्थात्, हे सबका पालन करने वाले परमेश्वर जैसे कृपा करने वाला कोई विद्वान् मनुष्य अपने पुत्रों की रक्षा कर श्रेष्ठ-श्रेष्ठ शिक्षा देकर विद्या, धर्म, अच्छे-अच्छे स्वभाव और सत्य विद्या आदि गुणों में संयुक्त करता है वैसे ही आप हम लोगों की निरन्तर रक्षा करके श्रेष्ठ व्यवहारों से संयुक्त कीजिए। मन्त्र के माध्यम से समाज को सद्ज्ञान देने की चेष्टा की गई है। मनुष्य अपने विशेष ज्ञान के कारण ही समाज या परिवार में आदर सम्मान आदि प्राप्ति का अधिकार प्राप्त कर लेता है।

मन्त्र 32 पृ. 20

नहि तेषाममा चन नाध्वेसु, वारणेषु।
इशे रिपुरधाशॅसः॥

अर्थात् जो धर्मात्मा वा सबका उपकार करने वाले मनुष्य हैं उनको मय कहीं नहीं होता है और शत्रुओं से रहित उस मनुष्यों का कोई शत्रु भी नहीं होता है।

मन्त्र 41 पृ. 21

गृहा मा विभीत मा बेदध्वमूर्ज्जं विभ्रतऽस्मसि
उर्ज्जं विभ्रद्वः समनाः सुमेधा
गृहानैभि मनसा मोदमा नः॥

अर्थात् मनुष्यों को पूर्ण ब्रह्मचर्याश्रम का सेवन करके युवावस्था में स्वयंवर के विधान की रीति से दोनों के तुल्य स्वभाव, विद्या, रूप, गुण, बुद्धि और बल आदि गुणों को देखकर तथा शरीर, आत्मा केवल को शुद्ध और पुत्रों को उत्पन्न करके साधनों से अच्छे व्यवहारों में स्थित रहना चाहिए तथा किसी मनुष्य गृहस्थाश्रम के अनुष्ठान से भय नहीं करना चाहिए क्योंकि कि सब अच्छे व्यवहार वा सब आश्रमों का यह गृहस्थाश्रम मूल है। इस आश्रम का अनुष्ठान अच्छे प्रकार से करना चाहिए और इस आश्रम के बिना मनुष्यों की या राज्यादि की कभी शुद्धि नहीं होती है। ऋचा में उल्लिखित तथ्यों से स्पष्ट है कि सभी आश्रमों से श्रेष्ठ गृहस्थाश्रम ही माना गया है। मानव की सारी सफलताएँ इसी आश्रम की सफलता पर आश्रित कही गई है। मन्त्र में सामाजिक पारिवारिक चिंतन के स्वरूप पर विचार किया गया है।

मन्त्र 44 पृ. 21

प्रधासिना हवामहे मरुतश्च रिशादसः।
करंमेण सजोषसः॥

अर्थात् गृहस्थों को उचित है कि वैद्य, शूरवीर और यज्ञ को सिद्ध करने वाले मनुष्यों को बुलाकर उनकी यथावत सत्कारपूर्वक सेवा करके उनसे उत्तम विद्या वा शिक्षाओं को निरन्तर ग्रहण चाहिए।

मन्त्र में उल्लिखित तथ्यों से विदित होता है कि सारे आश्रमों में श्रेष्ठ गृहस्थाश्रम ही उस युग में मान्य था। वेदकालीन समाज का चिन्तन था कि सामाजिक एवं पारिवारिक वातावरण यदि स्वस्थ है तो सारे समाज में स्वस्थ एवं सफल जीवन व्यतीत करने का वातावरण उत्पन्न होता रहता था और जीवन की सफलता का दर्पण यह आश्रम ही माना जाता था।

मन्त्र 46 पृ. 22

मोषूणऽइन्द्रा कृत्सु देवैरस्ति हिष्मा तेशुष्मिन्नवयाः
महाश्चिद्यस्य मोधुषो यव्याहविष्मतो मरुतो वन्दतेगौः॥

अर्थात् जब मनुष्य लोग परमेश्वर की आराधना कर अच्छे प्रकार सब सामग्री को संग्रह करके युद्ध में शत्रुओं को जीत कर चक्रवर्ती राज्य को प्राप्त कर प्रजा का अच्छे प्रकार से पालन करके बड़े आनन्द को सेवन करते हैं तब उत्तम राज्य होता है।

मन्त्र 3 पृ. 25

महीना पयोऽसि वर्चोदाऽअसि वर्चो मे देहि।
वृत्रास्यसि कनीनकश्चक्षर्दा ऽअसि चक्षुर्मे देहि॥

अर्थात् मनुष्यों को जानना उचित है कि जिस सूर्य के प्रकाश के बिना वर्षा की उत्पत्ति वा नेत्रों का व्यवहार सिद्ध कभी नहीं होता जिसने सूर्यलोक आदि रचा है उस परमेश्वर को कोटि असंख्य धन्यवाद देते रहें।

मंत्र 61 पृ. 24

एतत्ते रुद्रावसं तेन परो मूजवतोऽतीहि।
अवततधन्वा पिनाकावसः कृत्तिवासाऽअहिसन्नः
शिवोऽतीहि॥

अर्थात् हे मनुष्यों! तुम शत्रुओं से रहित होकर राज्य को निष्कंटक करके सब अस्त्र-शस्त्रों का सम्पादन करके दुष्ट मनुष्यों का नाश और श्रेष्ठों की रक्षा करो जिससे कि दुष्ट शत्रु सुखी और सज्जन लोग दुःखी कदापि न होवें।

मन्त्र 60 पृ. 23-24

त्र्यम्वकं यजामहे सुगन्धिपुंष्टिवर्धनम्
उर्वारुकमिव वन्धनानमृत्योभुदीय माऽमृतात्।
त्रयम्वकं यजामहे सुगन्धि पति वेदनम्। उर्वारुकमिव
वन्धनादितो मुक्षीय मामुतः॥

मनुष्य लोग ईश्वर को छोड़कर किसी का पूजन न करें क्योंकि वेद से अविहित और दुख रूप फल होने से परमात्मा से भिन्न दूसरे

किसी की उपासना नहीं करनी चाहिए। जैसे खरबूजा फल लता में लगा हुआ अपने आप पककर समय के अनुसार लता से छूटकर सुन्दर स्वादिष्ट हो जाता है वैसे ही हमलोग पूर्ण आयु भोगकर शरीर को छोड़कर मुक्ति प्राप्त होते हैं।

मन्त्र 62 पृ. 24

त्रायषं जामदग्ने कश्यपस्य मायषम्।
यद्देवेषुत्रायुषं तन्नो अस्तु त्रायुशम्॥

मन्त्र 63 पृ. 24

शिवो नामासि स्वधितिस्ते पिता नमस्तेऽअस्तु मा, मा हिँसीः
निर्वर्त्तयाम्यायुषेऽन्नाधाय प्रजननाय रायस्योपाय सुप्रजास्यत्याय सुवीर्य्याय॥

आस्तिक बुद्धि से सदा ईश्वर की उपासना में सतत् संलग्न रहना चाहिए।

अथ चतुर्थोऽध्यायः पृ. 25

मन्त्र 1

एदमगन्म देवयजनं पृथिव्या यत्र देवासोऽजुवन्तविश्वे ऋक्सामाम्या सन्तरन्तो यजुर्मी रायस्योषेण समिषा मदेम॥
इमाऽआपः शमु मे सन्तु देवीः।
ओषधे यस्व स्वधितेमैन हिँसीः

अर्थात् जैसे मनुष्य लोग ब्रह्मचर्य पूर्वक अङ्ग और उपनिषद् सहित चारो वेदों को पढ़कर, औरों को पढ़ाकर विद्या को प्रकाशित कर और विद्वान होकर और उत्तम कर्मों के अनुष्ठान से सब प्राणियों को सुखी कर देते हैं वैसे ही इन विद्वानों का सत्कार कर सुखी करें।

मन्त्र 2 पृ. 25

आपोऽअसमान मातरः शुन्धयन्तु घृतेन नो घृतष्व पुनन्तु।
विश्वरहि रिप्रं प्रवहन्ति देवीरूदि दाम्यः सुचिरा पूतएमि। दीक्षातपसोस्तनुरर्ण तां त्वां शिवाय शम्भां परिदधे भद्रं पुष्यन्

अर्थात् विद्वान् मनुष्य को अपने शौर्य एवं पराक्रम पर भरोसा कर तथा सामाजिक एवं पारिवारिक परिवेश को स्वस्थ रखने की चेष्टा करते हुए जीवन व्यतीत करना चाहिए।

मन्त्र 3 पृ. 25

महीनां पयोऽसि वर्चोदाऽअसि वर्चो मे देहि
वृत्रस्यासि कनीन कश्चदार्दाऽअसिचक्षु मे देहि॥

मनुष्यों को जानना उचित है कि जिस सूर्य के प्रकाश के बिना वर्षा की उत्पत्ति या नेत्रों का व्यवहार कभी सिद्ध नहीं हो सकता। अतः जिसने सूर्य लोक की रचना की उस परमेश्वर को कोटिशः धन्यवाद देते रहना चाहिए।

मन्त्र 6 पृष्ठ 26

स्वाहा यज्ञं मनसः स्वाहोरोरन्तरिक्षात्
स्वाहा द्यावापृथिवीभ्यां स्वाहा वातादारमे स्वाहा॥

अर्थात्, मनुष्यों के द्वारा जो वेद की रीति और मन, वचन कर्म, से अनुष्ठान किया हुआ यज्ञ है वह आकाश में रहने वाले वायु आदि पदार्थों को शुद्ध करके सब को सुखी करता है।

मन्त्र द्वारा अलौकिक शक्ति की सराहना की गई है तथा परमेश्वर की अनुकम्पा से सृष्टि के सुखों का भी लेखा-जोखा विद्वानों को समझना चाहिए।

मन्त्र 7 पृ. 26

आकृत्यै प्रयुजेऽग्नये स्वाहा मेघायै मनसेऽग्नये स्वाहा
दीक्षाय तपसेऽग्नये स्वाहा, सरस्वत्यै पृष्णे अग्नये
स्वाहा आपो देवीर्वृहतीर्विश्वशंभुवो द्यावापथिवी-
ऽउरोअन्तरिक्ष वृहस्पतये हविषा विधेम् स्वाहा।

अर्थात् यज्ञ के अनुष्ठान के बिना उत्साह, बुद्धि सत्यवाणी, धर्मा चरण की रीति, तप धर्म का अनुष्ठान और विद्या की पुष्टि सम्भव नहीं होता और इनके विना कोई भी मनुष्य परमेश्वर की आराधना करने को समर्थ नहीं हो सकता। इससे सव मनुष्यों को इस यज्ञ का अनुष्ठान करके सबके लिए सब प्रकार आनन्द प्राप्त करना चाहिए।

मन्त्र के द्वारा यज्ञ अनुष्ठान की अनिवार्यता पर विचार किया गया है। ऋषियों-महर्षियों के चिन्तन-मनन में यज्ञ की आवश्यकता समझी गई थी जिसके अनुष्ठान में सवों के सहयोग तथा उपस्थिति की अनिवार्यता थी।

मन्त्र 8 पृ. 26

विश्वोदेवस्य नेतुर्मत्तो वुरीत सख्यन।
विश्वोरायऽषुध्यति द्युम्नं वृणीत पुष्य से स्वाहा।

अर्थात् सब मनुष्यों को परमेश्वर की उपासना करके परस्पर मित्रपन का सम्पादन कर युद्ध में दुष्टों को जीतकर राजलक्ष्मी को प्राप्त कर सुखी रहना चाहिए।

यज्ञ की आहुति पड़ जाने के बाद ही कार्यारम्भ का श्री गणेश माना जाता था। सर्वप्रथम ईश्वरीय आराधना थी उसके बाद ही जीवन-विकास के कार्य शुरु हो जाते थे।

मन्त्र 9 पृ. 26

ऋक्मसामयोः शिल्पे स्थात्ते वा
मारने ते मां पातमास्या यज्ञस्योद चः।
शर्मासि शर्म मे यच्छ नमस्त्रेऽस्तु मा मा हिँसीः

अर्थात् मनुष्यों को चाहिए कि विद्वानों के सकाश से वेदों को पढ़कर शिल्पविद्या या हस्तक्रिया से साक्षात्कार कर विमान आदि यानों को सिद्धि रूप कार्यों को सिद्ध करके सुखों की उन्नति करें। यज्ञ क्रिया से ही जीवन–विकास का श्रीगणेश हुआ करता था। प्रतीत होता है कि देवाराधना करने के उपरान्त ही दैनिक कार्यों में संलग्न हो जाना उचित समझा जाता था।

मन्त्र 12 पृ. 27

श्वात्राः पीता भवत् यूयमापोऽस्माकमन्तरुदरे सशेवाः
ताडस्मम्यमयदमाऽग्रन्मीवाऽऊनागसः स्वदन्तु
देवीरऽमृताऽ ऋतावृधः॥

अर्थात् मनुष्यों को विद्वानों के संग वा उत्तम शिक्षा से विद्या–प्राप्त होकर अच्छे प्रकार से परीहित सिद्ध किये हुए शरीर और आत्मा के बल को बढ़ाने और रोगों को दूर करने वाले जल आदि पदार्थों का सेवन करना चाहिए क्योंकि विद्या वा आरोग्यता के बिना कोई भी मनुष्य निरन्तर कर्म करने में समर्थ नहीं हो सकता।

प्रस्तुत मन्त्र के माध्यम से मानव की अछुण्ण शक्ति की अभिवृद्धि के लिए जो मार्ग अपनाने की सलाह दी गई है उससे प्रतीत होता है कि शारीरिक सबलता, स्वस्थता तथा हार्दिक इच्छा से ही कार्यों को निपटाया जा सकता है। यह प्रयास आर्यों के चिन्तन मनन का परिणाम है।

मन्त्र 34 पृ. 30

भद्रो मेऽसिप्रच्चवस्य भुवस्पते विश्वान्यभि धामानि।
मा त्वा परिपरणो विदन्
मात्वा वृकाउअधायवो
विदन्। श्मेनो भुत्वा परांपत
यजमानस्य गहान गच्छ तन्नो सॅस्कतम्॥

अर्थात् मनुष्य के लिए योग्य है कि उत्तम–उत्तम विमान आदियानों

को रच, उनमें बैठ, उनको यथायोग्य चला और दुष्ट प्राणियों से अलग रहकर सब काल में सुखों का भोग करे और दूसरों को भी करावे।

प्रस्तुत मन्त्र में वेदकालीन विकास की सम्यक् विवरण दिया गया है जिससे स्पष्ट है कि तत्कालीन समाज की प्रगति पराकाष्ठा पर पहुँच चुकी थी। समाज की दिशा एवं दशा से विदित होता है कि आर्यों ने ज्ञान-विज्ञान की दिशा में काफी प्रगति कर ली थी तथा सामाजिक सौहार्द भी विद्यमान था जिससे प्रगति में चार चाँद लग जाते थे। अर्थात् किसी तरह का व्यवधान दृष्टिगत नहीं होता है।

मंत्र 9 पृ. 56

> **उपयामगृहीतोऽसि वृहस्पतिसुतस्य देवसोम तऽइन्द्रो**
> **रिन्द्रि यावतः। पत्नीवतो ग्रहॉऽऋद्धयासम्। अहं**
> **परस्तादहमवस्ताद्यदंतरिक्षं तदु मे पिताभूत। अहंसूर्य**
> **मुभयतो ददर्शाहं देवनां परमं गुहायत्।**

अर्थात् स्त्री और पुरुष विवाह से पहले परस्पर एक दूसरे की परीक्षा कर के अपने समान गुण कर्म स्वभाव रूप बल आरोग्य पुरुषार्थ और विद्यायुक्त होकर स्वयंवर विधि से विवाह करके ऐसा यत्न करें कि जिससे धर्म, अर्थ, काम और मोक्ष की सिद्धि प्राप्त हो। जिसके माता पिता विद्वान न हों उनकी सन्तान भी उत्तम नहीं हो सकती इसलिए अच्छी और पूर्ण विद्या को ग्रहण करके ही गृहाश्रम के आचारण करें।

मन्त्र 10 पृ. 56

> **अग्ना इ पत्नीवन्त्सजूर्देवेन त्वष्ट्रा पिब स्वाहा।**
> **प्रजापति बृषासि रेतोधा रेता मयि धेहि प्रजापतेस्ते**
> **वृष्णो रेतोधामशीय।**

अर्थात् इस संसार में मनुष्य जन्म को पाकर स्त्री पुरुष ब्रह्मचर्य, उत्तम विद्या अच्छे गुण और पराक्रमयुक्त होकर विवाह करे। विवाह की मर्यादा से ही सन्तानों की उत्पत्ति और रतिक्रीड़ा से उत्पन्न हुए सुख को

प्राप्त होकर नित्य आनन्द रहें। बिना विवाह के स्त्री-पुरुष का पुरुष स्त्री के समागम की इच्छा मन से भी न करे।

मन्त्र 12 पृ. 56

यस्तेऽअश्वसनिर्भक्षो यो गोसनिस्तस्य तऽइष्टयजुष
स्ततस्तो मस्य शस्तोक्थस्योपहूतस्योपहूतो भक्षयामि।

अर्थात् अच्छे उत्साह बढ़ाने वाले कामों में गृहाश्रम का आचरण करने वाली स्त्री अपनी सहेलियों वा पुरुष गृहस्वामी अपने इष्टमित्रों को बुलाकर भोजनादि पदार्थों से यथायोग्य सत्कार करके प्रसन्न करें और उपदेश, शास्त्रार्थ एवं विद्या वाग्विलास करें।

मन्त्र 20 पृ. 57

वय हि त्वा प्रयति यज्ञेऽअस्मिन्नग्ने
होतारमवृणीमहीह।
ऋधगयाड ऋधगताशमिष्ठाः प्रजानन्
यज्ञमुष याहि विद्वान्त्वाहा।

अर्थात् सब तरह का व्यवहार करने वालों को चाहिए कि जो मनुष्य जिस काम में चतुर हो उसको उसी काम में प्रवृत्त करें।

मन्त्र 21 पृ. 57

देवोगातुविदो गातु वित्त्वा गातुमित।
मनसस्पतऽइमं देवं यज्ञ स्वाहा वाते धाः॥

अर्थात् गृहस्थों को चाहिए कि अत्यन्त प्रयत्न के साथ भूगर्भ-विधाओं को जान, इन्द्रियों को जीत परोपकारी होकर और उत्तम धर्म से गृहाश्रम के व्यवहारों को उन्नति देकर सब प्राणिमात्र को सुखी करें।

मन्त्र 42 पृ.61

आ जिघ्र कलशे मह्या त्वा विशन्तिवन्दवः। पुनरुर्जा
निवर्त्तस्व सा नः सहस्त्रे घुक्ष्वोरुधारा पयस्वती पुनर्मा
विशताद्रियिः।

अर्थात् विद्वान् स्त्रियों को योग्य है कि अच्छी परीक्षा किए हुए पदार्थों को जैसे आप खायें वैसे ही अपने पति को भी खिलावें। जिससे बुद्धि, बल और विद्या की वृद्धि हो और धनादि पदार्थ भी बढ़े।

मन्त्र 43 पृ. 61

> **इड रन्ते हव्ये काम्ये चन्द्रे ज्योतेऽदिते सरस्वति**
> **महिविश्रुति।**
> **एता तेऽधन्ये नामानि देवेभ्यो मा सुकृते ब्रूतात्।।**

अर्थात् जो विद्वान से शिक्षा पाई स्त्री हो वह अपने पति और अन्य स्त्रियों को यथा योग्य उत्तम कर्म सिखावें जिससे किसी तरह वे अधर्म की ओर न बढ़े। वे दोनों स्त्री पुरुष विद्या की वृद्धि और बालकों तथा कन्याओं को शिक्षा दें।

मन्त्र 48 पृ. 62

> **व्रेशीनां त्वा पत्मन्ना धूनोमि। कुकूननानां त्वा पत्मन्ना-**
> **धूनोमि। मन्दनानां त्वा पत्मन्ना धूनोमि। मदिन्तमानां**
> **त्वा पत्मन्ना धूनोमि। मधुन्तमानां त्वा पत्मन्ना धूनोमि**
> **शक्रं त्वा शक्रऽआ धूनोभ्यहनो रुपे सूर्यस्य रश्मिषु।**

अर्थात् जैसे सूर्य की किरणों को प्राप्त होकर संसार के पदार्थ शुद्ध होते हैं वैसे ही दुराचारी पुरुष अच्छी शिक्षा और स्त्रियों के सत्य उपदेश से दण्ड पाकर पवित्र होते हैं। गृहस्थों को चाहिए कि अत्यन्त दुःख देने और कुल को भ्रष्ट करने वाले व्यभिचार कर्म से सदा दूर रहें क्योंकि इससे शरीर और आत्मा के बल नाश होने से धर्म, अर्थ, कम और मोक्ष की सिद्धि नहीं होती है।

मन्त्र 57 पृ. 63

> **विश्वे देवा अशुषु न्युप्तो विष्णुराप्री**
> **तपाऽआप्याय्यमानो यमः सूर्यमानो विष्णुः**
> **सम्भ्रियमाणो वायुः पूयमानः शुक्रः पूताः**
> **शुक्रः क्षीरश्रीर्मन्थी सक्तुश्रीः।**

अर्थात् मनुष्यों को युक्ति और विद्या से सेवन किए हुए सब सृष्टिस्थ पदार्थ शरीर आत्मा और सामाजिक सुख कराने वाला होता है।

मन्त्र 63 पृ. 64

आ पवस्व हिरण्यवदश्ववत्सोम वीखत्।
वाजं गोमन्तमा भर स्वाहा॥

अर्थात् मनुष्यों को इकट्ठा कर घोड़े आदि उत्तम पशुओं को रक्खे। तदनन्तर वीरों को रक्खे क्योंकि जब तक सामग्री को नहीं रखते तब तक गृहाश्रमरूपी यज्ञ परिपूर्ण नहीं कर सकते इसलिए सदा पुरुषार्थ से गृहाश्रम की उन्नति करते रहें।

मन्त्र 16 पृ. 67

शन्नो भवन्तु वाजिनो हवेषु देवताता मितद्रवः स्वर्काः।
जम्भयन्तोऽहिं वृक रक्षांसि सनेभ्य स्मधुयवन्नमीवाः॥

अर्थात् श्रेष्ठ प्रजा पुरुषों के पालने में तत्पर और रोगों के समान शत्रुओं के नाश करने वाले राजपुरुष ही सबको सुख दे सकते हैं।

मन्त्र 26 पृ. 69

सोमशराजानमवसेऽग्निमन्वामन्वारभामहे।
आदित्याविष्णु सूर्य ब्रह्माणं च बृहस्पति स्वाहा॥

अर्थात् ईश्वर की आज्ञा है कि सब मनुष्य रक्षादि के लिए ब्रह्मचर्य व्रतादि से विद्या के पारंगतविद्वानों के बीच जिसने अड़तालीस वर्ष ब्रह्मचर्य व्रत किया है ऐसे राजा को स्वीकार करके सच्ची नीति को बढ़ावे।

अर्थात्, इन वेद-मंन्त्रों के माध्यम से सामाजिक पारिवारिक परिवेश का विश्लेषण बड़ी स्पष्टता के साथ हुआ है। वेदकालीन समाज में अनुशासन की धारा सतत् प्रवाहमान रही है। मानव समाज अपने सामाजिक दायित्वों के निर्वाह में थोड़ी भी भूल नही किया करते थे। सामाजिक अनुशासन की कड़ी सतत् जुड़ी रहती थी। वैदिक ऋचाओं में

समाज की अनुशासन हीनता के उदाहरण एक भी प्राप्त नहीं होते हैं। यह आदर्श समाज का सतत् कायम दीखता है जिसकी मान्यता पूरे समाज में दी जाती थी। उच्छृङ्खलता समाज को कमजोर करती है जिसका नामोंनिशान नहीं दीखता है। यह अनुशासन-पालन की पराकाष्ठा थी क्योंकि पूरा भारतीय समाज की दिशा एवं दशा स्वस्थ थी जिसके फलस्वरूप किसी भी तरह की विरोधी भावना दृष्टिगत नहीं होती है। जिस गति से पूरा समाज विकासमान दिशा की ओर अपनी गतिशीलता से युक्त होकर आगे बढ़ने की चेष्टा में लगा था।

विद्या ददाति विनयम विनियात याति पात्रताम।
पात्रत्वात् धनमाप्नोति धनात् धर्मः ततः सुखम॥

भारतीय समाज का प्रारम्भिक काल निश्चय ही स्वर्णयुग था। एक ओर अनुशासन की गति में सभी वर्ग गतिमान होकर आगे बढ़ने की सफल चेष्टा में लगे थे। आपसी ईर्ष्या, द्वेष, घृणा के भावों से काफी ऊपर थे जिस कारण से आपसी वैमनस्य, घृणा, द्वेष की दुर्गन्ध कहीं भी नहीं दीखती है। चरित्र बल सबसे बड़ा बल था। आध्यात्मिक चिंतन की सबलता से सभी वर्ग एक जुट होकर विकास की दिशा में अग्रसर हो रहे थे। विद्या के प्रति त्याग, तपस्या, ग्रहणशीलता की भावना व्याप्त थी जिसके फलस्वस्वरूप यह उक्ति चरितार्थ हो रही थी:

विद्या-धन उद्यम विना कहो जो पावे कौन?
विना डुलाए ना मिले ज्यों पंखे का पौन॥

शिक्षा प्राप्त करना तथा शिक्षण की दिशा की कड़ी ऐसी मज़बूत थी जिसका उल्लंघन करना किसी भी व्यक्ति के लिए सम्भव नहीं था। मानव-मन अपने कर्त्तव्य से जुड़ा था। जिसका परिणाम था कि समाज स्वस्थ जीवन - व्यतीत कर रहा था। उच्छृङ्खलता का नामोनिशान नहीं था जिसके फलस्वरूप विकासमान समाज आगे निकल जाने की चेष्टा में लगा था।

गतिमान समाज का आदर्श वेद की यह ऋचा है जिससे अभिव्यञ्जित होता है कि इस प्रकार समाज का आदर्श-मन्त्र कायम था।

मन्त्र संख्या 30 पृ. संख्या 69 की पंक्ति इस प्रकार है

देवस्य त्वा सवितुः प्रसवे ऽ शिवनोवाहुभ्याम् पृष्णो हस्ताभ्याम्॥
सरस्वत्यै वाचो यन्तुर्यन्त्रिये दधामि;
वृहस्पतेष्ट वा सामाज्येनामिपिञ्चाम्यसौ।

अर्थात् सब अच्छे गुण स्वमावयुक्त विद्वान! यह मैं सब जगत के उत्पन्न करने वाले ईश्वर, प्रकाशमान जगदीश्वर के उत्पन्न किये संसार में अच्छे प्रकार शिल्पविद्यायुक्त वेदवाणी के मध्य सूर्य, चन्द्रमा के समान धारण-पोषण गुणयुक्त-हाथों से सवों को धारण करता हूँ और, बृहस्पति के समान बड़े विद्वान् कारीगरी विद्या से सिद्ध किये राज्य में चक्रवर्ती राजा के गुण से सहित तुझको सब ओर से सुगन्धित रसों से मार्जन करता हूँ। यह सामाजिक सामञ्जस्य का भाव था जिसके कारण वह समाज बड़ी तेजी से सतत् गतिमान रहा है जिसका विकास पराकाष्ठा पर पहुँच चुका था। स्वयं भगवान को अपने मुख से अभिव्यक्त करना पड़ा था।

अभ्युत्थानमधर्मस्य तदात्मानां सृजाम्भऽहम्
परित्राणाय च साधुनाम् विनाशाय च दुष्कृताम्
धर्मसंस्थापनार्थाय सम्भवामि युगे-युगे॥

वह वैदिक युग स्वर्ण युग था जिस काल में धर्म सर्वोपरि था और स्वयं भगवान को इस भारतभूमि में अवतार के रूप में खड़ा हो जाना पड़ता था।

मंत्र 9 पृ.106

कृणुष्व पाजः प्रसिति न पृथ्विीं याहिराजेवामवॉऽभेन।
तृष्वीमनु प्रसिति द्रूणानोऽस्तामि विधयरक्षसस्तपिष्ठैः॥

अर्थात् सेनापति को चाहिए राजा के समान पूर्ण बल से युक्त हो अनेक फ्रॉसियों से शत्रुओं को बाँध उनको वाण आदि शस्त्रों से ताड़ना दे और बन्दीगृह में बन्द करके श्रेष्ठ को पाले।

मन्त्र 18 पृ. 107

भूरसि भूमिरस्यदिति विश्वधाया-
विश्वस्य भुवनस्य धर्त्री।
पृथ्वीं दृह पृथ्वीं मा हिसीः॥

अर्थात् जो राजकुल की स्त्री पृथ्वी आदि के समान धीरज आदि गुणों से युक्त हो वे ही राज्य करने योग्य होती है।

मन्त्र 20 पृ. 107

काण्डात्काण्डात्प्ररोहन्ती परुष परुषस्परि।
एवा नो दूर्वे प्रतनु सहस्त्रेण शतेन च॥

अर्थात् जैसे दूर्वा औषधि रोगों का नाश और सुखों को बढ़ाती है और सुन्दर विस्तारयुक्त होती हुई बढ़ती है वैसे ही विदुषी स्त्री को चाहिए कि बहुत प्रकार से अपने कुल को बढ़ावे।

मन्त्र 21 पृ. 107

या शतेन प्रतनोषि सहस्त्रेण विरोहसि।
तस्यास्ते देवीष्टके विधेम हविषा वयम्॥

अर्थात् जैसे सैकड़ों से हजार ईटें घर रूप वन के सब प्राणियों को सुख देती है वैसे श्रेष्ठ स्त्री लोग पुत्र, पौत्र ऐश्वर्य और भृत्य आदि से सब को आनन्द देवें उनका पुरुष लोग निरंतर सत्कार करें क्योंकि श्रेष्ठ पुरुष और स्त्रियों के संग के बिना शुभ गुणों से युक्त सन्तान कभी नहीं हो सकते और गुणी सन्तानों के बिना माता पिता को सुख कब मिल सकता है?

मन्त्र 22 पृ. 107

यास्तेऽअग्ने सूर्ये रुचो दिवमातन्वन्ति रश्मिभिः।
ताभिर्नोऽअद्य सर्वभी रुचे जनाम नस्कृधि॥

अर्थात् जैसे ब्रह्माण्ड में सूर्य की दीप्ति सब वस्तुओं को प्रकाशित कर सुरुचियुक्त करती है वैसे ही विदुषी श्रेष्ठ प्रतिव्रता स्त्रियाँ घर के

सब कार्यों को प्रकाशित करती हैं। जिस कुल में स्त्री और पुरुष आपस में प्रीतियुक्त हों वहाँ सब विषयों में कल्याण ही होता है। यह तथ्य इस प्रकार विश्लेषित किया जा सकता है

"पूज्यते यत्र नार्य्यास्तु रमन्ते तत्र देवताः॥"

अर्थात् जिस समाज में नारी की अवहेलना या उसका तिरस्कार नहीं होता है उस समाज की विकास गति निश्चयरूप से तीव्रतम रहती है। पारिवारिक सौहार्द से ही शांति-सुख एवं विकास भी सम्भव होता है।

मन्त्र 26 पृ. 108

अषाढासि सहमाना सहस्वरातीः सहस्व पृतनायतः।
सहस्त्र वीर्य्यास्थ्स सा मा जिन्व॥

अर्थात्, जो बहुत काल तक ब्रह्मचर्याश्रम को सेवन की हुई है अत्यन्त बलवान जितेन्द्रिय वसन्त आदि ऋतुओं के पृथक्-पृथक् काम जानने, पति के अपराध क्षमा, और शत्रुओं के निवारण करने वाली उत्तम करने वाली उत्तम पराक्रम से युक्त है वह पति को सदा आनन्दित करती रहती है।

मन्त्र 27 पृ. 108

मधवाताऽऋतायते मधु क्षरन्ति सिन्धवः।
माध्वोर्नः सन्तोषधीः।

अर्थात् जब वसन्त ऋतु आता है तब पुष्प आदि के सुगन्धों से युक्त वायु आदि पदार्थ विद्यमान होते हैं। उस ऋतु में घूमना या स्वस्थ स्थलों पर समय व्यतीत करना हैं तो उसके लिए यह औषधि-सेवन के समान हुआ करता है।

मन्त्र 28 पृ. 108

मधु नक्रमुतोषसो मधुमत्पार्थिवमरजः।
मधुद्यौरस्तु नः पिता।

अर्थात् जब वसन्त ऋतु आता है तव पक्षी भी कोमल मधुर-मधुर शब्द बोलते हैं। और अन्य सभी प्राणी आनन्दि होते हैं।

प्रकृति की लीला आकर्षणयुक्त हुआ करती है। सृष्टि की यह विशेषता है कि सारे प्राणियों को आनन्दित तथा भावविभोरता में लाने के लिए प्रकृति स्वयं प्रयत्नशील हो जाती है।

मन्त्र 29 पृ. 108

मधुमान्नो वनस्पतिर्मधुमॉऽअस्तु सूर्यः माध्वोर्गावो
भवन्तु नः।

प्रकृति के आनन्द का रसास्वादन करने के लिए व्यक्ति, समाज, एवं सारे प्राणियों की भावविभोरता से सहयोग की आवश्यकता दीख पड़ती है। वातावरण ही मानव मन को प्रसन्नचित्त कर देता है।

उक्ति प्रसिद्ध है "मन उमगे तो गावे गीत" अर्थात् सारे वातावरण में जब सौरभ फैलता है तो कोई भी जीव प्रसन्नचित्तता तथा भाव विभोरता से वंचित नहीं रहता है।

मन्त्र 32 पृ. 109

मही द्यौः पृथिवी च नऽइमं यज्ञं मिमिक्षाताम्।
पिपृतां नो भरीमभिः॥

अर्थात् जैसे वसन्त ऋतु में पृथिवी और सूर्य सब संसार का धारण, प्रकाश और पालन करते हैं, वैसे माता-पिता को चाहिए कि अपनी संतानों के लिए वसन्तादि ऋतुओं में अन्न विद्यादान और अच्छी शिक्षा करके पूर्ण विद्वान करें।

मन्त्र 41 पृ.110

आदित्यं गर्भ पयसासमङ्धि सहस्रस्व प्रतिमां
विश्वरुपम्।
परिवृङ्धि हरसामाभि स्थाः शतायुषंकृणुहिचीयामानः

अर्थात् हे स्त्री पुरुषों! तुम लोग सुगन्धित पदार्थों के होम से सूर्य के प्रकाश जल और वायु शुद्ध कर और रोगरहित सौ वर्ष जाने वाले सन्तानों को उत्पन्न करो, जैसे विद्युत अग्नि से बनाये हुए सूर्य से रूप वाले पदार्थों का दर्शन और परिमाण होता है वैसे विद्या वाली सन्तान सुख दिखाने वाली होते हैं।

इससे कभी अभिमानी होकर विषयाशति से विद्या और आयु का विनाश मत किया करो।

मन्त्र 2 पृ. 114

कुलायिनी धृतवती पुरून्धिः स्योनेसोह सदने पृथिव्याः।
अभित्वारुद्रा वसवोगृणतत्वभाब्रह्मपीपिहि
सौभागायाश्विनाध्वर्यू सादयत्व मिहत्वा॥

अर्थात् स्त्रियों को उचित है कि साङ्गोपाऽग पूर्ण विद्या और धन ऐश्वर्य का सुख भोगने के लिए अपने सदृश पतियों से विवाह करके विद्या और सुवर्ण आदि धन को पाकर सब ऋतुओं में सुख देने वाले घरों में निवास कर तथा विद्वानों का संग तथा शास्त्रों का अभ्यास निरन्तर किया करें।

मन्त्र 3 पृ. 114

स्वैर्दक्षैर्दक्षपिते ह सीद देवानां सम्ने बृहते रणाय।
पितेवैधि सूनवऽआ सुशेवा स्वावेशा तन्वा
संविशस्वाश्विनाऽध्वर्यू सादयतामिह त्वा॥

अर्थात् स्त्रियों को चाहिए कि युद्ध में भी अपने पतियों के साथ स्थित रहे। अपने नौकर, पुत्र और पशु आदि की पिता के समान रक्षा करे नित्य ही वस्त्र और आभूषणों से अपने को सुसज्जित करें।

मन्त्र 22 पृ. 117

यन्त्रीराड्यसि यमनी ध्रुवाऽसिधरित्री। इषै त्वोर्जे त्वा
रय्यै त्वा पोषाय त्वा॥

अर्थात् जो स्त्री पृथ्वी के समान क्षमायुक्त आकाश के समान निश्चल और यन्त्रकला के जितेन्द्रिय होती है। वह कुल का प्रकाश करने वाली है।

वैदिक युग में भी स्त्रियाँ युद्ध में भाग लेने जाती थीं। वह पुरुषों की तरह ही चरित्र की रक्षा करती थी। सती-साध्वी नारी का समाज में समादर होता था। नारी के चरित्र का हनन करना बड़ा अपराध समझा जाता था। समाज का यह कर्त्तव्य होता था कि नारी के शील स्वभाव एवं चरित्र का महत्त्व समाज में सर्वाधिक था। पातिव्रत्य धर्म के प्रति पूरे समाज में एक पवित्र भावना थी जिसका उल्लंघन नहीं होता था। यह दायित्व नारी तक सीमित न होकर पूरे समाज का महान दायित्व एवं परम कर्त्तव्य या धर्म माना गया है।

मन्त्र 4 पृ. 130

शिवेन वचसा त्वा गिरिशाच्छा वदामसि।
यथा नः सर्वनिज्जगदयमसमनाअसत्॥

अर्थात् जो पुरुष वैदक शास्त्र को पढ़ पर्वतादि स्थानों की औषधियों वा जलों की परीक्षा कर और सबके कल्याण के लिए निष्कपटता से रोगों का निवृत्त करके प्रियवाणी से ही व्यवहार किया जाता है वैद्यक शास्त्र की पवित्रता को ध्यान में रखते हुए वैद्यजी आचरण किया करते थे। तात्पर्य यह है कि किसी तरह की चारित्रिक कलुषता इस दोत्र में दृष्टिगत नहीं होती थी।

मन्त्र 5 पृष्ठ 130

अध्यवो चदधिवक्ता प्रथमो देव्योभिषक
अहिश्च सर्वाञ्जम्भ्यन्तस सर्वाश्च यातुधान्योऽधारायीः
परासव॥

अर्थात् राजादि समासद लोग सबके अधिष्ठाता मुख्य धर्मात्मा जिसने सब रोगों या औषधियों की परीक्षा ली हो उस वैद्य को राज्य और

सेना में रखकर बल और सुख के नाशक रोगों तथा व्यभिचारिणी स्त्री और पुरुष को निवृत करावे।

वैद्यों के चरित्र की पवित्रता पूरे समाज के लिए महत्त्वपूर्ण समझी जाती थी। इस क्षेत्र में थोड़ी कलुषता या चरित्र हीनता के नामानिशान नहीं थे।

मन्त्र 15 पृ. 131

> **मा नो महान्तमुतमानो अर्भकम्मा न उक्षन्तमुत मा न उक्षितम्। मा नोवधीः पितरम्मीत भातरम्नानः प्रियास्तन्वो रुद्ररीरिषः**

अर्थात् योद्धा लोगों को चाहिए कि युद्ध के समय वृद्धों, बालकों, युद्ध से हटने वाले जवानों योद्धाओं के माता-पिता सब स्त्रियों, युद्ध को देखने या प्रबन्ध करने वालों और दूतों को न मारें किन्तु शत्रुओं के सम्बन्धियों सदा वश में रक्खें उस वैदिक काल में पुरुषार्थ के साथ-साथ वीरता के आभूषण से वे युक्त रहते थे। इस क्षेत्र की उदारता एवं चारित्रिक विशेषता विलक्षण थी। किसी भी तरह के चारित्रिक दोष दृष्टिगत नहीं होते थे।

मन्त्र 31 पृ. 134

> **नम आसवे चाजिराय च नमः शीघ्रयाय च शीभ्याय नम उर्म्याय चावस्वन्याय च नमो नादेयाय च द्वीपाय च॥**

अर्थात् जो क्रिया कौशल से बनाये विमानादि यानों और घोड़े से शीघ्र चलते हैं वे किस-किस द्वीप वा देश को न जाकर राज्य के लिए धन को नहीं प्राप्त होते किन्तु सर्वदा आ-जा कर सबको प्राप्त होते हैं।

मन्त्र 42 पृ. 135

> **नमः पार्याय चावार्याय च नमः प्रतरणाय चोत्तरणाय च नमस्तीर्थ्याय चकूल्याय च नमः शष्पाय च फेन्याय च॥**

अर्थात् मनुष्यों को चाहिए कि नौकादि यानों में शिक्षित मल्लाह आदि को रख समुद्रादि के उस पार या इस पार जाकर देश-देशान्तर तथा द्वीप द्वीपान्तरों में व्यवहार से धन की उन्नति करके अपना अभीष्ट सिद्ध करें।

मन्त्र 43 पृ. 135

नमः सिकत्याय च प्रवहियाय च नमः किशिलाय
च क्षयणाय च नमः कपर्दिने च पुलस्तये च नमः
इरियाय च प्रपथ्याय च॥

अर्थात् मनुष्यों को चाहिए कि भूगर्भ विद्यानुसार बालू, मिट्टी आदि से सुवर्णादि वस्तुओं को निकाल बहुत ऐश्वर्य को बढ़ाकर अनाथों का पालन करें।

सामाजिक चरित्र के पालन में उदारता एवं सहिष्णुता की कमी नहीं दीख पड़ती है। पूरे समाज में सुख-सम्पन्नता की अधिकता थी जिससे किसी तरह के चारित्रिक दोष नहीं थे।

मन्त्र 49 पृ. 136

या ते रुद्र शिवा तनूः शिवा विश्वाहा भेषजी।
शिवा रुतस्य भेषजी तथा नो मृड जी वसे॥

राजा के वैद्य आदि विद्वानों को चाहिए कि धर्म की नीति, ओषधी के दान, हस्तक्रिया की कुशलता और शस्त्रों के छेदन, भेदन करके रोगों से बचाकर सब सेना तथा प्रजा की रक्षा करें।

वेदकालीन समाज की सबसे बड़ी विशेषता इस रूप में दीख पड़ती है कि कोई भी वर्ग एक दूसरे के सहायक रूप में खड़े दीख पड़ते हैं। आपसी द्वेष, कलह, ईर्ष्या आदि के भाव की नगण्यता थी। जीने की कामना सौ वर्षों तक प्रचलित थी।

जीवेम शरदः शतम; पश्येत शरदः शतम्।

श्रृणुयामः शरदः शतम् की कामना की पूर्ति सहजता से हो जाती थी। दीर्घायु जीवन जीने की सारी परिस्थियाँ समाज में कायम थी। अल्पायु या अकालमृत्यु की कल्पना भी नहीं थी।

राजपुरुषों का धर्मयुक्त पुरुषार्थ वही है कि जिससे प्रजा की रक्षा एवं दुष्टों को मारने की क्रिया जारी रहनी चाहिए।

मन्त्र 51 पृ. 136

मीढुष्टम् शिवतम् शिवो नः सुमना भव।
परमे वृक्षऽआयुधं निधाय कृतिं वसानऽआ चर
पिनाकम्बिभ्रदागहि॥

सभा और सेना के अध्यक्ष आदि लोग अपनी प्रजाओं में मंगल कामना की आकांक्षा रक्खें। दुष्टों के लिए वे तेजस्वी दाहक जैसा वर्ताव करें। कोई मनुष्य धर्म के मार्ग कर त्याग कर अधर्म का मार्ग कभी ग्रहण न करें ऐसी व्यवस्था शासन का मूल मंत्र होना आवश्यक समझा जाता था।

अधर्म का आचरण न तो शासक करते थे और न प्रजा वर्ग मे ही था। अधर्माचरण की कल्पना नहीं की जाती थी। शांति एवं सुव्यवस्था के कारण पूरा समाज दीर्घजीवी जीवन का लाभ उठाता था।

मन्त्र 52 पृ. 136

विकिन्द्रि विलोहित नमस्तेऽऊस्तु भगवः।
यास्तें सहस्त्रथं हे तयाऽन्येमस्मान्निवन्तु ताः॥

अर्थात् प्रजा के लोग राज पुरुषों को ऐसे कहे कि जो आप लोगों की उन्नति और शस्त्र-अस्त्र है वे प्रजा वर्ग को सुख पहुँचने में मदद करें और इतर हमारे शत्रुओं का निवारण करें।

प्रजा की रक्षा उस प्रशासन का मुख्य कार्य था जिसके फलस्वतरूप अशांति या अपमृत्यु की कल्पना नहीं थी।

मन्त्र 58 पृ. 137

ये वृदोषु शष्पिपंजरा नीलग्रीवाविलोहिताः तेषाथं योजनेऽव धन्वानि तन्मसि॥

अर्थात् मनुष्य के लिए उचित है कि वृक्षादि में वृद्धि से जीने वाले सर्प हैं उनका भी यथा शक्ति निवारण करें।

तात्पर्य यह है कि मनुष्य वर्ग की सुरक्षा का दायित्व शासक वर्ग पर था। उनकी सारी चेष्टाए प्रजावर्ग की सुरक्षा हेतु होती रहती थी।

मन्त्र 59 पृ. 137

**तै भूतानामधिपतयो विशिरवासः कपर्दिनः
तेषाथं सहस्त्र योजनेऽव धन्वानि तन्मसि॥**

अर्थात् मनुष्यों के लिए उचित है कि जो सुत्रात्मा और धनञ्जय वायु के समान संन्यासी और ब्रह्मचारी लोग सबसे शरीर तथा आत्मा की पुष्टि करते है उनसे ज्ञान प्राप्त करे और उपदेश ग्रहण कर सब लोग अपनी वृद्धि और शरीर की पुष्टि करें ।

प्रजा के लिए सुशासन वेदकालीन समाज में कायम था। प्रायः आकस्मिक मौत की सम्भावना तनिक भी नहीं थी। प्रजावर्ग चिरायु होने का लाभ उठाती थी।

मन्त्र 4 पृ. 139

**समद्रस्य त्वाबकयाग्ने परिव्ययामसि।
पायकोऽअस्मभ्ययं शिवो भव॥**

अर्थात् जैसे मनुष्य लोग समुद्र के जीवो की रक्षा कर सुखी रहते है। वैसे धर्मात्म रक्षक सभापति अपनी प्रजाओं की रक्षा कर निरन्तर सुखी रहें।

प्रजा वर्ग वेदकालीन व समाज में निर्भय जीवन व्यतीत करने में निमग्न थी। किसी प्रकार की दैविक, दौहिक भौतिक ताप की सम्भावना नहीं रहती थी। शांति पूर्ण जीवन के फलस्वरूप दीर्घायु जीवन जीने की

परम्परा कायम हो चुकी थी।

मन्त्र 6 पृ. 140

> **उप ज्मन्नुप वेतसेऽवतर नदीष्वा। अग्ने पित्तमपामसि मण्डूकि ताभिरागहि सेमं नो यज्ञं पावकवर्ण शिवं कृधि।**

अर्थात् स्त्री और पुरुष गृहाश्रम में प्रयत्न के साथ सब कार्यों को सिद्ध कर शुद्ध आचरण सहित कल्याण को प्राप्त हो।

मन्त्र 7 पृ. 140

> **अपामिदं न्ययन समुद्रस्य निवेशनम्। अन्यास्ते ऽअस्मत्तपन्तु हेतयः पावको ऽअस्मभ्यशिवो भव।**

अर्थात् मनुष्य लोग जैसे जलों का आधार समुद्र सागर का आधार भूमि आधार आकाश है। वैसे गृहस्थी को पदार्थों का आधार घर को बना और श्रेष्ठों की रक्षा करे तथा डाकुओं को पीड़ा दिया करे।

मंत्र 12 पृ. 140

> **नृषदे वेडंप्सुषदे वेडवर्हिषदे वेडवनसदे वेट् स्वर्विदे वेट्।**

अर्थात् जिस देश में न्यायाधीश, नौकाओं के चलाने, प्रजा को बढ़ाने, वन में रहने, सेनादि के नायक और सुख़ पहुचाने वाले विद्वान होते हैं वहीं सुखों की वृद्धि है।

मन्त्र 19 पृ. 141

> **विश्वतश्चक्षुरुत विश्वतोमुखो विश्वतोवाहुरुत विश्वतस्पात्। सं वाहुभ्यां धमति संपतत्रैर्द्यावाभूमौ जनयन्देवऽएकः॥**

अर्थात् सूक्ष्म से सूक्ष्म बड़े से बड़ा, निराकार, अनंत सामर्थ्य वाला, सर्वत्र अभिव्याप्त, प्रकाशस्वरूप अद्वितीय परमात्मा है वही अति

सूक्ष्म कारण से स्थूल कार्यरूप जगत के रचने और उपासना के कार्य करता है उससे अन्य कौन है?

मंत्र 24 पृ. 142

विश्वकर्मन् हविषा वर्द्धनेन त्रातारमिन्द्रकृणोरबध्यम्।
तस्मै विशः समनमन्त पूवीरियमग्रो विहव्यो यथासत्।।

अर्थात् सब सभाओं के अधिष्ठाता सहित सब सभासद उस पुरुष को राज्य का अधिकार दें जो पक्षपाती न हों जा पिता के समान प्रजाओं की रक्षा करते हैं उनको प्रजा भी मानती है जो पुत्र के तुल्य प्रजा की न्याय से रक्षा करते हैं उनके अनुकूल प्रजा निरंतर कार्यरत रहती है। मन्त्र में उल्लिखित तथ्यों से स्पष्ट है कि वेदकालीन समाज में काफी स्वस्थ परम्परा कायम हो चुकी थीं। समाज का चतुर्दिक विकास हो चुका था। कल्याणकारी चिंतन के साथ कल्याणकारी योजना का क्रियान्वयन हो चुका था।

मन्त्र 25 पृ. 142

चक्षुषः पिता मनसा शिधी से घृतमेनेऽअजन्नम्नमाने।
यदेदन्ताऽअददृहन्त पूर्वऽ आदिद् धावा पृथिवीअप्रेयेताम्।।

अर्थात् जब मनुष्य राजा और प्रजा के व्यवहार में एक समान होकर सदा प्रयत्न करे तभी सूर्य और पृथ्वी के तुल्य हो सकते हैं। राजतन्त्र के फलस्वरूप यह चेष्टा सतत् रहती थी कि राजा एवं प्रजा में वैमनस्य की भावना पैदा नहीं होनी चाहिए। "यथाराजा तथा प्रजा" की ध्वनि जब चतुर्दिक हो जाती है तो राजतन्त्र का विकास तीव्रगति से होता है तथा प्रजा भी संतोष तथा सहयोग से कार्य में लग कर सफलता की उच्चतम चोटी पर पहुँच कर जनकल्याण के कार्य सर्वत्र दीख पड़ते हैं। प्रजा की उन्तति में ही राजा को शांति एवं सुख की प्राप्ति होती है।

मन्त्र 38 पृ. 144

गात्रभिर्देगोविन्दं वज्रबाहुं जयन्तमञ्म प्रमृनान्तभोजसा

इमँ सजगताऽअनुवीरष्व मिन्द्र सखायोऽअन संथरमेध्वम्॥

अर्थात् सेनापति आदि तथा सेना के मृत्य परस्पर मित्र होकर एक दूसरे को अनुमोदन कर युद्ध का आरम्भ तथा विजय कर शत्रुओं के राज्य को प्राप्त कर तथा न्याय से प्रजा का पालन कर निरन्तर सुखी हों तो यह विकास की राह मानी जाती है। राजा की उदारता तथा दूरदर्शिता से ही पूरे राज्य में शांति एवं विकास के कार्य दीख पड़ते हैं।

मन्त्र 44 पृ. 145

अमीषां चित्रं प्रति लोमयन्तो गृहाणाङ्ग न्यप्वेपरेहि।
अभिप्रेहि निर्दह हृत्सुशोकैरन्धेनामित्रास्तमसा सन्धन्ताम्॥

अर्थात् सभापति आदि के लिए उचित है कि अतिप्रशंसित दृष्टयुष्ट अंङ्गउपाङ्गदियुक्त शूरवीर पुरुषों की सेना को स्वीकार करे, वैसे शूरवीर स्त्रियों की भी सेना तैयार करे जिस सेना में अव्यभिचारिणी स्त्री रहें और उस सेना से शत्रुओं को वश में करें।

प्रस्तुत मन्त्र में जैसी योजना का प्रारूप दिया गया है वह स्वस्थ एवं सबल यदि है तो दुश्मन के दाँत खट्टे किये जा सकते है। यह वैदिक परम्परा उस युग की थी जिसका स्वरूप आज भी किसी न किसी रूप में दृष्टिगत होता है। राजतन्त्र की सबसे बड़ी शक्ति उसका सैन्यबल ही माना जाता है। इस सुसंगठित शक्ति से विजय प्राप्त की जा सकती है। वेदकालीन राजतन्त्र इन सारे उपायों से शासनतन्त्र को स्वस्थ रखने में सफल होते थे।

मन्त्र 48 पृ.145

यत्र वाणाः सम्पतन्ति कुमारा विशिखाऽइव! तन्नोइन्द्रे
वृहस्पतिः दिति शर्म्म यच्छतु विश्वाहा शर्म्म यच्छतु॥

अर्थात् जैसे बालक इधर-उधर दौड़ते हैं वैसे ही युद्ध के समय में योद्धा लोग भी चेष्टा करें जो युद्ध में घायल, क्षीण, थके, पसीजे जैसे पात्रों को युद्ध भूमि से शीघ्र उठाकर औषधालय में पहुँचा दें।

वेदमन्त्रों में तदयुगीन युद्ध-व्यवस्था का चित्र प्रस्तुत किया गया है जिससे प्रतीत होता है कि आर्य सैनिकों को युद्ध भूमि से लगाव रहता था क्योंकि राजतन्त्र में एक न एक शत्रु के आक्रमण होते ही रहते थे जिससे सफलता पूर्वक लोहा लेना तथा युद्ध में बड़ी बहादुरी के साथ सैन्य बल की रक्षा करते हुए अपने राज्य की सीमा को सुरक्षित रखने की सफल चेष्टा करना सबसे बड़ा उत्तरदायित्व समझा जाता था। वीरों की बलि वेदी के बल पर राज्य की सीमा सुरक्षित रक्खी जाती थी।

मन्त्र 54 पृ. 146

पंचदिशोदैवोर्यज्ञमयन्तु देवीरपानतिं दुर्मतिं वार्धमानाः।
रामस्योषे यज्ञपति भाममजन्तीरायस्पोऽअधियज्ञोऽअस्थात्॥

अर्थात् जिस गृहाश्रम में विद्वान् प्रशंसायुक्त पंडिता स्त्री होती है वहाँ दुष्ट कुछ नहीं बिगाड़ सकते और जो सब दिशाओं में प्रशंसित प्रजा हो तो राजा के समीप औरों से अधिक ऐश्वर्य दान पात्र हो तो सफलता निश्चित रहती है।

वेदकालीन राजतन्त्र अनेक युद्धों एवं समस्याओं से घिरा रहता था। यह राजा एवं प्रजा के चरित्र की विशेषता है कि युद्ध में सेना अपने बल पराक्रम से अपनी सुरक्षित सीमा को कायम रख लेती थी।

मन्त्र 57 पृ. 146

वीत हविः शीमत शामिता यजध्यै तरीयो यज्ञ यत्र
हव्यमेति। ततो वाकाऽआशिषो नो जुषन्ताम्।

अर्थात् अग्निहोत्र आदि यज्ञ में चार पदार्थ होते हैं। अर्थात् बहुत सा पुष्टि, सुगन्धितमिष्ट और रोग विनाश करने वाला होम का पदार्थ उसका शोधन, यज्ञ करने वाला तथा वेदी आग लकड़ी आदि। यथाविधि से हवन किया हुआ पदार्थ आकाश को जाकर फिर वहाँ से पवन वा जल के द्वारा आकर इच्छा की सिद्धि करने वाला होता है। ऐसा मनुष्यों को जानना चाहिए।

मन्त्र 58 पृ. 146

> **सूर्यरश्मिर्हरिकेशः पुरस्तात्सविता ज्योतिरुदयाँऽअजस्त्रम्**
> **तस्य पूषा प्रसवे याति विद्वान्तसम्पश्यन्विश्वा**
> **भुवनानि गोपाः॥**

अर्थात् यह सूर्यलोक है उसके प्रकाश में श्वेत और हरी रंग-बिरंग अनेक किरणें हैं जो सब लोकों की रक्षा करते हैं इसी से सब की प्रकार से सदा रक्षा होती है यह जानने योग्य है।

मन्त्रों में उल्लिखित तथ्यों से स्पष्ट है कि यज्ञ-विधान के अनेक आवश्यक अङ्ग एवं उपाङ्गों के माध्यमों से यज्ञ-कार्य सम्पन्न किये जाते थे। तदयुगीन यज्ञ धारा में पूरे समाज की सहभागिता रहती थी। पूरे समाज की सारी शक्ति यज्ञ कार्य में जुड़ जाती थी। उसकी सफलता में सारे समाज का योगदान रहता था। उक्ति प्रसिद्ध है "यज्ञात भवति पर्जन्यः पर्जन्यात् वृष्टि सम्भवः"

पंचम अध्याय

भारतीय समाज में पुराण एवं वेदग्रन्थों की देन

यया तु धर्मकामार्थान्धृत्या धारयते अर्जुन।
प्रसङ्गेन फलाकाङ्क्षी धृतिः सा पार्थ राजसी।।

अर्थात् फल की इच्छावाला मनुष्य जिस धारणा शक्ति के द्वारा अत्यन्त आसक्ति से धर्म अर्थ और कामों की धारणा करता है, वह धारणाशक्ति के द्वारा अत्यन्त आसक्ति से धर्म अर्थ और कामों की धारण करता है, वह धारणा शक्ति राजसी है।

गीता अध्याय 18 श्लोक 34

इस सन्दर्भ में यश तथ्य भी विश्लेषित किया जाता है जिसका उल्लेख, इस प्रकार हुआ है।

सुखं त्विदानीं त्रिविधं श्रृणु मे भरतर्षम।
अभ्यासाद्रमते यत्र दुखान्तं च निगच्छति।।
यत्तग्रे विषमिव परिणामेऽमृतोपमम्।
तत्सुखं सात्विकं प्रोक्तमात्म बुद्धि प्रसादज्म।।

अर्थात् "हे भरत श्रेष्ठ! अब तीन प्रकार के सुखों को भी तू मुझसे सुन। जिस सुख में साधक मनुष्य भजन, ध्यान और सेवादि के अभ्यास से रमण करता है और जिससे दुखों के अन्त को प्राप्त हो जाता है जो ऐसा सुख है, वह आरम्भकाल में यद्यपि विष के तुल्य प्रतीत होता है, परन्तु परिणाम में अमृत के तुल्य है; इसलिए वह परमात्मिविषयक बुद्धि के प्रसाद से उत्पन्न होने वाला सुख सात्विक सुख कहा गया है

जिसकी प्राप्ति ही लक्ष्य है।

अ. 18 श्लोक 36-37

मानव-मन अनेक योजनाओं से आवद्ध रहता है। उनकी सारी चेष्टाएँ प्रयासगत ही सीमित रहती है। इस भावना के रहस्य को गीता में बड़ी स्पष्टता के साथ विश्लेषित किया है।

नेहाभिक्रमनाशोऽस्ति प्रत्यवायो न विद्यते।
स्वल्पमप्स्य धर्मस्य त्रायते महतो भयात्।

अर्थात् इस कर्मयोग में आरम्भ का अर्थात् बीज का नाश नहीं है और उलटा फलरूप दोष भी नहीं है। बल्कि इस कर्मयोग रूप धर्म का थोड़ा सा भी साधन जन्मृत्युरुष महान भय से रक्षा कर लेता है

अध्याय 2 श्लोक 40

इन तथ्यों के आलोक में ईश्वरीय अनुकम्पा या परमेश्वर की असीमशक्ति ही सहायक होती है।

मन्त्र 6 पृ. 35

स धा यस्ते दिवो नरो धिया मर्त्तस्य शमतः।
उती स वृहतो द्विवो द्विषो अंहो न तरति॥

अर्थात् हे ईश्वर! द्युलोक के नायक मनुष्य तथा दिव्यगुण का ग्राहक मनुष्य आपके दिये ज्ञान से अनुकूल व्यापार करता है। दिव्य स्वरूप की रक्षा के द्वारा अपने शत्रुओं को लॉघ जाता है।

सामवेद की उक्ति इस प्रकार है

आ नो अग्ने वयोवृधं रयिपावक शस्यम्।
रास्वा चन उपमाते पुसस्पृहं सुनीती सुयस्तरम॥
हे सृष्टि कर्त्ता पतितपावन परमेश्वर।

तू हमें हमारी अच्छी नीति से प्राप्त होने वाले, आयुवर्धक, प्रशंसा के योग्य, यश बढ़ाने वाले और बहुतों से चाहने योग्य धन प्रदान करें।

मन्त्र 7 पृ. 35

विमोष्ट इन्द्र राधसो विम्वीरातिः शतक्रतो।
अथा नो विश्वचर्षणे द्युम्नं सुदत्र मंहय॥

अर्थात् हे ज्ञान के भाण्डार! संसार के साक्षी सुन्दर दानी, परमेश्वर! तूँ व्यापक है और तेरी सम्पत्ति का दान भी व्यापक है। इस लिए तुम हमें यशदायक धन दें।

मन्त्र 10 पृ. 36

ऋचं साम यजामहे याम्यां कर्माणि कृण्वते।
वि ते सदसि राजतो यज्ञं देवेषु वक्षतः॥

अर्थात् हम ऋग्वेद और सामवेद का अभ्यास करते हैं। इन्हीं के द्वारा उत्तम काम किये जाते हैं। ये ही सभा और यज्ञमंडप में शोभा पाते हैं। ये ही देवों का भाग उनके समीप पहुँचाते हैं।

मन्त्र 3 पृ. 36

समेत विश्वाओजसा पतिं दिवोय
एक इद्भूरतिथिर्जनानाम्।
स पूर्व्यो नूतन भाजिगीषन्तं
वर्तनीरनु वापृत एक इत्॥

अर्थात् हे उपासक पुरुषों! तीनों लोकों के स्वामी परमेश्वर की स्तुति करने के लिए मिलकर आओ और स्तुति करो। केवल वही एक मनुष्यमात्र का पूज्य है। वह सनातन परमात्मा नये उपासक को इन्द्रियों पर विजय पाने वाले एक ही मार्ग पर चलाता है। गीता की पंक्तियाँ भी इन तथ्यों का समर्थन करती हैं।

क्षिप्रं भवति धर्मात्मा शश्चच्छान्तिं निगच्छति।
कौन्तेय प्रतिजानीहि। न मे भक्तः प्रणस्यति॥

मानवीय आकांक्षाएँ परमेश्वर की अनुकम्पा मिलने पर ही पूर्ण हुआ करती हैं। गीता. अ. 9 श्लोक 31

आग्नेय काण्डम प्रथमो अध्यायः सामवेद –

अग्न आ याहि वीतये गृणानो हव्यदातये।
नि होता सत्सि वर्हिषि॥ 1

अर्थात् हे परमेश्वर! दाता तूँ विश्व ब्रह्माण्ड में व्याप्त है। अतः स्तुति किया हुआ तू ज्ञान तथा उत्तम पदार्थों को देने की लिए हमें प्राप्त हो ओ।

त्वमग्ने यज्ञानां होता विश्वेषां हितः।
देवेभिर्मा मानुषे जने॥ 2

हे परमेश्वर! तूँ समस्त उत्तम व्यवहारों का दाता सब कल्याणकारी विद्वानों और दिव्य पदार्थों के द्वारा मनुष्य समाज पर उपकार करने वाला है।

अग्नि दूतं वृणीमहे होतारं विश्ववेदसम्।
अस्य यज्ञस्य सुक्रतुम॥ 3

हम पापियों को दण्ड देने वाले दाता, सर्वज्ञ और इस संसाररूपी यज्ञ के उत्तम निर्माता परमेश्वर की स्तुति करते हैं।

अग्नि वृंत्राणि जघनद् द्रविणस्युर्विपन्यसा।
समिद्धः शुक्रः आहुतः॥

अर्थात् उपासना से साक्षात् किया हुआ स्तुत्यशुद्धस्वरूप तथा समस्त धनों का स्वामी परमेश्वर अज्ञानांधकार का विनाश करता है।

श्रेष्ठं वो अतिथि स्तुषे मित्रर्मिव प्रियम्।
अग्ने रथन्न वेधम्॥ 5

अर्थात् हे परमेश्वर अत्यन्त प्रिय कालबन्धन रहित मित्र के समान प्यारे तथा सूर्य के समान जानने योग्य तुझ प्रभु की मैं स्तुति करता हूँ।

त्वन्नो अग्ने महोभिः पाहिविश्वस्या अराते।
उत द्विषो मर्त्तयस्य॥ 6

अर्थात् हे परमेश्वर् तूँ परमेश्वर तूँ महान गुणों और कर्मों के समस्त अदानशीलता के भावों और द्वेषी मनुष्यों के सम्पर्क से हमें बचाओ।

ऐहयुषु व्रचाणि ते अग्ने इत्थतरा गिरः।
एभिः वर्धासि इन्दुभिः।। 7

हे परमेश्वर मैं मानवी वाणी से भिन्न तेरी वेदमयी वाणी अथवा स्तुति को उत्तमरूप से बोलूँ। इस प्रकार तूँ मुझे प्राप्त हो ओ और यज्ञादिकों द्वारा मुझे बढ़ाओ।

आ ते वत्सो मनो मयत् परमाच्चित्साधस्तात्
अग्ने त्वाङ्कामये गिरा।।

अर्थात् हे परमेश्वर तेरा पुत्ररूपजीव हृदयदेश में साथ रहनेवाले तुझ परम प्रभु से मनन योग्य ज्ञान को प्राप्त करता है। मैं भी स्तुति द्वारा तेरी कामना करता हूँ।

सामवेद के मन्त्रों से जहाँ संगीतात्मका की ध्वनि से शान्ति-सुख एवं ईश्वरीय शक्ति की आह्वणता अनिवार्य समझी जाती है उसके मन्त्रोच्चारण के द्वारा यह कामना अभिव्यञ्जित होती है कि परमेश्वर ही मानव समाज का मार्गदर्शन करते है जिससे कल्याणमय जीवन व्यतीत होता है।

उपह्वरे गिरिणांसंगमे च नदीनाम।
धिया विप्रो अजायत।।

पर्वतों की गुफाओं में और नदियों के संगम पर विशेष कर्म करने से (योगाभ्यास आदि) मनुष्य ज्ञानी बनता है।

प्रसम्राजं चर्षणीनामिन्द्रं स्तोता नव्य गीर्भिः।
नरं नृषाहं मंहिष्ठम्।। 10

हे मनुष्यों मनुष्य मात्र के सम्राट स्तुति करने के योग्य ईश्वर की वेदमन्त्रों से उत्तम स्तुति करो, यह मनुष्य मात्र को निमय में रखता है। उसका दान महान है। और वह सब को सुपथ पर चलाता है।

तीसरी दशती समाप्त

ऊपादु शिप्यन्धसः सुदक्षस्य प्रहोषिणः।
इन्दोरिन्द्रो यवाशिरः॥

अर्थात्, व्यावहारिक सुख को प्राप्त करने वाला राजा उत्तम शक्तिशाली संसार यज्ञ के होता परमेश्वर का राजा यवादि से युक्त अन्नादि पदार्थों की रक्षा और उपभोग करता है।

इमा उत्वा पुरोवसोऽभि प्र नोनुवुर्गिरः।
गावो वत्सं न धनेवः॥

अर्थात् हे ईश्वर सबके निवासदाता जैसे दूध देने वाली गाएँ बछड़े के पास जाती है ऐसे ही ये हमारी स्तुतियाँ सब प्रकार से वारन्वार तेरी शरण में पहुँचती है।

ऊमाह गोलन्वत थन त्वष्टुरपीच्यम्।
इत्थाचन्द्रमसो गृहे॥

अर्थात् इस चन्द्रमंडल में सूर्य की किरणें प्रवेश करती हैं। हे मनुष्यों! ऐसा जानो॥

भारतीय समाज के मार्ग दर्शन करने वाले ग्रन्थ की वैदिक ऋचाएँ अनेक समस्याओं के समाधान प्रस्तुत करने में समर्थ समझी जाती हैं मानव जीवन में मार्ग दर्शन उन ऋचाओं से सम्पन्न होती हैं जिनसे देवशक्ति का आह्वान किया जाता है। ईश्वरीय अनुकम्पा प्राप्ति के साधन वैदिक ऋचाएँ मानी जातों हैं। उन ऋचाओं के मनन-चिन्तन से पारलौकिक शक्ति की प्राप्ति मानी जाती है जिनके पाठ या सस्वर गान आवश्यक समझे जाते हैं। सामवेद वह संगीतात्मक ध्वनि का वाहन है जिससे मन्त्रोचारण के द्वारा असीमशाक्ति प्राप्ति की कामना अभिव्यञ्जित होती है। ऐसे मन्त्रों के पाठ या सस्वरगान से भारतीय समाज का सम्बन्ध जुड़ा दीखता है। भगवान श्रीकृष्ण की उक्ति है कि वे वेदों में सामगान हैं। मन्त्र की ध्वनि मात्र से शक्ति की वह दिव्यज्योति दृष्टिगत होती है। जिनसे मानव मन एक ओर शांति प्राप्ति का लाभ उठाता तो दूसरी ओर ईश्वरीय शक्ति का आह्वान समझा जाता है।

भारतीय समाज की दिशा एवं दशा के तत्त्वों में सारे समाज के समक्ष पुराण साहित्य के विशाल स्वरूप विद्यमान थे।

सामाजिक चिंतन में यह तथ्य उल्लिखित होते थे कि "अष्टादश पुराणेषु व्यासस्य वचनद्वयम्।"

परोपकार पुण्याय पापाय परपीडनम्।।

यह ऐसी ज्योति थी जिसके लिए समाज को कभी दिशा हीनता के भाव ही उत्पन्न नहीं होते थे। मंगलमय विभु पर पूरा भारतीय समाज आश्रित था। सुखसम्पन्नता समाज मं व्याप्त थी। अतः अमंगल भी मगंलमय गति में विलीन हो जाता था क्योंकि समाज की ऐसी चेतना हो जाती थी क्योंकि समाज की चेतना में व्याप्त सत्य यही था कि "किन-किन अमंगलों में कौन सा कल्याण छिपाए हुए है। ईश्वरीय मार्ग प्राप्त हो जायेगा इस सत्य पर भरोसा एवं विश्वास था जिससे सामाजिक सौहार्द का सागर सतत् लहराता रहता था।

पुराणग्रन्थों के मार्ग-दर्शन पर पूरा समाज आश्रित था और "विश्वसो फलदायक के उदाहरण समाज में सर्वत्र व्याप्त था।

सामवेद उल्लिखित ऋचाएँ यह सामूहिक गान या सस्वर पाठ की वस्तु के रूप में मान्य होती रही हैं।

उक्ति प्रसिद्ध है- "मननात इति मन्त्रः" यह मन्त्र जब सस्वर उच्चरित होता है तो इसकी ध्वनि चतुर्दिक फैलती है और पूरे वातावरण को अनुकूल बनाने की चेष्टा करती है। गीता में पंक्ति है।

ज्ञानं ज्ञेयं परिज्ञाता त्रिविधा कर्म चोदना।
करणं कर्म कर्त्तेति त्रिविधः कर्मसंग्रहः।।

अर्थात् ज्ञाता, ज्ञान और ज्ञेय ये तीन प्रकार की कर्म प्रेरणा मानी गई है।

ज्ञानं कर्म च कर्त्ता च त्रिधैव गुणभेदतः।
प्रोच्यते गुणसङ्ख्याने यथावतशृणु तान्यपि।।

अर्थात् गुणों की संख्या करने वाले शास्त्र में ज्ञान और कर्म तथा कर्त्ता गुणों के भेद से तीन-तीन प्रकार के कहे गए हैं।

गीता की पंक्ति है

नियतं सङ्गरहितमराग द्वेषतः कृतम।
अफलप्रेप्सुना कर्म यत्तत्सात्त्विकमुच्यते॥

जो कर्म शास्त्रविधि से नियत किया हुआ और कर्त्तापन के अभिमान से रहित हो तथा फल न चाहने वाले पुरुष द्वारा बिना राग-द्वेष के किया गया हो- वह सात्विक कहा जाता है।

गी. अ. 18 श्लोक 19 एवं 23

भारतीय जनमानस में गीता का महत्त्व सर्वोपरि है। इस ग्रन्थ के महात्म्य वाणी द्वारा स्पष्ट करने के लिए किसी की भी सामर्थ्य शायद नहीं है। यह ग्रन्थ एक परम रहस्यमय माना जाता है। सम्पूर्ण वेदों का सार इस ग्रन्थ में उपलब्ध हो जाता है। भाषा की सरलता सहजग्राहयता इसकी सबसे बड़ी विशेषता हैं।

इस ग्रन्थ की विशेषता इस प्रक्ति से अभिव्यञ्जित है।

गीता सुगीता कर्त्तव्या किमन्यैः शास्त्रविस्तरैः।
या स्वयं पद्मनामस्य मुखपद्माद्विनिःसृता॥

कमलनयन भगवान श्री विष्णु की शक्ति का सहारा जब मिल जाता है तो कठिन से कठिनतम कार्य में भी सिद्धि मिल जाती है। उस देवाधिदेव की प्रार्थना इन शब्दों में होती रही है:

शान्ताकारंभुजग शयनम् पद्मनाभं सुरेशं
विश्वाधारं गगनसदृशम् मेधवर्णं शुभाङ्गम्
लक्ष्मीन्कान्तं कमलनयनं योगभिर्ध्यानगम्यं
वन्दे विष्णुं भवभयहरं सर्वलोकैकनाथम्॥

देवाधि देव विष्णु का ध्यान इस प्रार्थना के माध्यम से होते रहा है।

यं ब्रह्मा वरुणेन्द्ररूद्रमरुतः स्तुन्वन्ति दिव्यैस्तवैर्वेदैः
साङ्गपदक्रमोपनिषदैः गायन्ति यं सामगाः।
ध्यानावस्थित तद्गतेन मनसा पश्यन्ति यंयोगिनो
यस्यान्तं न विदुः सुरासुरगणा देवाय तस्मैनमः।।

अर्थात् ब्रह्मा, वरुण इन्द्र, रुद्र और मरुदगण दिव्यस्तोत्रों द्वारा जिनकी स्तुति करते हैं सामवेद गानेवाले, अङ्ग, पद, क्रम और उपनिषदों के सहित वेदों द्वारा जिनका गान करते हैं;

देवता और असुरगण (कोई भी) जिनके अन्त को नहीं जानते उन परमपुरुष नारायण देव के लिए मेरा नमस्कार है।

इस स्थल पर भगवान विष्णु की प्रार्थना तो की गई है साथ ही श्रीमद्भगवद् गीता-महात्म्य भी उल्लिखित किया गया है

गीताशास्त्रमिदं पुण्यं यः पठेत् प्रयतः पुमान्
विष्णोः पदमवाप्नोति भयशोकदिवर्जितः।।1।।

गीताध्ययन शीलस्य प्राणायाम परस्य च।
नैव सन्ति ही पापानि पूर्वजन्म कृतानि च ।।2।।

मलनि मोंचनं पुंसां जलस्नानं दिनेदिने।
सकृद्गीताम्भसि स्नानं संसारमलनाशनम् ।।3।।

गीतासुगीता कर्तव्या किमन्यैः शास्त्रविस्तैरेः।
या स्वयं पद्मनामस्य मुखपद्माद्विनिः सृता ।।4।।

भारतामृतसर्वस्वं विष्णोर्वक्त्राद्विनिःसृतम्।
गीतागङ्गोदकंपोत्वा पुनर्जन्म न विद्यतो ।।5।।

सवोपनिषदो गावो दोग्धा गोपाल नन्दनः।
पार्थो वत्सः सुधीर्भोक्ता दुग्धं गीतामृतं महत् ।।6।।

एकं शास्त्रं देवकी पुत्रं
गीतमेको देवोदेवकी पुत्र एव।
एको मन्त्रस्तस्य नामानि यानि
कर्माप्येकंतस्य देवस्यसेवा।।

भगवान कृष्ण के मुख से निकली हुई वाणी इस प्रकार अभिव्यञ्जित होती है:

आदित्यानामहं विष्णुः ज्योतिषां रविरंशमान्।
मरीचिर्मरूतामस्मि नक्षत्राणामिहं राशी।।
वेदानां सामवेदोऽस्मि देवानामस्मि वासवः।
इन्द्रियाणां मनश्चास्मि भूतानामस्मि चेतना।।

गी. आ. 10 श्लोक 21–22

अर्थात् अदिति के बारह पुत्रों में विष्णु और ज्योतियों में किरणों वाला सूर्य हूँ तथा मैं उनचास वायुदेवताओं का तेज और नक्षत्रों का अधिपति चन्द्रमा हूँ।

मैं वेदो में सामवेद हूँ देवों में इन्द्र हूँ, इन्द्रियों में मन हूँ और भूत प्राणियों की चेतना अर्थात् जीवन शक्ति हूँ। अ. 10 श्लोक 22

स्वयं भगवान कृष्ण के मुख से जो अभिव्यञ्जित तथ्य हैं उन तथ्यों के विश्लेषण काफी विस्तार से किया जा सकता है क्योंकि शब्दों की व्याख्या अभिधा, लक्षणा एवं व्यञ्जना तीनों शक्तियों से की जाती है। अध्याय 9 श्लोक संख्या 17 में जो उक्ति है वह इस प्रकार अभिव्यक्त हुई है:

पिताहमस्य जगतो माता धाता पितामहः।
वेद्यं पवित्रमोङ्कारं ऋक्सामयजुरेव च।।

अर्थात् इस सम्पूर्ण जगत का धाता अर्थात् धारण करने वाला एवं कर्मों के फलको देने वाला, पिता–माता, पितामह, जानने योग्य पवित्र ओङ्कार तथा ऋग्वेद सामवेद और यजुर्वेद भी मैं ही हूँ। इस स्थल पर सिर्फ अथर्ववेद को छोड़ दिया गया है। इस तरह तीन वेदग्रन्थों को भगवान विष्णु या कृष्ण ने अपने अङ्गों में समाहित कर लिया है।

त्रैविद्या मां सोमयाः पूतपापा
यज्ञैरिष्ट्वा स्वर्गतिं प्रार्थयन्ते।
ते पुण्यमासाध सुरेन्द्रलोक
मश्नन्ति दिव्यान्दिवि देवभोगान्।। 9 श्लोक 20

अर्थात् वे उस विशाल स्वर्ग लोग को भोगकर पुण्य क्षीण होने पर मृत्यु लोक को प्राप्त होते हैं। इस प्रकार स्वर्ग के साधन रूप तीनों वेदों में कहे हुए सकाकर्म को आश्रय लेने वाले और भोगों की कामना वाले पुरुष बार-बार आवागमन को प्राप्त होते हैं।

अर्थात् पुण्य के प्रभाव से स्वर्ग में जाते हैं और पुण्य क्षीण होने पर मृत्युलोक में आते है। अ. 9 श्लोक सं. 21

तीसरी दशती समाप्ति के बाद सामवेद के मन्त्र पृ. सं. 14

अपादु शिप्रयन्धसः सुदक्षस्य प्रहोषिणः।
इन्द्रोरिन्द्रो यवाशिरः ॥1॥

अर्थात् व्यावहारिक परमार्थिक सुख की प्राप्ति करने वाला राजा उत्तम शक्तिशाली तथा संसार यज्ञ के होता परमेश्वर के लिए दिये हुए यवादि से युक्त अन्न आदि पदार्थों की रक्षा और उपभोग करता है।

इमा उत्वा पुरुदसोऽभिप्रनोनुवुर्गिरः।
गावो वत्सं न धेनवः॥ 2॥

हे ईश्वर! सबके निवास दाता! जैसे दूध देने वाली गाएँ बछड़े के पास जाती हैं ऐसे ही ये हमारी स्तुतियाँ सब प्रकार से तेरी शरण में पहुँचती है।2।

अत्राह गोरमन्वत नाम त्वष्टुरपीच्यम्। इत्था चन्द्रमसो गृहे। इस चन्द्रमण्डल में सूर्य की किरणें प्रवेश करती हैं। हे मनुष्य यह जानो।3।

यदिन्द्रो अनयद्रितो महीरथो वृषन्तपः। तत्र पूषा भुवत् स च।।4।। पूर्ण वर्षा करने वाला सूर्य गति करने वाली पृथ्वी पर जलों को बरसाता है। उसमें वायु सहायक होता है ।4।

गौर्धयति मरुतां श्रवस्युर्माता मधोनाम।
युक्ता वहनो रथनाम् ।5।

अर्थात् इन्द्र आदि द्वारा की हुई वृष्टि को अन्नादि के दाता सूर्यादि के साथी रथादियानों को धारण करने वाला पृथिवी माता पान करती है अथवा ग्रहण करती है।5।

उप नोहरिमिः सुतं याहि मदानां पते।
उप नोहरिभिः सृतम ।6।

अर्थात्, है आनन्दों के स्वामी परमेश्वर! अपने विद्वानों के उपदेशों से अत्यन्त ज्ञान तथा सूर्य अग्नि आदि द्वारा उत्पन्न भोग को हमें प्राप्त कराओ।6।

चौथी दशती समाप्ति के वाहमन्त्र पृ. 15

पान्तमा वो अन्धत इन्द्रममि प्र गायत्।
विश्वासाहं शतक्रतं महिष्ठञ्चर्षणीनाम् ।।1।।

हे मनुष्यों। तुमलोग अन्न के रक्षक अनन्त शक्ति और अनन्त ज्ञान वाले तथा मनुष्यों के पूज्य ईश्वर का गुण-गान करो ।1।

पाँचवी दशती समाप्ति के बाद मन्त्र

इदं ह्यन्वोजसा सुतं राधानां पते।
पिवा त्वास्य गिर्वणः।।1।।

प्रार्थना के योग्य धनों के स्वामी परमेश्वर! यह संसार तेरे ओज से रचा गया है। तूँ इसकी रक्षा करता है। मन्त्र सं. 1। पृ. सं. 15

अशमिद्धि पितुष्परि मेधामृतस्य जग्रह।
अहं सूर्य इवाजमि। मन्त्र 8 पृ. 14

अर्थात् मैं परमेश्वर द्युलोक तथा अग्नि या सांसारिक नियम के पूर्ण ज्ञान रखता हूँ। मैं ही सूर्य के समान ज्ञान के प्रकाश को पैदा करता हूँ।

सोम पूषा च चेततु विश्वदातां
सुक्षतीनाम देवत्रा रथ्योर्हिता।

अर्थात् समस्त देवों के मध्य में ईश्वर और जीव दोनों जानते हैं, अर्थात् ज्ञान रखते हैं। वे दोनों सम-विषम मार्ग में हितकारी हैं।

पाँचवीं दशती समाप्ति के बाद पृष्ठ 15

इदं हयन्वोजसा सुतंराधानांजते।
पिवा त्वांऽस्य गिर्वणः ॥1॥

अर्थात् हे प्रार्थना के योग्य धनों के स्वामी परमेश्वर! यह संसार तेरे ओज से रचा गया है तूँ उसकी रक्षा करता है।

महा इन्द्रः पुरश्चनो महित्वमस्तुवग्रिणे।
धौः न प्रथिनाशवः ॥2॥ पृ. 15

अर्थात् ईश्वर महान है, उसकी महिमा हमारे सामने है। द्युलोक के समान विस्तृत बल उस न्यायकारी के लिए ही है।

अभिप्र गोपतिङ्गिरेन्द्र मर्च यथाविदे।
सूनुँ सत्यस्य सत्पति॥ पृ.16

अर्थात् हे मनुष्यों यथावत व्रत जानने के लिए वेदों और सज्जनों के पालक सत्य के प्रेरक ईश्वर की स्तुति कर।

कया नश्चित्र आ भुवदुती सदावृधः सखा
कया शचिष्ठया वृता। पृ. 16

अर्थात् हे परमेश्वर! अद्भुत और सदा उन्नति देने वाले तूँ रक्षा और बुद्धि से युक्त होकर हमारा सखा होता है।

ये ते पन्था ऊधो दिवो येमिर्व्यश्वमेरयः।
उत् श्रोषन्तु नो भुवः॥

अर्थात् हे परमेश्वर! तेरे उन मार्गों के द्वारा जिनसे कि तूँ वायु को प्रेरणा देता है भूमिस्थ मनुष्य लोग भी शब्द-सन्तान को सुनते हैं।

अस्ति सोमो अयं सुतः पिवन्त्यस्य मरुतः
उत स्वराजो अश्विना। पृ. सं.16

हे विद्वान् जीव! यह संसार उत्पन्न किया गया है प्रकाशात्मक यज्ञिक तथा विद्वान् और उपदेशक सभी उसका उपभोग करें।

सातवीं दशती:

ईङ्खयन्तीरपस्युव इन्द्रं जातमुपासते।
वन्वासः सुवीर्यम्।

अर्थात्, ज्ञान से युक्त कर्म की चाह करने वाली बुद्धियाँ तथा उत्तम बल को चाहने वाले लोग निमित्त कारण से उपासना करते हैं।

नकी देवा इनीमसि नक्यायोपयमसि।
मन्त्रश्रुत्यञ्चरामसि।।

हे साभगायकप्रकाशमय ज्ञान वाले अथर्वं वेदज्ञ! जब रात्रि आवे तो अर्थात् संध्या समय में तुम सर्व स्त्रष्टा परमेश्वर की स्तुति करो।

एषो उषा अपूर्व व्युच्छति प्रिया दिवः
स्तुषे वामश्विना बृहत्।। पृ.16

सूर्य की प्यारी यह अद्भुत उषा अन्धकार का नाश कर रही है। हे अध्यापक। और उपदेशक! तुम परमेश्वर की स्तुति करो।

मन्त्र 5 पृ. 16

इन्द्रो दधीचो अस्थमिर्वृत्राण्य प्रतिस्कुतः।
अधान नवतीर्नव।

अर्थात् सूर्य जिसके सामने कोई नहीं ठहर सकता वह सूर्य वायु मेघों को इस प्रकार छिन्न-भिन्न करता जैसे नव संख्या 90 को करती है।

मन्त्र 8 पृ. 17

ओजस्तध्स्य तित्विष उमे यतस्मवर्तयत्।
इन्द्रच्चेमेव रोदसी।।

अर्थात् ईश्वर का वह बल प्रत्यक्ष चमक रहा है जिससे वह चर्मवत् भू और पृथ्वी को फैलाता तथा समेटता है।

मन्त्र 10 पृ. 17

वात आ वातु भेषजं शंभु मयोभु नो हृदे।
प्र न आयुंषि तारिषत्॥

अर्थात् हे ईश्वर! वायु हमारे फेफड़े के लिए सुख तथा शांति देने वाली औषधि बने। वह हमारी आयु को भी बढ़ावे।

आठवी दशती मन्त्र सं 3 पृ. 17

इमास्त इन्द्र पृश्नयो धृतं दुहत आशिरम्।
एवामृतस्य पिप्युषीः

अर्थात् हे ईश्वर! तेरी रची हुई सूर्य की किरणें दही के समान स्वच्छ जल को बरसाते हैं। वे किरणें जल से पृथिवी की फसल को पुष्टकर बढ़ाती हैं।

मन्त्र 5 पृ. 17

पावकाः नः सरस्वती वाजेभिर्वाजिनीवती।
यज्ञं वष्टु धियावसुः॥

हे ईश्वर हमारी वेदवाणी हृदय को पवित्र करने वाली अन्न से बलवती और अपनी योग्यता से संसार को वश में करने वाली हो। वह परोपकार का उपदेश करे।

मन्त्र 8 पृ. 17

महित्रीणामवर्षतु द्युक्षं मित्र स्थार्यम्णः
दुराधर्ष वरुणस्य॥

अर्थात् हे ईश्वर! मित्र, न्यायकारी और हितैषी इन तीनों की रक्षा हमारे लिए तेजस्वी, किसी से न दवने वाली और महान हो।

नौवीं दशती पृष्ठ 18 मन्त्र 2

निर्वणः पाहि नः सुतं मधोर्धारामिरज्यसे।
इन्द्र त्वदात् मिधशः॥

अर्थात् हे स्तुत्य परमेश्वर हमारे सम्पादित ज्ञान की रक्षा करो तूँ ज्ञान की धाराओं से प्राप्त किया जाता है। हे परमेश्वर! हमारा यश तुम्हारा ही दिया हुआ है।

मन्त्र 3 पृ. 18

सदा व इन्द्रश्च र्कृषदा उपोनुससपर्य
न देवोवृतः शूर इन्द्रः।

अर्थात् – हे मनुष्यों ईश्वर प्रेम से, तुम लोगों को सदा, अपने समीप ही देखता है। वह तेजस्वरूप तथा ध्यान करने योग्य एवं ऐश्वर्यवान है। वह हमारा देव है।

आ त्वा विश नत्यिन्दवः समुद्रमिव सिन्धवः
न त्वामिन्द्रातिरिच्यते।

अर्थात् हे ईश्वर! जैसे छोटी छोटी नदियाँ समुद्र में पहुँचती है ऐसे ही उपासना करने वाले तेरी शरण में पहुँचा हे ईश्वर! तुमसे बढ़कर कोई नहीं है।

मन्त्र 6 पृ. 18

इन्द्र इषे ददातु न ऋभुक्षनमृतभूंरयिम्।
वाजीददातु वाजिनम्।

अर्थात् हे बलवान ईश्वर हमें अन्न, अन्य सम्पत्ति और शक्तिशाली बुद्धियुक्त पुत्र भी दें।

मन्त्र 8 पृ. 18

इमा उत्वा सुते सुते नक्षन्ते गिर्वणोगिरः।
गावो वत्सन्न धेनवः॥

अर्थात् हे उपास्यदेव। जैसे दूध देने वाली गाएँ अपने बछड़े के समीप जाती हैं ऐसी ही हमारी स्तुतियाँ प्रत्येक उत्तम भावना के समय तेरे ही समीप पहुँचती हैं।

दशवीं शती मन्त्र 1 पृ. 18

तरणिं वो जनानां त्रदं वाजस्य गोमतः
समाननुप्रशंसिषम्।

हे मनुष्यों! ईश्वर सबको तारने वाला है। वह अन्न तथा गोधन का समानरूप रक्षक है। मैं उसकी स्तुति करता हूँ।

मन्त्र 4 पृ. 19

यद्वीऽविन्द्र यत्स्थिरे यत्पर्शाने परामृतम्।
वसु यार्ह तदा भर॥

हे ईश्वर तूँ हमें बहुमूल्य सम्पति दे जो बल में तथा पर्वतों तूँ हमें बहुमूल्य सम्पति दे जो बल में तथा पर्वतों के अन्दर विद्यमान है जिसकी सब कामना करते हैं।

मन्त्र 7 पृ. 19

धानावन्तं कराम्भंणमपूपन्तमुक्थिनम्।
इन्द्र प्रातर्जुषस्व नः।

अर्थात् हे ईश्वर! प्रतिदिन उत्तम पदार्थों यज्ञ करने वाले मनुष्य तेरे प्रेम के पात्र हैं।

ग्यारहवीं दशती मन्त्र सं. 9 पृ. 19

आ व इन्द्रं कृवियथा वाज यन्तः शतक्रतुम्।
महिष्ठं सिञ्च इन्दुभिः॥

हे मनुष्यों ! तुम लोगों ने अनेक प्रकार के कर्म करने वाले महान आत्मा को ज्ञान से पुष्ट करता हूँ जैसे अन्न चाहने वाले किसान जल से खेत सींचते हैं।

मन्त्र 3 पृ. 19

आवुन्दम वृत्रहा ददे जातः पृच्छाद्विमातरम्।
कः उग्रा के हा श्रृण्विरे॥

अर्थात् शस्त्रविधा में चतुर योद्धा शस्त्र हाथ में लेकर माता से पूछे कि कौन-कौन देहद्रोही सुने जाते हैं।

मन्त्र 4 पृ. 19

वृवदुक्थ्यं हवामहे सुप्रकरस्नमूतये साधः कृण्वन्तमवसे।

अर्थात् हे वीर! आप प्रशंसा के योग्य विशाल भुजाओं वाले और संग्राम के साधन तैयार करने वाले हैं। हम आपको अपने पालन और प्रजा की रक्षा के लिए पुकारते हैं।

मन्त्र 7 पृ. 20

आ नो मित्र वरूणा घृतैर्जगव्यूक्तिमुक्षतम् महवा
रजांसि सुक्रतो॥

अर्थात् उत्तम ज्ञानवाले परमेश्वर और विद्वान! जल से भूमि के समान ज्ञान से लोकों को सींच दो।

मन्त्र 8 पृ. 20

उदूत्वे सूनवो गिरः काष्ठा यज्ञेष्वतनत।
वाश्चा अभिज्ञु यातवे॥

अर्थात् शब्द को सुनाने वाली वायु प्रत्येक दिशा में जाने वाले के लिए अपने व्यापार में वैसे मतिमान हो जाती है। जैसे बालक घुटने के बल चलता हुआ चारों तरफ दौड़ता है।

मन्त्र 4 पृ. 20

इन्द्र उक्थेभिर्मन्दिष्ठो वाजानां
च वाजपतिः हखांत्सुतानां सखा॥

अर्थात् ईश्वर स्तोत्रों से अत्यन्त स्तुति करने योग्य है। वह बलों का स्वामी है। वह प्रकाश स्वरूप और प्राणी मात्र का मित्र है।

मन्त्र 5 पृ. 20

आ याहयुप नः सुतं वाजेभि-
र्माहृणोयथाः महाइव युवाजानिः॥

अर्थात् हे परमेश्वर! तूँ उसी प्रकार से हमे अपने समीपकर तथा ज्ञान वालों के द्वारा हमारे ज्ञान को लज्जित मत होने दें, जैसा कि एक सदाचारी पति अपनी पत्नी को समीप रखता है तथा लज्जा का विषय नहीं बनने देता है।

मन्त्र 6 पृ. 20

कदा वसोस्तोत्रम हर्यत्आउबश्मशारूधद्वाः।
दीर्घ सुतम् वाताप्याय

अर्थात् हे ऐर्श्यवान राजन्! जब कभी जल वृष्टि रुक जाये तब वेदप्रेमी महान प्रजावर्ग को जल प्रदान करने के लिए नहर बनवाओ।

मन्त्र 7 पृ. 20

ब्राह्मणां दिन्द्रराधसः पिवासोममृतूरनु।
तवेदं सख्यमस्तुतम॥

हे जीवात्मन! तुम आराधना करने वाले ब्रह्मवेत्ता के सम्पर्क से ऋतुओं के अनुसार सोमादि पदार्थों का उपभोग करो।

मन्त्र 8 पृ. 20

वयं धा अपिस्मसि स्तोतार इन्द्र गिर्वणः।
त्वं नो जिन्व सोभपाः॥

अर्थात् हे मन्त्रों से स्तुति करने योग्य ऐश्वर्यशाली पदार्थों के रक्षक ईश्वर हम भी तेरी स्तुति करने वाले हैं। तूँ हमें तृप्त कर।

मन्त्र 9 पृ. 21

एन्द्र पृ क्षु कासु चिन्नृम्णं तनूषु धेहि नः।
सत्राजिद्दुग्र पौस्यम्॥

अर्थात् सब संग्रामों के समय में हमारे शरीरो में सुख और बल दें। हे ओजस्वी! तूँ सदा जीतने वाला है।

मन्त्र 10 पृ. 21

एषा ह्यसि वीरयुरेवा शूर उतस्थिरः।
एषा ते राध्यं मनः॥

अर्थात् हे ईश्वर! वीर पुरुष तेरे प्यारे होते हैं। तूँ शक्तिमान और नित्य है। तेरा ज्ञान चिन्तन करने के योग्य है।

तृतीय अध्याय पहली दशती मन्त्र 1 पृ. 21

अभि त्वा शूर नोनुभोऽ दुग्धाा इव धेनवः।
ईशानमस्य जगतः स्वदृंशमी शानमिन्द्र तस्युषः

अर्थात् हे शक्तिमान! ईश्वर जैसे बिना दुही हुई गाय का थन दूध से भरपूर रहता है ऐसे ही प्रेम से भरपूर हृदय से हम चराचर संसार के स्वामी आपको बार-बार नमस्कार करते हैं।

मन्त्र 4 पृ. 21

तं वो दस्ममृतीषहं वसोर्भन्दानन्यसः।
अभि वत्सं न स्वसरेषु धेनवइन्द्रं गीर्भिनवामहे॥

हे मनुष्यों! गोशालाओं में बछड़े को गाय के समान हम तुम्हारे दुख निवारक तथा अन्नादि से आनन्दित करने वाले कामादिशत्रुओं के नाशक परमेश्वर की वेदवाणियों से स्तुति करते हैं।

मन्त्र 8 पृ. 22

त्वं ह्येहि चेरवेविदा भगं वसुत्तये।
उद्वा वृषस्व मधवन गविष्ठय उदिन्द्राश्वमिष्टये॥

अर्थात् हे ईश्वर ! तूँ प्राप्त होओ। सदाचार की रक्षा के लिए हमें सम्पत्ति दो। हे सबसे बड़े दानी इन्द्रियों की भलाई और हमारे कल्याण के लिए प्राण को पुष्ट करो।

मन्त्र 10 पृ. 22

मा चिन्दयद्विशंसत सखायो मा रिषण्यत्॥
इन्द्रमित्स्तोता वृषणं स चा सुते मुहुरुक्था च शंसत्॥

हे मित्रों ! सत्य के विपरीत मत बोलो किसी को दुख मत दो। कामनाओं की पूर्ति करने वाले ईश्वर की सम्मिलित स्तुति करो तथा जगत में वेदमंत्रों का पाठ करो।।

दूसरी दशती

मन्त्र 7 पृ. 23

इन्द्रमिद्देवता तय इन्द्रं प्रयत्यध्वरे।
इन्द्रं समीके वनिनो हवामह इन्द्रस्यसातये।।

अर्थात् भजन करने वाले हम, विद्वानों की उन्नति के लिए, कल्याणकारी यज्ञ के प्रारम्भ तथा समाप्ति पर और सम्पति को पाने के लिए भी ईश्वर को ही पुकारते हैं।

मन्त्र 9 पृ. 23

उदुत्य मधुमत्तमा गिरः स्तोमास ईरते।
सत्राजितो धनसा अक्षितोतयो वाजयन्तोरथाइव।।

अर्थात् जैसे सदा विजय पानेवाले सम्पत्ति शाली और भलीभाँति रक्षा करने वाले रथ वेग से चलाते है ऐसे ही ये हमारी मधुर वाणियाँ मुख से बाहर निकलकर चारों तरफ फैलती हैं।

मन्त्र 10 पृ. 23

यथा गौरो अपा कृतं तृष्यन्नेत्यवेरिणम्।
आपित्वे नः प्रपित्व तूयमागहिकण्वेषु

अर्थात् हे जीव! जैसे प्यासा मृग पानी से पूर्ण किन्तु घास रहित तालाब के तट पर जाता है ऐसे ही मित्रता हो जाने पर मेधावी पुरुषों के मध्य शीघ्र और मिलकर अमृत रस का पान करें।

तीसरी दशती

मन्त्र 5 पृ. 23

प्र व इन्द्राय वृहते मरुते ब्रह्मार्यंत।
वृत्रं हनति वृत्रहा शतक्रतुर्वज्रेणशतपर्वणा।

अर्थात् हे स्तुति करने वाले! तुम लोग महान ईश्वर के लिए साम का गान करो वह अनन्त ज्ञान वाला है। पापनाशक वह परमेश्वर सैकड़ों धारवाले वज्र के समान दुर्गुणनिवारक ज्ञान से पाप या अज्ञान का नाश करता है।

मन्त्र 6 पृ. 23

वृहदिन्द्राय गायतमरुतो वृत्रहन्तमम्।
येन ज्योतिर जन यन्तु तावृधो देवं देवाय जागृभि॥

अर्थात् हे ऋत्विक गण! तुम लोग परमात्मदेव के लिए उस वृहत साम का गान करो जिसके द्वारा सत्य का विस्तार करने वाले विद्वानजन दिव्यपाप नाशक तथा जागृति देनेवाली ज्ञान ज्योति को हृदय में जगाते हैं।

मन्त्र 8 पृ. 24

मा न इन्द्र परावृणगन्तवा न सधमाधे।
त्वं नउती त्वमिन्न आप्यं मा न इन्द्र परा वृणक्॥

अर्थात् हे ईश्वर! तू हमारे आनन्द दायक यज्ञ में सहायक हो। हे ईश्वर! तू हमारे आनन्द दायक यज्ञ में सहायक हो। हे ईश्वर! तू ही हमारी रक्षा करने वाला और तू ही हमारे प्राप्त करने योग्य है। तू हमारा परित्याग मत कर।

मन्त्र 9 पृ. 24

वयं घ त्वा सुतावन्त आपो न वृक्तवर्हिषः।
पवित्रस्य प्रस्त्रवणेषु वृत्रहन्परि स्तोतार आसते॥

अर्थात् हे पापनाशक ! ईश्वर! साधन से सम्पन्न तथा आसन जमाए हुए उपासक तेरी शरण में नीची जगहों में जल जैसे चारों तरफ से द्वीप बनाते हैं, ऐसे ही शुद्ध स्वरूप की उपासना करने वाले सब प्रकार से उपासना करते हैं।

मन्त्र 10 पृ. 24

यदिन्द्र नहुषीष्वा ओजो नुम्णं च कृष्टिषु।
यद्वा पञ्चक्षितीनां द्युम्नभा भर सत्रा विश्वानि पौंस्या।

अर्थात् हे ईश्वर! मनुष्य प्रजाओं में जो बल तथा धन है, या योग की पाँच भूमियों में यश है, उनको और सच्चे पुरुषार्थों को भी हमें दे।

चौथी दशती मन्त्र 1 पृ. 24

सत्यमित्वा वृषेदसि वृषजूतिनेऽविता।
वृषा ह्युग्र शृण्विषे परायति वृषों अर्वावति श्रुतः।

अर्थात् हे ओजस्वी! ईश्वर! सत्य की तू कामनाओं की वर्षा करने वाला है, कामना पूरक, व्याप्ति करने वाला तू हमारा रक्षक है। तू अभिलाषाओं को पूर्ण करने वाला सुना जाता है। क्या दूर क्या समीप सब जगह तू कामनाओं की पूर्त्ति करने वाला प्रसिद्ध है।

मन्त्र 2 पृ. 24

यच्छक्रासि परावति यदर्वावति वृत्रहन्।
अतस्त्वा गीभिर्द्युगदिन्द्र के
शिभिः सुतावां आ विवासति।

अर्थात् हे शक्तिमान्! अज्ञाननाशक ईश्वर! चूँकि तू अज्ञानियों से दूर तथा ज्ञानियों के समीप है इसलिए साधनों वाले मनुष्यों सन्तों के साथ वेदवाणियों द्वारा तेरा आह्वान करते हैं।

मन्त्र 7 पृ. 25

आ नो विश्वासु हव्यमिन्द्र समत्स भूषत।
उप ब्रह्माणि स्त्रवनानि वृत्रहन्परमज्या ऋचीषम्।।

अर्थात् हे स्तुति करने वालो! प्रत्येक आपत्ति तथा बाधा के समय स्तुति के योग्य ईश्वर की शरण में जाओ। हे सबसे महान! स्तुति योग्य!! पापनाशक प्रभो!!! तीन स्त्रवन रूप तीन वेदों (ऋग्, यजुः, साम) का उपदेश दो।

सदज्ञान ही सबसे बड़ा रक्षक होता हैं। मानव का परम कर्त्तव्य परमेश्वर का समीप्य करना है। वह अपनी शक्ति का उपयोग परमेश्वर का समीप्य प्राप्त करने में यदि लगा दे तो जीवन की सफलता स्पष्टरूप से परिलक्षित होने लगती है।

उस आसीम सत्ता की कृपा के अभाव में मनुष्य के जीवन में भटकाव स्वाभाविक है।

सामवेद की विशेषताएँ ऋचाओं से प्राप्त तथ्यों के आधार पर विश्लेषित की जाने की आवश्यकता है। मन्त्रस्रष्टा ऋषियों ने समाज को सबल बनाने की चेष्टा की है। वेद मन्त्रों से जो ध्वनि निकलती है उसे समझने की आवश्यकता है तदनुसार आचरण करने से भारतीय जनमानस की शक्ति में अभिवृद्धि स्वाभाविक मानी जाती है।

मन्त्र 8 पृ. 25

तवेदिन्द्रावमं वसु त्वं पुष्यसि मध्यमम्।
सत्रा विश्वस्य परमस्य राजसि
न किष्ट्वा गोषु वृण्वते।।

अर्थात् हे स्तुति करने वालों! प्रत्येक आपत्ति तथा बाधा के समय स्तुति के योग्य ईश्वर की शरण में जाओ। हे सबसे महान! स्तुति के योग्य!! पापनाशक प्रभो तीन सवन रूप तीन वेदों (ऋक्, यजुः साम) का उपदेश दो।

इस सन्दर्भ में गीता की पंक्ति से विशेष रूप में मार्ग दर्शन होता है। यत्करोषि यदश्चासि यञ्जुहोसि ददासि यत् यत्रपस्यसि कौन्तेय तत्कुरुष्व मदर्पणम्।। गीता. अ. 9 श्लोक 27

किसी बड़ी शक्ति की छत्रछाया में रहते हुए सारे चिन्तन, मनन एवं कर्म को समर्पित कर ही आगे बढ़ने की चेष्टा करनी चाहिए। इस अवस्था में मानव की सारी समस्याएँ स्वयं सुलझती हुई दीख पड़ती हैं।

मन्त्र 9 पृ. 25

क्वेयथ क्वेदसि पुरुत्रा चिद्धि ते मनः।
अलर्षि युध्म खजकृत्पुरन्दर प्र गायत्रा अगासिषुः॥

अर्थात् हे सर्वज्ञ ब्रह्माण्ड के कर्त्ता! शरीर बन्धन रहित तू कहाँ व्यापक है? कहाँ पर है अर्थात् भगवन! तुम्हारा ज्ञान सब पदार्थों में है, तू सर्वत्र व्यापक है गान-कुशल तेरा ही गान करते हैं।

मन्त्र 10 पृ. 25

वयमेन मिदा हयोऽ पीपेमेह वज्रिणम्।
तस्मा उ अद्य सवने भरा नूनं भूषते श्रुतेः॥

अर्थात् हे स्तुति करने वालो! हम लोगों ने इस यज्ञ में विद्वान इन्द्र को कल पुष्ट किया था और इस समय भी पुष्ट करते हैं। आज भी उसी को अमृत रस दो और निश्चित ही अपनी कीर्ति के लिए इसको सुशोभित करो।

देवों की परम्परा के निर्वाह का उदाहरण यहाँ प्रस्तुत किया गया। मानव जगत में इस तरह की व्यवस्था चिर काल से चली आ रही है जिसका पालन परम कर्त्तव्य समझा जाता है।

पाँचवी दशती मन्त्र 1 पृ. 25

यो राजा चर्षणीनां याता रथेभिरध्रिगुः।
विश्वासा तरुता पृतनानां ज्येष्ठ यो वृत्रहागृणे॥

अर्थात् जो ईश्वर मनुष्यों का स्वामी है, जो योगसाधन से प्राप्त होता है। जो व्यापक है, मनुष्य को तारने वालो है उसकी अधिक से अधिक स्तुति करता हूँ।

सृष्टि में चिर काल से देवराज इन्द्र की तूती बोलती रही है जिसका पालन परम धर्म समझा गया है।

मन्त्र 4 पृ. 25

वणमहाँ असि सूर्य बडादिल महाँ असि।
महस्ते सतो महिमा पनिष्टम्महना देव महाँ असि।

अर्थात्, हे सबको कर्त्तव्यपालन की प्रेरणा देने वाले ईश्वर सत्य ही तूँ महान है। हे प्रकाश स्वरूप! सत्य ही तूँ सबसे बड़ा है। तू महान और श्रेष्ठ है। तेरी महिमा भी स्तुति के योग्य है। हे दाता तू अपनी ही बड़ाई से बड़ा है।

मन्त्र 5 पृ. 25

अश्वी सथी सुरुप इद गोमां ते सखा।
श्वात्रमाजा वयसा सचते सदा चन्दैर्याति सभामुप

अर्थात्, हे ईश्वर जो राजा तेरा मित्र है, वह घोड़ों, रथों सुन्दर रूपों और गौ आदि सम्पत्तियों से युक्त होकर शीघ्र भजन करने योग्य युवावस्था को प्राप्त करता है। वह सर्वदा सोने के गहनों से सजकर सभा में जाता है।

ईश्वर की शक्ति एवं प्रभाव की भिन्नता का उल्लेख इस ऋचा के माध्यम से हुआ है। ईश्वरी शक्ति में जो भिन्नता है वह मानव समाज में भी दृष्टिगत हुआ करता है। ऋचा में उल्लिखित तथ्य मानव समाज से भी सम्बद्ध दीख पड़ता है क्योंकि बड़े छोटे, धनी अमीर की भिन्न श्रेणी देवों के बीच भी विद्यमान है जिससे मानव समाज को धैर्य रखने की सीख मिलती है।

मन्त्र 5 पृ. 27

शचीभिर्नः शचीवसू दिवानक्तं दिशास्यतम्।
मा वां रातिरूपदशत् कदाचनास्मद्रातिः कदाचन।

अर्थात् कर्म को स्थान देने वाले सूर्य और चन्द्र अपनी शक्तियों से हमें रात्रि और दिन प्रदान करते है, उनका यह दान सदा रहे, इसी प्रकार हमारा भी दान सदा बना रहे।

मन्त्र 10 पृ. 27

वस्या इन्द्रासि मे पितुरुत भ्रातुरभुञ्जतः।
माता च मे छदयथः सभा
वसो वसुत्वनाय राधसे॥

अर्थात् हे सर्व सम्पति के स्वामी परमेश्वर! तू हमारे पिता और न रक्षा करने वाले भाई से भी अधिक रक्षा करने वाला है। तू मेरी माता है। मेरी रक्षा और ऋद्धि के लिए समान रूप से रक्षित करते हो।

मन्त्र 1 पृ. 27

इम इन्द्राय सुन्विरे सोमासो दध्याशिरः।
ता आ मदाय वज्रहस्त
पीतये हरिभ्यां याह्योक आ॥

अर्थात् दही आदि से युक्त ये सोम ऐश्वर्य राजा के लिए तैयार किये जाते हैं। हे शस्त्रधारी राजन्! तू अपने हर्ष के लिए और उनको पीने के लिए हाव-भाव के साथ हमारे गृहों को प्राप्त हो।

मंत्र 3 पृ. 27

आ त्वाद्य सवर्दुधान हुवे गायत्रवेपसम्।
इन्द्रं धेनुं सुदुधामन्यामिषमुरु धारामरङ् कृतम्॥

अर्थात् हे परमेश्वर! पर्याप्त रूप से पूर्ण करने वाले तुझ ऐश्वर्यशाली को दुग्ध देने वाली प्रशस्तगति विलक्षण अनेक प्रकार की धारा, वाली तथा चाहने योग्य धेनु के समान पुकारता हूँ।

मन्त्र 7 पृ. 28

त्वष्टा नो दैव्यं व चः पर्जन्यो ब्रह्मणस्पतिः।
पुत्रैभ्रातृभिर दितिर्नु पातु नो दुष्टरं त्रामणं वचः॥

अर्थात् सब दुःखों का नाश करने वाला, मेघ के समान सबका उपकार करने वाला वेदों के स्वामी ईश्वर वेद वचन तथा कभी नष्ट न होने वाले और रक्षा के साधन, हमारे वचन की भी शीघ्र रक्षा करें। वही प्रभु पुत्रों और भाइयों का भी रक्षक हो।

मन्त्र 4 पृ. 29 आठवीं दशती

अयं वा मधुमत्तमः सुतः सोतो दिविष्टिषु।
तमश्विना पिबतं तिरो अह्वयं धत्तं रत्नानि दाशषे॥

अर्थात् विद्वान् स्त्री पुरुष! तुम्हारे लिए यज्ञ में यह दैनिक भोग पदार्थ तैयार किया गया है। तुम दोनों इसे भली-भाँति सेवन करो और यजमान के लिए उत्तम रत्नादि पदार्थ प्राप्त करावो।

मन्त्र 7 पृ. 29

अभीषतस्तदा भरेन्द्रज्याय कनीयसः।
पुरूवसुहि मधवन् वभूविथ भरे भरे च हव्यः॥

अर्थात् हे परमेश्वर! तू अभिलाषा युक्त मुझ लघु जीव के जो श्रेष्ठ इष्ट पदार्थ है उन्हें दें। सकल सम्पदाओं के स्वामी तू प्रत्येक यज्ञ में पूजनीय है।

मन्त्र 8 पृ. 29

यदिन्द्र यावतस्त्वमेतावदहमीशीय।
स्तोतारमिद्दधिषे रदावसो न पापत्वाय रसिषम्॥

अर्थात् हे ईश्वर! जितनी सम्पत्तियों का तू स्वामी है। यदि मैं उतनी का बन जाऊँ तो उत्तम कार्य करने वालों का ही पोषण और पालन करूँ। हे मान दाता! पाप कर्म करने वालों के लिए मैं दान न दूँ।

नवमी दशती मंत्र 3 पृ. 29

योनिष्ट इन्द्र सदने अकारि
तमा नृभिः पुरुहूत प्र याहि।
असो यथा नोऽविता वृधश्छिदो
वसूनि ममदश्च सोमैः॥

अर्थात् हे राष्ट्रपति! सभा के स्थान में तेरा मंच बना दिया गया है। हे बहुमत प्राप्त करने वाले! तू सहायक मनुष्यों के साथ उस मंच पर विराजमान हो जिस प्रकार हमारी रक्षा उन्नति कर सके, कर। हमें हमारी सम्पत्तियाँ दे और स्वयं भी भोग्य पदार्थ से तृप्त हो।

मन्त्र 4 पृ. 30

सुष्वाणास इन्द्र स्तुमसि त्वा,
सनिष्यन्त चित्तुविनृमण वाजम्।

आ नो भर सुवितं यस्य कोना,
तना त्मना सह्याम त्वोताः॥

अर्थात् हे अनन्त सम्पत्तियों के स्वामी ईश्वर! यज्ञ करते हुए तथा अन्न का बँटवारा करते हुए हम तेरी स्तुति करते हैं। जो भी कल्याणकारी सम्पत्ति हो वही हमें दें। तेरी रक्षा के भरोसे हम लोग अपनी सन्तानों के साथ नीच शत्रुओं को नीचा दिखावें।

मन्त्र 6 पृ. 33

असावि सोम इन्द्र ते शविष्ठ धृष्णवा गहि।
आ त्वा पृणक्त्विन्द्रियं रजः सूर्य्योन रश्मिभिः॥

अर्थात् हे शत्रुनाशक राजन्! तू आ तेरे लिए सोम तैयार, जैसे किरणों से सूर्य पृथ्वी को पूर्ण करता है, वैसे ही तू अपनी इन्द्रियों को परिपूर्ण कर।

वेदकालीन समाज का स्वरूप सामवेद की ऋचाओं से अभिव्यञ्जित होता है। तत्कालीन परिस्थितियों में सामाजिक सौहार्द के बलपर अनेक संकटों का सामना किया जाता था। मानव की शक्ति सीमित थी। ईश्वरीय अनुकम्पा का सहारा लिया जाता था। संकटों से जूझने हेतु परमेश्वर की शक्ति का सहारा प्राप्त था। सामाजिक परिवेश के बल पर अनेक विपदाओं से लड़ने की चेष्टा की जाती थी।

गीता की पंक्ति से भी यह तथ्य विश्लेषित होता है।

वायुर्यमोऽग्निर्ववरुणः शशाङ्क
प्रजाप्रतिस्त्वं प्रयितामहाश्च।
नमोननस्तेऽस्तु सहस्त्रकृत्वः।
पुनश्चभूयोऽपि नमो नमस्ते॥

अर्थात् वायु, यमराज, अग्नि, वरुण चन्द्रमा प्रजा के स्वामी ब्रह्मा और ब्रह्मा के भी पिता हैं। आप के लिए हजारों बार नमस्कार है। इस तरह ईश्वरीय अनुकम्पा संकटकाल में सहायक होती थी।

गीता अ.11 श्लोक 39

मन्त्र 7 पृ. 33 ॰

एन्द्र याहि हरिमिरुष कण्वस्य सुष्टुतिम।
दिवो अमुष्य शासतो दिवं यय दिवावसो।

अर्थात् अपने ज्ञानों के द्वारा मेधावी पुरुष के समान हमारी स्तुति को अच्छी प्रकार स्वीकार कर। द्युलोक के शासक इस तुझ प्रभु के दिव्य गुणों को मैं प्राप्त करूँ।

स्पष्ट है कि ईश्वर प्रेरक शक्ति थी जिससे पूरा समाज लाभान्वित होता था। मनुष्य की सारी योजनाएँ ईश्वरीय शक्ति के कारण भलीभूत हुआ करती थी।

मन्त्र 8 पृ. 33

आ त्वा गिरो रथीरिवास्थुः सुतेषु गिर्वणः
अभित्वा समनूषत गोवो वत्सं न धेनवः।

अर्थात् सब प्रकार से तेरी स्तुतियाँ, जैसे रथ का स्वामी रथ पर आश्रय में उपस्थित है यज्ञों में तेरी स्तुतियाँ ही की जाती हैं जैसे गाय बछड़े को अपने हुँकार से बुला लेती है।

मन्त्र 9 पृ. 34

ऐतो न्विद्रं स्तवाम शुद्ध शुद्धेन साम्ना
शुद्धैरु कथैर्वावृध्वांसं शुद्धरासीर्वान्ममस्तु॥

अर्थात् हे स्तोता लोगों! आओ शीघ्र परमेश्वर की स्तुति करो। शुद्धस्वरूप पवित्र सामगान के पवित्र स्तोत्रों से उनकी आराधना करो। गीता का मार्ग दर्शन भी यही है:

पितामहस्य जगतो माता धाता पितामहः
वेद्यं पवित्रमोङ्कारं ऋक्सामयजुरेव च॥

गी. अ. श्लोक 17

दूसरी दशती पृ. 35

मन्त्र 1 पृ. 35

प्रप्तवस्त्रिष्टुभमिषं वन्द्वीरायेन्द वे
घ्रिया वो मेधसातये पुरन्ध्या विवासति।

हे परमेश्वर! तूँ वन्दना करने वाले वीर तथा ऐश्वर्यशाली जीवों के लिए तीन लोक, तीन शरीर, नाम स्थान और जन्म प्रदान करता है, वह जीव तेरी परिचर्या करता है।

यह शक्ति ईश्वर प्रदत्त मानी जाती है जिसे उनकी अनुकम्पा मिलने से प्राप्त होती है।

मन्त्र 2 पृ. 35

कश्यपस्य स्वविदो यावाहुः सुयुजाविति।
ययोः विश्वमपि व्रतं यज्ञं धीरानिचाय्य॥

अर्थात् परमार्थ प्रकाश तत्त्व को जानने वाले धीर पुरुष संसारयज्ञ को जानकर सर्वद्रष्टा परमेश्वर के जिन दो को सहयोगी कहते हैं, जिन दोनों के कार्य यह सब संसार है, वे प्रकृति और जीव है।

मन्त्र 3 पृ. 35

ऊर्चत् प्रार्चत् नरः प्रियमेद्यासो अर्चत्।
अर्चन्तु पुत्र का उतपुरमिद धृष्ववर्चत्॥

हे नेता लोगों ईश्वर की स्तुति करो। हे यज्ञ के प्रेमी पुरुषों! तुम लोग भी ईश्वर की स्तुति करो। हमारे पुत्र और पौत्र की उसी की स्तुति करें। संसार के सब मनुष्य, हमारी कामना को सफल बनाने तथा बुरी भावना को दूर भगाने वाले ईश्वर की ही स्तुति करें।

मानव की सारी चेष्टाएँ सफलता की ओर रहती हैं। उन्हें ईश्वरीय शक्ति या सर्वशक्तिमान परमेश्वर ही सफलताएँ प्रदान करते हैं। इस सन्दर्भ में यह मान्य सत्य है कि परमेश्वर ही सारी कामनाओं को पूर्ण करते हैं।

मन्त्र 4 पृ. 35

उक्वमिन्द्रायसंश्यं वर्धनं पुरुनिः विधे।
शक्रो यथा सुतेषु णो शरणत्स स्वख्यषे च॥

अर्थात् जैसे हमारे मित्रों और पुत्रों को कोई परोपकारी पुरुष उपदेश करता है ऐसे सर्वशक्तिमान ईश्वर कामों में विचरणने वाले जीव के लिए विद्यादि शुभगुणों को बढ़ाने वाले प्रशंसा के योग्य वेदमन्त्रों का बार-बार उपदेश करता है।

मन्त्र 5 पृ. 35

विश्वानस्य वस्पतिमनानतस्य स वसः।
एवेश्च चर्षणी नाभूति हूवे रथानाम॥

अर्थात् हे ईश्वर संसार पर शासन करने वाले और कभी न दबने वाले बल के स्वामी तुझको सारी कामना की पूर्ति तथा मनुष्यों के शरीर की रक्षा के लिए पुकारता हूँ।

वेदमन्त्रों में तत्कालीन समाज की परम्परा एवं उनके जीवन से सम्बद्ध समस्याएँ ईश्वर का सामीप्य प्राप्त करना ही या जिससे जीवन की सारी आवश्यकताएँ पूरी होती रहती थीं। इस तरह समाज सुख-सम्पन्न तथा देवाश्रित था। वेदमन्त्रों में इन तथ्यों की अभिव्यञ्जना बड़ी स्पष्टता के साथ हुई है।

जीवन के लक्ष्य भौतिक सुख नहीं थे बल्कि आध्यात्मिक सुख की कामना अधिक रहती थी जिसकी पूर्ति परमेश्वर की अनुकम्पा से होती थी।

मन्त्र 8 पृ. 36

वयचित्ते पतत्रिणो द्विषाच्चतुष्यादर्जुनि।
उषः प्रारन्नतूँ रनु दिवोअन्तेभ्यस्यपरि॥

अर्थात् जब प्रकाशमान उषा ऋतुओं के अनुसार आकाश मण्डल से प्रकाशित होती है तब सारे पशुपक्षी तथा मनुष्यादि वर्ग कार्य में प्रवृत्त हो जाते हैं।

मन्त्र 10 पृ. 36

ऋचं सामयजा महे याम्यां कर्माणि कृर्माणि कृण्वते
वि ते सदसि राज तो यज्ञं देवेषु वक्षतः

अर्थात् हम ऋग्वेद और सामवेद का अभ्यास करते हैं। उन्हीं के द्वारा उत्तम काम किये जाते हैं। ये ही सभा और यज्ञ मण्डप में शोभा पाते हैं, ये ही देवों का भाग उन तक पहुँचाते हैं।

यज्ञों के कार्य सम्पादन हेतु अनेक साधनों का आश्रय लिया जाता था। मन्त्रों के माध्यम से समर्पित देवांशों को पहुँचाने हेतु मानवीय शक्ति के उपयोग होते थे जिनके द्वारा यज्ञांश देवों की सेवा में समर्पित किये जाते थे। वह परम्परा समाज में आज तक विद्यमान है जिसके लिए यज्ञानुष्ठान होता था उसमें किसी तरह का व्यवधान या अड़चन का समावेश नहीं था।

मन्त्र 9 पृ. 37

धृतवती भुनानाममिश्रियोर्वी
पृथ्वी मधुदुधे सुपेशसा।
द्यावापृथिवी वरुणस्य धर्मणा
विश्वकमिते ऊजरे भूरिरेतसा॥

अर्थात् पानी और तेजवाले भुवनों के आश्रय, महा विस्तृत जल को देने वाले सुन्दर रूपवान अजीर्ण शक्तिशाली द्यु और पृथ्वीलोक वरणीय परमेश्वर और वायु के आधार पर थमे हुए हैं।

मन्त्र 3 पृ. 39

आगन्ता मा रिषण्यत प्रस्थावानो भावस्थात्समन्वयः।
दृढा चिद्यमयिष्णवः॥

हे यज्ञादि परोपकार को करने वालो ऋत्विजों एंव वीरों आओ। किसी को कष्ट मत दो तथा किसी के साथ संग्राम मत करो तुम लोग शत्रुओं पर विजय पाने के लिए प्रस्थान करने वाले हो। यदि तुम लोगों

का एक विचार हो तो शत्रुओं पर विजय प्राप्त करना एवं उसे वश में करना कठिन नहीं है।

मन्त्र के माध्यम से शत्रु को पराजित करने के रहस्य का उल्लेख बड़ी स्पष्टता के साथ किया गया है।

मन्त्र 4 पृ. 39

आ याह्यय मिन्दवेऽश्वयते हे थोड़े आदि उपकारी पशुओं के स्वामी! हे उपजाऊ भूमि के अधिष्ठाता! पुरुष! तेरे लिए यह सोमरस सुरक्षित है, तूँ इसका पान कर।।

युद्ध एवं सघर्ष की परिस्थिति में शत्रु को पराजित करने पर गम्भीरता से विचार किया जाता था तथा विजय सुनिश्चित करने की परम्परा थी।

मन्त्र 5 पृ. 39

तुचे तुनाय तत्सु नो द्राघीय आयुर्जीवसे।
आदित्यासः समहसः कृणोतन।।

अर्थात्, सत्कार से युक्त आदित्य विद्वान! हमारे पुत्र और पौत्रों को दीर्घ जीवन प्रदान करें। मन्त्र के द्वारा भगवान आदित्य की शुभकामना प्राप्ति का प्रयास है, आदित्य देव आयु के देवता मान्य है जिससे उनकी शुभकामना प्राप्ति का प्रयास हुआ है।

मन्त्र 6 पृ. 39

वेत्था हि निऋतीनां वज्रहस्त परिवृजम्।
अहरहः शुन्ध्यु परपदामिव।।

अर्थात् हे शस्त्रपाणे राजन्! तूँ पक्षियों के अड्डे के समान उपद्रवों का प्रतिदिन निवारण जानता है। मनुष्य अपनी सीमित शक्ति के कारण ईश्वरीय अनुकम्पा प्राप्ति की आशा रखते हुए संघर्ष में विजयी होने की कामना करता है और परमेश्वर आत्त की रक्षा के लिए सतत् प्रयत्नशील रहते हैं।

मन्त्र 7 पृ. 35

अपामीवामप स्त्रिधमप से धत दुर्मतिम्।
आदित्यासो युयोतना नो अंहसः॥

अर्थात् हममें न कोई रोग रहे न हिंसा आदि अनर्थ करने वाला पुरुष रहे, न पाप बुद्धि वाले पुरुष रहे, और न ही पाप रहे। परमेश्वर की प्रेरणा से ही मनुष्य अपने पापों से मुक्त होने की चेष्टा करता है।

मन्त्र 8 पृ. 38

इन्द्राय साम गायत विप्राय वृहते वृहत।
ब्रह्मकृते विपश्चिते पनस्यवे॥

अर्थात् हे साम के गान करने वालों! ज्ञानस्वरूप, महान वेदों के कर्त्ता, सर्वज्ञ और स्तुति के योग्य, परमेश्वर्य शाली, परमेश्वर की प्राप्ति के लिए वृहत नाम के साम का गान करो।

मन्त्र में साम वेद की ऋचा के महत्व प्रतिपादित होते हैं तो दूसरी ओर परमेश्वर की अनुकम्पा-प्राप्ति की कामना की गई है जिससे मन्त्र की सफलता सिद्ध होती रहे।

पाँचवी दशती मन्त्र 1 पृ. 38

गृणे तदिन्द्र तेशव उपनां देवतातये।
यद्धंसि वृत्रभोजसा शचीपते॥ –

अर्थात् हे सारे कामों के स्वामी परमेश्वर! मैं इन्द्रियों में शक्ति तथा परोपकार के कामों को पूर्ण करने के लिए जिस बल से तूँ पापों का नाश करता है तेरे अनुपम बल की स्तुति करता हूँ।

परमेश्वर की अनुकम्पा के फलस्वरूप ही मानव की शक्ति में तेज-पराक्रम का प्रवेश होता है जिससे मानव सफलता की प्राप्ति में समर्थ हो पाता है।

मन्त्र 2 पृ. 38

यस्य त्यच्छम्बरं मदेविवोदाय रधयन।
अयं स सोम इन्द्र ते सुतः पिव॥

अर्थात्, हे विद्वान! जिसके हर्ष में तूँ विज्ञानवेत्ता के लिए अपने महान बल को संरक्षण में रोक रखता है, वह सोम औषध तेरे लिए तैयार है। तू पान कर।

मन्त्र 3 पृ. 38

एन्द्र नो गधि प्रिय सत्राजिगोहय।
गिरिर्न विश्वतः पृथु पतिर्दिवः॥

अर्थात्, सत्य से असत्य पर विजय प्राप्त करने वाले सर्वदा प्रकाश स्वरूप! प्यारे ईश्वर! तू पर्वत के समान तुम हमें प्राप्त हो।

वेदमन्त्रों में जिस ईश्वरीय शक्ति की आवश्यकता तथा उसकी प्राप्ति का प्रयास है वह अलौकिक शक्ति है जिसकी प्राप्ति कर मानव अपने प्रयास में सफलीभूत होता है।

मन्त्र 4 पृ. 38

य इन्द्र सोमवात भो मदः शमिष्ठ चेतति।
येनाऽहंसि न्यायऽत्रिणं तमीमहे॥

हे इन्द्रियों के स्वामी जीव! जो आनन्द सर्व व्यापक परमात्मा में है, अथवा जो आनन्द ज्ञान और कर्म, वेदत्रयी में है, आप्त पुरुष में है, अथवा जो आनन्द यज्ञादि, परोपकारी के कर्मों को करने वाले में है, तूँ उन सबों से तृप्त होता है।

मन्त्र 5 पृ. 38

ऐदु मधोर्मदिन्तरं सिञ्चाध्वर्यो अन्धरः।
एवा हि वीर स्तवते सदा वृधः

अर्थात् हे यज्ञादि उत्तम काम करने वाले पुरुष! अन्न से तैयार, मधु से भी अधिक आनन्द देने वाले, सोमरस का यज्ञ के लिए यज्ञ पात्र में भरकर रक्खो। हे वीर! यज्ञादि उत्तम काम करना ही सर्वदा उन्नत करने वाले परमात्मा की स्तुति कही गई है।

ऋचाओं के माध्यम से सामाजिक विकास संघर्ष का इतिहास तथा आर्यों के सततविकासमान गति से परिश्रमशीलता का सम्यक् स्वरूप दृष्टिगत होता है। मानव की सारी शक्तियाँ देवाश्रित थीं और ईश्वरीय अनुकम्पा का सहारा मनोबल बढ़ाने के लिए सबसे उत्तम साधन समझा जाता था। यह समाज के विकास का सम्यक् विकास विवरण के समान प्रतीत होता है।

समाज की तीन ही श्रेणियाँ व जातियाँ उल्लिखित हुआ करती थी। प्रथम स्थान देववर्ग का था। देवत्व कर्म की तुला पर मापी जाती थी। उसके बाद दूसरी जाति या वर्ग मानव का था। यह वर्ग पारलौकिक शक्तियों से उत्प्रेरित होता था। उसे ईश्वरीय अनुकम्पा का सबसे बड़ा भरोसा रहता था। स्व इच्छा वलम् नास्ति दैव- इच्छा वलीयसी की मान्यता दी जाती थी और उस शक्ति का आह्वान सदा होता रहता था।

उक्ति प्रसिद्ध है "कर्म प्रधान विश्वकर राखा जो जस करई सो तस फल चाखा।।

यदि देव वर्ग की वेदकालीन समाज में प्रधानता थी तो अन्य किसी वर्ग की अवहेलना नहीं की जाती थी। कर्म के आधार पर ही किसी वर्ग को माना जाता था। देवत्व एक शक्ति थी जिसे तपस्या के माध्यम से शक्ति का अर्जन होता था। कर्त्तव्य की च्युति होने से एक वर्ग दूसरे वर्ग में समाहित हो जाता था इस पर किसी को आपत्ति नहीं थी।

समाज में जिस वर्ग में देवत्व था वह अपने कर्म के कारण ही देवत्व के अधिकारी माने जाते थे। कर्तव्य की च्युति प्राय: नहीं होती थी क्योंकि देवत्व से च्युत होने पर उसके लिए दो वर्ग थे वह मानव वर्ग या विशेष त्रुटि होने पर उसे दानव वर्ग में समाहित माना जाता था। जाति प्रथा का नामोनिशान वेदकालीन समाज में नहीं था।

"चातुवर्ण्य मया सृष्टम् गुणकर्म विभाग सह" यह बहुत बाद की परम्परा में परिगणित हुआ था। वेदकालीन समाज में यह कल्पना नहीं की जाती थी।

षष्ठ अध्याय

सामवेद वेदग्रन्थों में भारतीय समाज के स्वरूप का चिंतन विश्लेषण

सामवेद की ऋचाओं वर्णित

यथा तु धर्मकामार्थान्धृत्या धारयतेऽर्जुन।
प्रसङ्गेन पलाकाङ्क्षी धृतिः सा पार्थ राजसी॥

अर्थात् फल की इच्छा वाला मनुष्य जिस धारणा शक्ति के द्वारा अत्यन्त आसक्ति से धर्म अर्थ और कामों की धारणा करता है, वह धारणा शक्ति राजसी है। गीता अध्याय 18 श्लोक 31

इस सन्दर्भ में यश तथ्य भी विश्लेषित किया जाता है, जिसका उल्लेख, इस प्रकार हुआ है-

सुखं त्विदानीं त्रिविधं शृणु में भरतर्षम्।
अम्यासद्रमते यत्र दुखान्तं च निगच्छति॥
यत्तग्रे विषमिव परिणामेऽमृतोपमम्।
तत्सुखं सात्त्विकं प्रोक्तमात्मवुद्धिप्रसादजम॥

अर्थात् "हे भरत श्रेष्ठ! अब तीन प्रकार के सुखों को भी तू मुझसे सुन। जिस सुख में साधक मनुष्य भजन, ध्यान और सेवादि के अभ्यास से रमण करता है और जिससे दुखो के अन्त को प्राप्त हो जाता है जो ऐसा सुख है, वह आरम्भकाल में यद्यपि विष के तुल्य प्रतीत होता है, परन्तु परिणाम में अमृत के तुल्य है; इसलिए वह परमात्मविषयक वुद्धि के प्रसाद से उत्पन्न होनेवाला सुख सात्विक सुख कहा गया है जिसकी प्रापित ही लक्ष्य है। अ. 18 श्लोक 3637

मानव मन अनेक योजनाओं से आवद्ध रहता है। उनकी सारी चेष्टाए प्रयासगत ही सीमित है। इस भावना के रहस्य को गीता में बड़ी स्पष्टता के साथ विश्लेषित किया है।

नेहाभिक्रमनाशोऽस्ति प्रत्यवायो न विद्यते।
स्वल्पमप्यस्य धर्मस्य त्रायते महतो भयात्।

अर्थात् इस कर्मयोग में आरम्भ का अर्थात् बीज का नाश नहीं है और उलटा फलरूप दोष भी नहीं है। बल्कि इस कर्मयोग रूप धर्म का थोड़ा सा भी साधक जन्ममृत्युरुष महान भय से रक्षा कर लेता है।

अध्याय -2 श्लोक. 40

इन तथ्यों के आलोक में ईश्वरीय अनुकम्पा या परमेश्वर की असीमशक्ति ही सहायक होती है।

मन्त्र संख्या 6 पृ. 35.

स धा यस्ते दिवो नरो धिया मर्त्तस्य शमतः।
उती स वृहतो द्विवो द्विवो अंहो न तरित॥

अर्थात् हे ईश्वर! धुलोक के नायक मनुष्य तथा। दिव्यगुण का ग्राहक मनुष्य आपके दिये ज्ञान से अनुकूल व्यापार करता है। दिव्य स्वरूप की रक्षा के द्वारा अपने शत्रुओं को लॉघ जाता है।

सामवेद की उक्तिरस प्रकार है

आ नो अग्ने वयावृधं रयिपावक शस्यम्।
रास्वा चन उपमाते पुरुस्पृहं सुनीती सुयस्तरम्॥

हे सृष्टि कर्त्ता पतितपावन परमेश्वर! तूं हमें हमारी अच्छी नीति से प्राप्त होने वाले, आयुवर्धक, प्रशंसा के योग्य, यश वढ़ाने वालो, और बहुतों से चाहने योग्य धन प्रदान करें॥

मन्त्र संख्या 7 पृ. 35

विभोष्ट इन्द्र राधसो विम्वीरतिः शतक्रतो।
अथा नो विश्वचर्षणे धुम्नं सुदत्र मंहयं॥

अर्थात् हे ज्ञान के भाण्डार! संसार के साक्षी सुन्दर दानी, परमेश्वर! तूँ व्यापक है और तेरी समत्ति का दान भी व्यापक है। इसलिए तुम हमें यशदायक धन दें।

मन्त्र सं. 10 पृ. 36

ऋचं साम यजामहे याम्यां कर्माणि कृण्वते।
वि ते सदसि राजतो यज्ञं देवेषुवदातः।।

अथार्त् हम ऋग्वेद और सामवेद का अभ्यास करते हैं। इन्हीं के द्वारा उत्तम काम किये जाते हैं। ये ही समा और यज्ञमंडप में शोभा पाते है। ये ही देवों का भाग उनके समीप पहुँचाते हैं।

मन्त्र 3 पृ. 36

समेत विश्वाओजसा पतिं
दिवो य एक इद्म्रतिथिर्जनानाम्।
स पूर्व्यो नूतन माजिगी षन्तं
वर्तनीसु वावृत एक इत।।

अर्थात् हे उपासक पुरुषों! तीनों लोको के स्वामी परमेश्वर की स्तुति करने के लिए मिलकर आओं, और स्तुति करो। केवल वही एक, मनुष्यमात्र का पूज्य है। वह सनातन परमात्मा नये उपासक को इन्द्रियों पर विजयपाने एक ही मार्ग पर चलाता है। गीता की पंक्तियाँ भी इन तथ्यों का समर्थन करती हैं-

मिप्रं भवति धर्मात्मा शश्वच्छाभिन्तं निगच्छति।
कौन्तेय प्रतिजानीहि। न मे भक्तः प्रणस्यति।।

परमेश्वर की अनुकम्पा मिलने पर ही पूर्ण हुआ करती हैं।

गी. अ. 10 श्लोक 31

पितामस्य जगतो माता धाता पितामहः
वेधं पवित्रमोङ्कारं ऋकसामयजूरेव च।।

गी. अ. 9 श्लो. 17

इस सम्पूर्ण जगत का धाता अर्थात धारण करने वाला एवं कर्मों के फल को देंने वाला, पिता, माता पिताम निधान यानि प्रलयकाल में सम्पूर्ण भूत सुक्ष्मरुप से जिसमें लय होते हैं (उसका नाम निधान) है।

वेदानां सामवेदोऽस्मि देवानामस्मि वासवः इन्द्रियाणां
मनश्रास्मि भूतानामस्मि चेतना॥ गी. अ. 10 श्लो. 22

आग्नेय काण्डम प्रथमो अध्यायः सामवेद-

अग्न आ याहि वीतये गृणानो हव्यदात मे।
नि होता सत्सि वर्हिषि॥ मन्त्र-1

अर्थात् हे परमेश्वर ! दाता तूँ विश्व ब्रह्माण्ड में व्याप्त है। अतः स्तुति किया हुआ तू ज्ञान तथा उत्तम पदार्थों को देने के लिए हमें प्राप्त हो ओ।

त्वमग्ने यज्ञानां होता विश्वेषां हितः।
देवेभिर्मा मानुषे जने॥2॥

हे परमेश्वर! तूँ समस्त उत्तम व्यवहारों का दाता सब कल्याणकारी विद्वानों और दिव्य पदार्थों के द्वारा मनुष्य समाज पर उपकार करने वाला है।

अग्नि दूतं वृणीमहे होतारं विश्ववेदसम्।
अस्य यज्ञस्य सुक्रतुम्॥3॥

हम पापियों को दण्ड देने वाले दाता, सर्वज्ञ और इस संसाररुपी यज्ञ के उत्तम निर्माता परमेश्वर की स्तुति करते हैं।

अग्निर्वृत्राणि जघनद् द्रविणस्युर्विपन्यया।
समिद्ध : शुक्रः आहुतः॥4॥

अर्थात्-उपासना से साक्षात किया हुआ स्तुव्य, शुद्धस्वरूप तथा समस्तधनों को स्वामी परमेश्वर अज्ञानाधकार का विनाश करता।

प्रेष्ठं वो अतिथि स्तुषे मित्रमिर्वप्रियम्।
अग्ने रथम्न वेधम्॥5॥

अर्थात् हे परमेश्वर अत्यन्त प्रिय कालबन्धन रहित मित्र के समान प्यारे तथा सूर्य के समान जानने योग्य तुझ प्रभु की मैं स्तुति करता हूँ।

त्वन्नो अग्ने महोमिः पाहिविश्वस्या अराते।
उत द्विषो मर्त्तयस्य॥

अर्थात् हे परमेश्वर तूँ महान गुणों और कर्मों के समस्त ऊदानशीलता के भावों और द्वेषी मनुष्यों के सर्म्यक से हमें बचाओ।

ऐहयुषु व्रवाणि ते अग्ने इत्थतरा गिरः।
एभिःवर्धासि इन्दुभिमः॥7॥

हे परमेश्वर मै मानवी वाणी से भिन्न तेरी वेदमयी वाणी अथवा स्तुति को उत्तमरुप सेवो लूँ। इस प्रकार तूँ मुझे प्राप्त होओ और यज्ञादिकों द्वारा मुझे बढ़ाओ।

आ ते वत्सो मनो यमत् परमाच्चि चत्साधास्तात्।
अग्ने त्वाङ्कामये गिरा॥8॥

अर्थात्, हे परेश्वर तेरा पुत्रस्पिजीव हृदयदेश में साथ रहने वाले तुझ परम प्रभु से मनन योग्य ज्ञान को प्राप्त करता है। मैं भी स्तुति द्वारा तेरी कामना करता हूँ॥

सामवेद के मन्त्रों से जहाँ संगीतात्मकता की ध्वनि से शान्ति-सुख एवं ईश्वरी शक्ति की आखणता अनिवार्य समझी जाती है उसके मन्त्रोच्चारण के द्वारा यह कामन अभिव्यञ्जित होती है कि परमेश्वर ही मानव समाज का मार्ग दर्शन करते है जिससे कल्याणमय जीवन व्यतीत होता है।

उपहवरे गिरिणामंगने च नदीनाम।
धिया विप्रो अजायत॥9॥

पर्वतों की गुफाओ में और नदियो के संगम पर विशेष कर्म करने से (योगाभ्यास आदि) मनुष्य ज्ञानी बनता है।

प्रसम्राजं चर्षणीनामिन्द्रं स्तोता नव्य गीर्भिः।
नरं नृषाहं महिष्ठम्॥10॥

हे मनुष्यों मनुष्यमात्र के सम्राट स्तुति करने के योग्य ईश्वर की वेदमन्त्रों से उत्तम स्तुति करो, यह मनुष्यमात्र को नियम में रखता है। उसका दान महान है। और वह सबको सुपथ पर चलाता है।।

तीसरी दशती समाप्त

ऊपादु शिप्यन्धसः सुदक्षस्य प्रहोषिणः।
इन्दोरिन्द्रो यवाशिरः॥1॥

अर्थात्, व्यावहारिक सुख को प्राप्त करने वाला राजा उत्तम शक्तिशाली संसार यज्ञ के होता परमेश्वर का राजा यवादि से युक्त अन्नादि पदार्थो की रक्षा और उपभोग करता है।

इमा उत्वा पुरोवसोऽमि प्र नोनुवुर्गिरः।
गावो वत्सं न धनेवः॥2॥

अर्थात् हे ईश्वर सबके निवासदाता जैसे दूध देने वाल गाएँ वछड़े के पास जाती है ऐसे ही ये हमारी स्तुतियाँ सब प्रकार से बार-बार तेरी शरण में पहुँचती है।

ऊम्राह गोरमन्वत थम त्वष्टुरपीच्यम्।
इत्थाचन्द्रमसो गृहे॥

अर्थात् इस चन्द्रमंडल में सूर्य की किरणें प्रवेश करती हैं। हे मनुष्यों! ऐसा जानो।।

भारतीय समाज के मार्गदर्शन करने वालेग्रन्थ की वैदिक ऋचाएँ अनेक समस्याऐ कं समाधान प्रस्तुत करने में समथ्र समझीजाती है। मानव जीवन में मार्गदर्शन उन ऋचाओं से सम्पन्न होती हैं जिनसे देवशक्ति का आह्वाण किया जाता है। ईश्वरीय अनुकम्पा-प्राप्ति के साधन वैदिक ऋचाएँ मानी जाती हैं। उन ऋचाओं मनन-चिन्तन से पारलौकिक शक्ति की प्राप्ति मानी जाती है जिनके पाठ या सस्वर गान आवश्यक समझे

जाते हैं सामवेद वह सगीतात्मक ध्वनि का वाहन हैं जिसे मन्त्रोचारण के द्वारा असीमशक्ति प्राप्ति की कामना अभिव्यञ्जित होती है। ऐसे मन्त्रों के पाठ या सस्वरगान से भारतीय समाज का सम्वन्य गुड़ा दीखता भगवान श्रीकृष्ण की उक्ति है कि वे वेदों में सामगान हैं। मन्त्र की ध्वनिमात्र से शक्ति की वह दिव्यज्योति दृष्टिगत होती है। जिनसे मानव मन एक ओर शांति प्राप्ति का लाभ उठाता तो दूसरी ओर ईश्वरी शक्ति का आह्वण समझा जाता है।

भारतीय समाज की दिशा एवं दशा के तत्त्वों में सारे समाज के समक्ष पुराणसाहित्य के विशाल स्वरुप विद्यमान थे।

सामाजिक चिंतन में यह तथ्य उल्लिखित होते थे कि "अष्टादश पुराणेषु व्यासस्य वचदद्वयम्।

परोपकार पुण्याय पापाय परपीडनम्।। यह ऐसी ज्योति थी जिसके लिए समाज को कभी दिशाहीनता के भाव ही उत्पन्न नहीं होते थे। मंगलमय विभु पर पुरा भारतीय समाज आश्रित था। सुख सम्पन्नतः समाज में व्याप्त थी। अतः अमंगल भी मंगलमय गति में विलीन हो जाता था क्योंकि समाज की चेतना में व्याप्त सत्य यहा था कि "किन-किन अमंगलों में कौन सा कल्याण छिपाए हुए ईश्वरीय मार्ग प्राप्त हो जायगा इस सत्य पर भरोसा एवं विश्वास था जिससे सामाजिक सौहार्द का सागर सतत् लहराता रहता था।

पुराणग्रन्थों के मार्ग-दर्शन पर पूरा समाज आश्रित था और विश्वसो फलदायक के उदाहरण समाज में सर्वत्र व्याप्त था।

सामवेद उल्लिखित ऋचाएँ यह सामुहिक गान या सस्वर पाठ की वस्तु के रूप में मान्य होती रही हैं।

उक्ति प्रसिद्ध है - "मननात इति मन्त्रः" यह मन्त्र जब सस्वर उच्चरित होता है तो इसकी ध्वनि चतुर्दिक फैलती है और पूरे वातावरण को अनुकूल बनाने की चेष्टा करती है। गीता में पंक्ति है-

ज्ञानं ज्ञेयं परिज्ञाता त्रिविधा कर्म चोदना।
करणं कर्म कर्त्तेति त्रिविधः कर्मसंग्रहः॥

अर्थात् ज्ञाता, ज्ञान और ज्ञेय ये तीन प्रकार की कम्रप्रेरणा मानी गई है।

ज्ञानं कर्म च कर्त्ता च त्रिधैव गुणभेदतः।
प्रोच्यते गुणसङ्ख्याने यथावतश्शृणु तान्यपि॥

अर्थात् गुणों की संख्या करने वाले शास्त्र में ज्ञान और कर्म तथा कर्त्ता गुणों के भेद से तीन-तीन प्रकार के कहे गए हैं।

गीता की पंक्ति है—

नियतं सङ्गरहितम राग द्वेषतः कृतम।
अफलप्रेसुना कर्मत्साात्त्विकमुच्यते॥

जो कर्म शास्त्रविधि से नियत किया हुआ और कर्त्तापन के अभिमान से रहित हो तथा फल न चाहने वाले पुरुष द्वारा विना राग-द्वेष के किया गया हो-वह सात्विक कहा जाता है।

गी. अ. 18 श्लो. 19 एवं 23

'भारतीय जनमानस में गीता का महत्त्व सर्वोपरि है। इस ग्रन्थ के महात्म्य वाणी द्वारा स्पष्ट करने के लिए किसी की भी सामर्थ्य शायद नहीं है। यह ग्रन्थ एक परम रशस्यमय माना जाता है। सम्पूर्ण वेदों का सार इस ग्रन्थ में उपलब्ध हो जाता है। भाषा की सरलता, सहजग्राह्यता इसकी सबसे बड़ी विशेषता है।

इस ग्रन्थ की विशेषता इस पंक्ति से अभिव्यञ्जित है।

गीता सुगीता कर्त्तव्या किमन्यैः शास्त्रविस्तरैः।
या स्वयं पद्मनामस्य मुखपद्माद्विनिः सृता।

कमलनयन भगवान श्री विष्णु के शक्ति का सहारा जब लि जाता है तो कठिन से कठिनतम कार्य में भी सिद्धि मिल जाती है। उस देवाधिदेव की प्रार्थना इन शब्दों में होती रही है।

शानताकारंभुजग शयनम् पद्मनामं सुरेशं

विश्वाधारं गगनसदृशम् मेघवर्णं शुभाङ्गम्
लक्ष्मीकान्तं कमलनयनं योगभिर्ध्यानगम्यं
वन्दे विष्णुं भवमयहरं सर्वलोकैकनाथम॥

देवाधि देव विष्णु का ध्यान इस प्रार्थना के माध्यम से होते रहा है।

यं ब्रह्मा वरुणेन्द्ररुद्रमरुतः स्तुन्वन्ति दिव्यैः स्तवै
र्वेदैः साङ्गपदक्रमोपषदैः गायन्ति यं सामगाः।
ध्यानादस्थित तद्गतेन मनसा पश्यन्ति यंयोगिनोः
यज्ञयान्तं न विदुः सुरासुरगणा देवाय तस्मैनमः॥

अर्थात् ब्रह्मा, वरुणा, इन्द्र, रुद्र और मरूदगण दिव्यस्तोत्रों द्वारा जिनकी स्तुति करते हैं सामवेदे गानेवाले, अङ्ग, पद, क्रम और उपनिषदों के सहित वेदों द्वारा जिनकी गान करते हैं। देवता और असुरगण (कोई भी) जिनके अन्त को नहीं जानते उन परमपुरुषस नारायण देव के लिए मेरा नमस्कार है।

इस स्थल पर भगवान विष्णु की प्रार्थना तो की गई है साथ ही श्रीमद्भगवद् गीता-महात्म्य भी उल्लिखित किया गया है-

विष्णोः पदमवाप्नोति भयशोकादिवर्जितः॥1॥

गीताध्ययन शीलस्य प्राणायाम परस्य च।
नैव सन्ति ही पापानि पूर्वजन्मकृतानि च॥2॥

मोंचनं पुंसां जलस्नानं दिनेदिने।
सकृद्गीताम्मसि स्नानं संसारमलनाशनम्॥3॥

गीतासुगीता कर्त्तव्या किमन्यैः शास्त्रविस्तरैः।
या स्वयं पद्मनामस्य मुखपद्माद्विनिः सृता॥4॥

भारतामृत सर्वस्वं विष्णोर्वक्त्राद्विनिः सृतम्॥
गीतागङ्गोदकं पीत्वा पुनर्जन्म न विद्यते॥5॥

सवोपनिषदो गावो दोग्धा गोपाल नन्दनः।

पार्थो वत्सः सुधी भोंक्ता दुग्धं गीतामृतं महत्॥6॥

एकं शास्त्रं देव की पुत्र गीत
मेको देवोदेव की पुत्र एव।
एको मन्त्रस्तस्य नामांनि यानि
कर्माप्येकंतस्य देवस्य सेवा॥

भगवान कृष्ण के मुख से निकली हुई वाणी इस प्रकार अभिव्यक्तिञ्जित होती है:–

आदित्यानामहं विष्णुः ज्योतिषां रविरंशमान्।
मरीचिर्मरूतामस्मि नक्षत्राणामहं राशी॥
वेदानां सामवेदाऽस्मि देवानामस्मि वासवः।
इन्द्रियाणां मनश्चास्मि भूतानामस्मि चेतना॥

गी. अ. 10 श्लो.21-2

वेदानां सामवेदाऽस्मि देवानामसि वासवः।
इन्द्रियाणां मनश्चास्मि भूतानामस्मि चेतना॥22॥

अर्थात् अदिति के बारह पुत्रों में विष्णु और ज्योतियों में किरणों वाला सूर्य हूँ तथा मैं उनचास वायु देवताओं का तेज और नक्षत्रों का अधिपति चन्द्रमा हूँ।

मैं वेदों में सामवेद हूँ देवों में इन्द्र हूँ, इन्द्रियों में मन हूँ और भूत प्राणियों की चेतना अर्थात् जीवन शक्ति हूँ। अ. 10 श्लोक 22

स्वयं भगवान कृष्ण के मुख से जो अभिव्यञ्जित तथ्य हैं उन तथ्यों के विश्लेषण काफी विसं से किया जा सकता है क्योंकि शब्दों की व्याख्या अभिलक्षणा एवं व्यञ्जना तीनों शक्तियों से की जाती हैं अध्याय 9 श्लोक संख्या 17 में जो उक्ति है वह इस प्रकार अभिव्यक्त हुई है-

पिताहमस्य जगतो माता धाता पितामहः।
वेद्यं पवित्रमोङ्ककरं ऋक्साम यजुरेव च॥

अर्थात् इस सम्पूर्ण जगत का धाता अर्थात् धारण करने वाला एवं कर्मों के फल को देने वाला, पिता-माता पितामह जानने योग्य पवित्र ओङ्कार तथाा ऋग्वेद सामवेद और यजुर्वेद भी मैं ही हूँ। इस स्थल पर सिर्फ अर्थववेद को छोड़ दिया गया है। इस तरह तीन वेदग्रन्थों को भगवान विष्णु या कृष्ण ने अपने अङ्गो में समाहित कर लिया है।

त्रैविधा मां सोमयाः पूतपापा
यज्ञैरिष्ट्वा स्वर्गतिं प्रार्थनायन्ते।
ते पुण्यमासाद्य सुरेन्द्र लोक-
मश्नन्ति दिव्यान्दिवि देवीभोजन्॥ ऊप 9 श्लो. 20

अर्थात् वे उस विशाल स्वर्ग लोग को भोगकर पुण्य क्षीण होने पर मृत्यु लोक को प्राप्त होते हैं। इस प्रकार स्वर्ग के साधन रूप तीनों वेदों में कहे हुए सकामकर्म आश्रय लेने वाले और भोगो की कामना वाले पुरुष बार-बार-आवागमन को प्राप्त होते हैं।

अर्थात् पुण्य के प्रभाव से स्वर्ग में जाते हैं और पुण्य क्षीण होने पर मृत्युलोक में आते हैं- अ॰ 9 श्लोक सं. 21

तीसरी दशती समाप्ति के बाद पृष्ठ संख्या-14

सामवेद के मन्त्र

अपादु शिप्रयन्धसः सुदक्षस्रू प्रहोषिणः।
इन्द्रोरिन्द्रो यवाशिरः॥1॥

अर्थात् व्यावहारिक परमार्थिक सुख की प्राप्ति करने वाला राजा उत्तम शक्तिशाली तथा संसार यज्ञ के होता परमेश्वर के लिए दिये हुए यवादि से युक्तअन्न आदि पदार्थों की रक्षा और उपभोग करता है।

इमा उत्वा पुरुदसोऽ भिप्र नो नुवुर्गिरः।
गावो वत्सं न धेनवः।2॥

हे ईश्वर! सबके निवासदाता! जैसे दाता दूध देनेवाली गाएँ बछड़े के पास जाती हैं ऐसे ही ये हमारी स्तुतियाँ सव प्रकार से तेरी शरण में

पहुँती है।

अत्राह गोरमन्वत नाम त्वष्टुरपीच्यम्। इत्था चन्द्रमसो गृहे। इस चन्द्रमण्डल में सूर्य की किरणें प्रवेश करती हैं। हे मनुष्य यहजां।।3।।

यदिन्द्रो अनयद्रितो महीरथो वृषन्तपः।
तत्र पुषा भुवत् स चा।।4।।

पूर्ण वर्षा करने वाला सूर्य गति करनी वाली पृथ्वी पर जलों के वरसाता है। उसमें वायु सहायक होता है।4।

गोर्धमति मरुतां श्रवस्युर्माता मधोनाम।
युक्ता वहनी रथानाम।5।

अर्थात् इन्द्र आदि द्वारा की हुई वृष्टि को अन्नादि के दाता सूर्यादि के साथी रथादियानों को धारण करने वाली पृथिवी माता पान करती है अथवा ग्रहण करती है।5।

उप नोहरिमिः सुतं याहि मदानां पते।
उप नोहरिमिः सृतम।6।।

अर्थात् हे आनन्दों के स्वामी परमेश्वर! अपने विद्वानों के उपदेशों के अत्यन्त ज्ञान तथा सूर्य अग्नि आदि द्वारा उत्पन्न भोग को हमें प्राप्त कराओं।6।

चौथी दशती समाप्ति के वादमन्त्र पृ. 15

पान्तमा वो अन्धत इन्द्रममि प्र गायत्।
विश्वासाहं शतक्रतुं महिष्ठञ्जर्षणीनाम्।।1।।

हे मनुष्यो! तुम लोग अन्न के रक्षक अन्न शक्ति और अनन्त ज्ञान वाले तथा मनुष्यों के पूज्य ईश्वर के गुण-गान करो।1।

पाँचवी दशती समाप्ति के बाद मन्त्र

इदं ह्यन्वोजसा सुतं राधानां पते।
पिवा त्वास्य गिर्वणः।।1।।

प्रार्थना के योग्य धनौ के स्वामि परमेश्वर! यह संसार तेरे ओज से रचा गया है। तूँ इसकी रक्षा करता है। मन्त्र सं. 1। पृ. सं. 15

अहमिद्धि पितुष्परि मेधामृतस्य जग्रह।
अहं सूर्य इवाजमि। मन्त्र-8 पृ.14

अर्थात्, मैं, परमेश्वर धुलोक तथा अग्नि या सांसारिक नियम के पूर्ण ज्ञान रखता हूँ मैं ही सूर्य के समान ज्ञान के प्रकाश को पैदा करता हूँ।

पृष्ठ 15-

सोमः पूषा च चेततु विश्वदातां
सुक्षती देवत्रा रथ्योर्हिता।

अर्थात् समस्त देवों के मध्य में ईश्वर और जीव दोनों जानते है, अर्थात् ज्ञान रखते हैं। वे दोनो सम-विषम मार्ग में हितकारी हैं।

पाँचवी दशती समाप्ति के बाद पृष्ठ 15

मन्त्र 1

इदं हयन्वोजसा सुतं राधानांणते।
पिवा त्वांऽस्य गिर्वणः।

अर्थात् हे प्रार्थना के योग्य धनों के स्वामी परमेश्वर यह संसार तेरे ओज से रचा गया है तूँ उसकी रक्षा करता है।

पृ. 15

महा इन्द्रः पुरश्च नो महित्वमस्तुवज्रिणे।
द्यौः न प्रथिना शवः॥

अर्थात् ईश्वर महान है, उसकी महिमा हमारे सामने है। धुलोक के समान विस्तृत बल उस न्याय का के लिए ही है।

पृ. 16

अभि प्र गोपतिङ्गिरेन्द्र मर्च यथा विदे।
सूनुँ सत्यस्य सत्पति॥

अर्थात् हे मनुष्यों यथा वत जानने के लिए वेदों और सज्जनों के पालन सत्य के प्रेरक ईश्वर की स्तुति कर।

पृ. 16

कया नश्चित्र आ भुवदुती सदावृधः सखा।
कया शचिष्ठया वृता।

अर्थात् हे परमेश्वर! अद्‌भुत और सदा उन्नति देनेवाले तूँ सुखमयी रक्षा और वुद्धि से युक्त होकर हमारा सखा होता है।

पृ.16

ये ते पन्था ऊधो दिवो येभिर्व्यस्वमेरयः।
उत् श्रोषन्तु नो भुवः॥

अर्थात् हे परमेश्वर! तेरे उन मार्गों के द्वारा जिनसे कि तूँ वायू को प्रेरणा देता है भूमिस्थ मनुष्य लोग भी शब्द-सन्तान को सुनते हैं।

पृ. सं. 16

अस्ति सोमो अयं सुतः पिवन्त्यस्य मरुतः
उत स्वराजो अश्विना।

हे विद्वान् जीव! यह संसार उत्पन्न किया गया है। प्रकाशात्मक याज्ञिक तथा विद्वान और उपदेश सभी उसका उपभोग करें।

सातवीं दशती

ईङ्ख्यन्तीरपस्युव इन्द्रं जातमुपासते।
वन्वासः सुवीर्यम्।

अर्थात् ज्ञान से युक्त कर्म की चाह करने वाली बुद्धियाँ तथा उत्तम बल को चाहने वाले लोग निमित्त कारण से उपासना करते हैं।

नकी देवा इनीमसि नक्यायोपयामसि।
मन्त्रश्रुत्यञ्चरामसि॥

हे सामगायक प्रकाशमय ज्ञान वाले अथर्ववेदज्ञ! जब रात्रि आवे तो अर्थात् संध्या समय में तुम सर्व स्त्रष्टा परमेश्वर की स्तुति करो।

मन्त्र पृ.16

एषो उषा ऊपूर्व व्युच्छति प्रियादिवः
स्तुषे वामशिवना बृहत्॥

सूर्य की प्यारी यह अद्भुत उषा अन्धकार का नाश कर रही है। हे ऊध्यापक! और उपदेश! तुम परमेश्वर की स्तुति करो।

मन्त्र 5 पृ. 16

इन्द्रो दधीचो अस्थमिर्वृत्राण्यप्रतिस्कुतः।
जघान न वतीर्नव।

अर्थात् सूर्य जिसके सामने कोई नहीं ठहर सकता वह सूर्य वायु मेघों को इस प्रकार छिन्न-भिन्न करता जैसे नव संख्या को करती है।

पृ. 17

ओजस्तहस्य तित्विष उमे यतसमवर्तयत्।
इन्द्रश्चमेव रोदसी॥

अर्थात् हे ईश्वर का वह बल प्रत्यक्ष चमक रहा है जिससे वह चर्मत धू और पृथ्वी के फैलाता तथा समेटता है।

पृ.17

वात आ वातु भेषजं शंभु मयोभु नो हृदे।
प्र न आयुंषि तारिषत्॥

अर्थात् हे ईश्वर! वायु हमारे फेफड़े के लिए सुख तथा शांति देने वाली औषधि बने। वह हमारी आयु को भी वढ़ावे।

आठवी दशती पृ. 17 मन्त्र सं. 3

इमास्त इन्द्र पृश्नयो धृतं दुहत आशिरम्।
एनामृतस्य पिष्युषीः

अर्थात् हे ईश्वर तेरी रची हुई सूर्य की किरणें दहीं के समान स्वच्छजल के बरसाते हैं। वे किरणें जल से पृथिवी की फसल को पुष्टकर बढ़ाती है।

मन्त्र 5 पृ.17

पावकाः नः सरस्वती वाजेमिर्वाजिनीवती
यज्ञं वष्टु धियावसुः॥

हे ईश्वर हमारी वेदवाणी हृदय को पवित्र करने वाली अन्न से बलवती और अपनी योग्यता से संसार को वश में करने वाली हो। वह परोपकार का उपदेश के।

मन्त्र 8 पृ. 17

महि प्रीणाम् वर्षतु धुक्षं मित्रस्यार्पम्णः
दुराधर्ष वरुणस्य॥

अर्थात् हे ईश्वर! मित्र न्यायकारी और हितैषी इन तीनों की रक्षा हमारे लिए तेजस्वी, किसी से न दवने वाली और महान हो।

नौवीं दशती पृ. 18 मन्त्र 2

गिर्वणः पाहि नः सुतं मधोर्धा रामिरन्यसे।
इन्द्र त्वादात् मिधशः॥

अर्थात् हे स्तुत्य परमेश्वर हमारे सम्पादित ज्ञान की रक्षा कर। तूँ ज्ञान की धाराओं से प्राप्त किया जाता है। हे परमेश्वर! हमारा यश तुम्हारा ही दिया हुआ है।

मन्त्र 3 पृ. 18

सदा व इन्द्रश्चर्कृष दा उपो नुससपर्यन
नो देवोवृतः शूर इन्द्रः। अर्थात्-हे मनुष्यो।

ईश्वर प्रेम से तुम लोगों को सदा, अपने समीप ही देखता है। वह तेजस्वरूप तथा ध्यान करने योग एवं एश्वर्यवान है। वह हमार देव है।

---------------------------------।

न त्वामिन्द्राति रिच्यते।

अर्थात् ईश्वर! जैसे छोटी-छोटी नदियाँ समुद्र में पहुँचती है ऐसे ही उपासना करने वाले तेरी शरण में पहुंच! हे ईश्वर तुमसे बढ़कर कोई नहीं है।

मन्त्र 6 पृ.18

इन्द्र इषे ददातु न ऋभुक्षनमृभूंरयिम्।
वाजीददातु वाजिनम्।

अर्थात् हे बलवान ईश्वर हमें अन्न, अन्य सम्पति और शक्तिशाली बुद्धि युक्त पुत्र भी दें।

मन्त्र सं. 8 पृ. 18

इमा उत्वा सुते सुते नक्षन्ते गिर्वणोशिरः।
गावो वत्सन्न धेनवः॥

अर्थात् हे उपास्यदेव। जैसे दूध देने वाली गाएँ अपने बछड़े के समीप जाती हैं ऐसी ही हमारी स्तुतियाँ प्रत्येक उत्तम भावना के समय तेरे ही समीप पहुँचती है।

दशवीं शती मन्त्र 1 पृ.18

तरनिं वो जनानां त्रदं वाजस्य गोमतः
सामनानुप्रशंसिषम्।

हे मनुष्यो! ईश्वर सबके तारने वाला है। वह अन्न तथा गोधन का

समानरूप से रक्षक है। मैं उसकी स्तुति करता हूँ।

मन्त्र सं 4 पृ. 19

यद्वीडाविन्द्र यत्स्थिरे यत्पर्शाने परामृतम्।
वसु यार्ह तदा मर॥

हे ईश्वर तूँ हमें बहुमूल्य सम्पति दे जो जो बजल में तथा पर्वतों के अन्दर विद्यमान है जिसकी सब कामना करते हैं।

मन्त्र सं 7 पृ. 19

धानावन्तं करम्मिणमपूवन्तभुक्थ्निनम्।
इन्द्रप्रातर्जुषस्व नः।

अर्थात् हे ईश्वर! प्रतिदिन उत्तम पदार्थों यज्ञ करने वाले मनुष्य तेरे प्रेम के पात्र हैं।

ग्यारहवीं दशती मन्त्र सं. 9 पृ. सं. 19:

आ व इन्द्रं कृवियथा वाजयन्तः शतक्रतुम्।
महिश्ठं सिञ्च इन्दुभिः॥

हे मनुष्यो? तुमलोगों ने अनेक प्रकार के कर्म करने वाले महान आत्मा को ज्ञान से पुष्ट करता हूँ जैसे अन्न चाहने वाले किसान जल से खेत सींचते हैं।

मन्त्र सं. 3 पृ. 19

आवुन्दम वृत्रहा ददे जातः पृच्छाद्विमातरम्।
कः उग्रा के हा शृण्विरे॥

अर्थात् शस्त्रविद्या में चतुर योद्धा शस्त्र हाथ में लेकर माता से पूछे कि कौन-कौन देशद्रोही सुने जाते हैं।

मन्त्र 4 पृ. 19

वृवदुक्यं हवामहे सुप्रकरस्नभूतये

साधः कृण्वन्तभवसे।

अर्थात् हे वीर! आप प्रशंसा के योग्य विशाल भुजाओं वाले और संग्राम के साधन तैयार करने वाले हैं। हम आपको अपने पालन और प्रजा की रक्षा के लिए पुराकरते हैं।

मन्त्र 7 पृ. 20

आ नो नित्रवरुणा धृनैर्जग्वयूतिमुक्षतम्
महवा रजंसि सुक्रतो।।

अर्थात् उत्तम ज्ञान वाले परमेश्वर और विद्वान! जल से भूमि के समान ज्ञान से लोकों को सींच दो।

मन्त्र 8 पृ. 20

उदूत्वे सूनवोगिरः काष्ठायज्ञेष्वतनत।।
वाश्चा अभिज्ञु यातवे।।

अर्थात् शब्द को सुनाने वाली वायु प्रत्येक दिशा में जाने वाले के लिए अपने व्यापार में वैसे मतिमान हो जाती है जैसे बालक घुटने के बल चलता हुआ चारो तरफ दौड़ता है।

मन्त्र 4 पृ. 20

इन्द्र उक्थेभिवन्दिष्ठो वाजानां च वाजपतिः
हश्वित्सुतानां सखा।।

अर्थात्, ईश्वर स्तोत्रों से अत्यन्त स्तुति करने योग्य है। वह बलो का स्वामी है। वह प्रकाश स्वरूप और प्राण मात्र का मित्र है।

मन्त्र 5 पृ. 20

आ याहयुप नः सुतं वाजेभि र्माहृणोयथाः
महाइव युवाजानिः।।

अर्थात् हे परमेश्वर! तूँ उसी प्रकार से हमे अपने समीपकर तथा ज्ञान वालों के द्वारा हमारे ज्ञान को लज्जित मत होने दें, जैसा कि एक

सदा चारीपति अपनी पत्नी को समीप रखता है तथा लज्जा का विषय का विषय नहीं बनने देता है।

मन्त्र सं.6 पृ.20

कदा वसोस्तोत्रम हर्यत्आऊब श्मशारूधद्वाः।
दीर्घ सुतम् वाताप्यायी

अर्थात् हे ऐश्र्यवान राजन्! जब कभी जलवृष्टि रूक जाये तब वेदप्रेमी महान प्रजावर्ग को जल प्रदान करने के लिए नहर बनवाओ।

मन्त्र 7 पृ. 20

ब्राह्मणां दिन्द्रराधसः पिवासोममृतूरनु।
तवेदं सख्यमस्तुतम।।

हे जीवात्मन! तुम आराधना करने वाले ब्रह्मवेत्ता के सम्पर्क से ऋतुओं के अनुसार सोमादि पदार्थों का उपभोग करो।

मन्त्र 8 पृ. 20

वयं धा अपिस्मसि स्तोतार इन्द्र गिर्वणः।
त्वं नो जिन्व सोमपाः।।

अर्थात् हे मन्त्रों से स्तुति करने योग्य ऐश्वर्य शाली पदार्थों के रक्षक ईश्वर हम भी तेरी स्तुअित करने वाले है। तूँ हमें तृप्त कर।

मन्त्र पृ. 21

एन्द्र पृक्षु कासु चिन्नृम्णं तनूषु धेहि नः।
सत्राजिन्द्रग्र पौंस्यम्।।

अर्थात् सब सग्रामों के समय में हमारे शरीरों में सुख और बल दें हे ओजस्वी! तूँ सदाजीतने वाला है।

मन्त्र 10 पृ. 21

एषा ह्यसि वीरयुरेवा शूर उत स्थिरः।
एषा ते राध्यं मनः।।

अर्थात् हे ईश्वर! वीर पुरुष तेरे प्यारे होते हैं। तूँ शक्तिमान और नित्य है। तेरा ज्ञान चिन्तन करने के योग्य है।

तृतीय अध्याय-पहली दशती मन्त्र 1 पृ.2

अभित्वा शूर नोनुमोऽदुग्धा इव धेनवः।
ईशानमस्य जगतः स्वदृंशमीशान मिन्द्र तस्युषः

अर्थात् हे शक्तिमान! ईश्वर जैसे विना दुही हुई गाय कथन दूध से भरपूर रहता है ऐसे ही प्रेम से भर पूर हृदय से हम चराचर संसार के स्वामी आपको बार-बार नमस्कार करते हैं।

मन्त्र 4 पृ. 21

तं वो दस्ममृती षहं वसोर्मन्दानमन्यसः।
अभिवत्सं न स्वसरेषु धेनव इन्द्रं गीर्भिनवामहे।।

हे मनुष्यों! गोशलाओं में बछड़े को गाय के समान हम तुम्हारे दुख निवारक तथा अन्नादि से आनन्दित करने वाले कामादिशत्रुओं के नाशक परमेश्वर की वेदवाणियों से स्तुति करते हैं।

मन्त्र सं. 8 पृ. 22

त्वं ह्येहि चेरवे विदा मगं वसुत्तये।
उद्वा वृषस्व मधवन गविष्ठय उदिन्द्राश्वमिष्टये।।

अर्थात् हे ईश्वर! तूँ प्राप्त होओ। सदाचार की रक्षा के लिए हमें सम्पति दो। हे सबसे बड़े दानी इन्द्रियों की भलाई और हमारे कल्याण के लिए प्राण को पुष्ट करो।

मन्त्र 10 पृ.22

मा चिदन्यद्वि शंसत सखायो मा रिषण्यत्।।
इन्द्रमित्स्तोता वृषणं सचा सुते मुहुरुवथा च शंसत्।।

हे मित्रो! सत्य के विपरीत मत बोलो किसी को दुख मत दो। कामनाओं की पूर्ति करने वाले ईश्वर की सम्मिलित स्तुति करो तथा

जगत में वेदमंत्रों का पाठ करो।

दूसरी दशती मन्त्र 7 पृ. 23

इन्द्रमिद्देवता तयतय इन्द्रं प्रयत्यध्वरे।
इन्द्रसमीके वनिनो ह्यामह इन्द्र धनस्यसातये।।

अर्थात् भजन करने वाले हम, विद्वानों की उन्नति के लिए, कल्याणकारी यज्ञ के प्रारम्भ तथा समाप्ति पर और सम्पत्ति को पाने के लिए भी ईश्वर को ही पुकारते हैं।

मन्त्र 9 पृ. 23

उदुत्ये मधुमत्तमा गिरः स्तोमास ईरते।
सत्राजितो धनसा अक्षितोतयो वाजयन्तोरथा इव।।

अर्थात् जैसे सदा विजय पाने वाले सम्पत्तिशाली और भलीभाँति रक्षा करने वाले रथ वेग से चलाते है ऐसे ही ये हमारी मधु वाणियों मुख से बाहर निकलकर चारों तरफ फैलती है।

मन्त्र 10 पृ. 23

यथा गौरो ऊपाकृतं तृष्यन्नेत्यवेरिणम्।
आपित्ये नः प्रपित्वे तूयभागहिकण्वेषु सुसचपिव।।

अर्थात् हे जीव! जैसे प्यासा भृग पानी से पूर्ण किन्तु घास रहित तालाब के तट पर जाता है ऐसे ही मित्रता हो मिलकर आमृत रस का पान करें।

तीसरी दशती मन्त्र 5 पृ. 23

प्र व इन्द्राय वृहते मरुते ब्रह्मार्चत।
वृत्रं हनति वृत्रहा शतक्रमुः वज्रेणशतपर्वणा।

अर्थात् हे स्तुति करने वाले! तुम लोग महान ईश्वर के लिए साम का गान करो वह अनन्त ज्ञान वाला है। पापनाशक वह परमेश्वर सैकड़ों धारवाले वज्र के समान दुर्गुणनिवारक ज्ञान से पाप या अज्ञान का नाश

करता है।

मन्त्र 6 पृ. 23

वृहदिन्द्राय गायतमरुतो वृत्रहन्तमम्।
येन ज्योतिर जन यन्तु तावृधो देवं देवाय जागृमि॥

अर्थात् हे ऋत्विक गण! तुम लोग परमात्मदेव के लिए उस साम का गान करो जिसके द्वारा सत्य का विस्तार करने वाले विद्वानजन दिव्यपापनाशक तथा जागृति देने वाली ज्ञान ज्योति को हृदय में जगाते हैं।

मन्त्र 8 पृ. 24

मा न इन्द्र परावृणगत्वा न सधमाधे
त्वं न उती त्वभिन्न आयं मा न इन्द्र परा वृणक्॥

अर्थात् हे ईश्वर! तू हमारे आनन्द दायक यज्ञ में सहायक हो। हे ईश्वर ! तू ही हमारी रक्षा करने वाला और तू ही हमारे प्राप्त करने योग्य है। तू हमारा परित्याग मत कर।

मन्त्र 9 पृ. 24

वयं घ त्वा सुतावन्त आपो न वृक्तवर्हिषः।
पवित्रस्य प्रस्त्रवणेषु वृत्रहन्परि स्तोतार आसते॥

अर्थात् हे पापनाशक! ईश्वर! साधन से सम्पन्न तथा आसन जमाए हुए हम उपासक तेरी शरण में नीची जगहों में जल जैसे चारो तरफ से द्वीप बनाते हैं, ऐसे ही तुझ शुद्ध की उपासना करने वाले सब प्रकार से उपासना करते हैं।

मन्त्र 107 पृ. 24

यदिन्द्र नहुषीष्वा ओजो नुम्णं च कृष्टिषु।
यद्वा पञ्चक्षितीनां धुम्नभा भर सत्ता विश्वानि पौंस्या।

अर्थात् हे ईश्वर! मनुष्य प्रजाओं में जो बल तथा धन है, या योग की पाँच भूमियों में यश है, उनको और सच्चे पुरुषार्थों को भी हमें दे।

चौथी दशती मंत्र1 पृ. 24

सत्यमित्था वृषेदसि वृषजूतिनोडिविता।
वृषा ह्युग्र शृण्विषे परायाति वृषो अर्वावति श्रुतः।

अर्थात् हे ओजस्वी! ईश्वर! सत्य ही तू कामनाओं की वर्षा करने वाला है, कामना पूरक, व्याप्ति करने वाला तू हमारा रक्षक है। तू अभिलाषाओं को पूर्ण करने वाला सुना जाता है। क्या दूर क्या समीप सब जगह तू कामनाओं की पूर्ति करने वाला प्रसिद्ध है।

मंत्र-2 पृ. 24

यच्छक्रासि परावति यदर्वावति वृत्रहन्।
अतस्त्वा गीर्मिर्धुगदिन्द्र केशिभिः सुतावां
आ विवासति।

अर्थात् हे शक्तिमान्! अज्ञाननाशक ईश्वर! चूकि तू अज्ञानियों से दूर तथा ज्ञानियों के समीप है इसलिए साधनों वाले मनुष्य सन्तों के साथ वेदवाणियों से द्वारा तेरा आह्वान करते हैं।

मंत्र 4 पृ. 24

इन्द्र त्रिषातु शरणं त्रिवरुथं स्वस्तये।
छर्दिर्यच्छ मघवद्भयश्च मह्यं च यावया दिधुमेभ्यः॥

अर्थात् हे ईश्वर तू हमारे कल्याण के लिए त्रिधातु से बने तथा त्रिविध तापों के आश्रयभूत शरीर को हमसे पृथक् कर। तू हमें और इन उत्तम कर्म वालों के लिए मोक्ष नाम का दिव्याधाम प्रदान कर।

मंत्र 7 पृ. 25

आ नो विश्वासु हन्यमिन्द्र समत्स भूषत।
उप ब्रह्माणि स्त्रवनानि वृत्रहन्परमज्या ऋचीषम्॥

अर्थात् हे स्तुति करने वालो! प्रत्येक आपत्ति तथा बाधा के समय स्तुति के योग्य ईश्वर की शरण में जाओ। हे सबसे महान् स्तुति योग्य!!

पापनाशक प्रभो!!! तीन स्त्रवन रुप तीन वेदों (ऋग्, यजुः, साम) का उपदेश दो।

सदज्ञान ही सबसे बड़ा रक्षक होता है। मानव का परम कर्त्तव्य परेश्वर का समीप्य करना है। वह अपनी शक्ति का उपयोग परमेश्वर का समीप्य प्राप्त करने में यदि लगा दे तो जीवन की सफलता स्पष्टतरूप से परिलक्षित होने लगती है। उस असीम सत्ता की कृपा के अभाव में मनुष्य के जीवन में भटकाव स्वाभाविक है।

सामवेद की विशेषताएँ ऋचाओं से प्राप्त तथ्यो के आधार पर विश्लेषित की जाने की आवश्यकता है मन्त्रस्त्रष्टा ऋषियों ने समाज को सबल बनाने की चेष्टा की है। वेद मन्त्रों से जो ध्वनि निकलती है उसे समझने की आवश्यकता है तदनुसार आचरण करने से भारतीय जनमानस की शक्ति में अभिवृद्धि स्वाभाविक मानी जाती है।

मंत्र संख्या 8 पृष्ठ 25

तवेदिन्द्रावमं वसु त्वं पुष्यसि मध्यमम्।
सत्रा विश्वस्य परमस्य राजसि न किष्ट्वा
गोषु वृण्वते॥

अर्थात्, हे स्तुति करने वालो! प्रत्येक आपत्ति तथा वाधा के समय स्तुति के योग्य ईश्वर की शरण में जाओ। हे सबसे महान! स्तुति के योग्य!! पापनाशक प्रभो तीन सवन रूप तीन वेदों (ऋक, यजुः साम) का उपदेश दो।

इस सन्दर्भ में गीता की पंक्ति से विशेष रूप में मार्ग दर्शन होता है- यत्करोषि यदश्नासि यज्जुहोसि ददासि यत् यटापस्यसि कौन्तेय तत्कुरुष्व मदर्पणम्॥ गी. अ. 9 श्लोक 27

किसी बड़ी शक्ति की छत्रछायां में रहते हुए सारे चिन्तन, मनन एवं कर्म को समर्पित कर ही आगे बढ़ने की चेष्टा करनी चाहिए। इस अवस्था में मानव की सारी समस्याएँ स्वयं सुलझती हुई दीख पड़ती हैं।

मन्त्र 9 पृ. 25

क्वेयथ क्वेदसि पुरुत्रा चिद्धि ते मनः।
आलर्षि युध्म खजकृत्पुरन्दर प्र गायत्रा अगासिपुः॥

अर्थात् हे सर्वज्ञ ब्रह्माण्ड के कर्ता! शरीरबन्धन रहित तू कहाँ व्यापक है? कहाँ पर है अर्थात् भगवना! तुम्हारा ज्ञान सब पदार्थों में है, तू सर्वत्र व्यापक है गान सब पदार्थों में है, तू सर्वत्र व्यापक हैं गान-कुशल तेरा ही गान करते हैं।

मन्त्र 10 पृ. 25

वयमेन मिदा हयोऽ पीपेमेह वज्रिणम्।
तस्मा अद्य सवने सुतं मरा नूनं भूषतेश्रुतेः॥

अर्थात् हे स्तुति करने वालों हम लोगों ने इस यज्ञ में विद्वान इन्द्र को कल पुष्ट किया जा और इस समय भी पुष्ट करते हैं। आज भी उसी को अमृत रस दो और निश्चित ही अपनी कीर्तिं के लिए इसको सुशोभित करो।

देवों की परम्परा के निर्वाह का उदाहरण यहाँ प्रस्तुत किया गया। मानव जगत में इस तरहं ही व्यवस्था चिर काल से चली आ रही है जिसका पालन परम कर्त्तव्य समझा जाता है।

पाँचवी दशती मन्त्र 1 पृ. 25

यो राजा चर्षणीनां याता रथेमिरध्रिगुः।
विश्वासां तरुता पृतनानां ज्येष्ठं यो वृत्रहागृणे॥

अर्थात् जो ईश्वर मनुष्यों का स्वामी है, जो योगसाधन से प्राप्त होता है। जो व्यापक है जो मनुष्य को तारने वाला है। उसकी अधिक से अधिक स्तुति करता हूँ।

सृष्टि में चिर काल से देवराज इन्द्र की तूती बोलती रही है जिसका पालन परम धर्म समझा गया है।

मन्त्र 4 पृ. 25

वणमहाँ असि सूर्य बडादित्य यहाँ असि।
महस्ते सतो महिमा पनिष्टम् महना देव महा असि।

अर्थात्, हे सबको कर्त्तव्यपालन की प्रेरणा देने वाला ईश्वर सत्य ही तूँ महान है। हे प्रकाश स्वरूप! सत्य ही तूँ सबसे बड़ा है। तू महान और श्रेष्ठ है। तेरी महिमा भी स्तुति के योग्य है। हे दाता तू अपनी ही बड़ाई से बड़ा है।

मन्त्र 5 पृत्र 25

अश्वी रथी सुरुप इद गोमां यदिन्द्र ते सखा।
श्वात्रमाजा वयसा सचते सदा चन्दैर्यति समामुप

अर्थात्, हे ईश्वर जो राजा तेरा मित्र है, वह घोड़ों, रथा सुन्दर रूपों और गौ आदि सम्पत्रियों से युक्त होकर शीघ्र भजन करने योग्य युवावस्था को प्राप्त करता है। वह सर्वदा सोने के गहनो से सजकर सभा में जाता है।

ईश्वर की शक्ति एवं प्रभाव की भिन्नता का उल्लेख इस ऋचा के माध्यम से हुआ है। ईश्वरी शक्ति में जो भिन्नता है वह मानव समाज में भी दृष्टिगत हुआ करता है। ऋचा में उल्लिखित तथ्य मानव समाज से भी सम्बद्ध दीख पड़ता है। क्योंकि बड़ों छोटे, धनी, अमीर की भिन्न श्रेणी देवों के बीच भी विद्यमान है जिससे मानव समाज को धैर्य रखने की सीख मिलती है।

मन्त्र 5 पृ. 27

शचीमिर्नः शचीवसू दिवा नक्तं दिशास्यतम्।
मा वां रातिरुपदसत् कदाचनास्मद्रातिः कदाचन।

अर्थात् कर्म को स्थान देने वाले सूर्य और चन्द्र अपनी शक्तियों से हमें रात्रि और दिन प्रदान करते है, उनका यह दान सदा रहे, इसी प्रकार हमारा भी दान सदा बना रहे।

मंत्र 10 पृ. 27

वस्या इन्द्रासि मे पितुरुत भ्रातुरभुञ्जतः।
माता च मे छदयथः समावसो वसुत्वनाय राधसे॥

अर्थात् हे सर्व सम्पति के स्वामी परमेश्वर! तू हमारे पिता और न रक्षा करने वाले भाई से भी अधिक रक्षा करने वाला है। तू मेरी माता है। मेरी रक्षा और ऋद्धि के लिए समान रुप से रक्षित करते हो।

मंत्र 1 पृ. 27 सातवीं दशती

इम इन्द्राय सुन्विरे सोमासे दध्याशिरः।
ता आ मदाय वज्रहस्त पीतये हरिभ्यां याह्योक आ॥

अर्थात् दही आदि से युक्त से सोम ऐश्वर्य राजा के लिए तैयार किये जाते हैं। हे शस्त्रधारी राजन्! तू अपने हर्ष के लिए और उनको पीने के लिए हाव-भाव के साथ हमारे गृहों को प्राप्त हो।

मंत्र 3 पृ. 27

आ त्वाद्य सवर्दुधान हुवे गायत्रवेपसम्।
इन्द्रं धेनुं सुदुधामन्याभिषमुरु धारामरङ् कृतम्॥

अर्थात् हे परमेश्वर1 पर्याप्त रुप से पूर्ण करने वाले तुझ ऐश्वर्यशाली को दुग्ध देनेवाली प्रशस्तगति विलक्षण अनेक प्रकार की धारा वाली तथा चाहने योग्य धेनु के समान पुकारता हूँ।

मन्त्र 7 पृ. 28

त्वष्टा नो दैव्यं व चः पर्जन्यो ब्रह्मणस्पतिः।
पुत्रैभ्रातृभिर दितिर्नु पातु नो दुष्टरं त्रामणं वचः॥

अर्थात् सब दुःखों का नाश करने वाला, मेघ के समान सबका उपकार करने वाला वेदों के स्वामी ईश्वर वेदवचन तथा कभी नष्ट न होने वाले और रक्षा के साधन हमारे वचन की भी शीघ्र रक्षा करे। वही प्रभु पुत्रों और भाइयों का भी रक्षक हो।

मन्त्र पृ. 29 आठवीं दशती

अयं वा मधुमत्तमः सुतः सोतो दिविष्टिषु।
तमश्विना पिबतं तिरो अह्नयं धत्तं रत्नानि दाशषे॥

अर्थात् विद्वान् स्त्री पुरुष! तुम्हारे लिए यज्ञ में यह दैनिक भोग पदार्थ तैयार किया गया है। तुम दोनों इसे भली भाँति सेवन करो और यजमान के लिए उत्तम रत्नादि पदार्थ प्राप्त करावो।

मंत्र 7 पृ. 29

अभीषतस्तदा भरेन्द्रज्याय कनीयसः।
पुरूवसुहि मधवन् वभूविथ भरे भरे च हव्यः॥

अर्थात् हे परमेश्वर! तू अभिलाषा युक्त मुक्त लघु जीव के जो श्रेष्ठ इष्ट पदार्थ है उन्हें दें। सकल संम्पदाओं के स्वामी तू प्रत्येक यज्ञ में पूजनीय है।

मंत्र 8 पृ. 29

यदिन्द्र यावतस्त्वमेतावदहमीशीय।
स्तोतारमिद्दधिषे रदावसो न पापत्वाय रसिषम्॥

अर्थात् हे ईश्वर! जितनी सम्पत्तियों का तू स्वामी है यदि मैं उतनी का बन जाऊँ तो उत्तम कार्य करने वाले, का ही पोषण और पालन करुँ। हे मान दाता! पाप कर्म करने वालों के लिए मैं दान न दूँ।

मंत्र 3 पृ. 29 नववीं दशती

योनिष्ट इन्द्र सदने अकारि
तमा नृभिः पुरुहूत प्र याहि।
असो यथा नोडविता वृधश्द्दिदो
वसूनि ममदश्च सोमैः।

अर्थात् हे राष्ट्रपति! सभा के स्थान में तेरा मंच बना दिया गया है। हे बहुमत प्राप्त करने वाले! तू सहायक मनुष्यं के साथ उस मंच पर विराजमान हो जिस प्रकार हमारी रक्षा स्वयं भी योग्य पदार्थ से तृप्त हो।

मंत्र 4 पृ. 30

सुष्वाणास इन्द्र स्तुमसि त्वा, सनिष्यन्ता चित्तुविनृमण वाजम्। आ नो भर सुवितं यस्य कोना, तना त्मना सह्याय त्वोता:॥

अर्थात् हे अनन्त सम्पत्तियों के स्वामी ईश्वर! यज्ञ करते हुए तथा अन्न का बँटवारा करते हुए हम तेरी स्तुति करते हैं। जो भी कल्याणकारी सम्पत्ति हो वही हमें दें। तेरी रक्षा के भरोसे हम लोग अपनी सन्तानों के साथ नीच शत्रुओं को नीचा दिखावें।

मंत्र 6 पृ. 33

असावि सोम इन्द्र ते शविष्ठ घृष्णवा गहि।
आ त्वा पृणक्त्विन्द्रियं रजः सूर्य्यो न रश्मिभिः॥

अर्थात् हे शत्रुनाशक राजन्! तू आ तेरे लिए सोम तैयार है, जैस किरणों से सूर्य पृथ्वी को पूर्ण करता है, वैसे ही तू अपनी इन्द्रियों को परिपूर्ण कर।

वेदकालीन समाज का स्वरूप सामवेद की ऋचाओं से अभिव्यञ्जित होता है। तत्कालीन परिस्थतियों में सामाजिक सौहार्द के बलपर अनेक संकटो का सामना किया जाता था। मानव की शक्ति सीमिति थी। ईश्वरीय अनुकम्पा का सहारा लिया जाता था। संकटो से जूझने हेतु परमेश्वर की शक्ति का सहारा प्राप्त था। सामाजिक परिवेश के बल पर अनेक विपदाओं से लड़ने की चेष्टा की जाती थी-

गीता की पंक्ति से भी यह तथ्य विश्लेषित होता है:-

वायुर्यमोऽगिन र्वरुणः शशाङ्कः
प्रजाप्रतिस्त्वं प्रयितामहाच्च।
नमो नमस्तेऽस्तु सहस्त्रकृत्वः।
पुनश्चभूयोऽपि नमो नस्ते॥

अर्थात् वायु, यमराज, अग्नि, वरुण चन्द्रमा प्रजा के स्वामी ब्रह्मा

और ब्रह्मा के भी पिता हैं। आपके लिए हजारों बार नमस्कार है इस तरह ईश्वरीय अनुकम्पा संकट काल में सहायक होती थी। गीत अ. 11 श्लोक 39

मन्त्र 7 पृ. 33

एन्द्र याहि हरिमिरुप कण्वस्य सुष्टुतिम।
दिवो अमुष्य शासतो दिवं दिवावसो।

अर्थात् हे दिव्यगुणों के आधार परमेश्वर, अज्ञाननिवारक अपने ज्ञानों के द्वारा मेधावी पुरुष के समान हमारी स्तुति को अच्छी प्रकार स्वीकार कर। धुलोक के शासक इस तुम प्रभु के दिव्य गुणों को मैं प्राप्त करुँ।

स्पष्ट है कि ईश्वर प्रेरक शक्ति थी जिससे पूरा समाज लाभान्वित होता था। मनुष्य की सारी योजनाएँ ईश्वरीय शक्ति के कारण भलीभूत हुआ करती थी।

मन्त्र 8 पृ. 33

आ त्वा गिरो रथोरिवास्थुः सुतेषु गिर्वणः
अमि त्वा समनूषत शोवो वत्सं न धेनवः।

अर्थात् सव प्रकार से तेरी स्तुतियाँ, जैसे रथ का स्वामी रथ पर आश्रय में उपस्थित है यज्ञों में तेरी स्तुतियाँ ही की जाती हैं जैसे गाय वछड़े को अपने हुँकार से बुला लेती है।

मन्त्र 9 पृ. 34

एतो न्विद्रं स्तवाम शुद्धं शुद्धेन साम्ना
शुद्धैरुक्थैर्वावृध्वां सं शुद्धरान्सीर्वान्ममस्तु॥

अर्थात् हे स्तोता लोगो! आओ शीघ्र परमेश्वर की स्तुति करो। शुद्धस्वरूप पवित्र सामगान के पवित्र स्तोत्रों से उनको आराधना करो। गीता का मार्ग दर्शन भी यही है-

पिताहमस्य जगतो माता धाता पितामहः
वेधं पवित्रभोङ्कारं ऋक्सामयजुरेव च॥

गी. अ. 9 श्लोक17

मन्त्र सं. 35 पृ. 35 दूसरी दशती

वस्त्रिष्टुभमिषं वन्दद्वीरायेन्द्र वे
धिया वो मेघसात ये पुरन्ध्यस विवासति।

हे परमेश्वर! तूँ वन्दना करने वाले वीर तथा ऐश्वर्यशाली जीवों च के लिए तीन लोक, तीन शरीर, नाम स्थान और जन्म प्रदान करता है, वह जीव तेरी परिचर्या कराता है।

यह शक्ति ईश्वर प्रदत्त मानी जाती है। जिसे उनकी अनुकम्पा मिलने से प्राप्त होती है।

मन्त्र 2 पृ. 35

कशापस्य स्वविदो यावाहुः सुयुजाविति।
ययोः विश्वभपि व्रतं यज्ञं धीरानिचाय्य॥

अर्थात् परमार्थ प्रकाश तत्त्व को जानने वाले धीर पुरुष संसार यज्ञ को जानको सर्वद्रष्टा परमेश्वर के जिन दो को सहयोगी कहते हैं, जिन दोनों के कार्य यह सब संसार है, वे प्रकृति और जीव है।

मन्त्र 3 पृ. 35

अर्चत् प्रार्चत् नरः प्रियमेधासो अर्चत्।
अर्चन्तु पुत्र का उपुरमिद धृष्वर्चत्॥

हे नेता लोगो ईश्वर की स्तुति करो। हे यज्ञ के प्रेमी पुरुषो। तुम लोग भी ईश्वर की स्तुति करो। हमारे पुत्र और पौत्र भी उसी की स्तुति करें। संसार के सब मनुष्य हमारी वाले ईश्वर की ही स्तुति करें।

मानव की सारी चेष्टाएँ सफलता की ओर रहती हैं। उन्हें ईश्वरीय शक्ति या सर्वशक्तिमान परमेश्वर ही सफलताएँ प्रदान करते हैं।

इस सन्दर्भ में यह मान्य सत्य है कि परमेश्वर ही सारी कामनाओं को पूर्ण करते हैं।

मन्त्र 4 पृ. 35

उक्थमिन्द्रायसंग्यं वर्धनं पुरुनिः विधे।
शक्रो यथा सुतेषु णो रारणत्स सख्यषु च॥

अर्थात् जैसे हमारे मित्रों और पुत्रों को कोई परोपकारी पुरुष उपदेश करता है ऐसे सर्वशक्तिमान ईश्वर कामों में विचरणने वाले जीव के लिए विद्यादि शुभगुणों को बढ़ाने वाले प्रशंसा के योग्य वेदमन्त्रों का वार-बार उपदेश करता है।

मन्त्र 5 पृ. 35

विश्वानरस्य वस्पतिमनानतस्य सवसः।
एवेश्चय चर्षणीनामूती हुवे रथानाम॥

अर्थात् हे ईश्वर संसार पर शासन करने वाले और कभी न दबने वाले बल के स्वामी तुझको सारी कामना की पूर्ति तथा मनुष्यों के शरीर की रक्षा के लिए पुकारता हूँ।

वेदमन्त्रों में तत्कालीन समाज की परम्परा एवं उनके जीवन से सम्बद्ध समस्याए उल्लिखित हुई है। मानव जीवन का लक्ष्य ईश्वर का सामीप्य प्राप्त करन ही या जिससे जीवन की सारी आवश्यकताएँ पूरी होती रहती थीं। इस तरह समाज सुखी-सम्पन्न तथा देवाश्रित था। वेदमन्त्रों इन तथ्यों की अभिव्यञ्जना बड़ी स्पष्टता के साथ हुई है।

जीवन के लक्ष्य भौतिक सुख नहीं थे बल्कि आध्यात्मिक सुख की कामना अधिक रहती थी जिसकी पूर्ति परमेश्वर की अनुकम्पा होती थी।

मन्त्र सं. 8 पृष्ठ 36

वयचित्ते पतत्रिणो द्विषाच्चतुष्यादर्जुनि।
उषः प्रारन्नृतूँ रनु दिवो अन्तेभ्यस्यपरि॥

अर्थात् जब प्रकाशमान उषा ऋतुओं के अनुसार आकाश मण्डल से प्रकाशित होती है तब सारे पशु पक्षी तथा मनुष्यादि वर्ग कार्य में प्रवृत्त हो जाते हैं।

मन्त्र 10 पृ. 36

ऋचं सामयजामहे याभ्यां कर्माणि कृण्वते
वि ते सदसि राज तो यज्ञं देवेषुवक्षतः

अर्थात् हम ऋग्वेद और सामवेद का अभ्यासं करते है। उन्हीं के द्वारा उत्तम काम किये जाते हैं। ये ही सभा और यज्ञ मण्डप में शोभा पाते है, ये ही देवों का भाग उन तक पहुँचाते हैं।

यज्ञों के कार्य सम्पाद न हेतु अनेक साधनों का आश्रम लिया जाता था। मन्त्रों के माध्यम से समिर्चित देवांशों को पहुँचाने हेतु मानवीय शक्ति के उपयोग होते थे जिनके द्वारा यज्ञांश देवों की सेवा में सपर्चित किये जाते थे। वह परम्परा समाज में आज तक विद्यमान है जिसके लिए यज्ञानुष्ठान होता था उसमें किसी तरह का व्यवधान या अड़चन का समावेश नहीं था।,

मन्त्र 9 पृ. 37

धृतवती मुना नाममिश्रियोर्वीपृथ्वी मधुरदुधेसुपेशसा।
द्यावापृथिवी वरुणस्य धर्मणा विश्वकमिते अजरे भूरिरतसो॥

अर्थात् पानी और तेजवाले भुवनो के आश्रय, महा विस्तृत जल को देने वाले सुन्दररूप दान, अजीर्शो शक्तिशाली धु और पृथ्वी लोक वरणीय परमेश्वर और वायु के आधार पर थमे हुए हैं।

मन्त्र सं. 3 पृ. 39

आगन्ता मा रिषण्यत प्राथावानो माप स्थात्समन्वयः।
दृढा चिद्यमयिष्णवः॥

हे यज्ञादि परोपकार को करनेवालो ऋत्विजों एववीरों आओ।

किसी को कष्ट मत दो तथा किसी के साथ संग्राम मत डरो तुम लोग शत्रुओं पर विजय पाने के लिए प्रस्थान करने वाले हो। यदि तुम लोगों का एक विचार हो तो शत्रुओं पर विजयप्राप्त करना एवं उसे वश में करना कठिन नहीं है।

मन्त्र के माध्यम से शत्रु को परणित करने के रहस्य का उल्लेख बड़ी स्पष्टता के साथ किया गया है।

मन्त्र 4 पृ. 39

आ याह्यय मिन्दवेऽश्वयते हे थोड़े आदि उपकारी के स्वामी। हे उपजाऊ भूमि के अधिष्ठाता। पुरुष तेरे लिए यह सोमरस सुरक्षित है, ते इसका पान कर॥

युद्ध एवं सघर्ष की परिस्थिति में शत्रु को पराजित करने पर गम्भीरता से विचार किया जाता था तथा विजय सुनिश्चित करने की परम्परा थी।

मंत्र 5 पृ. 39

तुचे तुनाय तस्सु नो द्राघीय आयुर्जीवसे।
आदित्यासः समहसः कृणोतन॥

अर्थात्, सत्कार से युक्त आदित्य विद्वान् हमारे पुत्र और पौत्रों को दीर्घ जीवन प्रदान करें। मन्त्र के द्वारा भगवान आदित्य की शुभकामना प्राप्ति का प्रयास है, आदित्रू देव आयु के देवता मान्य है जिससे उनकी शुभकामना- प्राप्ति का प्रयास हुआ है

मन्त्र 6 पृ. 39

वेत्था हि निऋतीनां वज्रहस्त परिवृजम्।
अहरहः शुन्ध्युः परिपदामिव॥

अर्थात् हे शस्त्रपाणे निवारण जानता है। मनुष्य अपनी सीमिति शक्ति के कारण ईश्वरीय अनुकम्पाप्राप्ति की आशा रखते हुए संघर्ष में

विजयी होने की कामना करता है और परमेश्वर आर्त्त की रक्षा के लिए सतत प्रयत्नशील रहते हैं।

मन्त्र 7 पृ. 38

अपामीवामय स्त्रिधमप से धत दुर्मतिम्।
आदित्यासो युयोतना नो अंहसः॥

अर्थात् हम में न कोई रोग रहे हिंसा आदि अनर्थ करने वाला पुरुष रहे, न पाप बुद्धि वाला पुरुषरं और न ही पाप रहे। परमेश्वर की प्रेरणा से ही मनुष्य अपने पापों से मुक्त होने की चेष्टा करते।

मंन्त्र 5 पृ. 39

तुचे तुनाय तस्सु नो द्राघ्यीय आयुर्जीवसे।
आदित्यासः समहसः कृणोतन॥

अर्थात्, सत्कार से युक्त आदित्य विद्वान्! हमारे पुत्र और पौत्रौ को दीर्घ जीवन प्रदान करें। मन्त्र के द्वारा भगवान आदित्य की शुभकामना प्राप्ति का प्रयास है, आदित्य देव आयु के देवता मान्य है जिससे उनकी शुभकामना प्राप्ति का प्रयास हुआ है।

मन्त्र 6 पृ. 39

वेत्था हि निर्ऋतीनां वज्रहस्त परिवृजम्।
अहरहः शुन्ध्युः परिपदामिव॥

अर्थात् हे शस्त्रपाणे राजन्! तूँ पक्षियों के अड्डे के समान उपद्रवों का प्रतिदिन निवारण जानता है। मनुष्य अपनी सीमित शक्ति के कारण ईश्वरीय अनुकम्पाप्राप्ति की आशा रखते हुए संघर्ष में विजयी होने की कामना करता है और परमेश्वर आर्त्त की रक्षा के लिए सतत प्रयत्नशील रहते हैं।

मन्त्र 7 पृ. 38

अपामीवामाप स्त्रिधमप से धत दुर्मतिम्।

आदित्यासो युयोतना नो अंहसः॥

अर्थात् हम में न कोई रोग रहे न हिंसा आदि अनर्थ करने वाला पुरुष रहे, न पाप वुद्धि वाले पुरुषरं और न ही पाप रहे। परमेश्वर की प्रेरणा से मनुष्य अपने पापों से मुक्त होने की चेष्टा करते।

मन्त्र 8 पृ. 38

इन्द्राय साम गायत विप्राय वृंहते वृहत।
ब्रह्मकृते विपश्चिते पनस्यवे॥

अर्थात् हे साम के गान करने वालो! ज्ञानस्वरुप महान वेदों के कर्त्ता, सर्वज्ञ और स्तुति के योग्य, परमेश्वर्यशाली, परमेश्वर की प्राप्ति के लिए वृहत नाम के साम का गान करो।

मन्त्र में सामवेद की ऋचा के महत्म्व प्रतिपादित होते हैं तो दूसरी ओर परमेश्वर की अनुकम्पा प्राप्ति की कामना भी की गई है जिससे मन्त्र की सफलता सिद्ध होती रहे।

पाँचवी दशती मन्त्र 1 पृष्ठ 38

गृणे तदिन्द्र ते शव उपमां देवतातये।
यद्धंसि वृत्रमोजसा शचीपते॥ -

अर्थात् हे सारे कामों के स्वामी परमेश्वर! मैं इन्द्रियों में शक्ति तथा परोपकार के कामों को पूर्ण करने के लिए जिस बल से तूँ पापों का नाश करता है, तेरे अनुपम बल की स्तुति करता हूँ।

परमेश्वर की अनुकम्पा के पलस्वरूप ही मानव की शक्ति में तेज-पराक्रम का प्रवेश होता है जिससे मानव सफलता की प्राप्ति में समर्थ हो पाता. है।

यस्य त्यच्छम्वरं मदेविवोदाय रन्धयन।
अयं स सोम इन्द्र ते सुतः पिव॥

अर्थात्, हे विद्वान! जिसके हर्ष में तूँ विज्ञान वेत्ता के लिए अपने महान बल को सुरक्षण में रोक रखता है, वह सोम ओषध तेरे लिए तैयार

है। तू पानप कर।

मन्त्र 3 पृ. 38

एन्द्र नो गधि प्रिय सत्राजिदगोहय।
गिरिर्न विश्वतः पृथु पतिर्दिवः॥

अर्थात्, सत्य से असत्य पर विजय प्राप्त करने वाले सर्वदा प्रकाश स्वरूप! प्यारे ईश्वर। तू पर्वत के समान सब प्रकार से महान् तथा धुलोक आदि का स्वामी है। तुम हमें प्राप्त हो।

वेदमन्त्रों में जिस ईश्वरीय शक्ति की आवश्यक्ता तथा उसकी प्राप्ति का प्रयास है वह अलौकिक शक्ति है जिसकी प्राप्ति कर मानव अपने प्रयास में सफलीभूत होता है।

मन्त्र 4 पृ. 38

य इन्द्र सोमपात मो मदः शमिष्ठः चेतति।
येनाऽहंसि न्यायऽत्रिणं तमीमहे॥

हे इन्द्रियों के स्वामी जीव! जो आनन्द रस सर्व व्यापक परमात्मा में है, अथवा जो आनन्द ज्ञान और कर्म, वेदत्रयी में है, आप्त पुरुष में है, अथवा जो आनन्द यज्ञादि, परोपकारी के कर्मों को करने वाले में है, तूँ उन सबो तृप्त होता है।

मन्त्र 5 पृ. 38

ऐदु मधोर्मदिन्तरं सिञ्चाध्वर्यो अन्धरः।
एवा हि वीर स्तवते सदा वृधाः।

अर्थात् हे यज्ञादि उत्तम काम करने वाले पुरुष। अन्न से तैयार, मधु से भी अधिक आनन्द देने वाले, सोमरस को यज्ञ के लिए यज्ञ पात्र में भरकर रक्खो। हे वीर! यज्ञादि उत्तम राम करना ही सर्वदा उन्नत करने वाले परमात्मा की स्तुति कही गई है।

ऋचाओं के माध्यम से सामाजिक विकास एवं संघर्ष का इतिहास

तथा आर्यों के सत्त विकासमान गति परिश्रम शीलता का सम्यक् स्वरूप दृष्टिगत होता है। मानव की सारी शक्तियाँ देवाश्रित थीं और ईश्वरीय अनुकम्पा का सहारा मनोवल बढ़ाने के लिए सबसे उत्तम साधन समझा जाता था। यह समाज के विकास का सम्यक विकास विवरिण के समान प्रतीत होता है।

समाज की तीन ही श्रेणियाँ या जातियाँ उल्लिखित हुआ करती थी। प्रथम स्थान देववर्ग का था। देवत्व कर्म की तुला पर मापी जाती थी। उसके बाद दूसरी जाति या वर्ग मानव का था। यह वर्ग पारलौकिक शक्तियों से उत्प्रेरित होता था। उसे ईश्वरीय अनुरुप का सबसे बड़ा भरोसा रहता था। स्व इच्छा वलम् था यस्ति दैव- इच्छा वलीयसी की मान्यता दी जाती थीं और उस शक्ति का आहवाण सदा होते रहता था। उक्ति प्रसिद्ध है "कर्म प्रधान विश्वकराखा जो जस करई सो तस फल चाखा।।

यदि देव वर्ग की वेदकालीन समाज में प्रधानता थी तो अन्य किसी वर्ग की अवहेलना नहीं की जाती थी। कम्र के आधार पर ही किसी वर्ग को माना जाता था। देवत्व एक शक्ति थी जिसे तपस्या के माध्यम से शक्ति का अर्जन होता था। कर्त्तव्य की च्युति होने से एकवर्ग दूसरे वर्ग में समाहित हो जाता था इस पर किसी को आपत्ति नहीं थी।

समाज में जिस वर्ग में देवत्व था वह अपने कर्म के कारण ही देवत्व के अधिकारी माने जाते थे। कर्त्तव्य की च्युति प्रायः नहीं होती थी। क्योंकि देवत्व से च्युत होने पर उसके लिए दो वर्ग थे वह मानव वर्ग या विशेष त्रुटि होने पर उसे दानव वर्ग में समाहित माना जाता था। जाति प्रथा का नामोनिशान वेद कालीन समाज में नहीं था।

"चातुवर्ण्य मया सृष्टम् गुणकर्म विभारासह"

यह बहुत बाद की परम्परा में परिगणित हुआ था। वेदकालीन समाज में यह कल्पना नहीं की जाती थी।